Abolicionistas brasileiros e ingleses

FUNDAÇÃO EDITORA DA UNESP

Presidente do Conselho Curador
Mário Sérgio Vasconcelos

Diretor-Presidente
José Castilho Marques Neto

Editor-Executivo
Jézio Hernani Bomfim Gutierre

Conselho Editorial Acadêmico
Alberto Tsuyoshi Ikeda
Áureo Busetto
Célia Aparecida Ferreira Tolentino
Eda Maria Góes
Elisabete Maniglia
Elisabeth Criscuolo Urbinati
Ildeberto Muniz de Almeida
Maria de Lourdes Ortiz Gandini Baldan
Nilson Ghirardello
Vicente Pleitez

Editores-Assistentes
Anderson Nobara
Fabiana Mioto
Jorge Pereira Filho

ANTONIO PENALVES ROCHA

ABOLICIONISTAS BRASILEIROS E INGLESES
A COLIGAÇÃO ENTRE JOAQUIM NABUCO E A BRITISH AND FOREIGN ANTI-SLAVERY SOCIETY (1880-1902)

© 2008 Editora Unesp
Direitos de publicação reservados à:
Fundação Editora da Unesp (FEU)
Praça da Sé, 108
01001-900 – São Paulo – SP
Tel.: (0xx11) 3242-7171
Fax: (0xx11) 3242-7172
www.editoraunesp.com.br
www.livrariaunesp.com.br
feu@editora.unesp.br

CIP – Brasil. Catalogação na fonte
Sindicato Nacional dos Editores de Livros, RJ

R571a

Rocha, Antonio Penalves

Abolicionistas brasileiros e ingleses: a coligação entre Joaquim Nabuco e a British and Foreign Anti-Slavery Society (1880-1902) /Antonio Penalves Rocha. – São Paulo: Editora Unesp; Santana do Parnaíba, SP: BBS Treinamento e Consultoria em Finanças, 2009.

il.

Inclui bibliografia

ISBN 978-85-7139-893-1

1. Nabuco, Joaquim, 1849-1910. 2. British and Foreign Anti-Slavery Society. 3. Abolicionistas. 4. Movimentos antiescravagistas. I. Título. II. Título: A coligação entre Joaquim Nabuco e a British and Foreign Anti-Slavery Society.

08-4815.   CDD: 981.04
              CDU: 94(81)"1880/1902"

Editora afiliada:

Para o Nick e o Ti

"A Sra. Allen e minha família juntam-se a mim para lhe enviar congratulações pessoais - o "Coeur de Lion", que durante muito tempo comandou um grupo de soldados do exército da liberdade com uma pequena esperança de sucesso, mas que, agora, com um golpe fulminante, rompe o último elo de ferro da cadeia da escravidão. Hurra! E Te Deum Laudamus."
(Carta de Charles H. Allen a Joaquim Nabuco de 16 de maio de 1888)

"Daqui a algum tempo, você não poderia escrever uma história do abolicionismo no Brasil? Ele é um exemplo para o mundo, que não deve ser perdido."
(Carta de Edmund Sturge a Joaquim Nabuco de 18 de junho de 1888)

"A misantropia pode tomar aspecto de caridade; deixar a vida aos outros, para um misantropo, é realmente aborrecê-los...".
(Um dos argumentos apresentado a Deus pelo diabo em "A Igreja do Diabo" de Machado de Assis.)

AGRADECIMENTOS

Ao Prof. Dr. José de Souza Martins, de quem ouvi, pela primeira vez, referências a cartas de Joaquim Nabuco arquivadas na *Anti-Slavery Internacional*.

Ao CNPq pela concessão de bolsa de pesquisa entre 2001 e 2003, que permitiu o desenvolvimento inicial deste trabalho – coleta e tradução da correspondência arquivada em Oxford e na Fundação Joaquim Nabuco e os primeiros estudos sobre o material.

Aos que generosamente leram os originais, o Prof. Antonio Henrique Ré, que indicou uma série de equívocos, e o Prof. Dr. Norberto L. Guarinello, que discutiu o texto comigo.

Aos que me prestaram socorro nos momentos que tive dificuldades com a língua inglesa: a Profa. Vera P. S. Nicol Giusti e Juliet-Marie Kietzmann.

Como é de praxe, devo registrar que, a despeito das sugestões dessas pessoas, a minha teimosia faz de mim mesmo o único responsável por quaisquer erros cometidos.

Ao pessoal da Biblioteca da FFLCH da USP – Márcia Elisa Garma, Sonia Marisa Luchetti, Maria Imaculada da Conceição, Anderson, Ana Cláudia, Marta e Sandra – cujo esforço permitiu que eu obtivesse o material estrangeiro necessário ao trabalho.

Esse trabalho deriva diretamente de uma Tese de Livre-Docência apresentada na FFLCH da Universidade de São Paulo no fim de 2007. Tive o privilégio de ser arguido por uma banca presidida pelo Prof. Dr. Elias Tomé Saliba e constituída pela Profa. Dra. Isabel A. Marson e pelos Prof. Dr. Ulpiano Toledo Bezerra de Menezes, Flávio Azevedo Marques de Saes e José Leonardo do Nascimento. Procurei, na medida do possível, incorporar ao trabalho as sugestões e as críticas feitas pelos examinadores.

SUMÁRIO

Apresentação   13
Introdução   15

Parte I – As ideias sobre escravidão e abolição dos membros da coligação   35

1. A Sociedade Britânica e Estrangeira contra a Escravidão   37
2. Joaquim Nabuco   67
3. *The Rio News*   95

Parte II – A prática abolicionista da coligação   113

4. Uma história da coligação   119
4.1 O surgimento e a consolidação da coligação (1880-1885)   119
4.2. A coligação nos últimos anos da escravidão no Brasil (1886-1888)   157
4.3 Joaquim Nabuco e a BFASS entre 1888 e 1902   176
5. A internacionalização do abolicionismo de Joaquim Nabuco   183
5.1 Joaquim Nabuco em Brighton   183
5.2 Joaquim Nabuco na Conferência de Milão   187
5.3 A crítica de Joaquim Nabuco a Goldwin Smith   191
5.4 Joaquim Nabuco e William Lloyd Garrison   193
5.5 A BFASS e Walter J. Hammond   205
5.6 Joaquim Nabuco e a Encíclica *In Plurimis*   208
5.7 Joaquim Nabuco no Congresso Antiescravista de Paris   212

6. O papel da coligação na abolição e a liderança abolicionista de
   Nabuco   221

Parte III – Apêndices   249

Apêndice A – Cartas da BFASS a Joaquim Nabuco
   (1880-1902)   255
Apêndice B – Cartas de Joaquim Nabuco à BFASS
   (1880-1900)   317
Apêndice C – Joaquim Nabuco em Congressos sobre Direito
   Internacional   361
Apêndice D – Matérias do *The Rio News*   379
Apêndice E – Petições e mensagens antiescravistas enviadas ao
   Império   391
Apêndice F – Emblemas do movimento abolicionista britânico   431

Fontes e Bibliografia 435

APRESENTAÇÃO

Em 1992, o historiador inglês Peter Burke lançou seu inovador *The Fabrication of Louis XIV* (Yale University Press). Nesse trabalho, ele analisa como Luís XIV utilizou seus retratos oficiais para criar uma imagem. O trabalho de Antonio Penalves Rocha também é sobre a criação de uma imagem, feita apenas com palavras e não com pinturas. De fato, em *Abolicionistas brasileiros e ingleses: a coligação entre Joaquim Nabuco e a British and Foreign Anti-Slavery Society (1880-1902)*, ele mostra como Joaquim Nabuco e a Sociedade Antiescravista Britânica e Estrangeira promoveram-se mutuamente.

Joaquim Nabuco é um personagem dos mais importantes na história do Brasil, tanto que sua vida e obra foram tema de um seminário em Yale neste ano para celebrar o centenário do doutorado que ele obteve nesta Universidade. Não há dúvidas de que Nabuco é merecedor de homenagens por ter sido o primeiro representante da elite imperial (na condição de deputado, filho do ministro, conselheiro de Estado e senador Nabuco de Araujo) a pleitear a abolição. Assim, em 1880, presidiu a primeira Sociedade Abolicionista Brasileira. E, com uma altivez rara na classe política, para fazer frente ao boicote de seus pares, abriu mão de uma cadeira na Câmara e impôs a si mesmo o exílio na Inglaterra. Lá escreveu, em 1883, *O Abolicionista*, livro emblemático do movimento. A partir do ano seguinte, por não ter participado da agitação que levou à libertação do Ceará, passou a ocupar um espaço menor de destaque nos acontecimentos. De qualquer modo, sua carreira não se limitou à liderança abolicionista nesses anos, pois foi escritor e autor do clássico *Um estadista do Império* e se tornou embaixador de sucesso na Inglaterra e nos Estados Unidos.

Fala-se muito que o Brasil "carece de heróis". Joaquim Nabuco é um desses raros heróis que abre mão de poder e dinheiro para realizar um ideal. Diferente de seu famoso contemporâneo Rui Barbosa, que a história aponta como homem que enriqueceu como ministro da Fazenda, Joaquim Nabuco lutou até o fim com dificuldades financeiras, apesar de ocupar altos cargos públicos. E ambos são os vultos da passagem do século XIX para o XX que se tornaram figuras veneradas da história do Brasil na memória popular, a ponto de dois importantes institutos de pesquisa histórica – a Fundação Joaquim Nabuco e a Casa Rui Barbosa – terem recebido seus nomes. Em minha opinião, Nabuco faz jus a essa distinção. Mas, para o historiador, o "herói" é um ser humano com todas as qualidades e defeitos inerentes à espécie. O historiador profissional em geral, e Penalves é um deles, se esforça tanto para entender o homem e a construção da sua imagem quanto para conseguir separar uma coisa da outra.

No mundo inteiro os pesquisadores acabam achando contradições de seus biografados que estão ausentes no imaginário popular; por exemplo, Lutero teria desafiado os poderes constituídos ou Jefferson teria sido paradoxalmente autor da "Declaração de Independência" e dono de escravos. No fim das contas, esse é o efeito da luz da pesquisa histórica, que sempre encontra fraquezas humanas; contudo, sem elas o ser humano perderia a humanidade.

O mérito de Penalves é o de ter feito um estudo minucioso em fontes históricas poucas vezes ou nunca examinadas, como a correspondência entre Joaquim Nabuco e a *British Anti-Slavery Society*. Além do mais, recorreu ao jornal *The Rio News*, fonte importantíssima e pouco utilizada pelos historiadores brasileiros, cujo editor, entre 1879 e 1901, Andrew Jackson Lamoreaux, foi não só abolicionista proeminente como também representante da comunidade comercial. A esse respeito, Penalves nota que Nabuco aparece com menor frequência no *The Rio News* após 1884, quando a campanha abolicionista ganhou as ruas e o líder abolicionista passou ao segundo plano no movimento emancipacionista.

Pela correspondência entre Nabuco e a British and Foreign Anti-Slavery Society verifica-se que a associação abolicionista inglesa estava em acentuada decadência. Nabuco manteve relações com ela para obter projeção no exterior.

Enfim, o livro de Penalves faz um balanço da ação abolicionista de Joaquim Nabuco e de seu trabalho em conjunto com a sociedade antiescravista inglesa para a edificação de sua própria imagem de líder do movimento abolicionista brasileiro. Por isso, mostra uma preocupação nova na historiografia brasileira e merece atenção.

John Schultz

Introdução

A expressão "movimento abolicionista" diz respeito a uma espécie de movimento da sociedade civil em algumas nações do Ocidente no século XIX, principalmente metrópoles europeias e ex-colônias americanas. A propósito, um forte indicativo de que a sociedade civil foi o lugar do seu surgimento reside no fato de que, em geral, os abolicionistas empregaram o vocábulo "agitação"[1] para nomear o conjunto das suas ações, dado que agitação é uma atividade estranha ao Estado.

Quanto aos seus objetivos, esse movimento visava pressionar o Estado a ilegalizar a escravidão e, consequentemente, a erradicá-la; para alcançar esse fim, houve duas formas de abolicionismo: o gradualista, que propunha mediações para efetuar a abolição (como a supressão do tráfico negreiro ou a mitigação da escravidão ou ainda a libertação gradual dos escravos), e o imediatista. Quanto à sua composição, contou com ativistas oriundos de diferentes setores sociais, mobilizados por associações antiescravistas; aliás, onde quer que o movimento tenha ocorrido, a sua condução sempre foi exercida simultaneamente por mais de uma associação, em razão das divergências ideológicas e táticas dos abolicionistas. Quanto às táticas adotadas, os diversos movimentos abolicionistas assumiram um caráter prevalecentemente pacifista e reformista; assim, esses movimentos atuaram dentro da legalidade, isto é, em conformidade com as normas do Estado, embora, paralelamente, alguns grupos tivessem recorrido à ação

---

1 Segundo o *Oxford English Dictionary* (2ª ed.), o vocábulo derivou de *"agitator"* — "um nome dado aos chefes ou aos representantes de soldados particulares no Exército do Parlamento em 16479". Seu correspondente em português — "agitação" — terá aqui um dos sentidos registrado pelo *Dicionário Houaiss*: "agrupamento de pessoas unidas por reivindicações e/ou protestos".

16 ANTONIO PENALVES ROCHA

direta, representando, portanto, uma ameaça à ordem constituída. Mas esses últimos tinham em vista acima de tudo acelerar a erradicação da escravidão e objetivavam, da mesma forma que os demais abolicionistas, apenas converter os escravos em homens livres, e não fazer da abolição uma revolução social e política.

Quanto às motivações e aos resultados efetivos do movimento, há ainda um vasto território a ser desbravado pela pesquisa histórica na medida em que resta saber quais forças determinaram a oposição à escravidão no século XIX e, por conseguinte, às ações antiescravistas.[2] Desse desconhecimento desdobram-se duas questões cruciais que também permanecem no ar, embora tenham sido formuladas por Brion Davis há mais de trinta anos: "Em que medida a emancipação resultou da agitação abolicionista? Até que ponto as concepções e táticas dos abolicionistas foram responsáveis pela opressão universal e pelo abandono das populações de ex-escravos?". Uma expressão da complexidade de todo esse quebra-cabeça está no contraste entre os quatro séculos de duração da escravidão moderna de africanos no Ocidente e a velocidade da sua erradicação – o pouco mais de meio século que separa a abolição inglesa (1833) da brasileira (1888).[3]

De todo modo, no plano dos fatos históricos é evidente que os movimentos abolicionistas estiveram intimamente ligados às abolições. E, no fim das contas, há que se reconhecer que os seus resultados foram revolucionários, pois forçaram os Estados escravistas a ilegalizar a escravidão, uma instituição social familiar à humanidade provavelmente desde o neolítico. Por isso mesmo, o movimento teve um papel decisivo na construção de uma representação ideológica do trabalho que associa a figura do trabalhador livre com o fim da história.

O movimento abolicionista britânico serviu de ponto de referência para que a expressão adquirisse esse sentido, sobretudo em virtude de seu pioneirismo e de seu sucesso. Com efeito, a partir dos fins do século XVIII, associações civis da Inglaterra mobilizaram centenas de milhares de pessoas para forçar o Parlamento a legislar contra a escravidão. Sob essa pressão, o

---

2 Ao fazer um balanço sobre a historiografia do abolicionismo britânico, a fim de propor outra abordagem do porquê do movimento, Howard Temperley observou que "Paradoxalmente, agora parecemos estar mais distantes de uma solução [sobre os móveis do abolicionismo] do que estávamos a uma geração atrás, quando, em geral, supúnhamos que a escravidão era economicamente regressiva e que ninguém, com nenhum juízo melhor para discordar dessa suposição, estaria apto a se opor a essas bases". (Howard Temperley, 1980, p.340). Doravante, todas as citações seguirão o padrão desta; para mais informações, ver "Fontes e Bibliografia".

3 David Brion Davis, 1973, p.99.

ABOLICIONISTAS BRASILEIROS E INGLESES 17

Estado não só extinguiu o tráfico e aboliu a escravidão como também incorporou o combate à escravidão às diretrizes da sua política externa. E assim, pela primeira vez na história, a escravidão foi abolida em consequência de um movimento de grupos da sociedade civil que atuou estritamente de acordo com as normas institucionais do Estado.

Grupos abolicionistas de outras nações, que estiveram sob a direção de homens determinados a suprimir a escravidão e, ao mesmo tempo, a preservar a ordem institucional e social, adotaram o modelo do movimento britânico, sobretudo grupos dos dois maiores Estados Nacionais escravistas da história – os Estados Unidos e o Brasil. A adoção desse modelo, entretanto, não significou a reprodução exata do movimento britânico pelo simples e forte fato de que esses lugares eram diferentes da Inglaterra, sobretudo porque eram sociedades escravistas. Por isso, paralelamente à ação das associações abolicionistas norte-americanas e brasileiras que adotaram o modelo das britânicas, nesses países surgiram outras associações ou grupos abolicionistas que recorreram à ação direta.

Outra diferença entre os movimentos abolicionistas desses dois países e o britânico é relativa à duração: nas nações da América eles se definharam rapidamente após a abolição ou desapareceram sumariamente depois dela, ao passo que na Inglaterra há, até hoje, um resíduo do movimento.

O vigor da principal corrente do movimento britânico nesses mais de dois séculos de vida permite representá-lo, a voo de pássaro, como uma série de fases. Cada uma delas se particularizou pelo projeto antiescravista, embora todas tivessem dois denominadores comuns, a saber: a ação antiescravista sempre foi de fundo religioso e em qualquer das fases o movimento foi conduzido por uma associação central sediada em Londres, secundada por associações do interior da Inglaterra e de outras partes da Grã-Bretanha.

A primeira fase teve início nos fins da década de 1780 e concentrou seus esforços na extinção do tráfico sob a liderança da Sociedade pela Abolição do Tráfico de Escravos (*Society for the Abolition of the Slave Trade*), pois, para esses militantes pioneiros do abolicionismo, a supressão do tráfico acarretaria também o fim da escravidão. Em 1807, o tráfico foi abolido pelo Parlamento.

Depois disso, houve um refluxo do movimento que se estendeu até o início da década de 1820. Em 1823, foi fundada a Sociedade pela Mitigação e Abolição Gradual da Escravidão em todos os Domínios Britânicos (*Society for the Mitigation and Gradual Abolition of Slavery Throughout the British Dominions*), que retomou a agitação. Os propósitos dessa associação estavam estampados no seu próprio nome: abrandar a escravidão nas colônias britâ-

18 ANTONIO PENALVES ROCHA

nicas e promover a abolição gradual. Mas, no início da década de 1830, um grupo de radicais ligado a ela realizou uma campanha pela abolição imediata,[4] cujo sucesso se traduziu na aprovação da abolição pelo Parlamento em 1833.

Em 1839, iniciou-se outra fase do movimento devido às preocupações dos abolicionistas com o estado dos libertos das Índias Ocidentais, com a continuidade da escravidão nas colônias inglesas do Oriente e com o grande número de escravos no mundo todo. Assim, participantes das associações anteriores fundaram a Sociedade Antiescravista Britânica e Estrangeira (*British and Foreign Anti-Slavery Society*), que atuou até 1909, quando passou a se chamar Sociedade Antiescravista e de Proteção aos Aborígines (*Anti-Slavery and Aborigines Protection Society*).[5] Em 1945, essa última passou a se chamar Sociedade Antiescravista para a Proteção dos Direitos Humanos (*Anti-Slavery Society for the Protection of Human Rights*), que, por sua vez, em 1990, tornou-se a Internacional Antiescravista (*Anti-Slavery International*), em atividade até hoje.

A fase de maior força do movimento abolicionista britânico se estendeu dos fins do século XVIII até 1833, tanto que nesse quase meio século de existência ele adquiriu traços de movimento de massa. A segunda fase, iniciada nos fins dos anos 1830, foi muito mais fraca que a antecedente e, até os meados do século, sua força adveio da anterior. Mas, a partir daí, o declínio do movimento foi de tal ordem que tanto a BFASS[6] quanto a *Anti--Slavery and Aborigines Protection Society* atuaram principalmente como grupos de pressão abolicionistas. Desde 1990, a *Anti-Slavery International*, uma associação não governamental que se considera herdeira direta de todo esse legado, tem representado residualmente esses mais de dois séculos do abolicionismo britânico.

No início do século XIX, a maior concentração de escravos africanos nas possessões britânicas estava nas Índias Ocidentais, e a Lei de Emancipação, de 1833, libertou cerca de 800 mil cativos. Aliás, essa lei emancipou somente os africanos e seus descendentes escravizados por brancos de alguns domínios britânicos, a saber, nas Índias Ocidentais, na Maurícia, no Canadá e no Cabo da Boa Esperança.[7]

---

4 David Brion Davis, 1962.

5 C. W. W. Greenidge, 1958, p.164.

6 Doravante será usada essa sigla para denominar a *British and Foreign Anti-Slavery Society*.

7 Calcula-se, no entanto, que na Índia britânica e no Ceilão havia cerca de oito milhões de escravos, e, em toda a Índia, o dobro desse número. Ou seja, havia mais escravos na Índia que em toda a América. Howard Temperley, 1972, p.93-6.

De acordo com os termos da Lei de 1833, os emancipados foram convertidos em "aprendizes", ou seja, passaram a ter um *status* indefinido, pois não eram mais escravos, nem tampouco trabalhadores livres. De qualquer maneira, deveriam permanecer nessa condição por um período a ser definido nas colônias, e, de modo geral, as leis coloniais fixaram seis anos de "aprendizado" nas áreas rurais. Assim, os ex-donos de escravos não só fixaram o tempo de trabalho e o salário dos "aprendizes" em benefício próprio como também foram oficialmente favorecidos por duas medidas: receberam uma indenização vultosa de vinte milhões de libras da metrópole e o amparo do Estado para que o açúcar das Índias Ocidentais entrasse no mercado metropolitano protegido por tarifas alfandegárias preferenciais.

Mas, a despeito da Lei de 1833, o movimento abolicionista teve continuidade. Em 1834, alegando que os ex-donos de escravos não cumpriam as determinações da Lei de Emancipação, os abolicionistas voltaram a pressionar o Parlamento para que o "aprendizado" fosse extinto. O êxito dessa ação pôs fim ao sistema em 1838.

Mesmo assim, outro argumento dos líderes manteve a causa abolicionista em ação nos fins dos anos 1830: a missão do movimento não havia sido inteiramente cumprida com a libertação dos escravos das Índias Ocidentais, pois o tráfico de escravos persistia no Atlântico Sul e a escravidão continuava a ser empregada nos quatro cantos do mundo, inclusive nas possessões inglesas do Oriente. Por isso, seus líderes pretenderam dar um novo rumo ao movimento ao propor nada menos que a internacionalização da luta contra a escravidão.

Se, a partir de 1823, a *Society for the Mitigation and Gradual Abolition of Slavery throughout the British Dominions* manteve a unidade do movimento, as discussões sobre a redefinição do seu rumo cindiram-no: um grupo priorizou a luta pelo fim do tráfico para eliminar as fontes de oferta de trabalho escravo, e outro a luta pelo fim da escravidão para suprimir a demanda de escravos. Ambos, no entanto, continuaram a fundamentar suas respectivas ações no mesmo princípio religioso que fora, desde o início, o móvel do movimento: a escravidão era um pecado porque violava a lei divina de amor ao próximo.

De fato, em 1839, Thomas Fowell Buxton, um dos principais cabeças do movimento e substituto de William Wilberforce no Parlamento, tornou-se o líder do primeiro grupo e fundou a Sociedade pela Civilização Africana (*African Civilization Society*), que visava efetuar a colonização cristã da África para erradicar a escravização dos nativos, vendidos pelos traficantes principalmente para a América e para o Oriente Médio. A fim de pôr esse

20 ANTONIO PENALVES ROCHA

projeto em prática, Buxton obteve o patrocínio do Estado, angariou fundos e montou, em 1841, a Expedição do Niger.[8] O fracasso da expedição lançou a última pá de cal não só sobre o projeto como também sobre essa Sociedade.

No mesmo ano, o outro grupo, constituído principalmente por quacres liderados por Joseph Sturge, fundou a *British and Foreign Anti-Slavery Society*; o adjetivo *"Foreign"* obviamente patenteava as aspirações desta Sociedade de combater a escravidão no mundo todo para eliminar o "comércio de seres humanos".[9]

A tática abolicionista da BFASS baseava-se na ação "religiosa, pacífica e moral". Dessa maneira, a associação instruiria a opinião pública nacional e estrangeira sobre os males causados pela escravidão, fazendo que a luta contra ela corresse estritamente dentro do campo político-institucional a fim de beneficiar tanto os senhores quanto os escravos.

Na Grã-Bretanha, a BFASS educaria a opinião pública ao denunciar os horrores da escravidão em todo o mundo por meio de panfletos, conferências antiescravistas, publicidade paga na imprensa e publicação de matérias sobre o assunto em jornais britânicos e no *Anti-Slavery Reporter*, o periódico oficial da associação. Sendo assim, ela partia do princípio de que a denúncia da inumanidade da escravidão fundamentaria a agitação (manifestações públicas contra a escravidão, lançamento de petições, pressão lobista e ação de parlamentares comprometidos com a causa), forçando o Parlamento a manter o combate à escravidão na pauta da política externa britânica.

Fora da Grã-Bretanha, a BFASS se propunha a apoiar a luta contra a escravidão dos grupos estrangeiros que agissem em conformidade com o método de ação que ela própria empregava. Os mesmos canais ingleses de publicidade que instruiriam a opinião pública doméstica também seriam utilizados para dar suporte aos abolicionistas estrangeiros, além de oferecer-lhes virtualmente apoio internacional e da diplomacia britânica.

Enfim, a BFASS pretendia promover uma cruzada internacional contra a escravidão por meio do emprego das grandes linhas do bem-sucedido método de ação do movimento abolicionista britânico do início do século, método que estava em harmonia com o pacifismo dos quacres, que, aliás, sempre a controlaram. E esse pacifismo, uma regra de bronze desse grupo

---

8 Ver Howard Temperley, 1991.

9 Trinta e cinco anos depois da sua fundação, a BFASS lembrava Charles G. Gordon, recém--nomeado pelo quediva do Egito (ver nota 634 do Apêndice A), de que "é a demanda de escravos que cria o tráfico negreiro; enquanto houver uma demanda lucrativa, jamais cessará o suprimento de vítimas por quaisquer canais". *Anti-Slavery Reporter*, maio-jun. de 1887, p.107.

religioso, o levou a se opor a certas medidas antiescravistas da política externa inglesa, como, por exemplo, o emprego da força militar para combater o tráfico negreiro no Atlântico Sul e o apoio ao Norte dos Estados Unidos durante a guerra civil.

Ao fim e ao cabo, estruturada como um braço da Sociedade dos Amigos, isto é, dos quacres, e dependente de contribuições e doações dos associados, principalmente membros dessa denominação, a BFASS tornou-se a mais conhecida sociedade abolicionista do século XIX. E, nessa posição, manteve acesa a chama da propaganda contra a escravidão, apoiou grupos abolicionistas estrangeiros e assessorou o Estado britânico na elaboração de diretivas antiescravistas da sua política externa. Isso tudo lhe assegurou uma vida longa, até que, em 1909, fundiu-se com outra associação civil, também ligada aos quacres, a *Aborigines Protection Society*.

A atuação da BFASS, no entanto, ocorreu numa quadra histórica em que a luta antiescravista na Inglaterra já não despertava o mesmo entusiasmo que despertara do primeiro terço do século XIX. De fato, na era vitoriana o movimento de massa contra a escravidão já era uma página virada da história nacional inglesa. Desse modo, o quadro histórico determinou um certo descolamento da BFASS em relação à sociedade. Além do mais, o projeto de lutar contra a escravidão no mundo todo era praticamente irrealizável por um pequeno grupo de pressão que se mantinha com contribuições. Completando esse quadro de dificuldades, houve um declínio das atividades filantrópicas dos quacres nas últimas décadas do século em razão da emergência de novas concepções sobre o amparo aos oprimidos. Como resultado disso tudo, no último terço do século a BFASS havia se tornado um pequeno grupo de pressão.

Mesmo assim, ao longo da sua história, a BFASS ofereceu apoio a grupos abolicionistas de toda a América e promoveu três congressos internacionais contra a escravidão – dois em Londres (1840 e 1843) e um em Paris (1867), sendo este último realizado graças a um consórcio de abolicionistas ingleses, franceses, espanhóis e norte-americanos. E, a partir da década de 1870, concentrou suas atenções na África ao acompanhar de perto a expansão imperialista britânica; assim sendo, aconselhou o *Foreign Office* sobre as medidas que deveriam ser tomadas para combater tanto a escravidão no continente africano quanto o tráfico de escravos da África Central e Oriental para o Oriente Médio.

Quando a BFASS foi fundada, o trabalho escravo era lícito em toda a América, exceto obviamente nas Índias Ocidentais britânicas e no Canadá. Contudo, nos fins da década de 1850, a escravidão já havia sido abolida em todas as nações independentes da América espanhola, bem como nas colônias americanas da França, Suécia, Dinamarca e Holanda. Ainda assim, havia por volta de seis milhões de escravos africanos em duas nações independentes (Estados Unidos e Brasil) e em duas colônias espanholas (Porto Rico e Cuba).

Para eliminar a escravidão no que chamava de "Ocidente cristão", a BFASS coligou-se com abolicionistas norte-americanos, com espanhóis da metrópole e das colônias americanas e com brasileiros. Nos Estados Unidos, depois de afastar-se da *American Anti-Slavery Society* de William Lloyd Garrison,[10] apoiou, a partir da década de 1840, a *American and Foreign Anti-Slavery Society*,[11] fundada pelo grupo liderado por Lewis Tappan, que, aliás, tornou-se correspondente da associação inglesa.[12] A partir dos meados da década de 1860, apoiou também a *Sociedad Abolicionista Española*, fundada em 1865, tanto que Julio de Vizcarrondo, um porto-riquenho que era o seu secretário, também se tornou correspondente da BFASS. Mais tarde, a partir dos primeiros dias de 1880, a BFASS estabeleceu contato com Joaquim Nabuco, que presidia a Sociedade Brasileira contra a Escravidão, e, no ano seguinte, os nomes de Nabuco, André Rebouças, Gusmão Lobo e A. Jurado figuravam na lista de correspondentes da BFASS.

Desde a sua fundação, a BFASS havia tentado estabelecer relações com brasileiros. Em 1839, encarregou um casal de ingleses, George e Charlotte Pilkington, de viajar para o Brasil a fim de distribuir cerca de oito mil panfletos antiescravistas,[13] incentivar o surgimento de sociedades e de jornais antiescravistas brasileiros[14] e observar e relatar as características da escravidão brasileira, ou seja, a posição dos brasileiros em relação a esta instituição,

---

10 Para informações sobre essa questão, ver o item 5.4.

11 Desde os fins da década de 1920, a partir da publicação do trabalho de Annie Heloise Abel e Frank J. Klingberg, 1927, a historiografia norte-americana tem examinado o papel da aliança entre ingleses e americanos na história da abolição nos Estados Unidos. A partir dos anos 1960, a nova safra de estudos históricos sobre a escravidão nos Estados Unidos continuou dando atenção ao objeto, como se verifica nos trabalhos de Christine Bolt, 1969, Betty Fladeland, 1972, e Clare Taylor, 1974.

12 Para ser membro da BFASS bastava contribuir anualmente com uma certa quantia. Mas o correspondente, denominado "Correspondent Member" pelos Estatutos da associação, era reconhecido como tal pelo seu Comitê executivo e era assim designado porque vivia fora da Inglaterra ou, pelo menos, fora de Londres, tendo, de qualquer modo, o direito de participar das reuniões do comitê executivo quando estivesse em Londres. Uma lista dos correspondentes era publicada pelo *Reporter* no primeiro número anual do periódico.

13 John Harris, 1971, p.96 e 102. A referência aos panfletos encontra-se no *Anti-Slavery Reporter*, de 21 de abril de 1841, p.78.

14 *Anti-Slavery Reporter*, 18 de maio de 1842, p.73.

ABOLICIONISTAS BRASILEIROS E INGLESES 23

a situação do tráfico negreiro, o tratamento dos escravos, o emprego de escravos pelas companhias inglesas estabelecidas no Brasil etc. Nos anos 1860, a BFASS solicitou um relatório sobre a escravidão no Brasil a Tavares Bastos,[15] um leitor do *Anti-Slavery Reporter*, que atendeu a solicitação e manteve contatos com ela.[16] Nesse mesmo periódico encontram-se também referências a Nabuco de Araujo e a Perdigão Malheiro.[17]

Por outro lado, alguns brasileiros do século XIX interessaram-se pelas suas atividades. O *Reporter* informa que o barão de Três Barras, Ministro da Justiça do Gabinete Itaboraí, era "um antigo correspondente da BFASS",[18] e Joaquim Nabuco, ainda jovem, lia esse periódico e traduzia artigos dele para seu pai,[19] tanto que na sua biblioteca havia dezenas de exemplares do *Reporter* dos anos de 1869 a 1888.[20]

Mas, até 1876, foram vãs as tentativas da BFASS de estabelecer relações antiescravistas contínuas com brasileiros. Nesse ano, porém, pela primeira vez na história da associação, apareceu na lista dos seus correspondentes o nome de alguém do Brasil: trata-se do Reverendo E. Vanorden, que chefiava a *Brazilian Christian Mission* do Rio Grande do Sul, e que, portanto, não era de fato brasileiro.[21]

Cerca de quatro anos depois, em janeiro de 1880, o Comitê da BFASS entrou diretamente em contato com Joaquim Nabuco, cujo nome, aliás, fora citado pela primeira vez num artigo do *Reporter*[22] do ano anterior sobre a vinda de *coolies* chineses ao Brasil.

---

15 Tavares Bastos, 1938, p.149, 156 e 161. Especialmente na "Carta X" há diversas citações do periódico e a "Conclusão" do relatório foi publicada por Perdigão Malheiro, 1976, v.II, p.279-83. O *Anti-Slavery Reporter* publicou um artigo de Tavares Bastos, extraído do *Anglo Brazilian Times*, no seu número de 1º de julho de 1869, p.242-3. Aliás, nessa mesma matéria acha-se uma carta que Nabuco de Araújo enviou à Sociedade Democrática Limeirense, p.244-5, referida por Joaquim Nabuco em *Um estadista do Império*, tomo II, p.90. A propósito dessa última citação: doravante, nas notas de rodapé, os textos de autoria de Joaquim Nabuco serão citados apenas pelo título; as informações bibliográficas referentes a eles encontram-se nas "Fontes e Bibliografia".

16 Bastos, Tavares, "Africain et esclaves, Exposição de Tavares Bastos sobre a escravidão no Brasil". Cartas trocadas entre T. Bastos e L. A Chamerovzow, secretário da Sociedade Britânica e Estrangeira contra a Escravidão, em 1865, Coleção Tavares Bastos. Rio de Janeiro: Biblioteca Nacional, seção de manuscritos.

17 *Anti-Slavery Reporter*, 1º de março de 1864, p.50, e 31 de março de 1870, p.4.

18 Ibidem, 31 de dezembro de 1870, p.89.

19 "Eu traduzia documentos do Anti-Slavery Reporter para meu pai ...". *Minha formação*, p.26.

20 Ver, a propósito, *Catálogo de livros pertencentes a Joaquim Nabuco*, 1924.

21 Essas informações sobre o reverendo encontram-se no *Rio News* de 15 de maio de 1880, p.4.

22 *Anti-Slavery Reporter*, 11 de dezembro de 1879, p.272.

24 ANTONIO PENALVES ROCHA

Em 1879, no ano em que iniciou o seu primeiro mandato parlamentar, Joaquim Nabuco participou da retomada dos debates sobre a escravidão. Os seus principais discursos desse mesmo ano criticaram o projeto patrocinado pelo Gabinete Sinimbu de promover a imigração de *coolies* e denunciaram a Companhia de Mineração São João del-Rei do Morro Velho, uma empresa inglesa, por manter homens livres como escravos.

A BFASS se opunha ao emprego de escravos pelas companhias britânicas de mineração instaladas no Brasil, oposição esta que o *Reporter* expôs desde o seu primeiro ano de vida (1840), e, particularmente à Morro Velho desde os fins da década de 1850;[23] além disso, essa associação sempre se opôs ao emprego de *coolies* onde quer que fosse. Por isso tudo, o seu Comitê enviou um documento a Nabuco que expressava formalmente sua aprovação à ação política do deputado e lhe oferecia apoio.[24]

Nabuco viu a oferta com bons olhos, pois iniciara sua carreira de político profissional abolicionista no ano anterior. Sendo assim, manter contatos com os abolicionistas ingleses representava uma oportunidade de consolidar a carreira pela obtenção de publicidade no centro do mundo da época. Além do mais, o apoio poderia ser frutuoso em termos práticos, já que, perspectivada internacionalmente, a situação da escravidão brasileira era periclitante na medida em que o Brasil estava cada vez mais perto de se tornar a única nação escravista cristã. Pois a escravidão fora abolida nos Estados Unidos (1863), em Porto Rico (1873), e a Espanha iniciara o curso gradual da abolição em Cuba com a Lei Moret (1870). Mas, não obstante esse quadro internacional, os membros do Comitê da BFASS consideravam que ela duraria muito tempo no Brasil.[25]

A BFASS tinha indiscutivelmente capacidade de dar publicidade internacional a Joaquim Nabuco. Uma amostra dessa capacidade apareceu em 1879, quando o *Reporter* veiculou as suas denúncias sobre os escravos da Morro Velho, encaminhou a questão da empresa inglesa à Câmara dos Comuns

---

23 "É preciso confessar com vergonha que as companhias britânicas de mineração no Brasil possuíam escravos, um fato que mereceu constante atenção da British and Foreign Anti-Slavery Society de 1859 até 1882, quando a Final Court of Appeal condenou a St. John del Rey Mining Company, declarou os escravos livres e demitiu o superintendente da Companhia do cargo de Vice-Cônsul britânico." John Harris, 1971, p.102.

24 Carta 1, Apêndice A.

25 Na carta enviada pela BFASS ao embaixador da China, citada abaixo, lê-se que "o Império do Brasil é um país no qual a instituição da escravidão poderá durar aproximadamente por mais meio século e, com certeza, a menos que a legislatura possa sabiamente encurtar esse tempo, deverá ainda durar, pelo menos, vários anos." *The Rio News*, 15 de dezembro de 1879, p.1.

e endereçou uma carta ao embaixador da China em Londres sobre os riscos de os chineses se tornarem escravos no Brasil. Essa última ação surtiu efeito imediato: o embaixador garantiu à BFASS que o governo da China impediria a emigração para o Brasil.[26]

Importa que a resposta de Nabuco à primeira carta que a BFASS lhe enviou[27] foi o ponto de partida para o estabelecimento de uma coligação, consolidada em meados da década de 1880, que certamente atendia às necessidades de ambas as partes. Para os membros da BFASS, o apoio a um grupo de abolicionistas brasileiros contribuía para que a razão de ser da associação fosse reconhecida pelos seus subscritores, porque, afinal, ela atuaria no desmantelamento da maior sociedade escravista do Ocidente. Para Joaquim Nabuco, ligar-se à BFASS representava antes de tudo ganhar projeção internacional para consolidar sua carreira de político profissional abolicionista.

Enfim, a relação entre os abolicionistas ingleses e os brasileiros na década de 1880 constitui o objeto deste trabalho, que se justifica porque, primeiro, o estudo dessas relações perspectivam a ação abolicionista de Joaquim Nabuco de uma forma diferente da consagrada; segundo, suas evidências são desconhecidas pela historiografia e, terceiro, esse desconhecimento tem gerado equívocos historiográficos, pois os poucos historiadores que se referem às relações entre Nabuco e BFASS baseiam-se unicamente em informações assistemáticas.

Essa outra perspectiva da ação abolicionista de Joaquim Nabuco é fornecida por fontes históricas que eram desconhecidas. De fato, os estudos a esse respeito têm se baseado principalmente em fontes históricas comprometidas com a preservação da memória do personagem – nomeadamente as narrativas históricas e autobiográficas do próprio Nabuco, e tanto a sua biografia quanto a parte de sua correspondência publicadas por Carolina Nabuco.

Em consequência do emprego desse material, que decerto seria autorizado pelo próprio Joaquim Nabuco, a sua imagem de líder do movimento abolicionista brasileiro foi fixada pela historiografia; a contrapelo, os documentos inéditos que servem de base a este estudo permitem testar os fundamentos da imagem. Isso, no entanto, não quer dizer que o trabalho tenha a disparatada presunção de colocar Joaquim Nabuco no "tribunal da História", pois dessa operação resultaria apenas a tentativa de substituir uma

---

26 A carta da *Anti-Slavery* foi publicada pelo *The Rio News*, 24 de setembro de 1879, p.1, e a do embaixador chinês à BFASS na edição desse mesmo periódico de 15 de dezembro de 1879, p.1.

27 Carta 1, Apêndice B.

memória por outra; o que realmente está em jogo são os mecanismos da escrita da História, especialmente os referentes às relações entre o conhecimento histórico e os usos políticos da memória.

As evidências das relações entre Joaquim Nabuco e a BFASS aparecem principalmente na correspondência mantida entre ambos, que constitui um *corpus* de sessenta cartas da correspondência ativa (da BFASS para Nabuco) e trinta e nove da passiva (de Nabuco e seus amigos à BFASS), que se encontram respectivamente nos Apêndices A e B.

Na verdade, nem todo esse material é inédito. Vinte e duas das cartas que Joaquim Nabuco enviou à BFASS foram publicadas num livro organizado e apresentado por José Thomaz Nabuco em 1985 — as *Cartas aos Abolicionistas Ingleses*. Mas as poucas cartas (em relação ao *corpus*) publicadas nesse livro foram transcritas em inglês. Além disso, o organizador da edição as utilizou como testemunho da grandiosidade de Joaquim Nabuco, deu destaque ao que havia de anedótico nos documentos, recorreu à paráfrase de trechos delas para fazer a história e cometeu uma quantidade considerável de equívocos sobre fatos. Em suma, em termos historiográficos, as *Cartas aos Abolicionistas Ingleses* deixam muito a desejar. Aliás, as deficiências do trabalho foram reconhecidas sem afetação por José Thomaz, que se apresentou no livro como "um advogado, sem foros de escritor ou historiador",[28] encorajado por Gilberto Freyre a realizar a empreitada.

Este estudo, portanto, pretende ir além do trabalho iniciado por José Thomaz e se propõe a fazer uma edição crítica de toda a correspondência e publicá-la em português.

O *corpus*, no entanto, não se reduziu apenas às cartas manuscritas. Foram agregadas a elas as que foram publicadas na época por Joaquim Nabuco em *O Abolicionista*, o periódico da Sociedade Brasileira contra a Escravidão, e outras publicadas pelo *Anti-Slavery Reporter*, cujos manuscritos não se encontram nos arquivos que conservam todo o material.

A propósito, para realizar este estudo foi preciso recorrer ao *Reporter* para conhecer a ação abolicionista da BFASS nos fins do século XIX, uma vez que a escassez de informações sobre sua história no período em tela equivale à ausência de pesquisas sobre a coligação entre os abolicionistas brasileiros e os ingleses. De fato, a maioria absoluta dos estudos analisa somente a trajetória do movimento abolicionista britânico dos fins do século XVIII até a abolição da escravidão nas Índias Ocidentais, ainda que historiadores norte-americanos

---

28 José Thomaz Nabuco, 1985, p.7.

ABOLICIONISTAS BRASILEIROS E INGLESES **27**

tenham dado atenção aos vínculos estabelecidos entre abolicionistas britânicos e americanos da década de 1840 à de 1860. Desse ponto em diante, as pesquisas saltam diretamente para as análises sobre as relações entre a expansão imperialista britânica na África e ao combate da escravidão neste continente pela BFASS. E os trabalhos mais abrangentes de John Harris (1933) e de C. W. W. Greenidge (1958) expõem visões oficiais, haja vista que ambos foram secretários da *Anti-Slavery and Aborigines Protection Society* na primeira metade do século XX.

O mais completo exame da BFASS propriamente dita saiu da lavra de Howard Temperley o *British Antislavery 1833-1870*, e se baseia na sua tese de doutorado – *The British and Foreign Anti-Slavery Society, 1831-1868*. Trata-se de um trabalho rigoroso, sendo, por isso mesmo, fundamental para a compreensão da história da BFASS; mesmo assim, é insuficiente para o exame da atuação dessa associação no Brasil da década de 1880, pois Temperley dedicou a este período somente umas poucas páginas do "Epílogo".

Em resumo, o uso do *Anti-Slavery Reporter* como fonte primária deve-se à carência de estudos sobre a atuação da BFASS na década de 1880. Além do mais, trata-se de uma fonte documental desconhecida pela historiografia brasileira da abolição, e, até hoje, somente David Brion Davis[29] havia recorrido a ela para examinar a supressão da escravidão no Brasil.

Afora as cartas, encontram-se no Apêndice C a conferência que Nabuco proferiu no Congresso de Milão na condição de representante da BFASS, um discurso feito por ele na festa de confraternização dos participantes deste Congresso, e o resumo da sua participação em outro Congresso de juristas, realizado em Londres em 1887. Tal como o *corpus* constituído pelas cartas, esses documentos são inéditos, embora haja referências de que o texto da conferência teria sido publicado na época pela *Gazeta da Tarde*.

Durante o desenvolvimento do trabalho surgiu uma questão crucial: como a BFASS tomou conhecimento da atuação parlamentar de Joaquim Nabuco? A resposta apareceu com a leitura do *The Rio News*, um jornal carioca publicado em inglês e dirigido por um norte-americano – Andrew Jackson Lamoureux –, que serviu de fio condutor para a ligação inicial entre Nabuco e a BFASS. Algumas matérias foram extraídas de suas páginas e estão no Apêndice D para ilustrar o teor da sua crítica à escravidão e do seu relacionamento tanto com Nabuco quanto com a BFASS.

---

29 David Brion Davis, 1984, p.291-7.

28 ANTONIO PENALVES ROCHA

Além do mais, antes de fazer contato com Joaquim Nabuco, a Sociedade dos Amigos, tanto a inglesa quanto a norte-americana, e a BFASS, juntamente com sociedades antiescravistas femininas que a auxiliavam, enviaram petições abolicionistas ao Império. Essas petições encontram-se no Apêndice E ao lado das Resoluções da Conferência Internacional Antiescravista de Paris de 1867 e das Mensagens de congratulações enviadas pela BFASS a brasileiros pela abolição da escravidão. Exceto uma das Mensagens, publicada em *O Abolicionista*, esses documentos também são inéditos, embora Joaquim Nabuco tivesse se referido a dois deles em *Um estadista do Império* para discorrer sobre pressões abolicionistas internacionais contra o Brasil.

A comprovação de que essas fontes são desconhecidas pode ser verificada nas raras referências feitas a elas pelos autores que escreveram sobre Joaquim Nabuco ou sobre a abolição da escravidão no Brasil. A correspondência ativa é praticamente desconhecida, salvo umas poucas cartas citadas por Carolina Nabuco e por Richard Graham.[30] Outras poucas cartas da correspondência passiva foram usadas por Carolina Nabuco, que reproduziu um trecho de uma delas,[31] por Robert Conrad, que extraiu duas delas reproduzidas pelo *South American Journal*,[32] por Robert Toplin, que usou uma passagem da carta citada por Carolina Nabuco,[33] por Célia M. de Azevedo,[34] que usou o livro de José Thomaz Nabuco, por David Brion Davis, que citou passagens de duas delas publicadas no *Anti-Slavery Reporter*[35] e por Evaldo Cabral de Mello, que citou trechos de três, extraídos de um livro de José Thomaz Nabuco.[36]

O desconhecimento das fontes tem ocasionado referências superficiais ao assunto, gerando uma quantidade considerável de equívocos tanto no que concerne à estrutura e aos objetivos da BFASS quanto ao que diz respeito às suas relações com brasileiros dos fins do século XIX.

---

30 Richard Graham, 1973; 1979, respectivamente, as notas de rodapé das p.188 e 157.

31 Carolina Nabuco, 1958, p.84-5.

32 Robert Conrad, 1975. Uma delas, publicada em 20 de fevereiro de 1886, foi identificada pelo historiador como uma carta que Nabuco escreveu "a um amigo", p.177, cujo trecho citado pode ser comparado com o da Carta 29 do Apêndice B. A outra data de 17 de outubro de 1885, desta vez com o destinatário corretamente identificado pelo historiador, p.275, cujo trecho pode ser comparado com o da Carta 28 do Apêndice B.

33 Robert Toplin, 1975, p.87. O interesse de Toplin estava no conteúdo da passagem, extraída da edição norte-americana de 1950 do livro de Carolina Nabuco, de modo que o historiador não mencionou a origem da carta.

34 Célia M. de Azevedo, 1995.

35 David Brion Davis, 1984, p.292 e 297.

36 *Diários*, p.245, 276 e 284, v.1.

ABOLICIONISTAS BRASILEIROS E INGLESES **29**

Com efeito, os poucos autores que tocaram nesse assunto expuseram esses desacertos na simples menção ao nome da Sociedade ou aos nomes dos seus membros ou ainda aos cargos que ocuparam.

As organizadoras do *Catálogo da Correspondência de Joaquim Nabuco 1865-1884* informam erroneamente que a *British and Foreign Anti-Slavery Society* foi uma "sociedade fundada por grandes abolicionistas ingleses como Wilberforce e Buxton".[37] Wilberforce morreu sete anos antes da fundação da BFASS, e Buxton só foi nominalmente membro do seu Comitê, sem nunca ter comparecido às suas reuniões até 1845, ano da sua morte, por discordar dos objetivos da BFASS, como foi mencionado acima.

José Murilo de Carvalho escreveu que "foi criada por Nabuco, Rebouças, João Clapp e outros a Sociedade Brasileira contra a Escravidão, inspirada na *British and Foreign Society for the Abolition of Slavery*".[38] Ao contrário do que escreveu Murilo de Carvalho, nunca existiu uma sociedade abolicionista inglesa com esse nome, afora o fato de que João Clapp não participou da fundação da Sociedade Brasileira contra a Escravidão. Além do mais, seria preciso explicar o significado da "inspiração", pois, evidentemente, a Sociedade Brasileira contra a Escravidão não se inspirou nem no internacionalismo da BFASS tampouco nos fortes sentimentos religiosos antiescravistas que alicerçavam a ação da associação britânica.

José Almino de Alencar afirmou que "a sociedade inglesa com a qual Nabuco manteve vários contatos" era a *"Anti-Slavery Society ... criada em Londres em 1790 [que] teve um papel importante na promulgação do Abolition Trade Act, de 1807, ... e do Slavery Abolition Act, de 1833 ...".*[39] Em tal afirmação, Alencar cometeu uma série de equívocos sobre as relações entre sociedades antiescravistas inglesas e as medidas tomadas pelo Parlamento contra a escravidão; e, o que é mais importante: Joaquim Nabuco fez contato com uma sociedade fundada em 1839.

De acordo com o Índice onomástico dos *Diários* de Joaquim Nabuco, Charles H. Allen era o "presidente da Anti-Slavery Society",[40] e Evaldo Cabral de Mello, num dos seus comentários a uma passagem deste livro, explicou que a participação de Nabuco na Conferência de Milão "fora iniciativa

---

37 Ana Isabel de Souza Leão Andrade e Carmen Lúcia de Souza Leão Rêgo, 1978, p.37.
38 José do Patrocínio, 1996, p.11. Esse mesmo nome atribuído à Sociedade foi reproduzido numa nota publicada pela *Revista de História da Biblioteca Nacional* sobre a intenção de Leslie Bethell e José Murilo de Carvalho publicarem um livro com a correspondência entre Nabuco e a BFASS. Paulo da Costa e Silva, 2007.
39 José Almino de Alencar, 2002, p.22.
40 *Diários*, p.532, v.2.

da *Anti-Slavery Society.*"[41] Em primeiro lugar, Charles H. Allen foi secretário da Sociedade de 1879 a 1900; em segundo, como Nabuco era correspondente da Sociedade, a "iniciativa" para que ele participasse da Conferência de Milão não poderia ter resultado de uma decisão unilateral. Além do mais, as cartas 14, 15 e 16 do Apêndice A e a carta 18 do Apêndice B, trocadas um ano antes da Conferência, indicam que coube a Joaquim Nabuco a iniciativa de sugerir à BFASS que participasse de um congresso sobre Direito Internacional.

Flávio Gomes, além de se referir à *"The British and Foreign Anti-Slavery Society"*, acrescentando ao nome oficial um artigo definido que não existe, escreveu também que ela "financiava" o *Reporter*, que, por sua vez, "acompanhava (mesmo com correspondentes enviados) com muito interesse (publicando noticiário) a política imperial, disputas parlamentares em torno da emancipação e o movimento abolicionista no Brasil".[42] Na verdade, o *Anti-Slavery Reporter* era o órgão de imprensa da associação e nunca enviou correspondentes para o Brasil. Quanto às suas publicações sobre o Brasil, o *Reporter* transcrevia notícias de segunda mão, extraídas de jornais brasileiros e estrangeiros, principalmente, a partir de 1879, do *The Rio News*, publicando também informações provenientes de cartas que a BFASS recebia de brasileiros ou de estrangeiros que aqui residiam.

É muito comum também a omissão de informação especializada sobre o nome da associação com a qual Joaquim Nabuco se relacionou. Evaldo Cabral de Mello e Isabel A. Marson e Célio R. Tasinafo[43] chamam-na simplesmente de *Anti-Slavery Society*. A bem da verdade, a *Society for the Mitigation and Gradual Abolition of Slavery throughout the British Dominions* (1823-1839), a *British and Foreign Anti-Slavery Society* (1839-1909) e a *Anti-Slavery and Aborigines Protection Society* (1909-1990) foram chamadas pelos seus respectivos membros, inclusive por Joaquim Nabuco, de *Anti-Slavery Society* por razões ideológicas, ou seja, para indicar a organicidade de todo o movimento abolicionista britânico. A reprodução dessa autoimagem de diversos abolicionistas ingleses pode provocar mal-entendidos, que, no extremo, causam graves equívocos como no caso acima mencionado do texto de José Almino de Alencar, pois, a rigor, *Anti-Slavery Society* foi tão somente o apelido da Sociedade fundada em 1823.

---

41 Ibidem, p.256.

42 Flávio Gomes, 2004.

43 Izabel A. Marson e Célio R. Tasinafo, 2003, p.36.

Em síntese, o desconhecimento das fontes sobre as relações entre a BFASS e Joaquim Nabuco e os equívocos dos historiadores sobre o assunto permitem fixar os dois objetivos deste estudo: examinar a coligação entre abolicionistas ingleses e brasileiros, que, de fato, se tornou uma coligação entre a BFASS e Joaquim Nabuco a partir de 1882, e fazer uma edição crítica das principais fontes primárias referentes ao objeto.

O estudo se desenvolve em três partes distintas, a saber:

1) a Parte I contém três capítulos destinados ao exame do abolicionismo de cada um dos membros da coligação – a *British and Foreign Anti-Slavery Society*, Joaquim Nabuco e o *The Rio News*;

2) a Parte II também é formada por três capítulos; o primeiro apresenta uma narrativa histórica da coligação e procura relacionar os traços da biografia abolicionista de Joaquim Nabuco com as evidências oferecidas pelas fontes históricas inéditas; o segundo complementa o primeiro e foi dele separado para evitar que longas digressões rompessem o fio da narrativa com a análise de temas particulares como, por exemplo, o contato de Joaquim Nabuco com o antiescravismo britânico da era vitoriana, o seu imaginário sobre a semelhança entre a sua ação abolicionista e a de William Lloyd Garrison e as suas participações em atividades internacionais da BFASS; finalmente, para efeitos de conclusão, o terceiro capítulo submete a imagem da liderança abolicionista de Nabuco, tal como é representada pela maioria dos historiadores, ao teste das evidências obtidas em todo o estudo;

3) a Parte III contém em quatro Apêndices (A, B, C e D) uma edição crítica das principais fontes históricas utilizadas pelo trabalho, que merecem ser divulgadas para eventuais estudos futuros sobre o mesmo assunto; encontra-se nela também um Apêndice (E) com os emblemas das sociedades abolicionistas inglesas.

* * *

As cartas trocadas entre a BFASS e Joaquim Nabuco serão tratadas por este estudo como documentos históricos, o que, por sinal, está pressuposto na enunciação de que constituem um *corpus*. De fato, nelas se encontram traços que revelam a existência de uma coligação entre os correspondentes para abolir a escravidão no Brasil.

Mas esses documentos não são, como todos os demais, inofensivos registros de informações positivas do passado, pois têm intenções voluntárias ou involuntárias de controle da memória. Essas cartas, por exemplo, encerram uma doutrina sobre a supressão da escravidão que foi empregada pelos Estados

32 ANTONIO PENALVES ROCHA

Nacionais do século XIX, e os correspondentes se esforçaram para demonstrar que *uma* das maneiras de acabar com a escravidão era naturalmente a *única*. Assim sendo, esses documentos foram conservados para dar sobrevida à doutrina e homenagear os seus autores pelo sucesso da obra realizada.

Tal concepção sobre os documentos históricos iguala-se em diversos pontos com a de Jacques Le Goff,[44] que, sob forte inspiração foucaultiana, considera todo documento como monumento e estabelece a necessidade de submetê-lo não só à tradicional crítica de autenticidade, mas também à luz de uma crítica que permita extrair informações históricas de monumentos.

De todo modo, o gênero dessas cartas concorre para que sejam usadas como fontes históricas. Ou melhor, as prescrições sobre o gênero epistolar começaram a ser estabelecidas na antiguidade romana e, segundo Alain Boureau,[45] foram normatizadas na Idade Média. A partir daí, de acordo com Deissmann, surgiram dois gêneros:

> o *familiar* trata de assuntos particulares, aplicando um estilo simples, pois o destinatário é figurado como tipo 'familiar', que não está presente para formular dúvidas sobre o que é dito pelo remetente se o estilo for complicado ou obscuro. O outro gênero, *negocial*, trata de assuntos de interesse geral, por isso admite a dissertação, a erudição, a doutrina, os ornamentos e a polêmica. Não tem destinatário especificado como "particular"; ou o destinatário é representante de uma posição institucional, "não familiar". Diferentemente da familiar, que de preferência é breve, a carta negocial admite extensão maior.[46]

De acordo com essa classificação, a correspondência entre a BFASS e Joaquim Nabuco indiscutivelmente pertence ao gênero *negocial*, uma vez que tem como assunto de interesse geral uma doutrina sobre a abolição da escravidão, afora o fato de que os correspondentes desempenhavam papéis institucionais.

Joaquim Nabuco trocou cartas com diversos membros da BFASS. Mas seu principal correspondente foi Charles H. Allen, porque era atribuição do secretário cuidar de toda a correspondência da associação,[47] tanto que

---

44 Jacques Le Goff, 1984, p.103.

45 Ver Alain Boureau, 1991.

46 Apud João Adolfo Hansen, 2003, p.18.

47 Poucos profissionais trabalhavam na BFASS. Além de Allen, as cartas só fazem referências ao seu assistente, J. Eastoe Teall. A Sociedade sempre teve um pequeno número de funcionários, um padrão agravado por suas dificuldades financeiras na segunda metade do século XIX; a esse respeito, Howard Temperley, 1972, p.66, afirmou que, até 1870, seus assalariados eram apenas "um secretário e um ou dois ajudantes responsáveis pelas matérias rotineiras".

quarenta e nove das sessenta por ela enviadas a Nabuco foram assinadas por Allen.

Seja como for, a intensidade desses contatos entre ambos gerou uma relação pessoal entre Allen e Nabuco. A princípio, em 1880, os contatos foram feitos unicamente por via postal. A relação pessoal propriamente dita se iniciou no ano seguinte, quando Nabuco esteve na Inglaterra, e se estreitou, entre 1882 e maio de 1884, quando ele morou em Londres. Depois disso, em 1887, Nabuco e Allen se encontraram novamente nas duas viagens que o brasileiro fez à Inglaterra neste mesmo ano. Após a Abolição, estiveram novamente juntos em Londres nos anos de 1891 e 1892; finalmente, viram-se pela última vez no Congresso Antiescravista de Paris, em 1900.

Ao passar os olhos por esses papéis, tem-se a impressão de que houve uma gradual mudança do gênero das cartas: as de Allen tornaram-se, com o correr do tempo, aparentemente *familiares*, ao passo que as de Nabuco continuaram sendo estritamente *negociais*.

Houve efetivamente uma mudança de assunto nas cartas de Allen ao longo dos mais de vinte anos em que se corresponderam. A princípio, suas cartas eram marcadamente *negociais*, embora Allen tenha começado a dar notícias de sua família a Nabuco desde 1881, ou seja, logo depois de se conheceram pessoalmente. Após a abolição, quando a correspondência se tornou mais espaçada, as cartas de Allen passaram, no entanto, a dar destaque a notícias de sua vida cotidiana, como, por exemplo, da compra de uma casa, do estado dos papagaios que Nabuco lhe deu de presente, de viagens familiares, da re-memoração de episódios vividos por ambos os correspondentes etc. Assim, suas cartas abriram espaço a narrativas pessoais de caráter afetivo.

Em compensação, as cartas escritas por Joaquim Nabuco não fazem menções à sua vida pessoal, salvo uma delas,[48] quando contou para Allen que sua saúde estava debilitada, ainda assim para explicar por que estava de partida para o Brasil. Esse formalismo, porém, seguia regras de polidez: logo depois de ter conhecido Allen pessoalmente, Nabuco manifestou apreço por ele ao considerá-lo como "um bom amigo, mais que um simpatizante da causa da abolição"[49] e, na carta seguinte, escreveu sobre o prazer que lhe dava "esta relação de amizade".[50] Aliás, nessa última carta, Nabuco enviou, pela primeira vez, saudações à mulher de Allen, o que indica que, em 1881, fora introduzido no círculo familiar do secretário durante sua estada na Inglaterra.

---

48 Carta 23, Apêndice B.
49 Carta 6, Apêndice B.
50 Carta 7, Apêndice B.

34 ANTONIO PENALVES ROCHA

De qualquer maneira, a impessoalidade e a formalidade das cartas de Joaquim Nabuco eram de tal ordem que confundiam Charles H. Allen e impediam-no de discernir a destinação que o autor lhes reservara. Tanto é assim que, em 1885, o secretário chamou amigavelmente a atenção do brasileiro para que anotasse "particular e confidencial" nas cartas a fim de que soubesse quais delas poderia enviar para publicação na imprensa inglesa.[51]

É verdade que os ingleses podem ter selecionado o material que seria arquivado, excluindo as cartas *familiares* de Nabuco. Mas essa é uma suposição fraca, porque de fato a BFASS arquivou até mesmo os bilhetes para marcar encontros que Joaquim Nabuco enviou à sede da Sociedade durante o período em que viveu em Londres. Por outro lado, Allen acatou o pedido de Nabuco para dar fim a cartas confidenciais: assim, por exemplo, não arquivou uma carta "particular" escrita por Nabuco logo depois da abolição, embora tenha tornado público o seu recebimento.[52]

De qualquer maneira, a impressão de que houve uma desigualdade de gênero da correspondência, marcada pela impessoalidade de Joaquim Nabuco e pela pessoalidade de Charles Allen, não resiste a uma observação cuidadosa. O gênero *negocial* das cartas foi fixado pelos papéis institucionais dos correspondentes: Nabuco representou os de presidente da Sociedade Brasileira contra a Escravidão, de líder do movimento abolicionista no Brasil e de político profissional abolicionista, e Allen o de secretário da BFASS e de abolicionista profissional.

---

51 Carta 30, Apêndice A.
52 *Anti-Slavery Reporter*, maio-jun. de 1888, p.62.

Parte I

As ideias sobre escravidão e abolição dos membros da coligação

1
A Sociedade Britânica e Estrangeira contra a Escravidão

A *British and Foreign Anti-Slavery Society* foi fundada logo depois da campanha pela supressão do "aprendizado", o principal remanescente da escravidão nas possessões britânicas abrangidas pela Lei de Emancipação de 1833. Incorporando marcas dessa campanha, o seu Estatuto estipulava que o objetivo da Sociedade era dar assistência aos libertos e, ao mesmo tempo, combater a escravidão nos demais domínios britânicos e em todo o mundo, partindo do princípio de que a extinção da escravidão era a condição para a supressão do comércio de escravos.

Os traços do perfil que a BFASS adquiriu durante sua trajetória histórica já estavam presentes na composição religiosa do seu primeiro estafe: o presidente, Thomas Clarkson, um personagem emblemático do abolicionismo britânico, era anglicano; o tesoureiro, W. G. Alexander, que ocupou este cargo durante trinta anos, era quacre, e o seu primeiro Comitê executivo, formado por vinte e sete membros, contava com dezesseis quacres. Além disso, o fundador da associação, Joseph Sturge, que declinou do compromisso de ocupar cargos de direção, também era quacre. Tudo somado, os quacres eram majoritários na composição desse primeiro estafe, pois havia dezoito deles entre os vinte e nove homens que o compunham,[53] sendo os demais anglicanos, metodistas e batistas.

Assim como os quacres predominavam na composição desse primeiro corpo administrativo, predominariam também nos setenta anos de existência da BFASS. Além do mais, entre 1839 e 1909, os quacres também a

---

53 *Anti-Slavery Reporter*, mar.-abr. de 1892, p.70.

38 ANTONIO PENALVES ROCHA

sustentaram financeiramente, fato esse publicamente reconhecido pela associação e manifestado pelo *Reporter*:

> por muitos anos a *Anti-Slavery Society* tem recebido apoio principalmente dos quacres; se não fosse pela ajuda deles, as atividades da Sociedade teriam cessado há muito tempo, haja vista a sua necessidade de assistência pecuniária para a realização de grande parte do seu trabalho, principalmente a impressão e a circulação de informações a respeito da escravidão em várias partes do mundo. [54]

Enfim, tanto a fundação da BFASS quanto sua história estiveram ligadas inextricavelmente aos quacres, isto é, aos membros da Sociedade dos Amigos, que, aliás, já haviam sido os protagonistas do movimento contra a escravidão na Grã-Bretanha desde os fins do século XVIII. Conforme as contas feitas por H. Temperley, referentes ao período que vai de 1839 a 1870, dos sessenta e sete membros do seu Comitê, trinta e dois eram quacres, além de entre dois terços e três quartos da sua receita serem provenientes da Sociedade dos Amigos. [55] Ao que tudo indica, entre 1870 e 1909, essa situação não foi substancialmente alterada.

William Allen, um quacre que participou da fundação da BFASS, enunciou num princípio o sentimento religioso que enformou os objetivos desta associação: "o verdadeiro cristão é um cidadão do mundo e considera todo homem como um irmão ...". [56] Esse mesmo sentimento foi exposto de outra forma numa frase que apareceu, em 1878, no *The Friend*, o periódico da Sociedade dos Amigos: "os males notórios que afligem a humanidade em qualquer parte da terra são os tópicos que mais rigorosamente ocupam os pensamentos dos Amigos em todos os lugares". [57]

Esse princípio, no entanto, poderia ter sido enunciado por metodistas, batistas e alguns anglicanos da Grã-Bretanha entre as décadas de 1830 e 1840, pois todos eles estavam imersos no evangelicalismo propagado, desde os fins do século XVIII, por um amplo movimento social de caráter religioso que ficou conhecido como *Evangelical Revival* (avivamento evangélico).

---

54 Ibidem, jul. de 1884, p.168.
55 Howard Temperley, 1972, p.68 e 82.
56 Apud Elizabeth Isichei, 1970, p.245. Embora W. Allen tivesse utilizado esse princípio para justificar a atuação dos Amigos na Liga contra a Lei dos Cereais, ele se aplica igualmente às demais atividades filantrópicas do grupo, entre as quais se encontrava o antiescravismo.
57 Ibidem, p.218.

A tônica desse movimento foi dada pelas propostas de John Wesley (1703-1791), que visavam promover, na primeira metade do século XVIII, um despertar religioso dentro da Igreja Anglicana. As convicções religiosas wesleyanas, assimiladas pelo movimento, se parecem com um calvinismo moderado, pois partiam do princípio de que a conversão pela fé do coração, e não pela fé dogmática, e a regeneração pelo arrependimento eram condições necessárias para que o cristão alcançasse o estado de graça. Como derivação natural desse estado espiritual interno, o crente se dedicaria às boas obras, embora a salvação residisse na fé.

Baseados nessa crença, os grupos cristãos envolvidos no *Evangelical Revival* dedicaram-se a ações filantrópicas, e uma delas destinava-se a pôr fim ao sofrimento dos "pobres escravos", segundo uma expressão que aparece com certa frequência tanto no *Reporter* como nas cartas enviadas pela BFASS a Joaquim Nabuco.

O emblema da BFASS representava sua adesão ao sentimento religioso contido na frase de W. Allen. Com efeito, seu emblema era o mesmo que pertencera à primeira sociedade antiescravista inglesa – a *Society for the Abolition of the Slave Trade*, fundada nos fins da década de 1780. Trata-se de um desenho que figura um escravo negro de joelhos, acorrentado, olhando submissa e temerosamente para o alto com as mãos em posição de súplica; sob essa imagem está inscrita uma divisa: "eu não sou um homem e um irmão?". A BFASS, no entanto, deu-lhe uma nova forma gráfica: manteve a forma ovalada do emblema, embora o tenha horizontalizado, colocou a imagem no primeiro plano de uma paisagem toscamente desenhada, cujo único elemento nítido é uma palmeira que informa sobre a geografia da escravidão, e inscreveu o nome oficial da associação ao seu redor. Assim, o emblema revelava, de uma só vez, a visão compassiva da BFASS sobre o desamparo dos escravos e o empenho da associação por torná-los objetos da caridade cristã.[58]

A propósito, em 1787, o autor do desenho, Josiah Wedgwood, um conhecido ceramista que pertencia ao Comitê da Sociedade pela Abolição do Tráfico Negreiro, o transformou num camafeu de jaspe. Algumas mulheres da época passaram a usá-lo em pulseiras ou como broches ou então como enfeite de presilhas de cabelo. No fim, o camafeu virou moda, e a esse respeito Thomas Clarkson observou que "a moda, usualmente restrita a coisas fúteis, desta vez prestou um serviço honroso ao promover a causa da justiça, da humanidade e da liberdade".[59]

---

58 Essas diferentes figuras estão reproduzidas no Apêndice F.

59 Esta citação encontra-se no sítio do Museu Josiah Wedgwood (http://www.wedgwood-museum.org.uk/slave.htm) sem qualquer referência à fonte.

40 ANTONIO PENALVES ROCHA

Num relato de 1833 sobre sua primeira visita à Inglaterra, William Lloyd Garrison deu destaque à importância dos quacres no movimento abolicionista britânico seja por constituírem a maior parte dos seus quadros dirigentes, seja por sustentarem-no com polpudas contribuições; assim, referiu-se particularmente a certos nomes: Gurney, Buxton, Forster, Sturge, Allen, Braithwaite e Hoares.[60] A maioria desses abolicionistas citados por Garrison formou verdadeiras linhagens de dirigentes da causa, e seus descendentes ditaram os rumos do abolicionismo britânico durante todo o século XIX, marcando presença na formação e na história da BFASS.

Tanto é assim que, nos fins do século, os correspondentes de Joaquim Nabuco eram quacres. O Allen a que Garrison se referiu era William Allen (1770-1843), que participou da fundação da BFASS com Stafford Allen, seu sobrinho. Stafford e seu irmão, também chamado William Allen, ocuparam cadeiras do Comitê da associação durante a segunda metade do século XIX, e Charles H. Allen, o secretário da BFASS e principal correspondente de Nabuco, era sobrinho deles.[61] O Gurney citado por Garrison era Samuel Gurney (1786-1856), que participou tanto da fundação da *Society for the Mitigation and Gradual Abolition of Slavery throughout the British Dominions*, em 1823, quanto da BFASS; seu filho, também chamado Samuel Gurney, foi membro do Comitê da BFASS durante décadas e, entre 1864 e 1882, tornou-se o segundo presidente da sua história. O Sturge mencionado por Garrison era Joseph Sturge (1793-1859), fundador da BFASS e um dos mais conhecidos quacres da Inglaterra das duas décadas iniciais da era vitoriana; Hannah Joseph Sturge, a viúva de Joseph Sturge, presidiu até o fim da vida (1896) a Sociedade das Senhoras Amigas dos Negros de Birmingham, uma Sociedade Auxiliar da BFASS, e seu irmão, Edmund Sturge, foi presidente do Comitê, assumindo, em 1891, a vice-presidência da associação. O Buxton citado por Garrison era Thomas Fowel Buxton (1786-1845),[62] um dos líderes proeminentes do abolicionismo inglês até a década de 1840; Thomas Fowel Buxton, seu neto homônimo, substituiu Charles H. Allen na secretaria da BFASS e tornou-se o seu quarto e último presidente, tendo como secretário Travers Buxton.

Além desses homens, Nabuco correspondeu-se também com outros membros da Sociedade dos Amigos: Joseph Cooper, um dos fundadores da

---

60 Apud Betty Fladeland, 1972, p.222.

61 Outro membro da família Allen que participou dos quadros da BFASS foi Joseph Allen, irmão de Charles Allen, que se tornou tesoureiro em 1879.

62 Na verdade, Buxton era anglicano; no entanto, sua mãe era quacre e ele se casou com Hannah Gurney, irmã de Samuel Gurney, e frequentava as reuniões de culto quacres.

BFASS, Joseph G. Alexander, da família do primeiro tesoureiro, e Arthur Pease, o terceiro presidente da associação.

O quacrismo tem suas raízes no contexto religioso da Inglaterra da segunda metade do século XVI, cujos principais elementos constitutivos foram a institucionalização da Igreja Anglicana e a concomitante difusão de várias correntes do protestantismo. Tais elementos, no entanto, eram antinômicos e potencialmente conflitantes, e não demorou muito para que estas suas potencialidades produzissem efeitos reais. De fato, de um lado, a Monarquia considerou os que não aderiram ao anglicanismo como inimigos do Estado e os taxou de "não conformistas" ou "dissidentes"; de outro, as correntes protestantes, que eram minoritárias, rejeitaram a fusão da Igreja com a Monarquia.

O surgimento da Sociedade dos Amigos ocorreu nos meados do século XVII sob a orientação espiritual de George Fox (1624-1691); mas esse fato está diretamente ligado ao governo de Cromwell, pois a *Commonwealth* serviu de caldo de cultura para o aparecimento de uma grande quantidade de seitas dissidentes e de divisões dentro da religião oficial.

Nessa época, George Fox tornou-se um *Seeker* (perscrutador), isto é, um dos muitos homens da Inglaterra da época que procuravam descobrir a verdade religiosa sozinhos e à margem de qualquer filiação eclesiástica. Na sua perscrutação, Fox teria recebido uma mensagem divina que utilizou como alicerce de uma doutrina religiosa. O preceito central da doutrina de Fox estava na crença de que todo ser humano traz dentro de si uma "Luz Interior" ou "a semente de uma Luz Divina", que era a "Luz Interior de Cristo", visto que "Cristo em pessoa veio para ensinar o seu povo". Resulta daí que, tendo Cristo presente no coração, os fiéis poderiam conhecer a vontade de Deus por via direta, dispensando a intermediação de autoridades religiosas.

A doutrina de George Fox, contendo possivelmente a mais radical proposta de supressão do culto religioso de toda a Reforma, fundamentou a construção da Sociedade dos Amigos. A Sociedade não teria recintos "sagrados", pois Fox condenava igrejas – chamadas por ele de "casas com campanários" –, sacramentos, ritos religiosos e sacerdotes. Em lugar da igreja, construiriam "casas de reunião", que se assemelhavam externamente a casas comuns; internamente encerravam um salão com bancos, sem imagens religiosas, destinado à "reunião de culto" (*Meeting for Worship*). Alguns bancos, que ficavam sobre uma plataforma, eram reservados aos anciões e ministros; mas esses últimos não eram profissionais e tampouco pregavam durante o culto.

Quanto ao culto propriamente dito, os Amigos se reuniam três vezes por semana (uma na quarta-feira e duas no domingo), e cada reunião durava duas horas. Durante as reuniões, permaneciam em silêncio, aguardando uma mensagem do Espírito Santo. Quando um dos Amigos a recebia, a transmitia aos demais a fim de compartilhar sua iluminação espiritual. A força dessa "Luz Interior" estaria na origem do vocábulo "Quaker" (quacre), tanto que há dicionários que atribuem sua raiz à *"quake"* ("tremor"), em português, portanto, "quacre" corresponderia a "aquele que treme". Por isso, a ideia original do "culto social" dos Amigos não promovia cerimônias e rituais religiosos, nem tampouco carecia da figura de um sacerdote.

Embora a concepção de que todos os seres humanos tinham Cristo no coração levasse os quacres a um pacifismo irredutível, o quacrismo subvertia a ordem política e religiosa pelo indiferentismo dos seus seguidores em relação aos poderes constituídos. Por isso, como os demais não conformistas, os Amigos foram discriminados: era-lhes interditado o acesso aos cargos públicos e ao ensino universitário uma vez que não prestavam juramento algum, quanto menos ainda à Igreja oficial; além de discriminados, foram perseguidos, presos e torturados sob acusação de heresia e anarquia, de acordo com os termos da Lei da Blasfêmia (1650). O próprio George Fox permaneceu durante cerca de seis anos na prisão, e os que emigraram para as colônias americanas não tiveram melhor sorte, salvo em alguns lugares, como na Pensilvânia, fundada por membros da Sociedade.

Fox fixou também as diretrizes da organização da Sociedade dos Amigos, conferindo-lhe um caráter centralizado. Todos os assuntos relativos a ela eram tratados periodicamente em reuniões mensais (locais), trimestrais (regionais) e uma anual (nacional); essa última, a Reunião Anual de Londres (*London Yearly Meeting*), era a mais alta instância decisória do grupo.

Para dirigir a Sociedade entre uma Reunião Anual e outra, foi instituído o *Meeting for Sufferings* – que, em português, seria algo como Reunião para os Padecimentos; mas não deve ser traduzido porque se trata de nome próprio. De todo modo, esse *Meeting* se tornou um comitê representativo permanente da Reunião Anual de Londres com poder para constituir subcomissões que lidavam com todas as questões que afetassem os Amigos.

Todos os quacres deveriam participar das reuniões e expor suas opiniões religiosas, exceto das reuniões do *Meeting for Sufferings*, e expor suas queixas. Mas os Amigos não votavam, e na reunião anual a decisão final era aprovada por unanimidade da assembleia, que era sentida, apreendida e registrada por um deles, que ocupava o cargo de *Clerk*, especialmente escolhido para coordená-la.

As perseguições aos quacres cessaram com a Lei da Tolerância (1689), que estabeleceu a liberdade de consciência e considerou ofensiva a perturbação a qualquer culto religioso, embora persistissem as discriminações anteriores e o pagamento do dízimo à Igreja oficial.

De todo modo, as perseguições e a singularidade da religiosidade tiveram dois efeitos principais sobre a Sociedade: primeiro, cristalizaram a austeridade moral e religiosa de cada um dos membros e a inflexibilidade da seita quanto ao cumprimento de certas normas pelo grupo; segundo, levaram a Sociedade dos Amigos a ensimesmar-se, ou seja, a assumir uma atitude quietista, que se estendeu até os fins do século XVIII. Desse modo, os Amigos tornaram-se excludentes em relação a todas as demais denominações e seitas, observando os seus porta-vozes como anticristos.

Certos ensinamentos de Fox transformaram os quacres em "pessoas peculiares". Quanto às roupas, não usavam qualquer tipo de enfeite – os homens usavam jaquetas sem lapelas e chapéus de aba larga, que não tiravam nem sequer para cumprimentar alguém ou para sinalizar o reconhecimento de uma autoridade e, até o século XIX, discutiram sobre tirar ou não o chapéu durante a reunião de culto; as mulheres usavam roupas escuras sem adornos e touca. Quanto à linguagem, só empregavam o "você" (*thee* ou *thou*), no sentido informal que esse pronome é usado atualmente no Brasil, independentemente da posição social ou da idade do interlocutor. E se recusavam a empregar os nomes tradicionais dos meses e dos dias da semana, substituindo-os por números ordinais – por exemplo, "primeiro dia" (o domingo, *Sunday*, que chamavam também de "sabá cristão"), "segundo dia" (a segunda-feira, *Monday*) etc., ou "primeiro mês" (janeiro), "segundo mês" (fevereiro) etc. –, porque conservavam os nomes de divindades pagãs.

Além disso tudo, uma série de interdições regulava a vida cotidiana dos Amigos: eram proibidos de ler romances, ouvir música, dançar, ir ao teatro, decorar suas casas, usar roupas de luto, colocar lápides nas sepulturas e casar com quem não pertencesse à comunidade religiosa. Muitos itens desse código de conduta foram rigorosamente cumpridos até o século XIX estar bem avançado, e a quebra de qualquer um deles sujeitava o quacre à expulsão da Sociedade; por outro lado, nos princípios do século XX, todos já haviam sido abolidos.

Com essas idiossincrasias, passaram a ser facilmente identificados não só dentro da comunidade como também aos olhos dos que não faziam parte dela. E, no fim das contas, a Sociedade dos Amigos constituiu um grupo fortemente coeso devido a um conjunto de fatores – devoção, solidariedade para fazer frente à hostilidade do Estado, centralização da Sociedade, endogamia e amizade –, que se entreteceram e formaram uma rede quacre.

44 ANTONIO PENALVES ROCHA

Na época da Liga contra a Lei dos Cereais, Richard Cobden[63] afirmou que a Sociedade dos Amigos era vital para o sucesso de qualquer agitação na Inglaterra, pois "tinha grande influência sobre os interesses financeiros da City, aos quais o governo dava ouvido".[64] Não bastasse a influência no mundo das finanças, a rede quacre, que se estendia por todo o território britânico, podia ser acionada sem grandes dificuldades pelo *Meeting for Sufferings* até mesmo pelo correio, haja vista a sólida coesão dos Amigos.

O tamanho da Sociedade dos Amigos, no entanto, foi desproporcional à sua importância na Grã-Bretanha vitoriana. De acordo com os números obtidos por Elizabeth Isichei em sua pesquisa, em 1680 havia 60 mil quacres. Em consequência da emigração, expulsões e abandono, esse número se reduziu: em 1840, havia 16.227 e, em 1861, 13.859. Um censo sobre a frequência em cultos religiosos, realizado num domingo de 1851, fornece elementos para uma comparação entre o número de quacres com o dos devotos das demais denominações: compareceram aos cultos entre 2 e 3 milhões de anglicanos, 694.000 metodistas, 515.000 congregacionistas, 353.000 batistas de diversos ramos e 14.016 quacres.[65] Ainda segundo E. Isichei, esses grupos constituíam a "nação política"; no mais, algum número por volta de 70% da população britânica era formada por pobres, excluídos da vida religiosa.

A importância dos quacres está ligada à fortuna de um grupo que praticamente controlava a Sociedade dos Amigos. Impedidos de ter acesso ao ensino superior e aos cargos públicos, os quacres se dedicaram a atividades manufatureiras, mercantis e financeiras, transferindo para elas a mesma austeridade que presidia a vida espiritual da comunidade religiosa. Com efeito, o crescimento econômico da Grã-Bretanha dos fins do século XVIII, somado à vida ascética e à moral puritana dos Amigos, possibilitou o surgimento de um grupo de grandes empresários dentro da Sociedade. Diversos historiadores vinculam a existência dessas grandes fortunas unicamente ao ascetismo dos Amigos, reproduzindo a visão que os quacres tinham de si mesmos. Mas, como observou Isichei, ascetismo e frugalidade, por si só, não constituem fortunas,[66] que seriam mais bem observadas na história particular de cada uma das grandes firmas quacres. Além do mais, nem todos eram ricos, e aqueles que alcançaram fama pela riqueza na Inglaterra vitoriana expandiram firmas familiares montadas pelas gerações anteriores.

---

63 Sobre Richard Cobden, ver item 5.1.
64 Apud Elizabeth Isichei, 1970, p.190.
65 Ibidem, p.112 e 113 e p.XVII e XIX.
66 Ibidem, p.183.

ABOLICIONISTAS BRASILEIROS E INGLESES 45

Importa é que a maioria absoluta dos que participaram da fundação e da história da BFASS pertencia à categoria dos quacres endinheirados. Alguns dos nomes que foram acima mencionados podem ser usados como exemplos: os Sturges negociavam com cereais e diversificaram seus investimentos com aplicações em ferrovias e construção de canais, e Edmund Sturge cultivava lima nas Índias Ocidentais e fabricava suco de lima na Inglaterra; os Allens enriqueceram no ramo farmacêutico, embora, em contraste, Charles H. Allen tivesse sido um "comerciante comissionado", antes de assumir a secretaria da BFASS;[67] Samuel Gurney foi, até a primeira metade do século XIX, dono da maior casa bancária do mundo na época, sendo conhecido como "o banqueiro dos banqueiros"; os Buxtons e Alexanders também atuavam no mundo das finanças; os Peases tinham investimentos em ferrovias, minas de carvão e de ferro, têxteis e finanças. Enfim, ainda segundo os resultados da pesquisa de Elizabeth Isichei, grandes industriais e financistas quacres atraem muita atenção graças ao debate sobre as relações entre capitalismo e protestantismo; de qualquer maneira, essa historiadora representou os quacres vitorianos como um grupo da *"middle class"*, no sentido que os ingleses dão a esta expressão, embora houvesse um estrato de quacres na "vida humilde"; esse estrato, no entanto, não figurava nas decisões da Sociedade dos Amigos.[68]

O quietismo dos quacres se estendeu até o primeiro terço do século XIX, quando se encerrou uma fase de transição iniciada nos fins do século XVIII. De fato, sob a influência do *Evangelical Revival*, os Amigos foram aderindo gradualmente ao evangelicalismo; no fim, essa adesão foi de tal ordem que alguns deles chegaram a ponto de colocar em questão até mesmo a concepção da "Luz Interior".

De todo modo, o principal efeito dessa adesão foi a substituição do quietismo pela abertura da Sociedade dos Amigos para o mundo. Ou seja, ela se exteriorizou devido à conexão feita pelo evangelicalismo entre duas esferas inseparáveis – o estado de graça e as boas obras –, e ambas estavam, da mesma forma que a "Luz Interior de Cristo" dos quacres, sob a responsabilidade de cada crente. A caridade foi considerada como a quintessência das boas obras e chamada pelos vitorianos de filantropia. As ações filantrópicas, por sua vez, aproximaram os Amigos das outras denominações e, portanto, pavimentaram o caminho que os levou, ao longo do século XIX, a abandonar

---

67 Carta 11, Apêndice A.
68 Elizabeth Isichei, 1970, p.187-8.

46 ANTONIO PENALVES ROCHA

as suas peculiaridades e a reconduzir o quacrismo à corrente dominante do cristianismo britânico.

Paralelamente a ações caritativas individuais ou de pequenos grupos, como esmola ou sopa aos pobres, o *Evangelical Revival* levou ao surgimento da "filantropia organizada", uma expressão usada na época para designar sociedades filantrópicas, nas quais os quacres sempre estiveram em destaque.

As mais famosas foram a Sociedade Britânica e Estrangeira contra a Escravidão (*British and Foreign Anti-Slavery Society*), a Sociedade pela Paz (*Peace Society*), a Sociedade pela Proteção dos Aborígines (*Aborigenes Protection Society*), a Sociedade Britânica e Estrangeira pela Temperança (*British and Foreign Temperance Society*), a Sociedade Britânica e Estrangeira pela Escola (*British and Foreign School Society*) e a *Howard Association*, voltada para questões relativas às leis penais na Inglaterra. A Liga contra a Lei dos Cereais também foi vista por alguns como "filantropia organizada", dada a sua intenção de promover a baixa dos preços dos cereais.

Paralelamente à atuação dessas sociedades, houve diversas campanhas de menor expressão, tidas também como filantrópicas, como, por exemplo, campanha contra o ópio, campanha contra as Leis sobre Doenças Contagiosas, leis estas que criaram um grupo de policiais especializado em vigiar as prostitutas para encaminhá-las aos exames médicos, o que representava uma ameaça às mulheres pobres, confundidas frequentemente com prostitutas. Ao lado das organizações filantrópicas, estavam as "humanitárias", como a Sociedade Real de Prevenção contra a Crueldade aos Animais, conhecida pela sua sigla RSPCA, e o movimento contra a vivissecção de animais; essas também estavam em sintonia com o evangelicalismo na medida em que denunciavam o sofrimento de seres criados por Deus a partir do princípio de que somente os misericordiosos seriam beneficiados pela misericórdia divina.

Fatores mundanos, como distinção social, contribuíram para o engajamento dos quacres endinheirados na filantropia, mais uma vez de acordo com a observação de E. Isichei.[69] Em regra, os patronos dessas sociedades eram provenientes da *upper class*, e, assim, os Amigos se sentiam prestigiados por estar ao lado de aristocratas; por exemplo, não foi por outro motivo que, a partir de 1884, por ocasião das comemorações do jubileu da abolição, o *Reporter* passou a ostentar na primeira página o nome do Príncipe

---

69 Ibidem, p.214-5.

de Gales como "Patrono da BFASS", e, quando o Príncipe se tornou rei, com a morte da rainha Vitória (1901), o periódico passou a estampar em letras grandes *"Patron: His Majesty the King"*.

Isso, no entanto, não exclui o papel da religiosidade, principalmente do sentimento de culpa de fundo religioso, como o principal dos móveis da atuação filantrópica dos quacres. Enraizada na intensidade do fervor religioso, a culpa vicejava em face do contraste escancarado entre a riqueza dos que estavam à testa da Sociedade dos Amigos e a pobreza dominante numa época em que os pobres não eram objeto de políticas estatais. Além do prestígio e da culpa, mas enraizado em ambos, estava a ideia da filantropia como ocupação prazerosa; em 1843, a Reunião Anual considerou que "a melhor diversão de um cristão é o alívio da miséria".[70] Desse modo, a associação entre "filantropia" e a "sede de nomeada" não foram exclusividade dos desejos do Brás Cubas de Machado de Assis, e, antes dele, muitos ingleses já haviam inventado um "emplastro contra a melancolia".

Alguns exemplos ilustram a presença de quacres em diversas Sociedades filantrópicas. Joseph Sturge foi figura de destaque na Liga contra a Lei dos Cereais, na Sociedade pela Paz e, como já foi mencionado, fundou a BFASS. Antes de presidir a BFASS, Samuel Gurney fora presidente da Sociedade Britânica e Estrangeira pela Escola e da Sociedade pela Proteção dos Aborígines e membro da Sociedade pela Paz, da *Howard Association* e da Sociedade pela Prevenção da Crueldade aos Animais. William Allen participou não só da fundação da BFASS como também da Sociedade pela Paz. E os Peases tinham nas mãos a presidência da Sociedade pela Paz.

Enfim, a luta contra a escravidão e as diversas sociedades antiescravistas da Inglaterra do século XIX se inscrevem nesse conjunto de atividades filantrópicas de fundo religioso. Aliás, o antiescravismo foi a primeira dessas atividades, e a adesão dos quacres ao movimento abolicionista se deu numa época em que a Sociedade dos Amigos transitava do quietismo para o evangelicalismo.

No século XVII, e em grande parte do XVIII, os quacres, como todo o mundo, observavam a escravidão com naturalidade, razão pela qual alguns tinham interesses no tráfico negreiro e outros, que viviam nas colônias, empregavam o trabalho escravo, embora, em tese, a escravidão fosse incompatível com o princípio da "Luz Interior de Cristo" no coração dos homens na medida em que a Luz os igualava numa fraternidade universal.

---

70 Ibidem, p.217.

Institucionalmente, a Sociedade dos Amigos só se manifestou contra a escravidão nos fins do século XVIII. É verdade, porém, que antes dessa época alguns quacres já haviam feito restrições à escravidão. George Fox, numa viagem que fez às Índias Ocidentais na década de 1670, pregou aos Amigos das colônias sobre o bom tratamento devido aos escravos e sobre a necessidade de libertá-los depois de transcorrido um certo tempo de cativeiro, a exemplo da libertação bíblica dos escravos no jubileu do cativeiro. Há também registros de que grupos quacres da Pensilvânia, nos fins do século XVII, denunciaram a incompatibilidade da escravidão com os princípios da fraternidade cristã.

De todo modo, a posição abertamente antiescravista dos quacres britânicos foi assumida por influência dos quacres americanos. No século XVIII, esses últimos adotaram o abolicionismo, veiculado principalmente por John Woolman, cujas pregações aos donos de escravos quacres nas colônias da América do Norte denunciavam a iniquidade da escravidão, e por Anthony Benezet, que coletou informações para denunciar os horrores do tráfico e as difundiu entre os Amigos. Em 1776, a Reunião Anual da Filadélfia proibiu os Amigos de possuírem escravos sob pena de expulsão da Sociedade e, seis anos depois, solicitou aos quacres ingleses que assumissem uma oposição franca ao tráfico de escravos e pressionassem o governo a suprimi-lo.

A solicitação foi atendida e, em 1783, a Sociedade dos Amigos da Inglaterra enviou uma petição ao Parlamento sobre a interdição do tráfico; ao mesmo tempo, a *Meeting for Sufferings* constituiu um subcomitê destinado a providenciar a divulgação dos textos antiescravistas de Woolman e de Benezet na Grã-Bretanha, a publicar material antiescravista na imprensa e a fazer *lobby* no Parlamento. Finalmente, em 1787, nove quacres, dois anglicanos (Thomas Clarkson e Granville Sharp) e um evangélico (William Wilberforce, que se tornou o porta-voz parlamentar do grupo) fundaram a *Society for the Abolition of the Slave Trade*. E, daí em diante, os Amigos marcaram presença nas associações antiescravistas da Grã-Bretanha nas décadas de 1820 e 1830 e foram majoritários na fundação da BFASS.

Como a BFASS foi fundada na esteira desse abolicionismo essencialmente religioso, os termos da sua crítica à escravidão também foram religiosos. De fato, essa associação adotou o lema antiescravista que estava em vigor desde o início do movimento abolicionista britânico: "a escravidão é um crime contra Deus", acrescentando-lhe um argumento caro ao pensamento laico da Ilustração referente à incompatibilidade entre a escravidão e o direito natural. Desse modo, o lema recebeu outras formulações, embora seus novos desenvolvimentos não tivessem acarretado uma mudança substantiva no conteúdo.

Dois exemplos ilustram o acréscimo e as novas formulações: primeiro, uma das resoluções da Segunda Convenção Mundial Antiescravista (1843) condenou o emprego de escravos pelos membros das Igrejas cristãs do Novo Mundo nos seguintes termos: "a escravidão se opõe intrinsecamente a toda *justiça natural* [grifado por mim] e ao cristianismo genuíno", e as comunidades cristãs devem "afastar da sua comunhão todas as pessoas que ... continuem no pecado de escravizar seus semelhantes ou mantê-los como escravos";[71] segundo, em 1845, ao advogar a abolição imediata e completa, a BFASS declarou que "a escravidão é um pecado contra Deus" e "o apoio a qualquer outra doutrina [contrária à abolição imediata] é uma traição contra o Altíssimo e um ultraje à integridade moral"; além do mais, sendo

> as leis da natureza e de Deus supremas e universais ... nenhum corpo legislativo tem competência moral para condenar um inocente pela lei a sofrer a punição [da escravidão], para converter o roubo em justiça ou para tornar o homem uma propriedade.[72]

Por outro lado, segundo o Estatuto da BFASS, um dos meios a ser empregado para o combate à escravidão era o fornecimento de "evidência aos habitantes dos países com escravos sobre a exequibilidade e a vantagem pecuniária do trabalho livre".

Esse trecho sugere a adesão da BFASS à crítica econômica da escravidão, cuja trajetória na Grã-Bretanha começou com *A riqueza das nações* (1776), de Adam Smith, e teve seu ponto culminante no *The Slave Power* (1862), de J. E. Cairnes, discípulo de Stuart Mill e o último representante da Economia Clássica britânica. De mais a mais, essa sugestão pode ser reforçada pela ideia de que o abolicionismo vitoriano, em geral, associava a crítica econômica à crítica religiosa da escravidão.

Mas a BFASS não priorizava a crítica econômica. E o trecho citado só ganha sentido no seu contexto: ele encontra-se num dos itens do quarto artigo do seu Estatuto, referente aos meios empregados pela associação para atingir seus objetivos e visava apenas fornecer provas convincentes da viabilidade e da lucratividade do trabalho livre tanto aos Estados quanto aos

---

71 *Anti-Slavery Reporter*, jul.-ago. de 1887, p.145.
72 Ibidem, mar.-abr. de 1892, p.108.

donos de escravos. A prioridade da BFASS era erradicar o pecado da escravidão de acordo com os princípios prescritos pelo próprio Estatuto, ou seja, "pelo emprego de meios que são de caráter pacífico, moral e religioso"; a erradicação, efetuada por esses meios, permitiria a emergência de um mundo conformado com os desígnios da Providência.

Em síntese, para a BFASS, a esfera econômica estava subsumida à religiosa, isto é, a escravidão era incapaz de promover a prosperidade nacional por estar em desacordo com a vontade divina, ao passo que o trabalho livre a fomentaria porque contava com as bênçãos divinas. Tanto é assim que na Petição, de 1869, enviada às senhoras brasileiras pela Sociedade das Senhoras Amigas dos Negros de Birmingham esses valores estavam claramente hierarquizados no argumento de que a escravidão é "contrária às leis de Deus, à prosperidade das nações e ao bem-estar de todas as classes do povo".[73]

A respeito da nocividade do pecado da escravidão, a Sociedade dos Amigos, numa Petição enviada a D. Pedro II, em 1875, recomendava a abolição porque,

> Os ditames mundanos do oportunismo e do interesse próprio, reais ou supostos, [relativos ao emprego de escravos] não podem litigar contra a vontade revelada de Deus. O que está moralmente errado jamais proporcionará bem-estar permanente nem aos indivíduos tampouco às nações.[74]

Por outro lado, a BFASS deixava claro que os motivos que presidiam o seu abolicionismo não eram econômicos, em contraste com as alegações econômicas dos que defendiam a escravidão, como comprova uma Petição que enviou, em 1870, ao conde d'Eu:

> Embora aponte as vantagens comerciais da emancipação completa sobre todas as medidas parciais e imperfeitas de emancipação, o Comitê baseia a sua argumentação [a favor da abolição imediata] nos direitos inalienáveis do homem à liberdade pessoal, que nunca podem ser revogados por quaisquer considerações pecuniárias e comerciais.[75]

Mas tinha confiança absoluta de que a emergência de uma ordem social beneficente, resultante da obediência dos homens aos desígnios divinos, se

---

73 Apêndice E, 7.
74 Apêndice E, 12.
75 Ibidem, p.8.

ABOLICIONISTAS BRASILEIROS E INGLESES 51

daria com a erradicação do pecado da escravidão. Segundo uma passagem de uma Petição à imperatriz do Brasil, de 1878, da Sociedade pela Emancipação das Senhoras de Edimburgo, uma das Sociedades Auxiliares femininas da BFASS,

> O que é moralmente errado nunca pode ser politicamente correto, e acreditamos que o sistema da escravidão, oposto como é às leis de Deus, é um grande impedimento à prosperidade do vosso Império e está sempre repleto de perigos que ameaçam sua existência.[76]

Por sua vez, a ordem social baseada no trabalho livre assegurava a prosperidade por ser abençoada por Deus, segundo o argumento da Sociedade das Senhoras Amigas dos Negros de Birmingham:

> não temos dúvida de que os céus abençoarão a emancipação em qualquer país em que ela ocorrer, e não nos causa surpresa saber que os fazendeiros dos Estados do Sul da América do Norte estão perplexos com a quantidade de trabalho fornecida pelos trabalhadores, que eram anteriormente seus escravos e agora agem sob o estímulo dos salários. Soubemos que viajantes americanos têm dificuldade de entender por que os traços da escravidão desapareceram tão rapidamente. A explicação é que Deus está abençoando o povo que assegurou liberdade aos seus escravos, e, por isso, agora há felicidade em milhares de corações nos quais o sofrimento e a tristeza se alojaram durante muito tempo.[77]

Em suma, o antiescravismo da BFASS fundamentava-se na crítica religiosa e moral da escravidão e pleiteava a abolição imediata e completa a fim de que, simultaneamente, fosse suprimido o "comércio de homens", um pecado equivalente ao de usar o trabalho de escravos. Esse fundamento continha um pressuposto: a ordem social e econômica de todas as sociedades cristãs tinha a sanção divina, tanto mais que essa ordem não estava em questão, e a sociedade inglesa era o seu mais bem-acabado expoente. Contudo, como a escravidão continuava a ser empregada em algumas nações cristãs, deveria ser abolida para que a ordem fosse preservada e todas elas tivessem acesso aos mesmos benefícios do progresso e da civilização usufruídos pelos ingleses. Uma prova disso reside no fato de que o objetivo da associação era remover a

---

76 Ibidem, p.15.
77 Ibidem, p.7.

escravidão para beneficiar igualmente senhores e escravos, a despeito de os últimos serem objeto privilegiado da sua ação filantrópica; a esse respeito, a BFASS reiterava constantemente uma frase que se encontra na Petição de 1875, enviada pela Sociedade dos Amigos da Inglaterra a D. Pedro II: a abolição deveria ser feita "no interesse do senhor tanto quanto no do escravo".[78]

Esse conservadorismo da BFASS, manifestado no seu comprometimento com a preservação da ordem social e econômica, colidia com o nascente movimento operário britânico. Há um episódio narrado pelo *Reporter* que ilustra essa oposição. Em 1840, houve uma reunião em Norwich, que contou com a presença de Scooble, secretário da BFASS, para apresentar Birney, um importante abolicionista norte-americano, à sociedade antiescravista local. Os trabalhos da reunião estavam sob a presidência de J. J. Gurney que, ao narrar "diversas anedotas interessantes e ilustrativas sobre os resultados da emancipação na Jamaica" foi interrompido por "um número considerável de cartistas", cujo líder requisitou a palavra. O presidente não a concedeu "para evitar discussão e confusão", e a mesa foi cercada pelos manifestantes que gritavam "pensem nos 'escravos domésticos'". No fim das contas, logo depois que Birney e Scooble falaram, o presidente encerrou a sessão e três vivas foram dados aos "escravos domésticos por uma pequena parte dos presentes". Mas, ainda segundo o periódico, "lamentavelmente diversas pedras foram atiradas nas janelas, por manifestantes que estavam na rua, e atingiram o local da reunião durante o seu transcurso".[79]

O Estatuto da BFASS oferece um panorama dos objetivos e da estrutura dessa entidade da "filantropia organizada". Trata-se de um documento composto por onze artigos, aprovado em 1839 e publicado pela primeira vez no *Reporter* de 15 de janeiro de 1840, quando o periódico passou a se chamar *The British and Foreign Anti-Slavery Reporter* e notificou os leitores que se tratava de uma publicação sancionada pela BFASS, para se diferenciar do *Anti-Slavery Reporter* que fora publicado depois de 1825 pela *Sociedade pela Mitigação e Abolição Gradual da Escravidão...*; aliás, daí em diante, esse documento foi usualmente reproduzido em seu primeiro número de cada ano.

O primeiro artigo do Estatuto registra apenas o nome oficial da associação, ao passo que os três seguintes (o II, III e IV) expõem respectivamente os

---

78 Ibidem, p.12.

79 *Anti-Slavery Reporter*, 18 de novembro de 1840, p.296. Esse episódio, baseado na mesma fonte, também foi relatado por E. Isichei, 1970, p.284.

seus "objetivos", "princípios fundamentais" e "meios empregados". Quanto aos "objetivos", são os mesmos expostos acima, sendo o combate à escravidão em todo o mundo apresentado como "proteção dos direitos e interesses ... de todas as pessoas capturadas como escravas". Quanto aos "princípios fundamentais", o terceiro artigo versa sobre a prioridade da luta contra a escravidão, deixando subentendido que o tráfico decorre dela e só será suprimido mediante a libertação dos escravos; além disso, esse mesmo artigo enuncia os princípios que baseavam os métodos de ação da Sociedade, "que são de caráter pacífico, moral e religioso".

O artigo IV apresenta os métodos de ação propriamente ditos em quatro itens. No primeiro há o compromisso de divulgar informações "na Inglaterra e no estrangeiro" sobre a "maldade do tráfico de escravos e da escravidão", e, como foi mencionado logo acima, oferecer provas da exequibilidade e da lucratividade do trabalho livre aos defensores da escravidão e aos governos que a mantêm. Para isso, a Sociedade divulgaria informações sobre os resultados da "emancipação do Haiti, das colônias britânicas, e de qualquer outra parte", comprometendo-se ainda a "iniciar correspondência com abolicionistas da América, França e outros países" a fim de incentivá-los a empregar "todos os métodos coerentes com os princípios desta Sociedade". No segundo item, a Sociedade prometia recomendar o uso dos produtos derivados do trabalho livre (*free-grown produce*) de preferência aos produtos derivados do trabalho escravo (*slave-grown produce*) e pressionar o Estado britânico a adotar medidas fiscais que favorecessem os primeiros. No terceiro, assegurava o seu empenho para transformar todos os domínios da Grã-Bretanha em território livre da escravidão, ou seja, fazer que o Estado reconhecesse a liberdade de qualquer escravo, inclusive a do escravo que não pertencesse a um súdito britânico e estivesse nestes domínios. Finalmente, o quarto item aconselhava a demonstração aos "donos de escravos e seus defensores", sempre que fosse possível, da "nossa aversão" à escravidão e da "nossa opinião sobre a sua absoluta incompatibilidade com o espírito da religião cristã".

Os seis artigos restantes versam sobre a estruturação da Sociedade. O quinto fixa a condição para "qualquer pessoa" se tornar membro da BFASS: pagar 10 *shillings* por ano ou doar £5. O sexto trata do corpo administrativo da Sociedade, constituído por um tesoureiro, um secretário e um Comitê, composto, no mínimo, por vinte e uma pessoas eleitas anualmente. O sétimo estipula a realização de uma Reunião Anual de todos os membros, em Londres, para que tomassem conhecimento da "atuação e da situação financeira" da Sociedade e elegessem os membros do Comitê e os administradores

54 ANTONIO PENALVES ROCHA

eletivos. O oitavo dá ao Comitê poderes executivos no intervalo entre as reuniões anuais, bem como poder para convocar a reunião geral em caso de necessidade. O nono recomenda a formação "em todo o mundo" de Sociedades Auxiliares sintonizadas com os princípios e objetivos da BFASS e a ela subordinadas. O décimo autoriza as Sociedades Auxiliares a nomear correspondentes, e concede poder ao Comitê para nomeá-los onde não houver tais Sociedades, sendo assegurado a esses associados especiais "a liberdade de frequentar as reuniões do Comitê de Londres e de votar"; o Comitê poderá também designar o "Membro Correspondente Honorário" (*Hon. Correspondent Member*), que terá os mesmos direitos. Finalmente, o décimo primeiro "solicita e encoraja a formação de Associações Filiais de Senhoras para a realização dos objetivos desta Sociedade".

Duas prescrições do Estatuto, no entanto, caducaram muito rapidamente: o segundo item do artigo IV e o artigo VII.

Pelo primeiro deles, como foi mencionado, a Sociedade se comprometia a defender o consumo dos produtos do trabalho livre. Essa defesa fazia sentido no ano em que o Estatuto foi publicado, pois expressava o escopo da BFASS de dar continuidade a uma prática do movimento antiescravista britânico: o boicote ao consumo dos produtos do trabalho escravo, a começar pelo açúcar. Com efeito, o boicote ao açúcar produzido por escravos fora adotado com sucesso na campanha contra o tráfico negreiro, tanto que, nos fins do século XVIII, o produto deixou de ser consumido por centenas de milhares de britânicos. Nas primeiras décadas do século XIX, o boicote ao açúcar *slave-grown* prosseguiu com menor intensidade, e alguns abolicionistas, por convicção e para efeitos de exemplaridade, o mantiveram, como William Allen, o mais velho, que ficou sem consumir açúcar por cerca de trinta anos.

Mas, a partir dos meados da década de 1840, essa atitude caiu em desuso em razão da conjugação de dois fatores: o sucesso da campanha da Liga contra a Lei dos Cereais e os primeiros sinais de enfraquecimento do movimento abolicionista.[80] Mesmo assim, ao longo da segunda metade do século XIX, a BFASS continuou pregando no deserto sobre os males causados pelo fim das tarifas preferenciais inglesas aos produtos *free-grown* das Índias Ocidentais, pois teriam estimulado o tráfico negreiro e os rigores da escravidão

---

80 Sobre essa campanha, ver item 5.1; segundo Howard Temperley, 1972, p.246, "o movimento antiescravista britânico se tornou uma questão muito marginal a partir dos meados dos anos 1850".

em Cuba e no Brasil e deixado os libertos das colônias britânicas do Caribe sem trabalho.

O artigo VII, que determinava a convocação de uma Reunião Anual dos membros para definir os rumos e eleger o corpo administrativo da associação, se tornou letra morta paralelamente ao processo de burocratização da BFASS. Formalmente, as reuniões anuais ocorreram durante toda a história da BFASS, mas, de fato, os quadros da associação indicavam quais resoluções deveriam ser votadas e quem deveria ser escolhido para os cargos eletivos. Segundo Howard Temperley, "para fins práticos, o Comitê tornou-se um corpo que se autoperpetuava" e, a respeito da Reunião Anual, referiu-se a uma ocasião em que ela se recusou a aprovar as indicações do Comitê sobre a política que seria adotada, posição esta simplesmente ignorada pelo estafe. Assim sendo, "os membros pouco podiam fazer, exceto oferecer sugestões ou, como aconteceu algumas vezes, registrar sua desaprovação e retirar o apoio financeiro", desligando-se, portanto, da associação.[81]

Afora esses artigos que caíram em desuso, vale a pena examinar o significado que o "princípio fundamental" do Estatuto – o "emprego de meios de caráter pacífico, moral e religioso" – tinha para a BFASS, dado que ele regulava todas as suas ações.

Para lidar com esse assunto, vem a calhar um artigo de J. V. Crawford[82] que contém um balanço dos sucessos da BFASS pelo emprego desses meios, dando destaque ao papel que tiveram na abolição da escravidão em Cuba e no Brasil. Por certo, esse artigo veicula a visão oficial da associação sobre si mesma, haja vista que o autor foi membro do Comitê durante cerca de vinte anos.

Partindo do princípio de que a opinião pública é "a mais poderosa arma para abolir a escravidão e o seu simultâneo, o tráfico de escravos", o artigo visa mostrar que todas as iniciativas da BFASS foram bem-sucedidas na medida em que se destinavam à formação do antiescravismo da mesma opinião pública.

Mas não há nele uma palavra sequer sobre o significado da expressão "opinião pública", que é empregada como se designasse um objeto evidente. Mesmo assim, infere-se do artigo que Crawford a considerava tal como ela havia sido definida, em 1828, no primeiro livro publicado na

---

81 Ibidem, 1972, p.67-78.
82 O autor o intitulou de "A supressão do tráfico de escravos – a opinião pública *versus* a força". *Anti-Slavery Reporter*, jul.-ago. de 1889, p.167-9.

Inglaterra que ostentava a expressão no título,[83] cujo autor, W. A. Mackinnon, tinha ligações com o movimento evangélico e atuava na Sociedade Real de Prevenção contra a Crueldade aos Animais. Segundo Mackinnon,

> opinião pública é o sentimento sobre um dado assunto acolhido pelas pessoas mais informadas, mais inteligentes e mais éticas da comunidade. Esse sentimento é gradualmente difundido e adotado por quase todas as pessoas de alguma educação e de sentimentos corretos num Estado civilizado.[84]

Ou seja, pressupondo que num "Estado civilizado" a opinião pública era formada de cima para baixo, Crawford indicou de que modo a BFASS exerceu pacificamente "uma grande influência" no Brasil: difundiu informações sobre a escravidão, defendeu persistentemente a "causa do negro", instou o governo a honrar os tratados, denunciou os abusos, convocou reuniões públicas para tratar do assunto e encorajou os "colaboradores estrangeiros" a estimularem o interesse da opinião pública "pela grande questão da escravidão". Esse encorajamento teria ocorrido graças às "ligações íntimas" que a BFASS tinha com Rio Branco,[85] com Joaquim Nabuco e "com os agitadores abolicionistas de todo o Império", com os quais trabalhou "por uma causa comum".

Por isso tudo, o artigo reivindicava o reconhecimento da importância da ação da BFASS na abolição brasileira:

> Despertar simpatia por uma raça oprimida; indicar ao dono de escravo que o trabalho livre e remunerado o beneficiaria ao aliviá-lo dos riscos e das obrigações da propriedade; tornar o público consciente para o fato de que instituições livres, surgidas com eliminação do risco de insurreições servis e de complicações políticas, juntamente com a eliminação dos males derivados do trabalho escravo, reverteriam em honra, prosperidade e tranquilidade do povo; essas tarefas são dignas de consideração, e a Sociedade Antiescravista Britânica e Estrangeira da Inglaterra faz jus ao reconhecimento por tê-las executado.

---

83 W. A. Mackinnon, 1828.

84 Ibidem, p.15; para o autor, depois de acolherem esse sentimento, as classes sociais "média" e "alta" podem, em determinadas circunstâncias, transmitirem-no à classe "baixa".

85 Ao que tudo indica, Crawford exagerou, pois só há notícias de um único contato entre a BFASS e o visconde, ocorrido em outubro de 1878, quando ele estava em Londres. Ver Apêndice E, 15.

ABOLICIONISTAS BRASILEIROS E INGLESES **57**

Depois da abolição nos Estados Unidos, apenas duas nações "civilizadas" atraíam as atenções da BFASS: a Espanha, a única nação europeia que reconhecia a legalidade da escravidão nas suas colônias americanas (Cuba e Porto Rico), e o Brasil, a única nação escravista do Ocidente. Mas, concomitantemente com a expansão imperialista europeia, em cuja dianteira estava a Inglaterra, o principal objeto de suas atenções passou a ser a África, tida como "um continente de escravos" do Mediterrâneo ao Oceano Índico, segundo Charles Allen.

Não obstante a disseminação da escravidão tribal pelo continente africano, o que mais tocava os abolicionistas ingleses era o tráfico de escravos que provinha de diversas regiões transaarianas para abastecer o mundo árabe, sobretudo graças às notícias que chegavam a Londres a respeito do seu efeito sobre a população nativa. Livingstone, por exemplo, um dos heróis populares da época, estimou que meio milhão de africanos eram mortos anualmente entre o apresamento de escravos e o deslocamento dos escravizados para o mundo árabe, e a BFASS adotou essa estimativa e a reproduziu inúmeras vezes no *Reporter*. De todo modo, não era uma mera coincidência a concomitância da expansão imperialista britânica na África com as preocupações da BFASS em relação ao tráfico árabe de escravos, pois a associação não se opunha à expansão, principalmente porque lhe atribuía um caráter civilizatório, mas sim à presença dos traficantes árabes em toda a África, um obstáculo à constituição de um império cristão. Segundo a justificativa de Allen para essa posição,

> defendemos o princípio, o mesmo que continuaremos a defender enquanto existirmos, de que onde quer que a bandeira inglesa tremule não haverá nenhum escravo, e de que os direitos e interesses de todos os escravos emancipados serão cuidados tão diligentemente quanto a propriedade dos seus ex-proprietários. Não procuramos ampliar a soberania da Inglaterra na esperança de que o conquistador se torne um emancipador. Só insistimos que o legislador não esqueça suas responsabilidades quando o soldado fizer suas conquistas. Em outras palavras, insistimos que toda vez que a Inglaterra empregar a força não negligencie o seu dever. A nossa Sociedade tem sido um tipo de consciência do império, e será um dia ruim para os homens de cor se a Inglaterra permitir que esta consciência seja silenciada por descuido.[86]

Importa é que, Crawford, escrevendo na época do apogeu do imperialismo britânico na África, continuava a insistir na importância da opinião pública

---

86 *Anti-Slavery Reporter*, out. de 1884, p.289-94.

para pôr fim à escravidão. Condicionava, no entanto, o "progresso da obra" abolicionista à pressão que deveria ser exercida sobre os governantes dos "países muçulmanos da África, da Turquia e do Oriente", uma vez que inexistia opinião pública entre "as tribos negras selvagens e incultas da África" e o "interesse próprio" era o motor da ação do traficante árabe. Em vista disso, tornava-se necessário

> formar a opinião pública na Europa de tal maneira que ela possa exercer uma influência direta e decisiva sobre os governantes daqueles territórios. Eles devem ser induzidos não só a eliminar o próprio tráfico de escravos, mas igualmente adotar medidas mais restritivas em relação aos seus cúmplices: a importação de armas, de munição e de bebidas alcoólicas.

Enfim, sabe-se hoje que a própria expansão imperialista estimulava o aumento do tráfico no solo africano; mesmo assim, a BFASS o combatia ao atribuir a si mesma o papel de "consciência do império".

De qualquer forma, o cruzamento das determinações do Estatuto com a autorrepresentação da BFASS sobre sua atuação antiescravista, tal como se encontra nos textos citados de Crawford e Allen, permite verificar como se deu a passagem das intenções declaradas da associação para a sua prática abolicionista no Brasil.

Logo depois da sua fundação, a BFASS bancou, em 1840, a vinda para o Brasil de George e Charlotte Pilkington a fim de que fizessem, clandestinamente, "uma investigação sobre vários assuntos relativos ao sistema da escravidão no país e sobre a extensão e o caráter do tráfico", conforme se lê num balanço que o *Reporter* fez das atividades da associação em 1841, intitulado "Operações Estrangeiras".[87] Além disso, os Pilkingtons foram encarregados de distribuir no Brasil 8 mil panfletos antiescravistas, impressos obviamente pela BFASS. A missão do casal foi cumprida à risca: os panfletos foram distribuídos e os resultados da investigação ganharam a forma de um relatório.

Ao enviar o casal ao Brasil, a BFASS punha em prática as intenções preconizadas nos Estatutos, pois, antes de tudo, agia contra a escravidão brasileira porque atuava globalmente contra a escravidão e, ao mesmo tempo, priorizava a luta contra a escravidão para pôr fim ao tráfico, de acordo com o objetivo da associação exposto no artigo II do Estatuto.

---

87 *The British and Foreign Anti-Slavery Reporter*, 18 de maio de 1842, p.73-4.

ABOLICIONISTAS BRASILEIROS E INGLESES 59

A distribuição de panfletos pelos Pilkingtons no Brasil deve-se à importância dada pela BFASS à formação da opinião pública. Assim sendo, o casal punha em prática tanto um dos "princípios fundamentais" do artigo III, ao empregar métodos de ação "de caráter pacífico, moral e religioso", quanto o quarto item do artigo IV, ao demonstrar "aversão" à escravidão aos "donos de escravos e seus defensores", em razão da sua "absoluta incompatibilidade com o espírito da religião cristã". Finalmente, com a publicação do relatório Pilkington, a BFASS divulgava para o mundo todo informações sobre a "maldade" do tráfico e da escravidão no Brasil, cumprindo a determinação do primeiro item do artigo IV.

A propósito, para a BFASS a escravidão no Brasil não fugia à regra da escravidão em geral, ou seja, não se encontra uma linha sequer no *Reporter* com referências à sua brandura. Inversamente, desde 1840, o periódico publicou "notícias" de fatos relativos às atrocidades cometidas contra escravos brasileiros todas as vezes que obteve tais informações de jornais brasileiros ou dos relatórios dos Cônsules ingleses sobre a escravidão no Brasil – os *Slave Papers*. Certamente não havia regularidade na publicação dessas notícias, dada a dificuldade de acesso às fontes, exceto na última década da escravidão, quando o *Reporter* passou a usar o material publicado pelo *The Rio News*, tanto que, por exemplo, entre os outros incontáveis casos, o periódico inglês reproduziu na íntegra o artigo de Lamoureux sobre o açoite e a morte dos escravos de Paraíba do Sul.[88] E não podia ser de outra forma, pois só assim cumpriria o artigo IV do Estatuto e poderia impressionar vivamente seus leitores sobre a "maldade" da escravidão e desempenhar o papel de agência formadora de opinião pública.

Entre 1849 e 1878, ou seja, antes de Joaquim Nabuco entrar em cena, foram enviadas ao Brasil várias petições antiescravistas da Sociedade dos Amigos, tanto a inglesa quanto a norte-americana, e da BFASS ou das suas auxiliares – as sociedades antiescravistas de mulheres de Birmingham e de Edimburgo. Ao que tudo indica, foram enviadas todas as que o *Reporter* publicou, doze no total: sete ao Imperador, embora duas delas tivessem sido nominalmente endereçadas às nações escravistas cristãs e ao povo do Brasil, duas à Imperatriz e outras três respectivamente ao conde d'Eu, às mulheres brasileiras e às autoridades brasileiras.[89]

Essas petições também cumpriam os preceitos fixados nos itens 1 e 4 do artigo IV dos Estatutos: o primeiro destes itens previa o fornecimento de

---

88 Sobre o caso, ver nota 195.
89 Todas essas Petições encontram-se no Apêndice E.

provas sobre a praticabilidade e as vantagens do trabalho livre, e o outro, que a associação demonstraria, sempre que as circunstâncias permitissem, sua convicção sobre a "absoluta incompatibilidade [da escravidão] com o espírito cristão"; simultaneamente, recorria a meios destinados à formação da opinião pública de cima para baixo, sendo a petição aos governantes um procedimento pedagógico que objetivava advogar a "causa do negro" e instar o governo a honrar os tratados, neste caso, a libertação dos escravos que entraram ilegalmente no Brasil entre 1831 e 1850.

Mas, apesar de fundamentarem as petições, esses itens do Estatuto e a pedagogia dos abolicionistas não bastam para explicar o significado completo deste "peticionismo", na medida em que esta era uma prática dos quacres. Ou, como diz um personagem do *Quincas Borba,* que emendava Hamlet, "sem conhecer Shakespeare": "Há entre o céu e a terra, Horácio, muitas coisas mais do que sonha a vossa vã *filantropia".*

De fato, desde a época das perseguições, a Sociedade dos Amigos recorria às petições para expor aos poderes constituídos suas queixas e sugerir reformas. Sendo assim, de acordo com a observação de Elizabeth Isichei, para os quacres, na maioria das vezes, a petição tinha um caráter perfunctório, servindo apenas para aliviar a consciência; e esse caráter se manteve no século XIX, como comprova um memorial sobre o caráter anticristão da escravidão que eles enviaram, em 1849, à rainha Vitória. Aliás, entre 1849 e 1854, esse mesmo memorial foi traduzido para diversos idiomas, e delegações quacres também o entregaram a autoridades da Europa e da América;[90] em 1851, D. Pedro II recebeu esse documento no Rio de Janeiro das mãos de dois quacres e, entre 1853 e 1854, uma comitiva, originalmente composta por quatro Amigos, esteve nos Estados Unidos e entregou cópias dele à maioria dos governadores dos estados e ao presidente da República.

Ainda segundo E. Isichei, havia uma intenção implícita dos quacres nessa prática: influenciar os grandes em geral e a realeza em particular por meio do contato pessoal. E havia também uma teoria por trás da prática: os Amigos atribuíam ao "governante ilustrado um poder incomparável de fazer o bem à sociedade tanto pela força do exemplo quanto pela habilidade que tinham para efetuar mudanças benéficas". A justificativa que a BFASS deu à petição de 1864 a D. Pedro II aproxima-se bastante dessa concepção:

---

90 O *Anti-Slavery Reporter* de 1º de fevereiro de 1855, p.29-34, publicou esse Memorial; ver Apêndice E, 1.

ABOLICIONISTAS BRASILEIROS E INGLESES 61

o Comitê sentiu que devia apelar, de tempos em tempos, aos amigos da humanidade de todos os países onde a escravidão existe, insistindo para que promovessem a sua extinção, e dirigir-se particularmente àqueles que estão encarregados das responsabilidades solenes do governo pelo poder que têm de tomar iniciativas.[91]

E. Isichei elegeu como o "mais espetacular exemplo" desse procedimento a ida de uma delegação da *Peace Society*, na qual estavam Joseph Sturge e Henri Pease, a S. Petersburgo para persuadir o czar Nicolau a manter a paz às vésperas da Guerra da Crimeia. Conforme observou a historiadora, a concepção de que o governante formal de uma nação monopolizava o poder efetivo era frequentemente infundada; desse modo, torna-se difícil escapar da conclusão de que grande parte da queda dos quacres vitorianos pelo "Maioral deste Mundo" era um simples esnobismo. A esse respeito, numa carta a Sturge, Cobden comentou que "o único defeito que encontro nos Amigos é a propensão inveterada deles para correr atrás de imperadores e reis".[92]

Enfim, a BFASS herdou da Sociedade dos Amigos tanto o "peticionismo" quanto a "teoria" sobre os governantes, o que pode ser ilustrado por uma experiência de Joseph Sturge. Em 1842, o fundador da BFASS viajou aos Estados Unidos para incentivar a Sociedade Antiescravista Americana e Estrangeira, tentar persuadir a Sociedade dos Amigos americana a se coligar com outros grupos religiosos na luta contra a escravidão e acertar com abolicionistas americanos a realização de uma nova conferência antiescravista internacional.

Sturge não representava oficialmente a BFASS, da qual, aliás, era apenas correspondente honorário. Mas, aproveitando a ocasião, a BFASS solicitou-lhe que entregasse uma petição antiescravista, assinada por Thomas Clarkson, a John Tyler, presidente dos Estados Unidos. Depois de alguns meses nos Estados Unidos, Sturge tentou entregar-lhe pessoalmente a petição, mas não conseguiu quem o apresentasse ao presidente; por isso, escreveu a Tyler, e não obteve resposta alguma. Indignado com o descaso, redigiu uma carta aberta aos abolicionistas norte-americanos, que também foi enviada aos deputados e senadores dos Estados Unidos, na qual dizia que a mesma petição fora enviada a "diferentes chefes de governo de outras partes do mundo, e

---

91 Apêndice E, 2.
92 Elizabeth Isichei, 1970, p.191-2.

62 ANTONIO PENALVES ROCHA

todos a receberam respeitosamente". No fim das contas, todo esse material foi publicado pelo *Reporter*.[93] No ano seguinte, Joseph Sturge manifestou interesse de vir ao Brasil para encontrar o Imperador, mas essa intenção não se concretizou.

A primeira tentativa da BFASS de entrar em contato com D. Pedro II ocorreu em 1864. Uma delegação da associação, formada pelo secretário, L. A. Chamerovzow, e por membros do Comitê, sendo os mais conhecidos William Allen, Joseph Cooper e Josiah Foster, foi à Embaixada do Brasil em Londres para entregar-lhe uma petição. Mas a visita era um despropósito, pois o embaixador do Brasil fora retirado de Londres em consequência da suspensão das relações diplomáticas entre Brasil e Inglaterra devido à Questão Christie.

Em todo caso, a delegação foi recebida pelo secretário da Embaixada, chamado pelo *Reporter* de *Chevalier* Andrada, que, por sinal, nem sequer representava oficialmente o embaixador. Não bastasse dirigir-se na hora errada à pessoa errada, a delegação leu a petição para o secretário.[94]

Terminada a leitura, Andrada resolveu defender o *status quo* da escravidão brasileira. Segundo Andrada,[95] tratava-se de um assunto complexo, porque os libertos tinham todos os direitos de cidadania no Brasil e mulatos ocupavam posições destacadas na sociedade. Em resposta, Foster, identificando-se como quacre, disse que a delegação tinha ido à Embaixada movida por um "espírito filantrópico, humano e cristão" e desejava apenas que o Brasil seguisse o exemplo dado pela Inglaterra nas suas colônias, pois "poderia ter maior prosperidade e seu povo seria mais feliz, mais pacífico e industrioso em liberdade que na escravidão". Mesmo assim, Andrada manteve sua posição ao afirmar que no Brasil "os negros são preguiçosos e perversos" e, além de se recusarem a trabalhar, "vão às tavernas e bebem"; para completar, afirmou que se não houver medidas cautelosas para emancipá-los, eles irão buscar guarida nos asilos tal como buscavam os libertos, fato este que aprendera por experiência própria ao cuidar de órfãos no Brasil. Foster contra-argumentou que isso não ocorreu com "os nossos escravos", o que para Andrada se devia à diferença do clima: "o nosso é mais quente, e o escravo é mais preguiçoso".

---

93 Sobre a viagem de Sturge, Betty Fladeland, p.281-2. A carta de Sturge a Tyler, a petição assinada por Thomas Clarkson e a carta aberta de Sturge foram publicadas pelo *Anti-Slavery Reporter*, 14 de julho de 1841, p.150-1.

94 Apêndice E, 2.

95 *Anti-Slavery Reporter*, 1º de abril de 1864, p.89.

Um dos membros da delegação, o rev. Massie, pôs um ponto final nesse diálogo de surdos e, como *ultima ratio*, lembrou ao secretário que há ingleses que desejam vivamente manter em suspenso as relações entre os dois países porque o Brasil é uma nação escravista; o Sul dos Estados Unidos pediu ajuda à Inglaterra e os ingleses a negaram pelo mesmo motivo.

Desde então, todas as vezes que cabeças coroadas ou estadistas brasileiros estiveram em Londres foram procurados por representantes da BFASS, como o conde d'Eu, em 1870,[96] o imperador, em 1871,[97] e o visconde do Rio Branco, em 1878.[98] As petições antiescravistas enviadas à imperatriz, em 1878, também tinham como pretexto a viagem que fizera a Londres em 1871, sendo uma da Sociedade das Senhoras Amigas dos Negros de Birmingham,[99] e outra da Sociedade pela Emancipação das Senhoras de Edimburgo,[100] ambas formadas por mulheres quacres destas cidades inglesas.

Os fatos narrados pelo *Reporter* sobre o encontro entre D. Pedro II e uma delegação da BFASS em Londres são esclarecedores a respeito de tudo que foi dito sobre o "peticionismo" da associação, haja vista que a delegação entregou-lhe uma petição antiescravista. O imperador chegou a Londres em 20 de junho e poucos dias depois convidou representantes da BFASS para uma recepção, conforme a descrição desses acontecimentos feita pelo *Reporter*, em 1890, num longo "Obituário de D. Pedro II".[101]

A delegação que compareceu à recepção era formada por Edmund Sturge, pelo rev. Horace Waller e pelo secretário assistente, o rev. Thomas Phillips. Durante as apresentações, D. Pedro II tomou conhecimento de que Waller havia acompanhado Livingstone em grande parte de suas viagens na África. Esse assunto serviu para quebrar o gelo, e, segundo o *Reporter*, "o Imperador mostrou um desejo intenso de obter informações sobre descobertas geográficas", além de "solicitar ao Sr. Waller que transmitisse suas amáveis lembranças ao explorador". Quando o assunto da escravidão veio à tona, D. Pedro teria dito que "suas opiniões pessoais sobre a questão da escravidão eram bem conhecidas, mas que, sendo um monarca constitucional, só podia atuar por meio dos seus ministros".

---

96 Apêndice E, 8.
97 Ibidem, p.9.
98 Ibidem, p.16.
99 Ibidem, p.14.
100 Ibidem, p.15.
101 *Anti-Slavery Reporter*, nov.-dez. de 1890, p.295-8.

E os parágrafos do "Obituário" referentes a esse assunto foram finalizados com o seguinte comentário: "a delegação, depois de uma longa entrevista, se retirou impressionada com a visão de que se todos os brasileiros fossem como o Imperador, a escravidão seria rapidamente erradicada e a tranquilidade estaria assegurada". Aliás, essa mesma frase já havia aparecido no *Reporter* de julho de 1871, numa curta nota sobre a chegada de D. Pedro a Londres.[102]

Quarenta anos depois da vinda dos Pilkingtons ao Brasil, e de uma série de tentativas fracassadas para encontrar interlocutores brasileiros, a BFASS entrou em contato com Joaquim Nabuco, coligando-se desde então com um pequeno grupo de abolicionistas brasileiros. Essa coligação revela a aplicação de todas as intenções expostas no Estatuto, não só referentes aos objetivos, princípios e métodos, mas também as referentes à estrutura da BFASS, haja vista que Nabuco presidia uma associação antiescravista.

Tudo começou com o envio de uma carta da BFASS a Nabuco, em janeiro de 1880.[103] Ou seja, nesse caso a BFASS cumpria uma obrigação estatutária, na medida em que, conforme o primeiro item do artigo IV, cabia-lhe "iniciar correspondência com abolicionistas da América, França e outros países", encorajando-os a adotar "todos os métodos coerentes com os princípios desta Sociedade". Com a resposta da carta, iniciaram-se as relações entre Nabuco e a BFASS.

Em setembro desse ano, Nabuco informou a BFASS sobre a fundação da Sociedade Brasileira contra a Escravidão. Tendo em vista o nome da Sociedade brasileira em inglês (*Brazilian Anti-Slavery Society*) e os seus objetivos, princípios e métodos, a BFASS supôs que se tratava de uma Sociedade Auxiliar, tal como previa o artigo IX do Estatuto, e, portanto, o Comitê reconheceu o seu presidente e outros brasileiros por ele indicados como correspondentes, o que significava que todos eles podiam participar das reuniões do Comitê com direito a voto, conforme estipulava o artigo X do mesmo documento.

Mais ainda, a Sociedade Brasileira contra a Escravidão deixou de existir em 1882, mas o nome de Nabuco continuou a figurar na lista dos correspondentes da BFASS, publicada pelo *Reporter*, como Presidente da Sociedade Brasileira contra a Escravidão até 1884. Supondo que o brasileiro tivesse deixado de notificar o desaparecimento da Sociedade à BFASS para salvaguardar o seu *status* de presidente e continuar recebendo apoio da associação,

---

102 Ibidem, 1° de julho de 1871, p.150.
103 Carta 1, Apêndice A.

mesmo assim manteria o cargo de correspondente. E, de fato, manteve, pois o Comitê tinha poderes para nomear um ou mais membros dessa espécie quando não houvesse uma Sociedade Auxiliar num país estrangeiro, de acordo com o mesmo artigo X.

De resto, todo o apoio dado a Joaquim Nabuco cumpria as determinações dos três artigos referentes aos objetivos, princípios fundamentais e métodos da associação, como se verá mais adiante.

2
JOAQUIM NABUCO[104]

Segundo Joaquim Nabuco, sua vida foi marcada por dois acontecimentos que o envolveram no engenho Massangana. O primeiro ocorreu quando ele era um menino de engenho, e se tornou um "quadro inesquecido da infância", em que "cabe toda a escravidão". Num certo dia, foi abordado no patamar da escada externa da casa-grande por um jovem escravo desconhecido, que se atirou aos seus pés e lhe suplicou que convencesse sua madrinha a comprá-lo a fim de que servisse ao sinhozinho, pois havia fugido do seu senhor que o maltratava e sua vida estava em risco.

A dramaticidade da situação mostrara a Nabuco "a natureza da instituição com a qual convivera até então familiarmente, sem suspeitar a dor que ela ocultava". Quanto à "natureza da instituição", explicou que era constituída por dois elementos: o egoísmo insciente do senhor e a generosidade insciente do escravo.[105]

O segundo ocorreu mais tarde, quando tinha vinte anos de idade. Ao retornar a Massangana, Joaquim Nabuco foi ao cercado onde estavam enterrados os escravos, os restos da "opulenta *fábrica* [grifado pelo autor]",[106] e

---

104 A primeira versão deste texto foi apresentada, em setembro de 2004, no simpósio Os Rumos da História, realizado no Departamento de História da FFLCH da Universidade de São Paulo e posteriormente publicado como capítulo de um livro organizado por Osvaldo Coggiola em 2006 sob o título de "Abolição e Estado Nacional no pensamento de Joaquim Nabuco".

105 *Minha formação*, p.184-5.

106 Joaquim Nabuco empregou o vocábulo "fábrica" diversas vezes para se referir à escravaria de uma fazenda. Como os dicionários não registram esse significado da palavra, é impossível saber se era um vocábulo regional ou não.

percebeu que as sepulturas sob seus pés estavam "defronte dos *columbaria*, onde dormiam na estreita capela aqueles [senhores] que eles haviam amado e livremente servido". Para Joaquim Nabuco, o cenário simbolizava o "problema moral da escravidão": os escravos não se queixavam da sua senhora e sempre a abençoaram; assim sendo,

> morreram acreditando-se os devedores ... seu carinho teria deixado de germinar a mais leve suspeita de que o senhor pudesse ter uma obrigação para com eles, que lhe pertenciam ... Deus conservara ali o coração do escravo, como o do animal fiel, longe do contato com tudo que o pudesse revoltar contra a sua dedicação.

Ao ter esse lampejo, tomou uma decisão: "votar a vida, se assim me fosse dado, ao serviço da raça generosa".[107]

Esses acontecimentos têm sido abundantemente reproduzidos para explicar as fundações do abolicionismo de Joaquim Nabuco, principalmente depois de terem sido abonados por Gilberto Freyre, para quem Nabuco trazia da infância o "interesse pelo escravo", como "um interesse com alguma coisa de docemente feminino no seu modo humanitário, sentimental, terno, de ser interesse".[108]

Mas, aparentemente, aqueles que citam esses episódios não têm dado a devida atenção à dificuldade em relacioná-los com a biografia do narrador e com o lugar onde ocorreram. Como poderia uma criança, com no máximo oito anos de idade, descobrir e criticar a natureza da instituição essencial da sociedade para a qual está sendo socializada? Como poderia um jovem de vinte anos prometer que dedicaria a sua vida à "raça generosa" e passar os vinte anos seguintes escrevendo sobre a escravidão sem fazer uma alusão sequer à devoção dos escravos aos seus donos?

Com efeito, nos escritos anteriores de Joaquim Nabuco encontra-se apenas uma menção, feita noutros termos, sobre a consideração dos escravos pelos seus senhores: no Manifesto da Sociedade Brasileira contra a Escravidão, afirmou que os "sentimentos humanos do escravo pelo senhor são superiores como dedicação, desinteresse, lealdade, resignação, aos do senhor pela sua 'propriedade'";[109] contudo, não há referências à sua promessa de

---

107 *Minha formação*, p.191-2.
108 Ibidem, p.XIV.
109 Osvaldo Melo Braga, 1952, p.20.

empregar a vida em benefício deles por causa dessa dedicação. Inversamente, todos os seus textos tratam da escravidão e da abolição de um ponto de vista estritamente racional. Mais ainda, em alguns textos de sua autoria subentende-se que generosidade e bondade eram atributos dos senhores, na medida em que libertavam espontaneamente os seus escravos. Sendo assim, rememorações sentimentais, que resultaram de lampejos e desembocaram na "saudade do escravo" ou na "poesia da escravidão" não se encaixam nos seus escritos sobre a escravidão e a abolição até o *Minha formação*.

Além do mais, o engenho Massangana não era uma ilha paradisíaca dentro da sociedade escravista brasileira. Os diplomatas ingleses tinham de enviar ao *Foreign Office* relatórios sobre a situação da escravidão e do tráfico de africanos no Brasil – os *Blue Books* ou *Slave Trade Papers*. Em 1846, cerca de três anos antes do nascimento de Joaquim Nabuco, o cônsul inglês em Pernambuco, H. A. Cowper, enviou a Londres um deles sobre uma visita que fizera a treze engenhos da província, entre quais o Massangana. E esse relatório foi publicado pelo *Reporter* para expor a "verdadeira degradação e o horrível tratamento da população escrava do Brasil".[110]

Dos treze engenhos, Cowper pôs em relevo quatro, pertencentes a um mesmo proprietário, que lhe "despertaram mais interesse" por serem "os lugares onde os escravos são tratados com mais humanidade na província". Pois o proprietário adotava um sistema peculiar de "governo dos escravos": havia um "código de leis, claramente baseado nos princípios da lei marcial" que era comunicado ao escravo; o descumprimento das suas normas implicava punições diversas, preconizadas pelo próprio código. Além disso, num desses quatros engenhos, a senzala apresentava "um quadro perfeito de conforto e asseio".

No outro extremo estava o engenho Jenipapo, pertencente a outro proprietário, que impunha aos escravos uma jornada de trabalho de vinte horas por dia e já havia matado doze escravos com suas atrocidades, executadas, por exemplo, pela injeção de molho de pimenta na vagina das escravas ou pela emasculação de escravos.

Os demais, inclusive Massangana, estavam entre esses dois extremos. Conforme o relatório, nos oito engenhos restantes as senzalas eram deploráveis, as punições eram arbitrárias e, comumente,

cada escravo recebe um cobertor e duas mudas de roupa por ano; a ração lhe é distribuída uma vez por semana, consistindo de carne-seca do Ceará e farinha,

---

110 *Anti-Slavery Reporter*, 1º de agosto de 1846, p.118-9.

numa quantidade que corresponde à da ração fornecida a soldados, e o tempo de trabalho diário é de dezoito horas durante a colheita e catorze durante resto do ano.

De todo modo, a inverossimilhança desses casos contados por Nabuco não permite considerá-los como fatos propriamente ditos, mesmo porque fazem parte de uma autobiografia, isto é, de um gênero literário ficcional. É mais apropriado, portanto, caracterizar ambos os "acontecimentos" como parábolas, ou seja, entendê-los como alegorias que disfarçam a auto-hagiografia do narrador. Vistas desse prisma, a primeira delas ensina que o nascimento do apóstolo ocorreu durante a infância, quando um incidente lhe revelou a natureza da escravidão – senhores egoístas e escravos generosos. A segunda ensina que a missão do apóstolo foi revelada aos vinte anos, quando outro incidente lhe mostrou que os escravos amavam os seus senhores, "livremente servidos" pelos cativos, razão pela qual o narrador deveria "votar a vida [...] ao serviço da raça generosa". O sucesso do seu apostolado, no entanto, resultou numa perda afetiva, pois com a abolição desapareceram esses "animais fiéis", encarnação dos "cordeiros de Deus", restando ao narrador, na sua santidade, lamentar o desaparecimento dos "santos pretos" ao sentir "saudade do escravo".

Mas, por mais desconcertantemente absurdas que sejam, essas parábolas merecem atenção pela simples e forte razão de que fazem parte da obra e da vida de Joaquim Nabuco. Quanto ao lugar que ocupam na obra, alguns desses preceitos aparecem pela primeira vez no "discurso" do Congresso Antiescravista de Paris (1900); pouco depois, foram expostos integralmente no *Minha formação* (1900) e, finalmente, ganharam outra forma em textos ulteriores, como, por exemplo, nos discursos sobre Lincoln feitos nos Estados Unidos na primeira década do século XX. Quanto à relação dessas parábolas com a vida de Joaquim Nabuco, ambas estão diretamente ligadas à sua "reconversão" ao catolicismo no início da década de 1890, na qual as almas dos escravos teriam tido um papel decisivo; assim sendo, ele os elevou à condição de "santos pretos" como retribuição pela graça obtida.[111]

Dentro desse acerto de contas religioso estava embutido outro, relativo à sua própria história de vida. Possivelmente, ao aproximar-se da casa dos cinquenta, Nabuco tivesse se dado conta, consciente ou inconscientemente, da importância que os escravos tiveram na sua vida. Na infância,

---

111 Sobre a "reconversão" de Nabuco ver item 5.7.

ABOLICIONISTAS BRASILEIROS E INGLESES 71

separado da mãe nos primeiros meses de vida, foi amamentado por uma
ama-de-leite escrava, além de ter ficado durante os primeiros oito anos da
vida sob os cuidados de escravos de Massangana. Na vida adulta, os escravos
deram indiretamente (por meio do abolicionismo) não só um norte à sua vida
como também proporcionaram o seu sucesso profissional.

Apesar disso tudo, relegou-os, até o início da década de 1890, à condição
de objetos da ação de donos de escravos, de estadistas ou de abolicionistas.
Mas, no estado de graça em que se encontrava depois da "reconversão", passou a enfatizar a importância que tiveram como agentes históricos não só na
sua própria história de vida como também na sobredeterminação da abolição
no Brasil, pois emprestaram a "poesia da escravidão" à formação do caráter
nacional brasileiro, responsável, ainda segundo Nabuco, pela forma que a
abolição assumiu no Brasil.

Ainda no *Minha formação*, Nabuco teve discernimento suficiente para
afirmar que essa sua "singular nostalgia ... muito espantaria um Garrison ou
um John Brown".[112] Muito mais que isso, escandalizariam John Woolman,
o pregador quacre norte-americano do século XVIII, que morreu em 1772,
isto é, bem antes do nascimento de ambos, pois, para ele "nenhum senhor era
suficientemente santo para evitar as tentações do poder absoluto; a escravidão
corrompeu as fontes da verdadeira religião, ao invés de ter sido melhorada
pelo cristianismo".[113]

Deixando, portanto, esses "acontecimentos" no lugar em que devem
estar, um ponto de partida adequado para examinar a *mainstream* do abolicionismo de Joaquim Nabuco é um comentário feito por Aníbal Falcão
no prefácio do *Campanha Abolicionista do Recife* (1885): a "importância
[das ideias do candidato] não provém da originalidade ..., senão de serem
elas professadas por um político e propagadas como fazendo parte capital
de um programa político".[114] Na verdade, essa observação, evidentemente
relativa às ideias abolicionistas, é pertinente tanto à campanha eleitoral de
1884 quanto ao conjunto da obra de Joaquim Nabuco. A ressalva de Aníbal
Falcão é igualmente certeira: é indiscutível a sua originalidade como parte
de um programa político no Brasil do século XIX.

---

112 *Minha formação*, p.184.
113 Apud David Brion Davis, 1992, p.24.
114 *Campanha abolicionista no Recife*, p.XI. Anibal Falcão, republicano e abolicionista
    pernambucano, taquigrafou os discursos da campanha eleitoral de 1884 e prefaciou o
    livro em tela.

De fato, Nabuco reproduziu os termos da condenação à escravidão forjados dentro do Direito Natural e da Economia Política a partir da Ilustração, que, em todo o mundo, fundamentaram as práticas abolicionistas no século XIX.

Um levantamento dos escritores e dos títulos de periódicos que alicerçam seus textos comprova que sua obra se apropriou do legado antiescravista da história intelectual do mundo moderno. Entre os mais conhecidos, estão nela citados pensadores do século XVIII, como Montesquieu, Turgot, Condorcet, Burke, Hegel e Bentham; economistas do século XIX, como Frédéric Passy, Gustave Molinari, Fréderic Bastiat, Henry George, Paul Leroy-Beaulieu, Leon Wolowski e Cairnes; periódicos do século XIX, como o *Journal des Économistes, Revue des Deux Mondes, Anti-Slavery Reporter*; romancistas e publicistas do século XIX, como Tocqueville, o duque de Broglie, Cobden, John Bright, Walter Bagehot, Goldwin Smith, Lamartine, Victor Hugo, Bluntschli, Augustin Cochin e Wallon.

No que diz respeito à incompatibilidade entre escravidão e o Direito Natural, Joaquim Nabuco atribuiu à primeira a responsabilidade pela destruição do "fundamento natural do direito de propriedade", um "direito absoluto, imprescritível, inalienável e universal", que a escravidão substitui pelo

> direito da força, direito que é, pela sua iniquidade, pelo seu exclusivismo, a criação humana mais contrária ao ideal de justiça, de moral e do direito. Assim não contente com violar os direitos naturais da igualdade e da liberdade, a escravidão viola também o da propriedade, sendo por isso a violação criminosa de todos os direitos absolutos.[115]

Quanto à incompatibilidade entre a escravidão e os princípios econômicos, Joaquim Nabuco reproduziu as matrizes da crítica econômica ao emprego do trabalho escravo, construídas pelos fisiocratas e Adam Smith e nuançadas pela Economia Política Clássica do século XIX, matrizes essas que, aliás, são escoradas pelo Direito Natural. É isso o que se vê em afirmações do seguinte teor:

> escravidão e a indústria são termos que se excluíram sempre, como escravidão e a colonização. O espírito da primeira, espalhando-se por um país, mata cada

---

115 *A escravidão*, p.9. A esse respeito, ver também *O Abolicionismo*, p.96. As citações de *O Abolicionismo* foram extraídas da sua edição *princeps*; nos casos em que a segunda edição foi utilizada, consta da nota a data de sua publicação (1949).

ABOLICIONISTAS BRASILEIROS E INGLESES **73**

uma das faculdades humanas, de que provém a indústria: a iniciativa, a invenção, a energia individual; e cada um dos elementos de que ela precisa: a associação de capitais, a abundância de trabalho, a educação técnica dos operários, a confiança no futuro. No Brasil, a indústria agrícola é a única que tem florescido em mãos de nacionais. O comércio só tem prosperado na de estrangeiros. Mesmo assim, veja-se qual é o estado da lavoura, ... Está, pois, singularmente retardado em nosso país o período industrial, no qual vamos apenas entrando.[116]

A partir do século XVIII, principalmente no mundo anglo-saxão, o cristianismo também constituiu uma importante vertente do pensamento antiescravista desde que os quacres norte-americanos reputaram a escravidão como pecado e proibiram os membros da Sociedade dos Amigos de empregá-la. Logo em seguida, essa condenação foi adotada por quacres e por outros grupos evangélicos da Inglaterra, fundamentando a corrente principal do movimento abolicionista britânico.

A forma mais bem acabada dessa crítica pode ser encontrada nas petições da Sociedade dos Amigos a D. Pedro II.[117] Nos Estados Unidos, porém, William L. Garrison deu-lhe uma feição radical, como se vê num trecho de um artigo de sua autoria sobre o que ele próprio denominou "Emancipação Universal"; segundo Garrison, em vez de se limitar aos escravos norte-americanos, mantidos "como mercadorias comercializáveis", a emancipação deveria se realizar no seu mais amplo sentido, como emancipação de toda a humanidade da "dominação do homem, da servidão do egoísmo, do governo da força bruta, do cativeiro do pecado". Assim a raça humana se sujeitaria somente "à dominação de Deus, ao controle espiritual, ao governo da lei do amor, e à obediência e liberdade de Cristo".[118]

Mas, uma das peculiaridades do abolicionismo brasileiro foi seu caráter estritamente secular, um fato reconhecido pelo próprio Nabuco: "o movimento contra a escravidão no Brasil foi um movimento de caráter humanitário e social antes que religioso; não teve por isso a profundeza moral da corrente que se formou, por exemplo, na Nova Inglaterra".[119] Sendo assim,

---

116 *O Abolicionismo*, p.179-80. Sobre as relações entre a Economia Política, o Direito Natural e a escravidão, Antonio Penalves Rocha (1993; 1996; 2000).

117 Apêndice E, 1, 12 e 13.

118 Apud Aileen S. Kraditor, 1989, p.86.

119 Recentemente, Célia M. Azevedo (1995) comparou a linguagem religiosa do abolicionismo norte-americano com a leiga do brasileiro, p.9.

no que concerne à crítica religiosa da escravidão, os escritos de Nabuco estão imersos na corrente principal do abolicionismo brasileiro.

É verdade que, particularmente nesse caso, deve ser adicionado o afastamento de Nabuco da Igreja durante a juventude, sob a influência do evolucionismo e das ideias de Renan, que, como ele mesmo confessou, teriam recalcado seus sentimentos religiosos.[120]. Em toda sua obra há apenas umas poucas linhas que encampam a crítica religiosa da escravidão; por exemplo, quando pediu o voto do clero na campanha eleitoral de 1884, considerou a escravidão como "uma instituição que é fundamentalmente contrária a todas as aspirações de Cristo, a toda a obra do cristianismo",[121] embora, neste mesmo lugar, censurasse o concubinato entre a Igreja e a escravidão no Brasil. Assim, para efeitos de contraste, vale a pena destacar que a crítica religiosa da escravidão na obra de Nabuco ocupa menos espaço que as três linhas dedicadas na *História...* de Thomas Clarkson[122] à crítica econômica de Adam Smith à escravidão.

Ainda sobre a questão dos fundamentos da crítica de Nabuco à escravidão, um tema que tem merecido atenções dos que analisaram sua obra é a relação entre as suas ideias sobre o assunto e as de José Bonifácio, que se encontram num projeto que seria apresentado à Assembleia Constituinte de 1823. A questão teve início com a observação feita por Emília Viotti da Costa de que os argumentos dos abolicionistas "já estavam contidos, em 1823, no pensamento de José Bonifácio [e] nada de novo será dito sobre os malefícios da escravidão ou sobre a incompatibilidade entre a moral cristã ou a ética do liberalismo e a manutenção da propriedade escrava".[123] José Murilo de Carvalho fez uma adição e essa observação: "Joaquim Nabuco pouco acrescentava ao conteúdo da argumentação de José Bonifácio [...]. Sente-se apenas, em seu texto, a maior urgência de solução para o problema e a presença de uma emergente opinião pública capaz de sustentar a luta abolicionista pregada por parte da elite política".[124]

As relações entre Bonifácio e Nabuco tornar-se-iam mais nítidas se fossem examinadas como pertencentes a duas instâncias. A primeira é a da história intelectual do antiescravismo, e nela verifica-se uma continuidade indiscutível da linha que vai de José Bonifácio a Nabuco, constituída pelos pontos enun-

---

120 A propósito da religiosidade de Joaquim Nabuco, ver Ricardo Salles, 2002, cap. 4.

121 *Campanha abolicionista no Recife,* p.39.

122 Thomas Clarkson, 1839, p.75.

123 Emília Viotti da Costa, 1966, p.350.

124 José Murilo de Carvalho, 1988, p.56.

ABOLICIONISTAS BRASILEIROS E INGLESES **75**

ciados no texto de Emília Viotti acima citado: "malefícios da escravidão, ...
incompatibilidade entre a moral cristã [etc.]".[125] A segunda é a da história
política, marcada por uma ruptura destacada pelo próprio Joaquim Nabuco:

> o projeto [de José Bonifácio], hoje que a questão chegou ao seu prazo fatal de
> resolução, não é adequado a imperiosas necessidades da emancipação: nele
> mesmo não se trata desse intento. É antes uma lei regulamentar dos direitos
> do senhor sobre o escravo que uma lei abolicionista.[126]

Com efeito, na época em que José Bonifácio escreveu o projeto, o movimento abolicionista britânico, embora estivesse na vanguarda dos movimentos internacionais dessa espécie, ainda tinha objetivos modestos. 1823
foi o ano da fundação da *Anti-Slavery Society*, cujo nome oficial (Sociedade
pela Mitigação e Abolição Gradual da Escravidão nos Domínios Britânicos)
continha os principais pontos dos seus objetivos; ou seja, nem mesmo na
Grã-Bretanha havia surgido a ideia de emancipação imediata, como mostrou David Brion Davis.[127] Além do mais, haviam ocorrido pouquíssimas
experiências efetivamente abolicionistas na América. Nas colônias francesas
houve a abolição em S. Domingos (1793) e em todo o Caribe francês (1794),
sendo ambas suprimidas por Napoleão em 1802;[128] além disso, alguns estados
norte-americanos haviam abolido a escravidão, mas neles o trabalho escravo
era complementar na vida econômica. Em contrapartida, quando Joaquim
Nabuco opinou sobre a impertinência das ideias de Bonifácio, naquela
quadra somente Cuba e o Brasil conservavam licitamente a escravidão em
todo o Ocidente.

Em linhas gerais, os fundamentos do antiescravismo de Joaquim Nabuco encontram-se num manuscrito, recentemente publicado: trata-se de
A Escravidão, que, aliás, já é um texto programático, tanto que, segundo o
autor, "o fim principal deste livro, e do esforço que ele representa, é discutir a
questão da emancipação teórica e praticamente".[129] O manuscrito, no entanto,

---

125 A propósito, Antonio Penalves Rocha,(2000).
126 *A escravidão*, p.106.
127 David Brion Davis,(1962).
128 Embora fizesse parte das possessões francesas do Caribe, há uma singularidade na história
da abolição em S. Domingos. Além de a escravidão ter sido abolida em S. Domingos por
Sonthonax, em 1793, portanto antes da abolição nas outras, a medida de Napoleão não
surtiu efeito sobre ela, pois, em 1804, a ilha se tornou o país soberano do Haiti.
129 *A escravidão*, p.111. Segundo Joaquim Nabuco, o manuscrito foi escrito em Recife, em 1870.

ficou inacabado, pois Nabuco não escreveu a sua terceira parte, previamente intitulada "A Reparação do Crime", razão pela qual nada diz sobre a prática necessária à emancipação. Essa ausência permite inferir que *O Abolicionismo*, escrito cerca de treze anos mais tarde, constituiu um acerto de contas com um texto anterior na medida em que expõe a visão do autor sobre a forma que a abolição deveria assumir e sobre o significado da escravidão e da abolição na vida nacional.

Importa é que, como parlamentar e publicista, entre 1879 e 1888, Nabuco baseou suas proposições sobre a escravidão nesses mesmos fundamentos, salvo nalgumas outras ligadas a questões político-partidárias e ao seu plano abolicionista, que datam do início da década dos 1880. Essas questões e o plano encontram-se em cartas, panfletos, discursos parlamentares, artigos, em *O Abolicionismo* e no *Campanha Abolicionista do Recife* e são referentes a diversos assuntos ligados à estrutura de governo do Império, às relações entre o Partido Liberal e o abolicionismo, à indenização dos proprietários pela libertação dos escravos, e à sua adesão ao projeto formulado por André Rebouças[130] de instituir um imposto territorial para a aquisição de lotes rurais destinados ao assentamento de pobres, dentre os quais os ex-escravos.

Segundo o *Grand Dictionnaire Universel du XIXe. Siècle*, "escravidão" significa "estado do escravo, estado do homem subjugado ao poder absoluto de outro"; contudo, ao considerar a escravidão do ponto de vista enciclopédico, o *Grand Dictionnaire* agrega um conceito ao significado: "a escravidão é o estado do indivíduo que se tornou propriedade de outro".

Há uma passagem de *A Escravidão* que também associa o vocábulo à propriedade, ficando implícito que na escravidão um homem exerce poder absoluto sobre outro por meio da acessão:

> pode ser qualquer senhor chamado a justificar seu direito legal sobre seu escravo? Pode; esse direito sobre o que se assenta? Sobre um contrato de compra e venda ou um título qualquer de aquisição de domínio, levado mesmo o rigor da lei sem entranhas até considerar a acessão – como a do fruto à árvore – como uma fonte de direito do senhor sobre os escravos – realizando-se esta com as crias que seguem o ventre...[131]

---

130 Num dos discursos da campanha eleitoral de 1884 em Recife, Nabuco afirmou que levantava "pela primeira vez a bandeira de uma lei agrária, a bandeira da constituição da democracia rural, esse sonho de um grande coração, como não o tem maior o Abolicionismo, esse profético sonho de André Rebouças". *Campanha abolicionista no Recife*, p. 47.

131 Ibidem, p.101-2.

ABOLICIONISTAS BRASILEIROS E INGLESES **77**

Em *O Abolicionismo* encontra-se também outra definição que estabelece claramente o vínculo entre direito de propriedade e poder absoluto do proprietário sobre o escravo:

> a escravidão não é um contrato de locação de serviços que imponha ao que se obrigou um certo número de deveres definidos com o locatário. É a posse, o domínio, o sequestro de um homem – corpo, inteligência, forças, movimentos, atividade – e só acaba com a morte. Como se há de definir juridicamente o que o senhor pode sobre o escravo ou o que este não pode contra o senhor? Em regra o senhor pode *tudo*.[132]

Sendo assim, quando Nabuco falava sobre escravidão reproduzia o significado que o século XIX atribuía ao vocábulo, cuja ênfase aos aspectos jurídicos da relação escravista remonta ao Direito Romano. Dentro desse molde, portanto, Nabuco a considerou como uma relação de propriedade legalmente instituída, estando o escravo subjugado a outra pessoa que pode exercer sobre ele os mesmos direitos emanados do direito de propriedade, tanto que, ainda em *O Abolicionismo*, afirmou que: "o escravo ... é uma *propriedade* como qualquer outra, da qual o senhor dispõe como de um cavalo ou de um móvel".[133]

Certamente na concepção de escravidão de Joaquim Nabuco havia uma separação radical entre o reconhecimento da legalidade e a aceitação da legitimidade da lei, o que se vê nos juízos de valor que são anexados às suas definições de escravidão para fins de crítica da instituição. Aliás, na maioria das vezes, referiu-se à escravidão por meio de fórmulas sintéticas, como, por exemplo, a que a reduz à "propriedade do homem pelo homem". Com efeito, ele não precisava retomar todo o tempo uma definição extensa para lutar no campo das ideias contra a propriedade do homem, tal como ela aparecia escancaradamente no dia a dia aos seus olhos e aos dos seus leitores contemporâneos. Para desmontá-la bastava recorrer a fórmulas, como fez na definição acima citada ao afirmar que a instituição causa horror por constituir um "fundo de barbárie", acobertado por uma "superficial camada de civilização".[134]

As demais vezes que a sua obra se refere à definição também servem de pretexto para a condenação da coisa definida. Em *A Escravidão*, a "propriedade que este [o senhor] invoca sobre aquele [o escravo] não tem razão de ser; é

---

132 *O Abolicionismo*, p.126.
133 Ibidem, p.40.
134 Ibidem, p.37.

uma propriedade opugnante ao direito de propriedade, o que é uma contra-dição nos termos".[135]

Num dos discursos da *Campanha Abolicionista no Recife* expôs outro tipo de acusação a ela: "... qual é o princípio do comunismo? É a negação da propriedade individual. O que é a escravidão? É a negação da propriedade a mais individual que existe no mundo – a propriedade de si mesmo".[136] E num artigo de 1886, publicado pelo *Jornal do Comércio*, fez dela uma "propriedade anômala".[137] A propósito, Nabuco de Araujo, em 1868, observara igualmente que "a propriedade do escravo não é uma propriedade natural, se não apenas uma propriedade legal que a lei pode regular ou restringir".[138]

No limite, Joaquim Nabuco recusou o que havia de juízo de realidade na definição de "escravidão" para negar a coisa definida; como afirmou num artigo, "só nos falam de *propriedade, de legalidade*, mas ... lhes respondemos que o homem não é coisa; que entes humanos não podem ser objetos de pro-priedade ...".[139]

Na campanha eleitoral de 1884, ampliou o significado de escravidão de modo a fazer que o vocábulo abrangesse todo o sistema baseado na "proprieda-de do homem pelo homem": "quando emprego o termo *escravidão*", afirmou, "sirvo-me de um termo compreensivo – como é, por exemplo, em França a expressão Antigo Regime, – dos resultados do nosso sistema social todo, o qual é baseado sobre a escravidão".[140] Essa ampliação derivou do sentido dado à escravidão em *O Abolicionismo*: embora a relação de propriedade e poder a escore, seus efeitos são de tal ordem que ultrapassam a relação propriamente dita. Sendo assim, o vocábulo passa a designar

> a soma do poderio, influência, capital e clientela dos senhores todos; o feuda-lismo estabelecido no interior; a dependência em que o comércio, a religião, a pobreza, a indústria, o parlamento, a Coroa, o Estado enfim, se acham pe-rante o poder agregado da minoria aristocrática, em cujas senzalas centenas de milhares de entes humanos vivem embrutecidos e moralmente mutilados pelo próprio regime a que estão sujeitos; e, por último, o princípio vital que

---

135 *A escravidão*, p.47.
136 *Campanha abolicionista no Recife*, p.119-20.
137 *Campanhas de imprensa*, p.10 e 24. Essa expressão aparece também em *Minha formação*, p.114.
138 Apud *Um estadista do Império*, t.II, p.49.
139 *Campanhas de imprensa*, p.35.
140 Conferência no Teatro Politeama. In: *O Abolicionismo*, 1949, p.228.

ABOLICIONISTAS BRASILEIROS E INGLESES **79**

anima a instituição toda, sobretudo no momento em que ela entra a recear pela posse imemorial em que se acha investida, espírito que há sido em toda a história dos países de escravos a causa do seu atraso e da sua ruína.[141]

Em *O Abolicionismo*, portanto, o mesmo objeto passou a ser encarado com outros olhos. Se em *A escravidão* ele fora observado e criticado a partir do plano microscópico, isto é, da relação de propriedade, a partir de *O Abolicionismo* passou a ser observado no plano macroscópico, isto é, no perfil assumido pelo Estado Nacional brasileiro em consequência do emprego do trabalho escravo. A autoridade política, social e econômica dos donos de escravos manifestava-se no "feudalismo" – um eufemismo empregado para designar a incapacidade do Estado de "ir além das porteiras das fazendas" – e no poder agregado dos senhores; desse modo, a vida econômica e as instituições tanto do Estado quanto da sociedade civil estavam na esfera de influência de uma "minoria aristocrática", e o atraso e a ruína constituíam o "princípio vital" do sistema.

O Abolicionismo mostra também que Joaquim Nabuco mudou seu ponto de vista sobre a abolição. Antes de 1883, o deputado depositara esperanças na ação abolicionista dos senhores, conforme se vê num trecho de uma carta de abril de 1880:

> teremos do nosso lado a generosidade do caráter nacional, e principalmente a cumplicidade dos donos de escravos que, em virtude dos seus sentimentos humanos, estão realmente se tornando, cada vez mais, os melhores operários da emancipação.[142]

Em *O Abolicionismo*, por outro lado, denunciou que uma "minoria aristocrática" se nutre da escravidão, deixando claro que era impossível contar com a benevolência de todos aqueles que a empregam e que são, ao mesmo tempo, antagonistas políticos do abolicionismo.

Desse prisma, a luta pela abolição tornava-se claramente uma luta política contra os que tinham interesse na preservação e reprodução do sistema, e Nabuco, um pouco mais tarde, em 1886, chegou até mesmo a caracterizá-la como "luta contra os poderosos privilégios de classe, contrários ao desenvolvimento da nação".[143] É por esse motivo que considerava a abolição como

---

141 *O Abolicionismo*, p. 7.
142 Carta 1, Apêndice B.
143 *Campanhas de imprensa*, p.218.

80 ANTONIO PENALVES ROCHA

"uma reforma tão extensa, tão larga e tão profunda que se possa chamar Revolução". E, apesar desse vaivém a respeito do papel dos donos de escravos, adotou, definitivamente, depois da abolição, a imagem de que foram eles os protagonistas da abolição.

Por isso tudo, O Abolicionismo, um livro de "propaganda política sobre a emancipação",[144] constituiu um marco na obra de Nabuco, na medida em que a partir dele passou definitivamente a associar o fim da escravidão com a remodelação do Estado Nacional brasileiro, como se ela fosse o móvel da transição do Brasil colonial para o Brasil moderno.[145] Pois, além de conformar o Brasil ao mundo civilizado, "o Abolicionismo funda-se numa série de motivos políticos, econômicos, sociais e nacionais, da mais vasta esfera e do maior alcance",[146] escreveu Nabuco antes de listar detalhadamente os motivos que o levavam a defender a abolição. Ocupando quase duas páginas desse mesmo livro, a extensão dessa lista e a diversidade dos motivos são de tal ordem[147] que é impossível resumi-las. Importa que essas páginas sintetizam uma utopia, no sentido que Karl Mannheim imprimiu a este vocábulo: "ideias situacionalmente transcendentes (não apenas projeções de desejos) que, de alguma forma, possuam um efeito de transformação sobre a ordem social existente".[148]

Resta saber qual era o receituário de Joaquim Nabuco para emancipar os escravos. Em 1881, Nabuco já repudiava a revolução e defendia o princípio de que a questão devia ser tratada estritamente dentro do quadro político-institucional; de acordo com suas palavras, "a emancipação não pode ser feita por meio de uma revolução, que destruirá tudo – ela deverá ser encaminhada pela maioria parlamentar...".[149] Nesse mesmo ano, esse princípio apareceu numa circular que continha o seu programa para as eleições parlamentares, na qual se lê que "a abolição só pode ser feita por lei, não pode ser obra de um decreto nem de uma revolução", ou então "é no parlamento que a emancipação deve ser decidida – e não na praça pública".[150] Isso tudo se

---

144 Na Carta a Sancho de Barros Pimentel de 23 de junho de 1883. In: Cartas a amigos, p.102-3, Nabuco o definiu nesses termos.

145 Na Campanha Abolicionista no Recife afirmou que "[desde 1879] estamos subindo essa grande cordilheira do abolicionismo em que estão separadas as vertentes do Brasil colonial das vertentes do Brasil moderno", p.197.

146 O Abolicionismo, p.114.

147 Ibidem, p.114-6.

148 Karl Mannheim, 1968, p.229.

149 Carta 7, Apêndice B.

150 O Abolicionista, 28 de outubro de 1881, p.6 e 8.

baseava num princípio enunciado também em 1881: "nada [...] me aterraria mais do que indispor os senhores contra os escravos, senão encolerizar o escravo contra o senhor".[151]

O conteúdo dessa última frase foi desenvolvido em *O Abolicionismo*, por meio de uma exposição dos motivos que o levavam a repelir a revolução, cujo desencadeamento, a seu ver, ocorreria inevitavelmente se a propaganda abolicionista fosse dirigida aos escravos: seria uma covardia, pois a lei de Lynch ou a justiça pública, esmagaria os escravos revoltosos, ao passo que os provocadores não correriam os mesmos perigos; seria uma inépcia, pois haveria um endurecimento do cativeiro; seria um suicídio político, porque a nação reagiria à insurreição ao sentir que a toda a sociedade estaria sob ameaça quando visse a "classe mais influente e poderosa do Estado exposta à vindita bárbara e selvagem de uma população mantida até hoje ao nível dos animais e cujas paixões, quebrado o freio do medo, não conheceriam limites no modo de satisfazer-se".[152]

A exclusão dos escravos da campanha pela abolição, isto é, a recusa de aceitá-los como sujeitos da mudança de suas vidas, feita em nome da covardia, da inépcia e do suicídio político, derivava da sua convicção de que estava em posse de um mandato deles – ou de uma "procuração dos oprimidos" –, que, de uma só vez, o autorizava a representá-los e os obrigava a reconhecê--lo como mandatário. A respeito dessa sua pretensa investidura, ao explicar os motivos da sua derrota em Pernambuco nas eleições parlamentares de janeiro de 1886, Nabuco expôs a sua indignação com a infidelidade eleitoral de libertos:

> os negros, que são numerosos, não foram todos fiéis à nossa causa e, em grande parte, votaram na bandeira da escravidão. Procurei mais de um eleitor negro e pedi-lhe o seu voto. – "Não posso, Senhor, prometi votar nos Conservadores. Estou comprometido". Comprometido! Esse pobre homem, na sua ignorância sobre a solidariedade social, não sabe que, dois séculos atrás, quando seus ancestrais foram trazidos como escravos da África, estava comprometido a votar em mim e que sua própria cor ridiculariza sua desculpa de "comprometimento prévio".[153]

---

151 Ibidem, 1° de agosto de 1881, p.2.
152 *O Abolicionismo*, p.25.
153 Carta 29, Apêndice B.

82 ANTONIO PENALVES ROCHA

Além do mais, a insurreição dos escravos representaria o "sinal de morte do abolicionismo de Wilberforce, Lamartine[154] e Garrison, que é o nosso, e do começo do abolicionismo de Catilina ou de Spartacus ou de John Brown".[155] A propósito, Joaquim Nabuco e André Rebouças tinham exatamente as mesmas opiniões no que se refere à ação abolicionista. Para Rebouças, a propaganda não deveria ser dirigida aos escravizados, ao passo que para Nabuco, "não é aos escravos que falamos, é aos livres". Depois da abolição, em carta de 1895 a Nabuco, Rebouças referiu-se aos efeitos do "demônio da revolução" e à necessidade de exorcizá-lo "pela propaganda quotidiana, apelando para o coração, como fizeram nossos mestres Wilberforce e Cobden, e como imitamos de 1880 a 1888 na Propaganda Abolicionista".[156]

Sendo assim, Joaquim Nabuco e o grupo a que estava ligado recusavam categoricamente a ação direta para efetuar a emancipação dos escravos e defendiam o princípio de que todas as medidas sobre o fim da escravidão deveriam correr pelos canais institucionais do Estado. As campanhas de Wilberforce na abolição inglesa e de Cobden pela revogação da Lei dos Cereais e dos Atos de Navegação, ambas da primeira metade do século XIX, forneceram ao grupo ligado a Nabuco o modelo dos métodos de ação política. Importa é que tanto os que atuaram pela abolição da escravidão nas colônias inglesas, sob a liderança parlamentar de Wilberforce, quanto os que atuaram pelo fim da ingerência do Estado no comércio de cereais, sob a liderança de Cobden, atuaram dentro da ordem institucional. Desse modo, limitaram suas campanhas às reuniões doutrinárias, à propaganda pela imprensa e pelas conferências em toda a Inglaterra e à mobilização da sociedade para pressionar o Parlamento.

---

154 Lamartine participou do Governo Provisório de 1848 e atuou ao lado de Schoelcher na abolição da escravidão nas colônias francesas. Uma passagem de um discurso que proferiu num banquete de Paris de 10 março de 1842 ilustra sua posição sobre a abolição: "O que queremos, portanto? Não fazer, mas prevenir uma revolução, restaurar um princípio e conservar uma sociedade colonial. Queremos introduzir gradual, lenta e prudentemente o negro no domínio da humanidade para o qual o convidamos, sob a tutela da Mãe Pátria, como uma criança que vai torná-la completa, não como um selvagem para destruí-la. Nós o queremos sob as condições indispensáveis de que os colonos sejam indenizados e os escravos gradualmente admitidos; nós queremos que a ascensão dos negros à liberdade seja uma passagem progressiva e segura de uma ordem a outra, e não um abismo que sorva tudo, colonos e negros, propriedades, trabalho e colônias". André D. Tolédano (Ed.) (1949).

155 *O Abolicionismo*, p.25.

156 André Rebouças, 1938, Carta a Nabuco de 7 de abril de 1895, p.427.

ABOLICIONISTAS BRASILEIROS E INGLESES 83

Joaquim Nabuco foi tão fiel a essa tática que, alguns anos depois do 13 de maio de 1888, quando se esforçava para transformar em memória o sucesso da atuação política do seu grupo, apresentou um balanço das "ações ou concursos" que levaram à abolição; em primeiro lugar estava a "ação motora dos espíritos que criaram a opinião pela ideia, pela palavra, pelo sentimento, e que a faziam valer por meio do parlamento, dos *meetings,* da imprensa, do ensino superior, do púlpito, dos tribunais".[157] Em síntese, segundo Joaquim Nabuco, a causa da libertação dos escravos deveria ser jogada

> no Parlamento e não nas fazendas ou quilombos do interior, nem nas ruas e praças das cidades... Em semelhante luta, a violência, o crime, o desencadeamento de ódios acalentados, só pode ser prejudicial ao lado que tem por si o direito, a justiça, a procuração dos oprimidos e os votos da humanidade toda.[158]

Esses seriam os termos da "procuração dos oprimidos", que Joaquim Nabuco presumia que lhe fora passada. Por conseguinte, dado que a campanha abolicionista não se destinava às "fazendas ou quilombos do interior" ou às "ruas e praças da cidade", os abolicionistas deveriam se dedicar à persuasão dos "ricos" e do trono.

Dirigida aos "ricos", a campanha tinha fins pedagógicos, visando instruí-los sobre o equívoco dos seus interesses em relação ao trabalho escravo. Para Nabuco, em vez de defender a escravidão, competia a eles assumir a direção do movimento abolicionista em benefício dos seus próprios interesses materiais, que seriam mais bem recompensados pelo emprego do trabalho livre. Contudo, não desempenhavam esse papel porque

> não leem nem estudam, não conhecem o valor das leis sociais de liberdade e igualdade, e por outro lado acreditam que a escravidão está viva, que ela ainda pode produzir benefícios, que ainda pode servir de base à fortuna pública e particular, quando a escravidão está morta tanto como exploração de riqueza quanto como regime social, e a sua manutenção importa à ruína e à bancarrota de todos e de tudo.[159]

---

157 *Minha formação,* p.194.
158 *O Abolicionismo,* p.26.
159 *Campanha abolicionista no Recife,* p.118.

84 ANTONIO PENALVES ROCHA

Por sinal, antes dessa afirmação, que data de 1880, Joaquim Nabuco já pensava que a "nossa obrigação ... é esclarecer a opinião mesma dos lavradores pela experiência do trabalho livre nos outros Estados e mostrar ao país que somente com a emancipação ele poderá confiar na sorte da agricultura".[160]

De todo modo, "os ricos", mergulhados nas trevas da ignorância, eram movidos pelo "interesse mal entendido de classe",[161] ou seja, eram incapazes de perceber que se beneficiariam com a adoção do "interesse bem entendido", a boa-nova que o abolicionismo anunciava. Assim sendo, Joaquim Nabuco assumia não só uma atitude ilustrada como também um vocabulário da Ilustração para criar uma pedagogia da classe dominante.

De fato, a expressão *"intérêt mal entendu"* foi usada para designar a cegueira do interesse dos donos de escravos – cujos ganhos aumentariam com o *"intérêt bien entendu"*, isto é, com a substituição dos escravos por trabalhadores livres – num dos mais antigos textos antiescravistas da Ilustração francesa, um artigo escrito por Dupont de Nemours e publicado pelo *Éphémérides du citoyen ou Cronique de l'Esprit National* de 1771.[162]

Quanto à persuasão do trono, Joaquim Nabuco escreveu: "estive envolvido na campanha da abolição e durante dez anos procurei extrair de tudo, da história, da ciência, da religião, um filtro que seduzisse a dinastia".[163] Numa outra passagem de *Minha formação*, ao rememorar sua decisão de se encontrar com o Papa, no início de 1888, comentou que

era-me, decerto, permitido recorrer ao Papa, como a qualquer outro oráculo moral que pudesse inspirar a Princesa, falar-lhe ao ideal e ao dever. Durante dez anos não visei a outra coisa senão a captar o interesse da dinastia, e a acordar o sentimento do país.[164]

Em suma, a concepção de opinião pública de W. A. Mackinnon, citada no capítulo anterior, e presumivelmente usada por Crawford, era também adotada por Joaquim Nabuco.

---

160 *Cartas do Presidente Joaquim Nabuco e do Ministro Americano H. W. Hilliard sobre a emancipação nos Estados Unidos*, p.4.

161 *Campanhas de Imprensa*, p.41; a expressão "interesse mal entendido" aparece também neste capítulo.

162 Trata-se, na verdade, de uma longa resenha intitulada "Troisième Edition des SAISONS, POÉME accompagné des Notes, de Poésies fugitives, de Contes moraux, et de Fables orientales". Tomo VI, 1771.

163 *Minha formação*, p.183-4.

164 Ibidem, p.223.

Essa tática da campanha resultava não só do fato de Nabuco ser monarquista e de ter a "procuração dos oprimidos", mas principalmente da sua ótica sobre a ordem político-institucional do Império, como se pode observar no primeiro artigo de uma série intitulada "A Reorganização do Partido Liberal", publicada em *O País*, em dezembro de 1886.

A primeira parte desse artigo é descritiva, apresentando seu ponto de vista sobre o que significava fazer política no Brasil do seu tempo; a segunda é prescritiva, apresentando seu projeto de reorganização do Partido Liberal em função do abolicionismo.

Na primeira, mostrou que o quadro político-partidário estava sob o que chamou de "monopólio senatorial": "meia dúzia de personagens notórias representam o partido, e o que é pior, de fato o tem nas mãos". Esses mesmos homens consideram que "entre nós não existe povo nem opinião pública"; por isso, "o homem político que quer fazer carreira tem a sua órbita tão fatalmente traçada em torno de Sua Majestade como a da terra em torno do sol. É ele que alumia todo o nosso sistema político". A propósito, Nabuco herdou do pai essa concepção, pois Nabuco de Araujo advogara a necessidade de exortar o Imperador a tomar as rédeas das reformas liberais pelo fato de que a nação estava subordinada ao seu poder pessoal, isto é, "uma só vontade decide os destinos do país".[165]

Feita a descrição da mecânica do poder no Império, segue-se uma prescrição que pretendia adequar o Partido Liberal ao abolicionismo, uma vez que ele obrigaria o Partido a entrar "no terreno das reformas sociais, que afetam massas inconscientes do povo". Como o Imperador aderia a quase "todos os velhos preconceitos conservadores", só restava uma alternativa aos liberais: "por certo não temos povo, politicamente falando, mas é preciso supor que ele existe. A agitação acaba por fazer nascer a consciência. Nós não podemos resignar-nos a que o Partido Liberal se converta ao absolutismo".[166]

Certamente a realidade foi mais forte que sua intenção de "fazer nascer a consciência", pois, dando ouvidos aos comentários acima citados que fez no *Minha formação* a respeito de sua tentativa de persuadir o trono a emancipar os escravos, percebe-se que a proposta de reorganização do Partido Liberal jamais saiu do papel. De qualquer maneira, uma coisa é indiscutível: a campanha abolicionista de Joaquim Nabuco ficou circunscrita aos "ricos" e ao "absolutismo".

---

165 Apud *Um estadista do Império*, t II, p.112.
166 *Campanhas de imprensa*, p.215-9.

O receituário da emancipação se encerra com o princípio de que a abolição está acima dos partidos políticos, embora constituísse parte do programa do Partido Liberal. Esse princípio se ajustava aos demais itens do receituário, pois pressupunha a abolição como resultado de uma ação político-institucional que se transformaria em lei, obviamente sancionada pelos poderes constituídos. De qualquer maneira, a participação da praça pública estava definitivamente excluída do processo. Num discurso de 1881, feito durante uma homenagem que lhe foi prestada pela BFASS, afirmou a esse respeito que "o partido abolicionista brasileiro apoiará de todo o coração qualquer ministério que promover medidas emancipadoras. Sim! Estamos prontos a apoiar qualquer governo que tomar a peito o problema da Abolição".[167] Esse mesmo princípio aparece também num capítulo de *O Abolicionismo* – "O Partido Abolicionista" – em que chega a vaticinar o caráter corrosivo da emancipação sobre os partidos existentes, que os desagregaria. Afinal de contas, coerente com suas ideias, Nabuco apoiou o Gabinete João Alfredo por ocasião da votação da lei de 13 de maio de 1888.

A intertextualidade do abolicionismo de Joaquim Nabuco

Como foi mencionado acima, o ponto de partida do antiescravismo de Joaquim Nabuco foi o conceito de escravidão que vigorava na sua época. Dado que ele fora construído do ponto de vista jurídico, Nabuco distorceu seus termos para tornar a coisa definida uma aberração jurídica. *O Abolicionismo*, no entanto, deu outra dimensão à escravidão ao atribuir-lhe o papel de base de um sistema, cujo "princípio vital" é o atraso e a ruína. Para fins de ação política, Nabuco deduziu desse "princípio vital" que o progresso, envolvendo necessariamente civilização e prosperidade, é imanente às sociedades que empregam o trabalho livre e, portanto, será posto em marcha no Brasil após a supressão da escravidão.

Essa dedução, por sua vez, escorava-se num pressuposto: há uma ordem social perpétua que tem a capacidade de engendrar naturalmente efeitos beneficentes, desde que o Estado se limite a assegurar a propriedade, a liberdade e a igualdade, isto é, assegurar os direitos naturais fundamentais; inversamente,

---

167 *O Abolicionista*, 1º de junho de 1881, p.3.

ABOLICIONISTAS BRASILEIROS E INGLESES 87

efeitos perversos são engendrados por essa ordem quando o Estado ultrapassa esses limites.

Na prática, portanto, o Estado brasileiro obstruía o engendramento dessa beneficência ao violar os direitos naturais, na medida em que assegurava a legalidade da propriedade de um homem sobre outro, ou seja, impedia a existência da propriedade de si mesmo, que era, de uma só vez, condição para a existência de todas as demais propriedades, da liberdade e da igualdade. Essa violação primordial instaurava o pior dos mundos, o reino do atraso e da ruína, em contraste com o nível de progresso, inigualável na história da humanidade, alcançado por alguns Estados Nacionais do século XIX, que supostamente reduziram seus poderes à garantia dos direitos naturais.

Assim, Nabuco reclamava o fim da escravidão única e exclusivamente para que o Brasil recebesse a beneficência gerada naturalmente pela ordem social e passasse a acompanhar a marcha da história dos "países civilizados". Noutros termos, se o Estado assegurasse a vigência dos direitos naturais depois de a escravidão ter sido eliminada e de os ex-escravos terem se acomodados à nova ordem, estariam dadas as condições para o acesso à opulência e à civilização, tal como ocorria em alguns países da Europa e nos Estados Unidos.

Dentro dessa mesma lógica, a abolição era concebida como correção de rumo necessária à conservação de uma boa ordem social, como "transformação segura e pacífica do atual regime", em proveito de todas as classes da sociedade. No que diz respeito às classes rurais, afirmou que

> o problema da emancipação seria superficialmente tratado por mim, se eu não me ocupasse das relações entre os atuais senhores e seus escravos, depois de extinta a escravidão. O meu interesse é que essas relações sejam muito melhores do que hoje são, e que a escravatura seja admitida a permanecer nas fazendas, a que está adscrita, em vez de ser expulsa da terra, que cultiva, e das famílias a que está ligada ... O que eu quero, sim, é que a agricultura não seja a exploração do negro, mas da terra; é que a propriedade agrícola tenha por base o solo e sua produção, e não os trabalhadores que o cultivam.[168]

Depois de 1884, Nabuco encampou o "profético sonho de André Rebouças" de constituição de uma "democracia rural" a ser implantada por meio uma lei agrária que estabeleceria a pequena propriedade; mas essa

---

168 *O Abolicionista*, 1º de agosto de 1881, p.2-3.

88 ANTONIO PENALVES ROCHA

implantação não transformaria todos os ex-escravos em pequenos proprietários, e sim resolveria a questão da miséria das grandes cidades. De acordo com sua explicação,

> esta congestão de famílias pobres, esta extensão de miséria – porque o povo de certos bairros desta capital [Recife] vive na pobreza, vive na miséria –, estes abismos de sofrimento não têm outro remédio senão a organização da propriedade da pequena lavoura. ... Não há empregos públicos que bastem às necessidades de uma população inteira. É desmoralizar o operário acenar-lhe com uma existência de empregado público, porque é prometer-lhe o que não se lhe pode dar e desabituá-lo do trabalho que é a lei da vida.[169]

No que diz respeito às classes urbanas, Nabuco mostrou, numa conferência em que condicionou a eliminação das "finanças da escravidão" a "grandes reformas sociais", como todos seus interesses seriam atendidos pela abolição:

> nessa política há grande interesse para o proletariado – porque ele só precisa de ter trabalho – mas há também imenso interesse para o rico, para o capitalista, porque a continuar este estado de coisas, em breve as apólices em que eles depositam tanta confiança não valerão mais do que o escravo, essa outra ilusão fatal, esse outro abismo em que desapareceram tantas fortunas.[170]

O molde dessa ordem beneficente foi forjado pelas ideias de Adam Smith sobre a "liberdade natural", e a Economia Política Clássica sustentou o argumento de que sua aplicação asseguraria a obtenção do máximo de prosperidade e harmonia social. É nesses termos que ela aparece na obra dos economistas ingleses até Cairnes, e na dos franceses praticamente durante todo o século XIX. Joaquim Nabuco conheceu os textos desses economistas, citou-os na sua obra e aplicou o princípio da "liberdade natural" em *O Abolicionismo* para advogar o fim da escravidão.

Mas, muito mais que os ingleses, os principais defensores da liberdade do trabalho do século XIX foram os economistas franceses, que a usaram como alicerce de um sistema. Entrando em contato com essas ideias pela leitura de Passy, Molinari, Leroy-Beaulieu, Wolowski e do *Journal des Économistes*,

---

169 *Campanha abolicionista no Recife*, p.48.
170 Ibidem, p.124.

Nabuco fez da liberdade de trabalho o ponto central do seu emancipacionismo, como pode ser verificado numa circular que contém o seu programa para as eleições parlamentares de 1881. Comprometeu-se a lutar pela "liberdade de comércio, de indústria e de associação, incompatível com as restrições e privilégios, monopólios e proibições..."; porém, afirmou logo em seguida que "a liberdade pela qual ... hei de envidar os meus maiores esforços é a do trabalho, a primeira de todas na hierarquia das grandes reformas nacionais, e a que antes de qualquer outra deve chamar a atenção dos homens de Estado".[171]

O único historiador que percebeu essa relação entre Nabuco e os franceses foi Richard Grahan, que fez uma menção à relevância da "orientação liberal da educação francesa" nas suas opiniões sobre a escravidão,[172] embora não tenha examinado o assunto. Cabe, portanto, verificar a forma que Nabuco deu a essa orientação ao transportá-la para o Brasil.

Os economistas franceses eram adversários ferrenhos dos resíduos do Antigo Regime, que consideravam como obstáculos para que a França alcançasse o mesmo grau de prosperidade da Inglaterra. Tinham-nos, portanto, na conta de sobrevivências do que chamavam de "sistema regulamentar", hoje denominado "mercantilismo". Entre esses resíduos estavam as formas de trabalho forçado – servil ou escravo – e de ingerência do Estado na economia, que deveriam ser extirpados do mundo material e da mentalidade dos franceses.

No caso particular do emprego do trabalho escravo, Cochin sintetizou a opinião dos economistas ao afirmar que

todas as maravilhas da civilização moderna, toda sua superioridade, se devem à *liberdade de trabalho*. O que faz a irremediável inferioridade do trabalho escravo diante do trabalho livre é que dos dois móveis que a natureza pôs em jogo para nos fazer agir, o temor e a esperança, a escravidão só emprega um, o temor.[173]

Mas, além de lutar contra os resíduos do Antigo Regime, esses homens também tinham os olhos voltados para o futuro. Depois da Revolução de 1848, os economistas citados por Nabuco fizeram oposição cerrada ao

---

171 *O Abolicionista*, 1º de agosto de 1881, p.2.
172 Richard Grahan, 1973, p.186.
173 Augustin Cochin, 1861, v.2, p.92.

socialismo francês, caracterizando como uma utopia a sua pretensão de suprimir a propriedade privada e o *laissez-faire* para eliminar a miséria das classes trabalhadoras.

Um dos argumentos dos socialistas era de que os escravos tinham melhores condições de vida que os trabalhadores assalariados franceses, chamados por eles, tal como pelos "cartistas" na Inglaterra, metaforicamente de "escravos". Um exemplo dessa argumentação encontra-se na *Organização do Trabalho* de Louis Blanc, um dos socialistas mais visados pela crítica dos economistas:

> O que é o escravo? Vamos ao fundo das coisas, e não joguemos com palavras, como faziam os sofistas e os retóricos.
>
> O escravo é aquele que obtém a duras penas sua roupa, sua alimentação e seu abrigo; é aquele que dorme nos degraus de um palácio desabitado.
>
> O escravo é o pobre punido por ter estendido a mão para solicitar piedade ao rico; é o homem sem asilo, que é preso por estar cambaleando na rua.
>
> O escravo é o infeliz que a fome obriga a roubar, sabendo que a sociedade o condenará à prisão.
>
> O escravo é o pai que faz sua jovem filha respirar o ar das fiações insalubres; é o filho que envia seu velho pai para morrer num asilo.
>
> O escravo é o filho do pobre, que entra numa oficina aos seis anos; é a filha do pobre que se prostitui aos dezesseis anos.
>
> Os escravos são aqueles que escrevem na sua bandeira: *viver trabalhando ou morrer combatendo*, e que combatem e morrem, quando não têm trabalho.[174]

A partir dessa equiparação, Louis Blanc chegou até mesmo a argumentar que a condição dos escravos era melhor que a do proletariado francês: "Falai em liberdade? Mas o que os colonos respondem quando ousai colocar em questão a escravidão nas colônias? 'Nossos negros são mais felizes que os vossos diaristas'; e provam isto!"[175]

Desse modo, socialistas e defensores da escravidão acabavam fornecendo uns aos outros um mesmo argumento que prestava serviços respectivamente diferentes à ação política: para os socialistas, o sistema que causava a miséria deveria ser suprimido, dado que os escravos das colônias tinham melhores condições de vida que os trabalhadores livres franceses, como provavam os

---

174 Louis Blanc, 1847, p.192-3.
175 Ibidem.

donos de escravos; para os donos de escravos, a escravidão deveria ser mantida, dado que os escravos das colônias tinham melhores condições de vida que os trabalhadores livres europeus, como provavam os socialistas.

Importa é que Joaquim Nabuco estava a par desse embate e se posicionou dentro dele. Primeiro, defendeu-se dos que o acusavam de ser comunista por não reconhecer

> o direito dos donos de escravos à indenização e [afirmar] que a escravidão é simplesmente uma opressão injustificável em benefício do lucro individual ao qual o Estado não tem obrigação de dar qualquer apoio, mas sim, ao contrário, tem a obrigação de suprimir imediatamente.[176]

Segundo, investiu de uma só vez contra o comunismo e a escravidão ao colocá-los em pé de igualdade. Para isso, dedicou um parágrafo à tentativa de demonstrar que a escravidão "legitima o comunismo" e que "uma soberania que reconhece a escravidão proclama a máxima de Proudhon – *a propriedade é um roubo* ...".[177] Voltou ao assunto, em 1886, como se viu acima, ao afirmar que o comunismo e a escravidão são orientados pelo mesmo princípio da "negação da propriedade individual". Além disso, recriminou aqueles que "dissipam em Paris fortunas representadas por escravos ou calam-se sobre as nossas instituições ou descrevem o Brasil como o paraíso dos escravos e a escravidão como um estado melhor do que o proletariado europeu".[178]

Essa sua posição diante do embate entre economistas clássicos e socialistas contribui para a compreensão dos motivos que o levaram a adotar o abolicionismo de Wilberforce, Lamartine e Garrison, a rejeitar o de Espártaco e de John Brown e a orientar a propaganda abolicionista para a instrução dos "ricos" e para a persuasão do trono. Afinal de contas, André Rebouças, que desempenhou no movimento abolicionista o "papel primário, ainda que oculto, do motor, da inspiração que se repartia por todos...",[179] afirmou que

> todas as propagandas socialistas na Inglaterra e na Alemanha cometem o erro fundamental de se dirigem às vítimas, quando o trabalho deve ser feito com os algozes. Na grande obra da Abolição, nós jamais nos envolvemos com os escravizados, e os que não seguiam o nosso exemplo mancharam-se como

---

176 Carta 30, Apêndice B.
177 *A escravidão*, p.16ss.
178 *Campanha abolicionista no Recife*, p.98.
179 *Minha formação*, p.200.

92 ANTONIO PENALVES ROCHA

"papa-pecúlios", como "incendiários dos canaviais", como excitadores dos fuzilamentos de Cubatão.[180]

Enfim, por mais paradoxal que pareça, o objeto do abolicionismo de Joaquim Nabuco não era o escravo de carne e osso, mas sim a eliminação da escravidão para pôr um fim aos seus efeitos nocivos na constituição do Estado Nacional brasileiro. Essa sua posição já se encontra em textos anteriores ao de uma passagem de *O Abolicionismo* acima citada, na qual Nabuco estabeleceu o nexo entre abolição e remodelação do Estado Nacional. No Manifesto da Sociedade Brasileira contra a Escravidão, de 1880, lê-se que "o que nós temos em vista, porém, não é a libertação do escravo, é a libertação do país; é a evolução do trabalho livre que se há de fazer sob a responsabilidade da geração atual".[181] Num outro texto de 1881, uma carta que ele enviou ao redator do *Diário de Notícias* de Lisboa, avançou um pouco mais o assunto ao afirmar que visava sobretudo

livrar o meu o país da escravidão e dos seus efeitos perniciosos, para libertar o solo, por assim dizer. *A sorte dos negros inspira-me a mais viva simpatia; mas o que principalmente me preocupa é a sorte do país* [grifado por mim – APR], esterilizado pela escravidão, despovoado por ela, com uma população de dez milhões de livres, que dependem do trabalho forçado de um milhão de escravos; porque a escravidão tornou o trabalho uma conscrição repugnante, em vez de um voluntariado em que todos tomassem parte.[182]

Pouco depois da publicação de *O Abolicionismo*, num discurso que fez em Milão (1883) para homenagear a Itália, considerou que a escravidão, além de causar danos econômicos e sociais, era também um obstáculo à constituição da nação:

a causa da emancipação no Brasil não é somente a causa de um milhão de escravos, é a causa de dez milhões de homens, a causa de todo o país, não somente do seu desenvolvimento industrial, social e moral, mas também o da reputação e da dignidade nacionais. Nós, abolicionistas brasileiros, hoje estamos na mesma posição em que os italianos estavam antes dos acontecimentos

---

180 Apud Maria Helena Machado, 1994, p.165.
181 Manifesto da Sociedade Brasileira contra a Escravidão, p.20.
182 *O Abolicionista*, 1º de março de 1881, p.10.

de 1859. Pretendiam criar uma pátria, ou melhor, um Estado, porque a pátria jamais deixou de existir em meio a todas as divisões: estava viva nas tradições da história ... Bem, nós também queremos fundar uma pátria, isto é, dar-lhe os únicos alicerces sobre os quais uma nação pode ser fundada: a liberdade individual de todos os seus membros.[183]

Em conclusão, para Joaquim Nabuco a abolição estava subsumida à questão do Estado Nacional, uma vez que os pressupostos das suas ideias abolicionistas o priorizavam, ao passo que a condenação da opressão a que o escravo propriamente dito estava submetido não estava no seu horizonte. De fato, o ponto mais alto que sua consciência antiescravista alcançava era o princípio de que o alicerce da nação deveria ser refeito com a substituição da escravidão pela liberdade individual. E, certamente, concebia a nação como um território de liberdade individual tendo em mente os países europeus industrializados e os Estados Unidos, o que quer dizer que a liberdade individual era a condição para o progresso. Sendo assim, é um esforço vão procurar nas suas ideias alguma empatia com quaisquer que tenham sido os sonhos dos escravos de eliminação da opressão. Suas ideias sobre abolição eram tão somente as de um político de vanguarda do Partido Liberal, empenhado em fazê-lo cumprir à risca o Programa do Centro Liberal para que o Império fosse preservado e prosperasse.

---

183 Apêndice C, 3.

3
THE RIO NEWS

O *Rio News* começou a circular na capital do Império em abril de 1874, sendo publicado em inglês três vezes por mês – nos dias 5, 15 e 24. Em 1879, quando houve a retomada dos debates parlamentares sobre a abolição, estava sob a direção de O. C. James e Andrew Jackson Lamoureux. A partir de 1882, no entanto, Lamoureux, que era norte-americano, tornou-se seu único proprietário e editor.

Quanto aos traços gerais da sua composição, reproduzia notícias de outros jornais, comentadas pelo editor, analisava o andamento dos negócios brasileiros e platinos, publicava um resumo dos assuntos tratados no Senado e na Câmara numa coluna intitulada "Sessão Parlamentar", listava a chegada e partida de navios estrangeiros, fretes e carregamentos, preços e cotações oficiais, reproduzia os registros diários da Associação Comercial sobre o café e fornecia outras "informações necessárias para a correta avaliação do comércio brasileiro". Como no Brasil os seus leitores pertenciam predominantemente à comunidade anglo-saxônica, frequentemente dava notícias de casamentos dentro do grupo e até mesmo de partidas de críquete.

Na década de 1880, em regra, a primeira página e a última eram reservadas à propaganda. Sendo assim, da segunda página em diante se encontra o editorial, dividido em diversos itens relativos aos diferentes temas que haviam sido noticiados pelos grandes jornais nacionais e estrangeiros. Nas páginas subsequentes, havia colunas que continham resumos das notícias – originalmente publicadas por quaisquer outros jornais brasileiros ou estrangeiros – sobre a capital do Império, províncias, ferrovias, região platina e sessões do Legislativo. Finalmente, as últimas páginas eram dedicadas à publicação dos dados sobre negócios e sobre a chegada e partida de navios.

No que diz respeito à sua linha editorial, o jornal sempre reivindicou reformas políticas que aperfeiçoassem a feição liberal do Império, entre as quais dava destaque à separação entre o Estado e a Igreja, atuando, por isso mesmo, como porta-voz de uma exigência dos seus leitores evangélicos.

Sua oposição à escravidão foi assumida com todas as letras a partir de 1879. Aliás, no ano seguinte, na edição de 5 de maio de 1880, apareceu uma nova coluna, intitulada *"Slavery Notes"*, que, em conformidade com o título, reproduzia notícias sobre a escravidão no Brasil; contudo, a partir do número seguinte ela desapareceu para sempre. De qualquer modo, entre os meados de 1879 e 1888, raramente o periódico deixou de publicar ou de comentar nos editoriais fatos relativos aos debates parlamentares sobre a escravidão, a imigração e o andamento do movimento abolicionista. Usualmente reproduzia e examinava notícias extraídas de outros jornais sobre sevícias brutais praticadas contra escravos e sobre reações de escravos à violência – revoltas localizadas ou assassinatos de senhores e de feitores.

Além de se dirigir aos anglo-saxões que aqui residiam, o periódico se destinava principalmente à orientação de negociantes estrangeiros no Brasil e na região platina. E esse caráter mercantil do periódico era admitido literalmente pelo editor, que o retratava como "um jornal comercial, cujos interesses são idênticos aos da classe que representamos...".[184] A propósito, chama atenção o fato de que essa frase aparece num editorial intitulado *"Chinese Question"* que critica o projeto do governo de empregar *coolies* chineses no Brasil sob a alegação de que poderiam ser escravizados, e, concomitantemente, expõe a razão do antiescravismo do jornal nos seguintes termos: por ter os mesmos interesses que os comerciantes, o jornal considerava a escravidão como o maior empecilho ao desenvolvimento do país.

Outros editoriais, no entanto, deixam claro que o seu antiescravismo não se baseava somente em argumentos econômicos, mas também em argumentos humanitários. Tanto é assim que na carta enviada por Lamoureux a Joaquim Nabuco, em 1888, acha-se uma síntese dessas duas linhas de argumentação: "a abolição era simplesmente uma questão de princípio; era um ato de justiça abstrata e de economia política sadia".[185]

Num editorial sobre o sexagésimo terceiro aniversário da Independência do Brasil encontra-se também uma crítica de Lamoureux à deformação que

---

184 *The Rio News*, 5 de agosto de 1881, p.1.
185 Apêndice D, 4.

a escravidão causava à vida política, na medida em que determinava uma distribuição injusta dos "direitos e privilégios do homem". Essa crítica exibe a sua opinião de que o governo do Império favorecia unicamente os "interesses egoístas e mercenários de uma única classe privilegiada", adjetivada pelo editor de "devassa e reacionária".[186] E o Grito do Ipiranga serviu para a denúncia do que o jornal considerava como uma deformação do Estado: segundo Lamoureux, na proclamação de D. Pedro – "independência ou morte" – "o único direito assegurado ao escravo é o da morte". Por isso, argumentava que a Independência só se concretizaria quando a nação adotasse o "maior de todos os princípios políticos – o de que o objetivo do governo é assegurar o maior bem ao maior número".[187]

Os seus argumentos humanitários contra a escravidão, sintetizados no princípio de "justiça abstrata", se apoiavam numa forma de direito natural de fundo cristão, cujo princípio era o de que Deus concedera a liberdade ao homem ao criá-lo à Sua imagem e semelhança. Desse modo, adotava implicitamente a fórmula da crítica religiosa da escravidão dos evangélicos, que tinha a escravidão na conta de um pecado aos olhos de Deus.

Isso pode ser comprovado no mesmo editorial sobre o aniversário da Independência. Seu pano de fundo era uma notícia: os vereadores do Rio de Janeiro tinham feito uma subscrição pública para libertar escravos a fim de comemorar o aniversário da Independência, e o dinheiro arrecadado permitiu a compra de 159 escravos, alforriados no dia 7 de setembro de 1885. Lamoureux considerou a ação meritória, mas também a caracterizou como inconcebível, porque pressupunha a existência de um preço para a liberdade humana, quando, na verdade, ela era "um direito que o Todo Poderoso havia dado aos homens juntamente com a respiração".[188]

Noutro editorial, cujo assunto é a concessão de títulos de nobreza para fazendeiros que libertassem seus escravos, encontra-se um argumento análogo. O *Rio News* não fazia objeção alguma a que um hipotético Sr. João Manoel da Costa recebesse o também hipotético título de Barão de Massambuca. Mas opunha-se ao estabelecimento de qualquer condição "para a restituição da liberdade a um ser feito à imagem de Deus, cujo único crime é, ao que parece, o de descender de africanos livres, retirados à força dos seus países de origem".[189]

---

186 *The Rio News*, 15 de junho de 1886, p.2.
187 Ibidem, 15 de setembro de 1885, p.2.
188 Ibidem.
189 Ibidem, 24 de outubro de 1887, p.2.

98 ANTONIO PENALVES ROCHA

Mas, depois da abolição, como alguns deputados continuavam reivindicando o direito à indenização pela perda dos escravos, Lamoureux relacionou novamente a incompatibilidade entre escravidão e direito natural, desta vez em termos laicos e radicais:

> a escravidão é um roubo, e o escravo faz parte de uma propriedade roubada – se bem que esta expressão esteja sujeita à objeção para descrevê-la. Roubado de sua liberdade, que é um direito inerente de todo indivíduo, o escravo tem o direito incontestável de recuperá-la em qualquer época e lugar e por todos os meios. E como ela lhe pertence por direito natural, podendo ser recobrada a qualquer momento pela força ou por astúcia, não pertence logicamente a mais ninguém. Por isso, nenhum valor pode ser atribuído a um escravo e, portanto, nenhuma indenização pode ser reclamada. Além do mais, não há código civilizado de leis em vigor que reconheça direitos adquiridos sobre a propriedade adquirida por roubo.[190]

O jornal era um crítico mordaz da familiaridade dos brasileiros com a escravidão. Por exemplo, em agosto de 1885, noticiou que havia ocorrido uma reunião na Escola da Glória, no Rio de Janeiro, para fundar uma "Sociedade Protetora dos Animais Inferiores", com o objetivo de coibir maus-tratos aos animais na cidade. A notícia mereceu o seguinte comentário: "é notável que seu nome indique o objetivo de proteger somente os animais *inferiores*, como cães e mulas, e não os das classes *superiores*, como escravos e colonos".[191] Cerca de dois anos depois, retomou o mesmo assunto para anunciar que os fundadores da Sociedade fariam uma nova reunião, sob a presidência do senador Nunes Gonçalves, a fim de encerrar suas atividades. E fez duas perguntas retóricas sobre esse fracasso:

> O que mais se poderia esperar de uma Sociedade formada por donos de escravos, para os quais o açoite e a sevícia são lugares-comuns? Que confiança desperta essa Sociedade, quando até mesmo o seu presidente foi pública e repetidamente acusado de maltratar seus escravos?[192]

Ainda em conformidade com essa mesma linha crítica, narrou um episódio ocorrido em Valinhos: escravos haviam fugido e foram perseguidos por uma força policial de dez soldados, aos quais se juntaram diversos civis armados.

---

190 Ibidem, 5 de julho de 1888, p.2.
191 Ibidem, 15 de agosto de 1885, p.5.
192 Ibidem, 24 de maio de 1887, p.5.

ABOLICIONISTAS BRASILEIROS E INGLESES 99

O choque entre os perseguidores e os fugitivos provocou a morte de dois homens, um civil e um escravo, e o ferimento de outro escravo. O comentário do jornal a respeito disso tudo foi o seguinte:

> Eis um outro benefício que poderá ser usufruído pelos imigrantes que tiverem São Paulo como destino. Nas horas de lazer, se uma caçada de onça ou de paca não satisfizer seus gostos pela caça, podem se juntar à força policial e se dedicar à caça de negros. Na verdade, a província de São Paulo tem de tudo para tornar a vida do imigrante um deleite perene.[193]

Os donos de escravos eram os principais alvos da ironia destilada por Lamoureux. Quando, em 1887, grandes fazendeiros de café de São Paulo começaram a libertar seus escravos, forçando-os, no entanto, a continuar trabalhando nas fazendas até uma data prefixada, observou que

> foi anunciado em São Paulo que Antonio Prado, Martinho Prado Junior e Elias Pacheco Chaves, todos grandes fazendeiros e donos de muitos escravos, resolveram libertar incondicionalmente seus escravos no dia 25 de dezembro de 1889. A data escolhida indica que algum tipo de sentimento religioso preside esse ato.[194]

A denúncia aos maus-tratos infligidos aos escravos era o objeto privilegiado da sua crítica, pois deixava às escâncaras a habitual "tagarelice de tolo sobre a humanidade da escravidão brasileira".[195] Aliás, essa frase encerra um editorial sobre um episódio de "brutalidade selvagem" contra escravos. Em 1886, na cidade de Paraíba do Sul, situada na província do Rio de Janeiro, cinco escravos haviam sido presos sob a acusação de terem matado o feitor. Por determinação judicial, um deles foi condenado à prisão perpétua e cada um dos outros a trezentas chicotadas. Esses últimos, depois terem sido chicoteados durante três dias seguidos, foram obrigados a voltar a pé para a fazenda. Dois morreram no meio do caminho, e os outros desmaiaram e foram transportados num carro de boi. Quando a imprensa do Rio de Janeiro divulgou o episódio, Dantas pediu providências ao Ministro da Justiça sobre o caso e, assim, o açoite oficial se tornou tema de debate no Senado.

---

193 Ibidem, 15 de janeiro de 1887, p.2-3.
194 Ibidem, 5 de julho de 1887, p.4.
195 Ibidem, 5 de agosto 1886, p.3.

Em poucos dias, os senadores aprovaram a lei que extinguia o açoite oficial, e, em seguida, os deputados a sancionaram.

De toda maneira, o *Rio News* relatou inúmeros casos como esse. Em 1887, por exemplo, Paraíba do Sul voltou às páginas do jornal, desta vez por causa do espancamento de libertos. Um fazendeiro da região, que o jornal descreve como "um homem de cor", havia libertado seus escravos mediante a condição de que lhe prestassem serviços durante um período. Contudo, os maus-tratos levaram-nos a tentar a fuga, abortada pela ação da polícia local. O fazendeiro conseguiu retirá-los da tutela policial, levou-os de volta à fazenda e os seviciou; três deles morreram durante as sevícias, e um, que conseguiu voltar ao destacamento policial, morreu logo em seguida.[196]

A opinião de que o tratamento humanitário dos escravos constituía a marca distintiva da escravidão no Brasil era largamente difundida pelos grupos políticos e sociais dominantes, e Lamoureux rebatia especialmente os comentários a esse respeito, que eram feitos por gente ligada ao governo. Assim, por exemplo, à opinião de Martinho Campos, de que "os escravos no Brasil têm sido tratados como em nenhum outro lugar do mundo", Lamoureux justapôs ironicamente outra: "isso é literalmente verdade, pois em nenhum outro país houve tanta insensibilidade relativa à crueldade e ao mau tratamento".[197]

Mas essa opinião também era propagada no exterior, e o Lamoureux batia-se contra os jornais que a difundiam, sabendo que seu desmentido teria repercussões no estrangeiro pelo fato de o *Rio News* ser escrito em inglês. Em 1884, por exemplo, reproduziu uma notícia do *Jornal do Comércio*, segundo a qual o *Nord*, um jornal de Bruxelas "zelosamente empenhado" em fazer propaganda do Brasil, havia publicado um artigo sobre a escravidão brasileira, considerando-a "mais branda e humana" do que a que existira do sul dos Estados Unidos. Tendo essa notícia como pretexto, Lamoureux publicou um editorial intitulado "A Escravidão Brasileira", um dos mais contundentes da história do jornal sobre sua posição a respeito da escravidão.[198] Como não podia deixar de ser, o editorial critica o artigo e arrola casos de brutalidade contra escravos e, aproveitando a ocasião, expõe também sua indignação contra o *Jornal do Comércio*, que havia elogiado e recomendado o artigo do *Nord*.

---

196 Ibidem, 24 de outubro de 1887, p.3.

197 Ibidem, 5 de julho de 1882, p.3.

198 Esse texto encontra-se no Apêndice C, 1.

ABOLICIONISTAS BRASILEIROS E INGLESES 101

As denúncias dos maus-tratos de escravos e da falsa imagem da escravidão brasileira ganham pleno sentido dentro da noção de Lamoureux de que civilização e escravidão eram incompatíveis. Para o editor do *Rio News* a civilização era um processo, e seu estágio mais alto só poderia ser alcançado por meio da eliminação da escravidão. As sociedades que empregavam o trabalho escravo estavam num estágio civilizacional tão primitivo que se situavam perto da fronteira que separa a barbárie da civilização. Conforme suas próprias palavras, "a escravidão é uma instituição condenada pelas nações mais avançadas do mundo civilizado; é uma instituição que está simultaneamente desaparecendo com as mais grosseiras fases de um estado bárbaro e semicivilizado da sociedade".[199]

O Brasil, por exemplo, ainda estava sujeito a "barbaridades", como Lamoureux indicou no editorial sobre a morte dos libertos de Paraíba do Sul, em 1887. Ao comentar esse "quádruplo assassinato", disse que lhe faltavam palavras bastante fortes para estigmatizar a atrocidade cometida; por isso, preferia limitar-se à exposição do caso

> na sua nitidez repugnante e horrível, para que os leitores ingleses se manifestem sobre as pretensões de civilização dessa parte do Império do Brasil, dentro da qual está sua capital, onde podem ocorrer e de fato ocorrem essas barbaridades.

Em contrapartida, os fatos atestavam o "espírito da civilização moderna e do destino final da escravidão" desde que a justiça inglesa, nos fins do século XVIII, tornou a escravidão ilegal dentro do território da Grã-Bretanha. Essa providência desencadeou outras, tomadas ao longo do século XIX, como a eliminação do tráfico de escravos no Atlântico e a abolição da escravidão no Império Britânico, na Rússia e nos Estados Unidos. Desse modo, concluía, "não podemos ficar cegos diante do fato claro de que está muito próximo o dia em que o mundo civilizado não mais tolerará esse mal gigantesco".[200]

Algum tempo depois de emitir essa opinião sobre o esgotamento da tolerância do mundo civilizado em relação à escravidão, Lamoureux a retomou para dizer que "o sentimento de que chegou a hora da completa extinção da escravidão está ganhando força diariamente em todo o mundo civilizado, sobretudo agora que ela está confinada à Turquia e ao Brasil". Mas, dessa

---

199 Ibidem, 24 de setembro de 1880, p.2.
200 Ibidem.

vez, propôs uma tática para extingui-la: "chegou a hora de usar todas possibilidades de pressão externa para garantir esse resultado".[201] Ou seja, no caso do Brasil, a fragilidade dos abolicionistas poderia ser compensada pelo apoio de "todas as possibilidades de pressão externa" do mundo civilizado.

Posto isso, deve ser averiguado onde o jornal encontrava a forma mais bem acabada de civilização e quais eram seus elementos constitutivos. Quanto à sua localização, esse estágio fora alcançado pela Europa Ocidental, com a Inglaterra à frente. Tanto era assim que, para o *Rio News*, a consagração de Joaquim Nabuco por abolicionistas de Portugal, da Espanha, da França e da Inglaterra, em 1881, exprimia uma demanda do mundo civilizado pelo fim da escravidão no Brasil.[202]

Quanto aos elementos constitutivos da civilização, Lamoureux os indicou numa passagem do editorial acima citado sobre a alforria de escravos num aniversário da Independência do Brasil. A comemoração desse aniversário seria adequada mediante a comprovação de que houve no Brasil, a partir de 1822, um efetivo avanço "de liberdade política e pessoal, de desenvolvimento comercial e industrial, de segurança à vida e à propriedade, de ilustração, de progresso e de refinamento". Pelo resultado dessa espécie de balanço, os brasileiros poderiam avaliar se o 7 de setembro assinalou "o alvorecer de uma nova vida política, dentro da qual teria surgido uma civilização mais elevada que a anterior" ou apenas "uma separação política".

Infere-se daí que, primeiro, os elementos constitutivos de um grau mais elevado de civilização são a liberdade política e pessoal, o desenvolvimento comercial e industrial, etc. e, segundo, esses elementos fazem parte de um conjunto articulado que corresponde a uma "civilização mais elevada" que a colonial. De qualquer maneira, está implícito na observação que o conjunto jamais estaria em vigor enquanto houvesse o emprego da escravidão, dado que uma grande parte da população não goza das "liberdades política e pessoal" e da "segurança à vida e à propriedade". Inversamente, a condição para o acesso ao grau mais alto de civilização era que todos os homens fossem proprietários de si mesmos, ou seja, Lamoureux apoiava-se num dos pilares do pensamento de John Locke, adotado do século XVIII em diante como fundamento do direito natural.

Obviamente esse arrazoado sobre o atraso da civilização no Brasil é de caráter normativo na medida em que prescreve o fim da escravidão como

---

201 Ibidem, 4 de maio de 1881, p.4.
202 Ibidem.

meio de aprimoramento nacional. A prova disso está numa crítica feita por Lamoureux a "um escritor engenhoso", que publicara um artigo em *O Cruzeiro* a respeito das vantagens econômicas do trabalho escravo sobre o trabalho livre, mostradas por meio de um cálculo comparativo. Sobre o artigo, Lamoureux considerou inútil discutir a questão nesses termos; mas, a fim de "lançar mais luz sobre a questão", fez uma pergunta que contém em si mesma sua resposta: "por que entre os países que empregam trabalho livre e os que empregam o trabalho escravo os resultados finais estão sempre a favor dos primeiros?".[203] Ou seja, se "as liberdades política e pessoal" e "a segurança à vida e à propriedade" forem garantidas pelo Estado, seus pares inseparáveis – "desenvolvimento comercial e industrial", "ilustração" e "progresso" e "refinamento" – automaticamente estarão em ação.

Enfim, nessa noção de civilização, escorada pela crítica humanitária, econômica e política da escravidão, residia um ideal de sociedade constituída apenas por homens livres. Assim sendo, em nome do bem comum, Lamoureux cobrava do Estado a abolição imediata, criticando, por isso mesmo, o emprego do dinheiro público para indenizar donos de escravos[204] e a política gradualista de emancipação do Império, posta em prática, a partir de 1871, pela Lei do Ventre Livre. E a luta contra e escravidão era, no fim das contas, uma luta política entre dois grupos: de um lado estavam os "elementos reacionários e não progressistas de um Brasil colonial e escravista" e do outro "os espíritos liberais e progressistas de uma civilização mais moderna e ilustrada".[205]

No que diz respeito à política gradualista, alertava os seus leitores sobre os perigos envolvidos na sua execução, relativos à revolta de escravos. Entre os editoriais que se referiram aos riscos de revolta, dois merecem destaque porque expõem não só as opiniões do jornal sobre este assunto como também sobre todas as questões relativas ao como fazer a abolição, afora destacarem a questão do medo na sociedade escravista.

Em 5 de abril de 1881, saiu o primeiro editorial do jornal sobre o perigo da revolta de escravos. O seu pretexto foi uma notícia dada por *O Cruzeiro*, segundo a qual havia sido descoberto um plano de escravos para ocupar a estação Boa Vista num ramal da ferrovia Pedro II, no Vale do Paraíba. Dezoito soldados de Barra do Piraí e mais cinco de Barra Mansa foram enviados ao

---

203 Ibidem, 5 de fevereiro de 1882, p.4.
204 Sobre os argumentos de Lamoureux contra a indenização dos proprietários de escravos, ver Apêndice D, 2.
205 *The Rio News*, 5 de janeiro de 1888, p.2.

local e ocuparam a estação. Mas "devem ter apreciado a excursão e provavelmente desejarão que o susto se repita nalguma outra localidade", pois nada aconteceu.

O caso se originou de um "sobressalto absurdo e infundado", que não deveria provocar intranquilidade, uma vez que, segundo o *Rio News*, é muito pequena a possibilidade de ocorrer no Brasil um levante organizado de escravos. Ocorriam efetivamente ações de rebeldia individual dos escravos por meio de fugas ou de assassinatos de feitores e de senhores, cujas origens residiam no "desejo pessoal de vingança ou de liberdade".

O medo da revolta, porém, era improcedente, pois as condições dos escravos nas áreas rurais eram "adversas a qualquer ação organizada", tendo em vista que "a dispersão da população escrava, a comunicação limitada entre as localidades vizinhas, o tempo excessivo de trabalho, as restrições impostas à liberdade do escravo e a condição degradante e apática em que se encontram..." impediam ações coletivas. Por outro lado, ainda segundo o mesmo editorial, "sobressaltos periódicos" são típicos do período de decadência da escravidão, e os fazendeiros brasileiros não ficarão imunes a eles. À medida que aumentam os "sentimentos antiescravistas", os senhores começam a crer que os escravos serão incitados à revolta ou passarão a exigir a liberdade pela força. Consideram, portanto, o movimento pela emancipação como ameaça à destruição da ordem estabelecida por semear a discórdia na sociedade.

Além do mais, o aumento do medo dos senhores é proporcional ao declínio do poder e da influência que sempre exerceram, e a este declínio corresponde também proporcionalmente o crescimento do poder dos cativos. Mais ainda, a redução do "prestígio da escravidão", diante das primeiras manifestações emancipacionistas, diminui obrigatoriamente a "força moral do governo para protegê-la". E o medo, um mal inerente à escravidão por ser "um produto genuíno das crueldades e fraquezas dos que vivem do trabalho forçado", expande-se com todas essas mudanças, mesmo que "as circunstâncias externas não o justifiquem". Desse modo, os donos de escravos do Brasil deverão colher "todos os frutos amargos da execrável instituição".[206]

Cerca de cinco anos mais tarde, o *Rio News* de 5 de janeiro de 1886 trouxe novamente esse assunto à baila. Se, em 1881, considerara a revolta de escravos como uma possibilidade muito remota, em 1886 expôs suas preocupações com o estado latente da revolta, opôs-se frontalmente a ela e propôs medidas preventivas para evitá-la.

---

206 Ibidem, 5 de abril de 1881, p.4.

ABOLICIONISTAS BRASILEIROS E INGLESES 105

O editorial que veicula isso tudo se inicia com uma declaração: "os donos de escravos de várias partes da província de São Paulo podem se congratular por terem se livrado de uma catástrofe". Em seguida, em vez de narrar um fato que fundamentasse essa observação, apresentou os principais itens do programa abolicionista do jornal: indignado com as injustiças cometidas contra uma "raça escravizada", reafirmou a necessidade da abolição pacífica imediata e declarou ser contra a "vitória da emancipação por meio do sangue e fogo de uma insurreição servil", um "terrível instrumento de libertação", que ainda "ameaça se concretizar nalguns lugares do país".

Depois de ter feito essa pequena introdução, que passa ao leitor a impressão de prenunciar um episódio muito grave, apresentou o fato a ser comentado. Poucos dias antes, um fazendeiro de Mogi Mirim ouvira por acaso escravos cochichando e suspeitara que uma maquinação estava em curso. Esses "escravos foram imediatamente presos, e, com o emprego do 'bacalhau', logo foi obtida uma confissão dessas criaturas desamparadas": de fato, estavam preparando uma revolta que irromperia nas vésperas do Natal. Logo depois, soube-se também que escravos de oito fazendas dos arredores, dispostos a lutar resolutamente pela liberdade, entraram em combinação para se revoltar na mesma data.

A polícia foi imediatamente avisada, soldados de São Paulo foram enviados ao local e a revolta foi evitada. Simultaneamente, houve notícias de insurreições, todas na véspera do Natal, em diversos outros lugares da região – Casa Branca, Penha do Rio do Peixe, Limeira e S. Carlos.

Em vista disso, Lamoureux concluiu que tinha havido uma "ação concertada entre os escravos, o que até aqui tinha sido considerado impossível", antecipando "incalculáveis perigos no futuro". Esse era um mau sinal, pois apesar de os fazendeiros tomarem uma série de precauções para impedir que os escravos de diferentes fazendas se comunicassem seja pela concessão de folga em dias diferentes, seja pela estrita vigilância, ainda assim "os escravos em São Paulo encontraram meios de agir em uníssono". De todo modo, "os fazendeiros não estão insensíveis aos perigos que os rondam", tanto mais que havia uma demanda de tropas para esses lugares, e "uma força considerável foi enviada imediatamente desta capital àquela província".

A essa altura do editorial, Lamoureux lembrou aos seus leitores que já os havia alertado sobre os "perigos inerentes à situação atual". No entanto, diferentemente do editorial anterior, procurou identificar o porquê dos perigos. Estavam ligados a dois fatores: primeiro, à grande quantidade de libertos na população brasileira, que gozam dos mesmos "privilégios dos cidadãos brancos"; segundo, do descontentamento da população escrava com a lentidão da libertação pelas vias legais, que o editor estimou em "uma para cada duzentos escravos", um número que "deve inevitavelmente ser superado pela morte da maioria, antes que a liberdade seja conquistada".

A condição dos libertos lhes tem assegurado a conquista de "vantagens materiais" e, em consequência, os que estão no cativeiro supervalorizam a liberdade na ânsia de adquirir os mesmos privilégios. Essa ansiedade se torna mais acentuada pela má distribuição do Fundo de Emancipação e deve causar "sentimentos de desespero". Dentro desse quadro, surge a tendência à união e à revolta, "um perigo que aumenta a cada ano que passa". Para desativar essa bomba-relógio, o *Rio News* propunha duas providências: a abolição imediata e medidas apropriadas para vincular os ex-escravos à terra, pois estes homens estão mais bem preparados para o trabalho na lavoura "que qualquer outra raça que possa ser trazida ao país".[207]

Mais ou menos um ano e meio depois, em julho de 1887, o *Rio News* comentou que "proeminentes" fazendeiros de São Paulo estavam fazendo frente ao problema das fugas mediante a libertação condicional dos escravos, ou seja, da concessão da liberdade em troca da prestação de mais dois ou três anos de serviços. Mantendo a coerência com suas observações anteriores sobre o temor dos senhores, Lamoureux fez o seguinte comentário a esse procedimento: "à primeira vista, esse parece ser um caso genuíno de emancipação, mas quando se tem conhecimento dos fatos verifica-se que resulta tão somente do medo".[208]

Ainda como parte integrante do seu programa abolicionista, o *Rio News* dedicou um editorial, em junho de 1886, à questão do destino de cerca de um milhão de homens que seriam libertados com a abolição da escravidão. Para o jornal, esse era "um problema sério da organização social do Brasil, que deveria ser estudado e resolvido", embora ainda não tivesse sido objeto da atenção de "nenhum ministro, senador, deputado nem publicista". Prevalecia a opinião difusa de que os ex-escravos ocupariam algum lugar na cadeia produtiva, isto é, de que a questão se resolveria por si mesma. De qualquer maneira, os fazendeiros não pensavam em empregá-los, e estavam confiantes de que a imigração supriria a demanda de força de trabalho da grande lavoura ou, noutros termos, de que os imigrantes substituiriam os escravos.

Presumia-se que os ex-escravos afluiriam às cidades. Contudo, para Lamoureux, esse afluxo agravaria um problema: elas já estavam repletas de

---

207 Ibidem, 5 de janeiro de 1886, p.2.
208 Ibidem, 15 de julho de 1887, p.2.

ABOLICIONISTAS BRASILEIROS E INGLESES 107

ociosos e mendigos e não poderiam oferecer-lhes trabalho nem tampouco amparo. Os libertos também não poderiam viver à beira das estradas, nem se estabelecer em terras que não lhes pertenciam. Por outro lado, precisavam ser alimentados, vestidos e abrigados, e a caridade não poderia atender sequer a uma pequena fração das suas necessidades básicas. De todo modo, os libertos aumentariam a multidão de desocupados, cujo número, aliás, era exageradamente superior ao dos trabalhadores empregados.

O editor calculava que, excetuando os escravos, os trabalhadores com emprego representavam por volta de um quarto da população brasileira, constituída por cerca de doze milhões de almas. Assim, o número de ociosos pobres era "simplesmente inacreditável", e esses homens tinham trabalho somente durante "menos que uma semana por ano". A maioria vivia "nas terras de proprietários semifeudais, que lhes forneciam proteção e aos quais estavam sempre prontos para prestar incondicionalmente quaisquer serviços, exceto o do trabalho braçal". Eram "ignorantes grosseiros, apáticos irremediáveis e retrógrados" e compunham o grosso das "classes criminosas".

Qual seria o resultado do acréscimo de um milhão de recém-libertados, "igualmente ignorantes e desamparados", a esse segmento de desocupados? Para Lamoureux, seria nada menos que "a revolução e a anarquia latentes". Restava saber como seria resolvida uma questão repleta de perigos como essa. Mas, em vez de prescrever categoricamente soluções, o jornal deixou a questão em aberto, como se elas coubessem àqueles que haviam criado o problema, apresentando, no entanto, sugestões por meio de perguntas. No recrutamento de trabalhadores livres, esses homens não deveriam ser os primeiros da fila? Na medida do possível, não seria um dever moral torná-los trabalhadores pagos nas fazendas e oferecer-lhes terra em termos mais favoráveis que aos estrangeiros? Desse modo, quando todas suas necessidades fossem atendidas, o governo poderia "adequadamente usar recursos para encorajar a imigração, desde que as indústrias agrícolas do país efetivamente a requeiram".[209]

O *Rio News* foi uma das poucas vozes do Brasil da década de 1880 a se levantar contra a política de imigração europeia posta em prática pelo Império. Por um lado, acusava-a de ser discriminatória, na medida em que prolongava a escravidão e, por outro, denunciava a ausência de medidas institucionais de proteção aos imigrantes. Um editorial de janeiro de 1887 sintetiza os termos da acusação: Lamoureux criticou a política do Ministério

---

209 Ibidem, 24 de junho de 1886, p.2-3.

108 ANTONIO PENALVES ROCHA

da Agricultura de financiar apenas as passagens dos europeus que viessem trabalhar nas fazendas, permitindo que só começassem a pagar o financiamento depois de se instalarem nos locais de trabalho com um contrato assinado. Atribuía-lhe um caráter discriminatório, porque não contemplava os imigrantes que tencionavam comprar terras ou exercer algum "trabalho industrial". E, para piorar a situação, o ministro era parte interessada na sua instituição.

De fato, Antonio Prado e membros da sua família, todos grandes fazendeiros de café, iniciaram a experiência de empregar imigrantes sob contrato nas suas terras e estavam agenciando trabalhadores imigrantes para outros fazendeiros de São Paulo. Em vista disso tudo, segundo o *Rio News*, esses homens "estão interessados em conseguir somente trabalhadores, não cidadãos", e a recusa de financiamento aos demais era uma medida "e avessa à política que os economistas consideram a mais adequada a um país novo. E é mais uma prova da afirmação de que o Brasil não quer sangue novo e novos cidadãos, mas sim uma classe de meros trabalhadores".

Em resumo, a política de imigração não só "nada acrescenta à riqueza e à energia do país" como também, em curto prazo, contribui para a preservação da escravidão, "um sistema reacionário em decomposição". Ainda conforme Lamoureux, o país estava repleto de escravos e semiescravos: por que não utilizá-los? "E tem terras desocupadas que podem ser cultivadas por milhares de pequenos produtores; por que não encorajar os imigrantes a ocupá-las e cultivá-las?"[210]

Quanto à denúncia de que o país estava institucionalmente despreparado para receber os imigrantes, Lamoureux apontava a inexistência de uma política de demarcação de terras ou de lotes para que fossem assentados, denunciava a lei de locação de serviços, que possibilitava a prisão por quebra de contrato, e pleiteava a institucionalização do casamento, dos registros civis e da secularização dos cemitérios.[211]

A mentalidade dos fazendeiros era também uma ameaça aos imigrantes. Pois não havia garantia alguma de que os fazendeiros deixariam de aplicar aos imigrantes o mesmo tratamento dado aos escravos. No mesmo editorial de 1887 acima citado sobre a morte dos libertos de Paraíba do Sul, o editor escreveu que

é bom que a província do Rio de Janeiro não esteja empenhada em atrair imigrantes. Ela parece estar perto do último lugar desse mundo de Deus onde um imigrante pode esperar unicamente maus-tratos ... Se um fazendeiro pode

---

210 Ibidem, 15 de janeiro de 1887, p.2.
211 Ibidem, 24 de junho de 1886, p.2.

ABOLICIONISTAS BRASILEIROS E INGLESES 109

espancar até a morte um brasileiro, que a lei reconhece como homem livre, que proteção poderá ter um estrangeiro?

Em suma, a abolição idealizada pelo *Rio News* promoveria a transição da escravidão para o trabalho livre no Brasil por meio de uma sequência de providências: em primeiro lugar, o Estado decretaria a abolição imediata sem indenizar os donos de escravos; em segundo, os ex-escravos seriam os substitutos naturais dos escravos e, finalmente, só haveria estímulos à imigração de trabalhadores europeus se os braços dos ex-escravos fossem insuficientes para atender as necessidades da produção.

Esse projeto era, portanto, radicalmente diferente da política que estava em curso desde 1871. De fato, a política abolicionista do Império promovia simultaneamente a abolição gradual com indenização e o estímulo à imigração de trabalhadores europeus; quanto aos ex-escravos, era omissa, pois deixaria os futuros libertos à sua própria sorte, assim como deixava os já alforriados. E isso tudo ocorria porque toda a política relativa à organização e reorganização do trabalho destinava-se a beneficiar os interesses dominantes. Em consequência, o Estado conservava a escravidão pela lentidão da emancipação, ao mesmo tempo que fortalecia o *status quo* por meio do incentivo à vinda de trabalhadores europeus. E, assim, colocava a sociedade em risco: no momento em que estava sendo aplicada, essa política aumentava as chances de revolta de escravos devido ao descontentamento que provocava por não oferecer garantias de libertação dentro de um período de tempo razoável; depois da abolição, representaria a latência da revolução e da anarquia, porque os ex-escravos engrossariam a gigantesca fileira dos pobres desocupados.

Dessa forma, com um antiescravismo baseado na noção de aprimoramento da civilização pelo trabalho livre, Lamoureux se opunha ao encaminhamento que o Estado brasileiro dava à questão da abolição. Concomitantemente, submetia ao julgamento dos seus leitores um projeto que implantaria no Brasil uma ordem social, política e econômica, modelada por preceitos democráticos e liberais, semelhante à dos países da Europa Ocidental, bem como medidas para protegê-la contra "classes perigosas".

O *Rio News* não fazia restrição a qualquer que fosse o método de ação adotado pelos diversos abolicionistas brasileiros. O editorial sobre a abolição, publicado no dia 15 de maio de 1888, é bastante esclarecedor a esse respeito. Segundo esse texto, o processo concluído dois dias antes foi de "natureza notavelmente popular" e chegou ao cabo com "as influências e os movimentos populares".

Mas não deveria ser subestimado o trabalho de "homens como Dantas, José Bonifácio, Nabuco e outros do Senado e da Câmara, que realizaram a

110 ANTONIO PENALVES ROCHA

missão de despertar o interesse popular pela questão e de educar a consciência popular para que uma classe oprimida obtivesse justiça". De qualquer maneira, não fosse pela ação dos "líderes populares e das entidades não vinculadas ao parlamento, meses ou talvez anos se passariam antes que houvesse a quebra das cadeias da escravidão por uma penada de uma mão feminina".

A partir dessas considerações preliminares, Lamoureux apresentou os protagonistas da abolição. No início, o movimento contou com a atuação dos jangadeiros do Ceará; recentemente com a de Antonio Bento, "o John Brown da emancipação brasileira", que tomou a iniciativa de organizar "um movimento clandestino" em São Paulo para ajudar os escravos a fugirem das fazendas. Essas fugas "colocaram os fazendeiros ... diante da alternativa de providenciar trabalhadores livres e libertar seus escravos ou então de ficar sem um trabalhador sequer".[212]

Lamoureux assinalou também a importância de Antonio Prado, que, pressentindo o dilema criado pela ação de Antonio Bento, "começou a empregar colonos e obteve tanto sucesso que logo se tornou um caloroso advogado da substituição do trabalho escravo pelo livre". Em fins de 1887, ainda de acordo com o mesmo editorial, a quantidade de fugitivos das fazendas de São Paulo era tão grande que

> a imigração não conseguia suprir a demanda de trabalhadores, e os fazendeiros foram compelidos a negociar a liberdade futura e o trabalho remunerado com seus próprios escravos, recorrendo inclusive à intermediação de Antonio Bento[213] para contratar fugitivos a salários justos.

As fugas levaram a uma redução brutal da população cativa de São Paulo, que, de um total de mais de cem mil[214] escravos, decaiu "em meses" a quarenta mil. A partir daí, o movimento propagou-se pelas províncias vizinhas...[215]

Há três aspectos desse balanço do movimento abolicionista que merecem ser assinalados. Primeiro, ao caracterizar o movimento abolicionista brasileiro

---

212 Nesse editorial não há referência alguma a Luiz Gama, que, no entanto, era respeitado pelo *Rio News*, tanto que ao noticiar sua morte, ocorrida em 24 de agosto de 1882, apresentou alguns dados de sua biografia e o considerou "notável abolicionista" e "campeão dos direitos da sua raça". Ibidem, 5 de setembro de 1882, p.5.

213 Na edição de 5 de fevereiro de 1888, o *Rio News* noticiou pela primeira vez que Antonio Bento estava intermediando contratos entre fugitivos e fazendeiros.

214 Segundo o próprio jornal, em 1887, 107. 329 escravos haviam sido registrados na província. Ibidem, 15 de julho de 1887, p.4.

215 Ibidem, 15 de maio de 1888, p.2.

ABOLICIONISTAS BRASILEIROS E INGLESES 111

como de "natureza popular", certamente Lamoureux estava se referindo à sua "natureza social", haja vista suas críticas à imobilidade do Estado em relação à questão da emancipação, finalmente alterada pela pressão de "influências e movimentos populares". Segundo, nem nesse texto, tampouco em qualquer outro, Lamoureux emitiu juízos de valor sobre os diferentes métodos de ação adotados pelos protagonistas da abolição. Tanto é assim que esse editorial coloca com naturalidade Antonio Bento e Antonio Prado lado a lado, cada um atuando à sua maneira para realizar um objetivo comum – a abolição da escravidão.

Ao que tudo indica, essa indiferença de Lamoureux em relação à questão resultava da sua experiência de vida, a de quem "viu essa mesma controvérsia [da escravidão] em seu próprio país ser resolvida por meio de uma das mais terríveis guerras dos tempos modernos".[216] Diante da guerra, os métodos de ação para pôr fim à escravidão constituíam uma questão menor, pois abolicionistas não causam guerra. Além do mais, a época em que Lamoureux vivia tornava-se um posto de observação privilegiado para um abolicionista, na medida em que lhe permitia pôr em perspectiva histórica todos os movimentos abolicionistas da América. E com as informações coletadas, não teria dificuldades para constatar que em todos os lugares o Estado não só deu a última palavra sobre a abolição da escravidão como também submeteu os ex-escravos aos fundamentos sociais e econômicos, relativos à hierarquia social e à propriedade, que presidiam a ordem anterior.

O terceiro aspecto merece uma observação mais minuciosa. Excetuando Joaquim Nabuco, o *Rio News* nem sempre e invariavelmente deu o mesmo destaque aos abolicionistas citados no mesmo editorial de 15 de maio de 1888. Antonio Prado só recebeu bastante atenção depois de 1887, quando passou a defender a abolição no Senado,[217] e Antonio Bento só foi descoberto

---

216 Apêndice D, 4.
217 Em 1886, quando Antonio Prado assumiu o Ministério da Agricultura do recém-empossado Gabinete Cotegipe, Lamoureux fez o seguinte comentário: "o novo ministro da agricultura é um dos mais progressistas agricultores de São Paulo e amigo entusiasta de uma política mais liberal de imigração. Infelizmente, entretanto, é igualmente amigo da política conservadora de manter a escravidão o quanto mais for possível e indenizar os fazendeiros até o último centavo". *The Rio News*, 24 de agosto 1886, p.2. Cerca de um ano depois, mudou de opinião: "A posição recentemente assumida pelo mais novo senador de São Paulo, o ex-ministro Antonio Prado, sobre a questão da emancipação não só faz jus à sua inteligência e coragem como também mostra sua grande sagacidade. O senador Prado nunca esteve entre os pró-escravistas intransigentes do país, mas sua associação com um Gabinete decididamente pró-escravista e as opiniões extremistas advogadas por um jornal que lhe pertence [*O Correio Paulistano*] nos fizeram crer que a emancipação nunca receberia dele nenhuma ajuda prática". Ibidem, 24 de setembro de 1887, p.2.

pelo jornal em 1888, sendo seu nome citado apenas duas vezes antes da abolição; aliás, na última citação, em 15 de maio, foi qualificado como "um obscuro advogado de São Paulo". É verdade que José Bonifácio, o Moço, que morreu em 1886, e Dantas frequentavam suas páginas há mais tempo que Prado e Bento graças à atuação abolicionista de ambos no Senado; sobretudo Dantas, que, como Presidente do Conselho de Ministros, encaminhou ao Legislativo um projeto de reforma da lei de emancipação em 1885, e apresentou dois projetos de abolição no Senado, respectivamente em 1886 e em 1887.

De qualquer maneira, nenhum deles recebeu a mesma atenção do *Rio News* que Joaquim Nabuco. Com efeito, o jornal apresentou a maioria dos episódios que compuseram a trajetória da sua vida pública desde 5 de setembro de 1879, quando noticiou a denúncia que Nabuco fez na Câmara contra a Morro Velho, até 27 de agosto de 1888, quando Lamoureux publicou a carta de agradecimento[218] pela homenagem que lhe fora prestada, isto é, da primeira à última referência ao nome de Nabuco durante a década do movimento abolicionista.

---

218 Apêndice D, 3.

PARTE II

A prática abolicionista da coligação

Em agosto de 1888, a Confederação Abolicionista ofereceu um banquete no Hotel Globo do Rio de Janeiro em homenagem a quatro homens que haviam se destacado na abolição da escravidão: Antonio Bento, o líder dos *caifazes*, e três jornalistas estrangeiros: Angelo Agostini, editor e proprietário da *Revista Ilustrada*, A. J. Lamoureux, editor e proprietário do *The Rio News*, e Cassio Farinha, ex-editor da *Patria* de Montevidéu.

Entre os organizadores da homenagem estavam João Clapp, que continuava presidindo a Confederação, e alguns políticos profissionais abolicionistas do Império – os senadores Dantas e Silveira da Mota e os deputados Jaguaribe e Joaquim Nabuco.

Como era de praxe, os organizadores discursaram durante o banquete, destacando a importância da atuação dos homenageados. Joaquim Nabuco pôs em relevo os nomes de Lamoureux e Agostini e levantou um brinde ao caricaturista por ter se tornado cidadão brasileiro.[219] Além disso, presenteou todos com canetas de ouro que tinham um brilhante encravado na pena e uma gravação com nome do homenageado sob uma frase alusiva ao 13 de maio. Certamente, as canetas imitavam outra, cravejada de diamantes, que a Princesa Isabel recebera de presente de um cidadão do Rio para assinar solenemente a Lei Áurea.

Lamoureux agradeceu a Joaquim Nabuco pela homenagem que lhe fora prestada numa carta publicada pelo *Rio News* de 5 de setembro.[220] Na mes-

---

219 *Diários*, v.1, p.294.
220 Ver Apêndice D, 3.

ma carta, relembrou que o seu jornal fora o primeiro da imprensa brasileira a defender a "abolição imediata e incondicional", ou seja, uma abolição que recusava a emancipação gradual e a indenização dos donos de escravos; além do mais, contribuíra com o progresso da causa ao "tornar as questões sobre a escravidão brasileira e sobre a emancipação mais bem compreendidas no estrangeiro, além de ter convencido estrangeiros residentes no Brasil da justiça e da urgência da abolição imediata da escravidão".[221]

Particularmente a homenagem a Lamoureux e a afirmação do homenageado de que o seu jornal veiculara no exterior as questões relativas à escravidão e à emancipação indicam a existência de conexões internacionais de grupos abolicionistas brasileiros, um assunto tratado veladamente pelos próprios abolicionistas.

É verdade que hoje em dia há informações difusas sobre a ligação entre a BFASS e Joaquim Nabuco; porém, nada foi dito sobre as ligações, iniciadas em 1879, entre Lamoureux e Nabuco e entre Lamoureux e a BFASS, cuja importância reside no fato de que essas ligações puseram a BFASS diretamente em contato com Nabuco nos primeiros dias do ano seguinte.

Quanto às ligações entre o *Rio News* e Joaquim Nabuco, Lamoureux informou aos leitores, na apresentação da mesma carta, que considerava o deputado "um velho amigo". Mais que uma manifestação de estima, essa declaração patenteia a existência de um vínculo abolicionista entre ambos, surgido cerca de nove anos antes e selado por mais de trinta matérias que o seu jornal dedicou a Nabuco entre 1879 e 1888.

Esse vínculo teve um efeito inesperado quase que simultaneamente ao seu surgimento. Em 1880, sabendo da atuação parlamentar antiescravista de Joaquim Nabuco por meio das notícias que o *Rio News* publicara, a BFASS fez contato diretamente com o deputado. E os ingleses souberam dessa atuação não só por considerar o jornal de Lamoureux como uma fonte de informações confiável, na medida em que era favorável à abolição imediata, efetuada por meios legais, como também por ser de fácil acesso, dado que o jornal era escrito em inglês; por isso mesmo, a BFASS começou a coletar das suas páginas informações sobre a escravidão e sobre o curso da emancipação dos escravos no Brasil e a publicá-las no *Reporter*. Ao mesmo tempo, passou a enviar-lhe matérias sobre a oposição que fazia ao emprego de *coolies* na América, uma questão que estava na ordem do dia do Gabinete Sinimbu e era severamente criticada pelos alguns parlamentares brasileiros.

---

221 Ibidem.

No fim das contas, as matérias de Lamoureux sobre a escravidão e sobre o movimento abolicionista no Brasil se tornaram tão importantes para a BFASS que o *Reporter* fez mais de uma centena de referências ao *Rio News* entre 1879 e 1888, transcrevendo dezenas de artigos do jornal. E Nabuco sabia dessa importância, tanto que indicava ao pessoal da BFASS a leitura desse jornal para a obtenção de informações variadas. A ligação entre a BFASS e o *Rio News* também permite entender por que Charles H. Allen, depois de conhecer pessoalmente Lamoureux em Londres, escreveu a Nabuco que teve "o grande prazer de estabelecer relações de amizade [com ele], durante a sua curta visita a esta cidade".[222]

---

222 Carta 26, Apêndice A.

4
Uma história da coligação

4.1 O surgimento e a consolidação da coligação (1880-1885)

Nascido em 1849, Joaquim Nabuco começou a sua vida profissional em 1876, quando a Princesa Isabel, atendendo aos apelos de sua família, intercedeu a favor da sua nomeação como adido diplomático da Embaixada do Brasil em Washington.

Mas, depois de um semestre de trabalho, o adido pediu licença do cargo, fez uma viagem pelo interior dos Estados Unidos e foi para a Inglaterra. A partir daí, seus pais, conhecedores da aspiração do filho de morar na Inglaterra, passaram a solicitar ao governo a sua transferência para a Embaixada de Londres.

Em 1878, as circunstâncias políticas facilitaram essa transferência. Quando o Gabinete Sinimbu foi formado, o Ministério dos Estrangeiros ficou nas mãos do barão de Vila Bela, que tinha fortes laços de amizade com Nabuco Araujo. Por isso mesmo, em fevereiro, o Ministro providenciou a transferência de Joaquim Nabuco para a Embaixada de Londres. Logo em seguida, no entanto, Nabuco de Araujo faleceu, e o adido recém-nomeado voltou ao Brasil.

Ainda em 1878, o barão de Vila Bela, que também era chefe do Partido Liberal em Pernambuco, ofereceu uma alternativa para Joaquim Nabuco dar um norte à sua vida ao apresentar o seu nome para a composição da lista dos candidatos da província à Câmara. Dessa vez, o barão atendia a outro pedido particular da sua mãe,[223] que sonhava tornar o filho deputado. No

---

223 *Campanha abolicionista no Recife*, p.58.

120 ANTONIO PENALVES ROCHA

mais, a máquina do Partido Liberal de Pernambuco garantiu-lhe o cargo na Câmara com os 58 votos que obteve na eleição.

Em fevereiro de 1879, Nabuco assumiu o mandato e, logo no início de sua carreira de político profissional, manifestou-se contra a escravidão. A oportunidade para essa manifestação ocorreu quando Jerônimo Sodré,[224] um deputado baiano, expôs sua oposição ao aumento da severidade das penas aos crimes cometidos por escravos, um assunto que estava em pauta na Câmara.

No segundo semestre, Nabuco destacou-se no plenário ao criticar o projeto do governo de promover a imigração de *coolies* e ao denunciar ao Ministério da Justiça a Companhia de Mineração São João d'El-Rei do Morro Velho, uma empresa inglesa, de manter ilegalmente homens livres como escravos.

A oposição de Joaquim Nabuco à vinda de trabalhadores chineses contratados ao Brasil, que era um projeto do Gabinete Sinimbu, baseava-se em argumentos econômicos e raciais. Quanto aos argumentos econômicos, Nabuco partia do princípio de que a liberdade de trabalho era condição para o progresso; o contrato, argumentava, submeteria os chineses a uma escravidão temporária, que chamou de uma "nova escravatura", e, portanto, criaria obstáculos ao desenvolvimento do trabalho livre no país. Quanto aos argumentos raciais, considerava os chineses como homens de uma raça inferior, que "mongolizaria o país" pela tendência que tinham de "multiplicar-se, crescer, espalhar-se por toda a parte", provocando o desaparecimento da população de "origem europeia".[225]

A denúncia contra a Morro Velho dizia respeito a uma questão iniciada em 1845, quando, numa transação realizada na Inglaterra, a companhia havia adquirido os bens de outra empresa inglesa de mineração – a Cata Branca –, entre os quais estavam 385 escravos (221 homens, 88 mulheres, 43 meninos e 33 meninas). O contrato que selou o negócio não mencionava a compra de escravos, e sim o direito sobre "o trabalho e o serviço dos negros" da Cata Branca, em razão da *Anti-Slaveholding Act*, de 1843, uma lei que proibia os súditos britânicos de possuírem escravos onde quer que estivessem, cuja aplicação, no entanto, era muito duvidosa, pois leis inglesas não tinham validade em território estrangeiro. O contrato previa também que os escravos prestariam serviços à Morro Velho por um período de 14 anos, ou seja, até 1859, quando se tornariam assalariados.

---

224 Em *Minha formação,* Nabuco escreveu que o "movimento [abolicionista] começa, fora de toda dúvida, com o pronunciamento de Jerônimo Sodré na Câmara. ... Ao ato de Jerônimo Sodré filia-se cronologicamente a minha atitude dias depois..." (p.196).

225 *Perfis Parlamentares – Joaquim Nabuco*, p.166 e 191.

ABOLICIONISTAS BRASILEIROS E INGLESES 121

Mas, em 1879, os 262 que estavam vivos[226] continuavam no cativeiro. Com a denúncia, portanto, Nabuco pleiteava providências do Ministério da Justiça para libertar homens livres escravizados e para obrigar a empresa a pagar-lhes os salários devidos desde 1859.

Por outro lado, tanto o *Rio News* quanto a BFASS também se opunham ao emprego de *coolies* em toda a América, porque ambos acreditavam que os chineses contratados teriam o mesmo *status* dos escravos negros. No que diz respeito à questão da Morro Velho, ambos não só exigiam o enquadramento da empresa na *Anti-Slaveholding Act* como também consideravam gravíssima a prática da escravização de homens livres por uma empresa britânica. Enfim, a coincidência do ponto de vista de Joaquim Nabuco com o do *Rio News* e o da BFASS sobre essas duas questões deu corpo à união entre eles.

Na ordem cronológica, essa corporificação teve início com o estabelecimento da ligação do *Rio News* com Nabuco. O deputado denunciou a Morro Velho num discurso de 26 de agosto de 1879. O *Rio News* tratou do mesmo assunto na sua edição de 5 de setembro de 1879, estampando-o sob a manchete *"Illegal Slavery"*, numa matéria que censura duramente os ingleses e reproduz na íntegra o contrato assinado entre a Cata Branca e a Morro Velho; aliás, o contrato também fora apresentado por Nabuco na Câmara. O artigo, porém, não faz referência alguma ao deputado, cujo nome só aparece na terceira página do mesmo número do jornal, numa pequena nota sobre o seu discurso de 26 de agosto; a propósito, essa é a primeira citação do nome de Joaquim Nabuco nesse periódico.

À primeira vista, portanto, tem-se a impressão de que Nabuco teria feito a denúncia na Câmara e passado o material ao *Rio News*. Mas um artigo do jornal sobre outro assunto, publicado quase um ano depois, esclarece o que ocorreu: a descoberta da escravização de homens livres não fora feita por Nabuco tampouco pelo *Rio News*, e ambos receberam simultaneamente o material.

Com efeito, para elucidar um mal-entendido sobre o rev. Vanorden, que, como foi mencionado antes, era o único correspondente da BFASS no Brasil, Lamoureux explicou que, quanto aos escravos da Morro Velho, em primeiro lugar, era preciso reconhecer o mérito de Joaquim Nabuco "por ter apresentado o assunto ao governo, forçando-o a tomar uma decisão rápida e justa"; em segundo lugar, reconhecer também o mérito do "Sr. Charles E. Williams pela sua paciente investigação sobre o caso" e, finalmente, o do

---

226 Ibidem, p.152-7.

próprio *Rio News*, "por ter dado publicidade a ele, pleiteando as justas reivindicações dos negros".[227] Ou seja, Charles E. Williams, um cidadão inglês que gerenciava a Cocaes Co.,[228] descobriu os documentos referentes ao caso e os entregou ao deputado e ao *Rio News*.

No último número de setembro, o nome de Joaquim Nabuco voltou às páginas desse jornal; desta vez, apareceu num artigo intitulado "*The Chinese Question*", que reproduz os termos da sua desaprovação à imigração chinesa, exposta num discurso parlamentar de 1º de setembro de 1879.

Ao mesmo tempo que o *Rio News* citava Joaquim Nabuco, o deputado levava o nome do jornal para o plenário da Câmara. Cerca de uma semana depois da publicação do "*Illegal Slavery*", apareceu uma matéria não assinada no *Jornal do Comércio* em resposta às acusações feitas à Morro Velho, assegurando que a questão já havia sido esclarecida no ano anterior e que tanto o deputado quanto o *Rio News* desconheciam esse fato.[229] Num discurso de 30 de setembro, Nabuco aludiu a esse artigo e também

> a uma publicação importante que apareceu em um jornal americano que se publica no Rio de Janeiro, o *Rio News*, sobre o escândalo inaudito de estarem ingleses, súditos de S. M. Britânica, envolvidos em uma conspiração contra as leis brasileiras, para auferirem grandes lucros na mineração do ouro, à custa do suor do escravo.[230]

Importa é que o artigo de Lamoureux teve uma repercussão que seguramente ultrapassou as expectativas do jornalista: em outubro de 1879, o *Reporter*, na sua primeira menção ao *Rio News*, reproduziu o "*Illegal Slavery*".[231] Logo depois, em dezembro, reproduziu uma parte do discurso que Nabuco fizera em setembro de 1879 para criticar a vinda de *coolies* ao Brasil,[232] extraída também das páginas desse jornal.

Em contrapartida, a edição do *Rio News* de 24 de setembro transcreveu uma carta que a BFASS havia enviado ao Embaixador da China na Inglaterra que recomendava providências do governo de Pequim contra a emigração de trabalhadores chineses contratados para o Brasil, pois corriam o risco de

---

227 *The Rio News*, 15 de maio de 1880, p.4.
228 Ibidem, 5 de maio de 1880, p.4.
229 Ibidem, 15 de setembro de 1879, p.2.
230 *Perfis parlamentares – Joaquim Nabuco*, p.195.
231 *Anti-Slavery Reporter*, 10 de outubro de 1879, p.244.
232 Ibidem, 11 de dezembro de 1879, p.272.

ABOLICIONISTAS BRASILEIROS E INGLESES **123**

ser escravizados. Lamoureux não disse como obteve essa carta, mas ela havia sido publicada originalmente no *Reporter*.[233] Em 15 de dezembro, porém, deu espaço a uma longa matéria, intitulada *"Chinese Emigration"*, que continha a correspondência entre a BFASS e o Embaixador chinês, e informou que o material fora anteriormente publicado pelo *Reporter* e enviado diretamente pela BFASS ao *Rio News*.

Pouco antes dessa troca de material antiescravista ter se iniciado, ocorreu um episódio da história da administração da BFASS: segundo o *Reporter* de agosto de 1879, o Comitê havia nomeado Charles H. Allen, F.R.G.S., como secretário da associação.[234] Esse episódio se conecta indiretamente com a relação entre o *Rio News* e a BFASS, porque era atribuição do secretário cuidar dos contatos internacionais da associação e de toda a sua correspondência.

Em suma, nos fins de 1879 já estavam abertos os canais de comunicação entre Joaquim Nabuco e o *Rio News* e entre o *Rio News* e a BFASS. O último canal de comunicação possível entre as três partes foi aberto no início de 1880, quando a BFASS enviou uma carta a Nabuco, assinada por Charles H. Allen. Trata-se da cópia de uma minuta aprovada pelo Comitê da associação, datada de 8 de janeiro de 1880, que, em primeiro lugar, agradece ao deputado, "em nome dos sofridos escravos", pela sua contribuição no caso da Morro Velho e, em segundo, expressa o reconhecimento "aos serviços que prestou à causa da humanidade" na sua oposição ao emprego de *coolies* no Brasil.[235] O *Rio News* publicou essa carta em sua primeira página da edição de 15 de março.

Em abril de 1880, Joaquim Nabuco respondeu à carta da BFASS,[236] e o *Reporter* a publicou cerca de um mês depois.[237] Nessa carta, Nabuco dizia sentir-se honrado com o reconhecimento da sua ação política pelo Comitê da BFASS e a justificava com os seguintes argumentos: fizera a denúncia para prestar um serviço "à nação inglesa e aos escravos da Morro Velho" e se opunha à imigração de trabalhadores chineses contratados porque ela seria tão somente uma mudança da cor dos escravos, no que concordava com a oposição da BFASS ao emprego de *coolies* na América. Garantiu também

---

233 Ididem, 9 de agosto de 1879, p.226.
234 Ibidem, p.232. A abreviação que acompanha o nome indica seu mais importante título: *Fellow of the Royal Geographical Society* (Membro da Sociedade Geográfica Real).
235 Carta 1, Apêndice A.
236 Carta 1, Apêndice B.
237 *Anti-Slavery Reporter*, 1º de maio de 1880, p.52.

124 ANTONIO PENALVES ROCHA

que a BFASS sempre o encontraria no "posto de combate" que ocupava. Por fim, afirmou que apresentaria na Sessão Legislativa de 1880 um projeto para abolir a escravidão no Brasil em 1890.

De fato, nos fins de agosto de 1880, Joaquim Nabuco tentou submeter ao crivo dos deputados um projeto que previa a abolição no dia 1° de janeiro de 1890 e a indenização dos donos de escravos; o projeto, no entanto, nem sequer chegou a ser debatido em razão da oposição da maioria.[238]

Alguns dias depois, numa data escolhida a dedo (7 de setembro de 1880), Joaquim Nabuco reuniu em sua casa um grupo que apelidou de sua "pequena igreja"[239] para fundar a Sociedade Brasileira contra a Escravidão. Essa associação congregava um pequeno número de emancipacionistas, o que se infere, por exemplo, de um trecho de uma carta de novembro de 1882 que Nabuco remeteu de Londres para Gusmão Lobo a fim de encorajá-lo a reunir os associados: "ainda que composta por uns sete ou oito [pessoas]", disse nela, "estou resolvido a não a ver morrer".[240]

De todo modo, a Sociedade contava com parlamentares liberais, conservadores e republicanos – Adolfo de Barros, Marcolino Moura, Beaurepaire-Rohan e Saldanha Marinho – e com cidadãos de destaque na vida empresarial e intelectual do Rio de Janeiro, como André Rebouças e Joaquim Serra. E a sua fundação derivou diretamente da reação de Joaquim Nabuco à recusa dos liberais de, uma semana antes, encaminhar o seu projeto abolicionista.

No *Manifesto*[241] de fundação da Sociedade, redigido por Nabuco, a "situação liberal" é acusada de "depositária da escravidão", que entregará "o depósito intacto, com as mesmas lágrimas e os mesmos sofrimentos que fazem a sua riqueza". Nesses termos, Nabuco afrontava abertamente a maioria parlamentar, constituída por membros do seu próprio Partido. E não parava por aí; como se lê no *Manifesto*,

> será, porém, este o alcance definitivo da votação nominal do dia 30 de agosto de 1880? Não: esse voto há de ser modificado na próxima sessão; a palavra não mais há de ser negada a nenhum partidário da ideia Abolicionista; as portas do parlamento hão de se abrir par em par para ela, se o partido liberal quiser ser

---

238 Esse projeto foi publicado em *O Abolicionista* de 1° de janeiro de 1881, p.6.
239 Eram pessoas que "formavam comigo um grupo homogêneo, a nossa pequena igreja, [cujas] principais figuras eram André Rebouças, Gusmão Lobo e Joaquim Serra..." *Minha formação*, p.196.
240 Carta a Gusmão Lobo de 12 de novembro de 1882. In: *Cartas a amigos*, v.I, p.83.
241 O "Manifesto da Sociedade Brasileira contra a Escravidão" foi reeditado por Osvaldo Melo Braga, 1952, p.14-22.

ABOLICIONISTAS BRASILEIROS E INGLESES **125**

alguma coisa mais do que um cliente submisso da grande propriedade rural, o agente dos interesses do territorialismo estacionário, que é a forma verdadeira de constituição social para o partido escravista.[242]

Como se esse ataque ao Partido Liberal não bastasse, o Manifesto continha também uma ameaça. Tendo em vista que a Sociedade se dedicaria à agitação, Nabuco advertia que "os perigos de uma agitação são grandes, mas provêm sobretudo da resistência intransigente oposta às reformas necessárias pela minoria dos interessados, a qual infelizmente sufoca a maioria, como é do espírito da instituição".[243]

Em consequência do ataque e da ameaça, a carreira política de Nabuco estava politicamente condenada, pois o caráter dos partidos do Império determinava relações intrapartidárias baseadas em laços de fidelidade. De fato, a homogeneidade dos representantes, a inexistência da disputa pelo controle do Estado a partir de "conflitos de interesses ou diferenças ideológicas substanciais" e o tipo de filiação, fixada "sobretudo por questões locais ou familiares", aproximavam esses partidos da condição de "etiquetas", tal como os dois partidos da aristocracia inglesa do século XVIII, que Max Weber definiu como "séquitos de poderosas famílias aristocráticas".[244]

Importa é que o preço de uma afronta como essa a ser pago pelo afrontador era a exclusão do seu nome da lista de candidatos das próximas eleições ou o desapoio ao candidato, caso seu nome aparecesse na lista por arranjos pessoais. Não é à toa que Joaquim Nabuco sabia que não seria eleito em 1881, como se verá um pouco mais adiante.

No que diz respeito ao conteúdo do Manifesto, dois argumentos contra a escravidão constituem as suas escoras: o primeiro associa o atraso do Brasil com a escravidão, condicionando, portanto, o progresso da nação ao emprego do trabalho livre; o segundo fixa como meta da propaganda abolicionista "criar entre senhores e escravos ... sentimentos de benevolência e caridade", tendo em vista não só a "libertação do escravo" como também "a libertação do país".[245]

Os fundadores da associação lançaram também uma publicação mensal – *O Abolicionista* –, que circulou de novembro de 1880 a dezembro de 1881. O editorial do seu primeiro número, intitulado "A Nossa Missão", confirmava

---

242 Ibidem, p.16-7.
243 Ibidem, p.22.
244 Anna Oppo, 1986, p.899.
245 Osvaldo Melo Braga, 1952, p.19 e 20.

126 ANTONIO PENALVES ROCHA

noutras palavras um dos argumentos do Manifesto: "o trabalho escravo é a causa única do atraso industrial e econômico do país".[246]

No que diz respeito às relações entre a Sociedade e os abolicionistas estrangeiros, o primeiro número de *O Abolicionista* noticiou que "esta sociedade acaba de dirigir-se à *Anti-Slavery Society* de Londres, e às sociedades semelhantes da América e Europa, participando-lhes sua associação no Rio de Janeiro".[247] Versões em inglês e em francês do *Manifesto* foram feitas respectivamente pelo *The Rio News* e pelo *Messager du Brésil*.[248]

Nos meados de novembro, o *Reporter* acusou o recebimento do *Manifesto* e publicou uma carta endereçada à Sociedade Brasileira contra a Escravidão na qual a BFASS aprovava seus objetivos e manifestava sua disposição de "cooperar com os esforços da Sociedade brasileira para destruir a praga da escravidão no Brasil".[249] Aproximadamente uma semana depois, a BFASS enviou também uma carta a Joaquim Nabuco, comunicando o recebimento do *Manifesto* "em inglês, francês e português" e explicando que "o conde de Granville[250] remeteu-nos obsequiosamente, para que dele tomássemos conhecimento, um exemplar em inglês do mesmo manifesto ...". Sendo assim, essa carta informa não só o recebimento do *Manifesto* tanto pela BFASS quanto pelo *Foreign Office*, enviado ou pelos membros da Sociedade Brasileira contra a Escravidão ou pela mala diplomática da Embaixada da Grã-Bretanha no Brasil.

E Charles Allen encerra a carta com o comunicado de que o Comitê da BFASS emitiu uma resolução de "aprovação e congratulação" ao Manifesto, esperando que "a Sociedade que tenho a honra de representar poderá colaborar com a vossa associação no empenho de extinguir com brevidade a escravidão".[251] Nesses termos, a BFASS patenteava sua disposição de apoiar Joaquim Nabuco.

Essa oferta de apoio deve-se basicamente à sua identificação com os métodos de ação e com os objetivos do abolicionismo desse grupo de brasileiros. Contudo, deve ser levado em conta também o nome que a Sociedade Brasileira contra a Escravidão assumiu ao ser vertido para o inglês, pois foi chamada de *Brazilian Anti-Slavery Society*, o que se comprova tanto na carta de José

---

246 *O Abolicionista*, 1º de novembro de 1880, p.1.
247 Ibidem, p.2.
248 Carolina Nabuco, 1958, p.107.
249 Carta 2, Apêndice A.
250 Ver nota 610 do Apêndice A.
251 Carta 3, Apêndice A.

ABOLICIONISTAS BRASILEIROS E INGLESES 127

Américo dos Santos à BFASS,[252] que comunica a sua fundação, quanto na versão inglesa do *Manifesto*. Pois o artigo IX do Estatuto da BFASS recomendava aos "amigos antiescravistas de todo o mundo que formassem Sociedades Auxiliares conectadas com esta Sociedade"; ou seja, ao tomar conhecimento do nome e do programa da associação brasileira, a *British and Foreign Anti-Slavery Society* a considerou como sua filial, tanto que ao publicar a carta de José Américo, o *Reporter* a definiu como uma carta de apresentação "da associação recém-formada à sua matriz".[253]

Ainda nos fins de 1880, a prática antiescravista de Joaquim Nabuco recorreu a um estrangeiro para dar mais consistência à sua causa. De fato, o deputado solicitou a Henry W. Hilliard, Embaixador dos Estados Unidos, que expusesse numa carta a situação do seu país depois da abolição, pois a "nossa obrigação ... é esclarecer a opinião mesma dos lavradores pela experiência do trabalho livre nos outros Estados e mostrar ao país que somente com a emancipação ele poderá confiar na sorte da agricultura".[254]

Hilliard escreveu um texto centrado no argumento de que eram infundados os temores dos donos de escravos brasileiros com a abolição, tendo em vista os benefícios materiais que a nova ordem proporcionava aos Estados Unidos. Assim sendo, o Brasil não deve "desconfiar do seu futuro; não deve hesitar para entregar-se à política adotada nos Estados Unidos. Com a extinção da escravidão, o trabalho livre há de desenvolver os seus incalculáveis recursos".[255]

Enfim, a carta de Hilliard foi publicada por jornais do Rio de Janeiro, assim como "em avulso" por *O Abolicionista*, e a Sociedade Brasileira contra a Escravidão promoveu um banquete para homenagear o Embaixador. E o episódio ressoou na Câmara, onde os deputados que defendiam a ordem vigente acusaram Joaquim Nabuco de ser pouco patriótico e de incentivar a intromissão estrangeira em assuntos brasileiros. Nabuco defendeu-se das acusações num discurso na Sessão de 25 de novembro de 1880, ao alegar que "o partido abolicionista não é tão louco nem tão pouco patriótico que chamasse em seu auxílio a intervenção estrangeira, sabendo que isso levantaria contra si a nação inteira".[256] E igualou a sua atitude à daqueles que sofreram

---

252 Carta 2, Apêndice B.
253 *Anti-Slavery Reporter*, 23 de dezembro de 1880, p.144.
254 Cartas do Presidente Joaquim Nabuco e do Ministro Americano H. W. Hilliard sobre a Emancipação nos Estados Unidos, 1880, p.4.
255 Ibidem, p.18.
256 *Discursos parlamentares*, 1949, p.327.

a mesma acusação de apelo ao estrangeiro, como Eusébio de Queiroz, o visconde do Rio Branco e o Imperador, pois, por desejarem "fazer o país maior do que é, foram e são acusados de que, não achando ponto de apoio na opinião do país, recorrem à opinião da Europa, à opinião do estrangeiro".[257]

A "peregrinação abolicionista" e a visita à BFASS (1881)

Paralelamente a esses eventos do início da sua carreira de político profissional abolicionista, Joaquim Nabuco planejava viajar outra vez à Inglaterra. Em maio de 1880, enviou uma carta ao barão de Penedo, Embaixador do Brasil nesse país e ex-amigo de Nabuco de Araujo, para comunicar-lhe sobre sua intenção de ir a Londres em setembro em companhia do filho do Embaixador, que era seu amigo, "para primeiro matar saudades".[258] No fim das contas, a viagem foi adiada.

Em dezembro, no entanto, Nabuco resolveu ir à Inglaterra, dando à viagem desta vez um caráter político, tanto que transformou, segundo suas palavras, numa "missão abolicionista",[259] embora mais tarde a tivesse caracterizado como "uma viagem de descanso convertida em peregrinação abolicionista".[260] Seja como for, a "missão" começaria em Lisboa, prosseguiria em Madri e Paris e se encerraria em Londres, onde Joaquim Nabuco faria contato pessoal com o estafe da BFASS.

Antes da partida, passou a presidência da Sociedade Brasileira contra a Escravidão a Adolfo de Barros, que fez uma carta de apresentação de Nabuco à BFASS, enfatizando sua posição de "líder reconhecido" da "causa da abolição no Brasil".[261]

Nabuco também redigiu uma carta, datada do dia da sua partida, para ser publicada em *O Abolicionista*, na qual justificava sua saída do Brasil e, ao mesmo tempo, reafirmava a ideia de que o objeto do seu abolicionismo era a nação:

> vou ver a escravidão de longe, fora da sua atmosfera empestada, e por isso mesmo ainda mais abominá-la pela maldição que traz sobre a terra, a qual

---

257 Ibidem, p.328.
258 Carta ao barão de Penedo de 8 de maio de 1880. In: *Cartas a amigos*, v.I, p.37.
259 *O Abolicionista*, 28 de outubro de 1881, p.6.
260 *Campanha abolicionista no Recife*, p.98.
261 Carta 3, Apêndice B.

ABOLICIONISTAS BRASILEIROS E INGLESES **129**

aparece no mapa da América como uma bandeira negra, a única cor que hoje flutua. Mais de uma vez, também hei de ter ocasião de mostrar que só tenho atualmente uma tarefa, uma aspiração, um fim na vida: libertar o nosso povo da escravidão, que é um crime, a desgraça e a vergonha do país.[262]

Em 15 de dezembro de 1880, partiu do Rio de Janeiro com destino a Lisboa. Na capital portuguesa, compareceu à Sessão da Câmara de Deputados de 8 de janeiro de 1881 e foi saudado por parlamentares. O deputado Antonio Candido elogiou o seu "talento e coragem", com os quais "procura desfazer no seu país a mácula mais hedionda que um povo pode ter de si: a mácula da escravatura". E outro deputado português, Julio de Vilhena, o retratou como "o atleta brasileiro, o homem que mais tem batalhado para fazer desaparecer no Império do Brasil os últimos vestígios da escravidão".[263]

O episódio foi amplamente noticiado pela imprensa portuguesa. No Brasil, *O Abolicionista* transcreveu os discursos dos deputados, todas as notícias publicadas pelos jornais de Portugal sobre Joaquim Nabuco, as entrevistas que ele deu aos jornalistas e uma carta que enviou aos deputados e à imprensa portuguesa; aliás, essa última gerou mais matérias jornalísticas. Todo esse material ocupou onze páginas do exemplar de 1º de março de 1881 do órgão de imprensa da Sociedade Brasileira contra a Escravidão.

De Lisboa, Nabuco seguiu para Madri. Esse mesmo número de *O Abolicionista* informa que dois eventos no dia 23 de janeiro celebraram a sua presença na capital da Espanha: houve uma Sessão Solene da *Sociedad Abolicionista Española* em sua honra, e um banquete lhe foi oferecido pela sua Junta Diretora e pelos "deputados liberais" de Cuba. Mais uma vez, *O Abolicionista* reproduziu o noticiário de jornais portugueses e espanhóis relativos a esses eventos, assim como os discursos dos espanhóis e de Nabuco.

Nesse noticiário havia um trecho de uma nota do *El Democrata* que comunicava "a partida do Sr. Nabuco para França e Inglaterra, na sua gloriosa missão de procurar na influência europeia novas forças para a vitória do seu partido e para vencer os interesses que, no Império, se esforçam para manter a escravidão".[264]

Ao contrário da abundância de notícias sobre os contatos de Joaquim Nabuco em Lisboa, Madri e Londres, *O Abolicionista* só fez uma referência à presença de Joaquim Nabuco em Paris num artigo da sua edição de 1º de

---

262 *O Abolicionista*, 1º de janeiro de 1881, p.6.
263 Ibidem, p.1-2.
264 Ibidem, p.12.

130 ANTONIO PENALVES ROCHA

julho de 1881, depois, portanto, do seu retorno, haja vista que o deputado desembarcou no Rio de Janeiro em 9 de maio. Trata-se de um artigo sobre um banquete que ocorrera na capital francesa no início de maio para comemorar o aniversário da emancipação nas colônias francesas. Essa celebração, que reunira duzentos convidados, havia sido presidida pelo senador Victor Schoelcher, autor do Decreto de 1848 que pôs fim à escravidão nas colônias francesas do Caribe.

Durante a comemoração, Schoelcher fez um discurso com alusões ao Brasil e ao encontro que tivera com Nabuco em Paris, no qual afirmou que

> o Imperador do Brasil, que, segundo dizem, é um homem liberal, deve sentir-se cruelmente humilhado por ser o único soberano do mundo civilizado que reina sobre escravos! Felizmente a Sociedade Abolicionista, fundada no Rio de Janeiro, vela, e seu Presidente, o Sr. Nabuco, que há pouco esteve em Paris, e que, bastante pesaroso, não pôde aqui ficar até hoje, me disse que ela estava cheia de ardor, de confiança e decididíssima a não descansar senão depois de abatido monstro.[265]

Essa é, estranhamente, a única referência ao encontro de Nabuco com Victor Schoelcher. Se houvesse algum outro material, certamente O Abolicionista teria publicado, dado o seu esforço de tirar o máximo proveito dessas notícias para efeitos de propaganda. Sendo assim, tudo leva a crer que Nabuco e Schoelcher tiveram um breve encontro durante a passagem do brasileiro por Paris.[266] Mais tarde, Nabuco diria que fora convidado para o banquete e que "sentiu muito" não ter participado da comemoração.[267]

No seu número de 1º de abril de 1881, O Abolicionista fez referências à presença de Joaquim Nabuco em Londres e transcreveu uma nota do Times de 24 de fevereiro que o apresentara como "líder parlamentar do partido antiescravista do Brasil", cuja reputação como orador havia sido reconhecida no seu próprio país, tendo sido também "aclamado pela Câmara de Deputados de Portugal, por ocasião de sua recente visita".[268]

Além disso, ainda segundo o periódico brasileiro, Nabuco esteve em Brighton, em 19 de fevereiro, a convite de Samuel Gurney, presidente da

---

265 Ibidem, p.3.
266 Nos Diários, Nabuco registrou que chegara a Paris no dia 29 de janeiro; no dia 4 de fevereiro, já estava em Londres.
267 Campanha abolicionista no Recife, p.97.
268 O Abolicionista, p.3.

ABOLICIONISTAS BRASILEIROS E INGLESES 131

BFASS; dois dias depois, almoçou com Thomas Fowel Buxton Jr., o neto do líder abolicionista inglês que sucedera Wilberforce no Parlamento e fundara a *African Civilization Society*. Finalmente, em 23 de março, a BFASS preparou um café[269] em sua homenagem.

As cartas, no entanto, fornecem mais informações que *O Abolicionista* para a reconstrução desses primeiros contatos pessoais de Nabuco com a BFASS.

Em carta de 9 de fevereiro, Charles H. Allen deu as boas-vindas ao brasileiro, comunicou-lhe que Cooper estava muito doente, mas lhe entregaria o cartão de Nabuco, e que Sturge havia adoecido.[270] Infere-se daí que ao fazer contato com Allen, provavelmente nesse mesmo dia ou no dia anterior, Nabuco procurou encontrar-se com os Secretários Honorários da BFASS: Joseph Cooper, cujo nome já fazia parte dos anais do abolicionismo britânico, e com Edmund Sturge, irmão do fundador da associação.

No dia 14 de fevereiro, Allen enviou carta a Joaquim Nabuco com um convite para ir a Brighton no fim de semana, onde almoçariam com Samuel Gurney. Além disso, escreveu também que, quando Sturge se recuperasse, seria marcada uma reunião para apresentar Nabuco aos membros mais antigos da Sociedade. Allen agradeceu pelos jornais portugueses que Nabuco lhe mandara, e se mostrou disposto a publicar partes dos artigos no *Reporter* do mês seguinte, desde que Nabuco as traduzisse para o inglês; no exemplar do corrente mês, afirmou Allen, já haviam sido incluídos trechos dos jornais espanhóis sobre sua passagem por Madri.[271]

No mesmo dia, Nabuco escreveu a Allen dizendo-lhe que gostaria de publicar um artigo sobre a escravidão no Brasil para ser lido por um "grande número de pessoas representativas da Inglaterra". O assunto, argumentou, dizia respeito ao "destino de toda uma raça de homens", e estava disposto a iniciar o trabalho imediatamente para prestar esse "grande serviço à causa da emancipação".[272] Allen respondeu a essa carta no dia 3 de março, oferecendo-lhe espaço no *Welcome*, dirigido por um membro do Comitê, para publicar o seu discurso na reunião da Sociedade Abolicionista Espanhola e uma fotografia com seu retrato.[273] Em seguida, Nabuco enviou-lhe um pedido de desculpas: não tinha condições de traduzir o discurso, pois estava "demasiadamente

---

269 Ibidem.
270 Carta 4, Apêndice A.
271 Carta 5, Apêndice A.
272 Carta 4, Apêndice B.
273 Carta 6, Apêndice A.

ocupado com um trabalho inesperado"; de qualquer maneira, enviou o retrato fotográfico.[274] É bem possível, no entanto, que tenha recusado a oferta porque o *Welcome* não se enquadrava no tipo de periódico que procurava, "alguma revista de alta classe e influência", lida por "pessoas representativas da Inglaterra".[275]

A 8 de março, Nabuco recebeu uma carta de Joseph Cooper, traduzida e publicada por *O Abolicionista* de 1º de julho de 1881, na qual lembrava ter sido um "humilde, mas ardente auxiliar de Clarkson e Wilberforce" e esperava que "a bênção do Altíssimo e Daquele que veio proclamar a liberdade dos cativos esteja convosco e com os vossos trabalhos".[276]

Finalmente, em 5 de abril, Allen agradeceu pelas informações que Nabuco dera ao Comitê sobre a situação da escravidão no Brasil e pelo discurso que fizera no hotel Charring Cross.[277] Na última carta que escreveu a Allen antes de sair da Inglaterra, solicitou-lhe o "relato completo do café, mesmo que fossem as provas do *Reporter*", para enviá-lo ao Brasil.[278]

Esses últimos eventos foram os mais relevantes da última etapa da "missão abolicionista". No fim das contas, ao receber as informações dadas por Nabuco sobre a escravidão brasileira, o Comitê da BFASS reconheceu sua autoridade a respeito do assunto e no café o apresentou aos que estavam à testa do abolicionismo britânico, celebrando tacitamente a coligação da BFASS com a Sociedade Brasileira contra a Escravidão.

Mas, embora tenham dedicado bastante espaço ao café, nem *O Abolicionista* tampouco o *Reporter* informam a respeito da reunião de Nabuco com o Comitê da BFASS.

O Abolicionista tratou da homenagem a Nabuco em dois números. No seu exemplar de 1º de maio de 1881 encontra-se o título "O presidente Joaquim Nabuco em Londres",[279] que apresenta a tradução de um artigo do *The Evening Standart* a respeito do "banquete [*sic*] abolicionista de 23 de março de 1881". A reunião, segundo o artigo, contou com numeroso concurso de convidados, aproximadamente cento e cinquenta pessoas, entre as quais todo o estado-maior da BFASS e parlamentares filiados a ela, pertencentes à bancada quacre.

---

274 Carta 5, Apêndice B.
275 Carta 4, Apêndice B.
276 Carta 7, Apêndice A.
277 Carta 8, Apêndice A.
278 Carta 6, Apêndice B.
279 *O Abolicionista*, 1º de maio de 1881, p.4-6.

ABOLICIONISTAS BRASILEIROS E INGLESES 133

Além de descrever o encontro, o artigo resume os discursos feitos por Thomas Fowell Buxton Jr., que presidiu a reunião, e por Joaquim Nabuco. Em seu discurso, Buxton comparou a homenagem da BFASS a Nabuco com a que havia sido feita a William Lloyd Garrison, com a diferença de que o norte-americano fora homenageado pelo "feliz termo da sua obra", ao passo que os trabalhos do brasileiro "ainda estão incompletos". Vale a pena destacar um trecho do discurso de Nabuco que foi mal traduzido, segundo o qual ele teria dito que os abolicionistas no Brasil têm "o apoio da maioria dos brasileiros e o forte concurso de todos os elementos da opinião, exceto o dos sócios e clientes da escravidão".[280] Trata-se, sem dúvida, de uma tradução defeituosa, pois é impossível atribuir a Nabuco a visão de que os abolicionistas contavam com o apoio da maioria dos brasileiros, que, na verdade, ou apoiavam a escravidão ou eram indiferentes à questão.

O mesmo assunto voltou à baila em *O Abolicionista* de 1º de junho de 1881, ocupando mais da metade deste número do periódico e mantendo o mesmo título: "O presidente Joaquim Nabuco em Londres".[281] Dessa vez, no entanto, o jornal recorreu ao material que Joaquim Nabuco trouxera de Londres. Novamente, o periódico transcreveu uma porção de artigos que continham comentários genéricos sobre o evento: o que foi escrito pelo correspondente do *Jornal do Comércio*, um resumo do discurso de Buxton feito pelo *Daily News*, outro do *Times* alusivo ao evento, e os comentários do correspondente do *Jornal do Comércio* ao artigo do *The Evening Standart*. Nesse último, chama atenção a dúvida do jornalista sobre a afirmação de Nabuco de que a maioria dos brasileiros era favorável ao fim da escravidão graças aos benefícios que o trabalho livre traria à nação; "se é assim", disse, "isso se tornará evidente na Câmara que for eleita [pela] lei eleitoral de 1881".[282] Para o correspondente, portanto, o otimismo de Nabuco precisava ser submetido ao crivo do eleitorado, redefinido juntamente com a forma da eleição pela reforma eleitoral de 1881.

Ainda nesse mesmo número, o periódico publicou todo o texto do discurso que Joaquim Nabuco fizera no Hotel Charring Cross, com as devidas correções de tradução. A frase de tradução defeituosa reproduzida acima ganhou outro sentido: "a verdade é que somos [abolicionistas] atendidos

---

280 Ibidem, p.5.
281 *O Abolicionista*, 1º de junho de 1881, p.1-5.
282 Ibidem, p.2.

por todo o Brasil, e que temos o forte apoio de todos os elementos de opinião que não são cúmplices ou clientes da escravidão".[283]

O *Reporter*, por sua vez, tratou do assunto em dois números. Em 23 de maio, numa nota sucinta, intitulada "Senhor Nabuco", calculou que um grupo de aproximadamente sessenta "damas e cavalheiros", de uma lista de convidados muito maior que este número, se reuniu no hotel a convite de Samuel Gurney para dar boas-vindas ao deputado. Relatou ainda que a cerimônia fora presidida por Thomas Fowell Buxton e que, inicialmente, o "Senhor Nabuco" fizera um discurso sobre a situação da escravidão no Brasil, ouvido com muito interesse. Depois do seu discurso, houve outros discursos curtos, especialmente um de Crawford, ex-cônsul da Inglaterra em Cuba, que confirmou as informações dadas pelo brasileiro. A nota termina com a promessa de que o próximo número do periódico apresentaria um relato completo da reunião.[284]

De fato, no número seguinte há um artigo intitulado *"Anti-Slavery Break-fast"*, que destaca a presença de onze parlamentares no evento e trechos dos discursos de Buxton, Nabuco e Crawford. Quanto ao de Buxton, o *Reporter* selecionou as passagens que comparam Nabuco a Garrison, manifestam seus votos de que os abolicionistas brasileiros recebam "todas as bênçãos do Alto" e explicitam o teor do antiescravismo da BFASS.

No que tange a esse teor, Buxton afirmou que a abolição não era meramente "uma questão de humanidade e de filantropia"; mais que isso, era "uma questão econômica", aparentemente exibindo, nestes termos, sua adesão ao antiescravismo da Inglaterra vitoriana, que combinava a crítica religiosa com a crítica econômica da escravidão.

Quanto ao discurso de Nabuco, selecionou um trecho que praticamente reproduz o que o deputado dissera na Câmara no ano anterior sobre a intervenção de estrangeiros no andamento da abolição para se defender das acusações que lhe foram feitas por ter solicitado a opinião de Hilliard. Finalmente, Crawford apresentou um balanço do curso da emancipação gradual em Cuba.[285]

Em síntese, com a "missão abolicionista" o nome de Joaquim Nabuco ocupou espaço no noticiário de periódicos europeus desde a sua passagem pela Câmara de Deputados de Portugal. Desse ponto em diante, houve uma multiplicação de notícias a seu respeito: matérias dos jornais portugueses

---

283 Ibidem.
284 *Anti-Slavery Reporter*, 23 de março de 1881, p.4.
285 Ibidem, 14 de abril de 1881, p.49.

ABOLICIONISTAS BRASILEIROS E INGLESES 135

foram usadas por jornalistas espanhóis, bem como matérias de jornais espanhóis pelos portugueses; os ingleses fizeram referência a ambos os anteriores, além de o *Reporter* publicar trechos das matérias. Do outro lado do Atlântico, os jornais brasileiros replicaram essas notícias, e *O Abolicionista* divulgou integralmente tudo.

Assim, a imprensa lhe proporcionou um grau de exposição pública almejado por qualquer político profissional, quanto mais por um que iniciara a carreira cerca de dois anos antes. De mais a mais, identificou como líder do abolicionismo brasileiro um homem que se definira a favor da abolição no cenário político-institucional brasileiro havia menos de um ano e meio.

Novos filões dessa mina de publicidade poderiam ser explorados: a oligarquia "inteligente e patriótica", como Nabuco caracterizava os grupos pró-escravistas brasileiros, o acusaria de estimular a ingerência estrangeira no Brasil. Assim, daria oportunidade ao deputado para debater a questão na imprensa brasileira e utilizá-la, como efetivamente fez, nas campanhas eleitorais. E, no fim das contas, Nabuco poderia explorar publicamente a sua condição de vítima da opressão pró-escravista.

Ao mesmo tempo, a "missão abolicionista" permitiu que Nabuco estabelecesse relações com associações antiescravistas fundadas na primeira metade do século XIX e com homens que já faziam parte da história do abolicionismo europeu, como Joseph Cooper e Victor Schoelcher. Essas relações, adicionadas às informações provenientes de fontes brasileiras, foram responsáveis pelo aparecimento de uma opinião difundida pela imprensa que lhe atribuiu o papel de líder do movimento abolicionista brasileiro. E a BFASS adotou-a ao pé da letra, pois também recebera a mesma informação pela carta de apresentação de Adolfo de Barros, pelo *Times*, que na verdade se limitara a denominá-lo "líder parlamentar" abolicionista, e pelo *Rio News*;[286] assim sendo, o *Reporter* orquestrou-se com a opinião que se formava e, pela primeira vez em 1882, o qualificou de "líder do movimento pela abolição no Brasil e Presidente da Sociedade Antiescravista" deste país.[287]

Importa é que a BFASS confirmou seu apoio a Joaquim Nabuco; desse modo, era inaugurada uma nova espécie de pressão contra a escravidão no Brasil, constituída pelo vínculo formado entre um grupo da sociedade civil

---

286 Por exemplo, numa matéria sobre os resultados da "missão abolicionista", Lamoureux argumentou que ela deu a Nabuco notabilidade internacional como "líder de um movimento pela abolição e como presidente de uma sociedade antiescravista". *The Rio News*, 4 de maio de 1881, p.4.

287 Ibidem, jan. de 1882, p. 6.

inglesa a um pequeno grupo de abolicionistas brasileiros encabeçado por um político profissional. Portanto, não se tratava mais de uma pressão externa do Estado britânico sobre o Império, como ocorreu desde o combate ao tráfico negreiro até a Questão Christie ou da pressão de grupos abolicionistas estrangeiros, que cobravam providências emancipacionistas do Estado brasileiro, como ocorreu a partir da década de 1840.

No início de 1881, ao comentar a boa acolhida que Nabuco recebera na Europa, o editor do *The Rio News* destacou essa mudança e, concomitantemente, usou o mesmo comentário para fins de propaganda antiescravista. Segundo Lamoureux,

> a recepção entusiástica do deputado Joaquim Nabuco em Portugal, Espanha, Inglaterra e França [em 1881] significa mais que admiração pelo homem e pelo orador; significa simpatia sem reserva, apoio aos princípios que ele representa e sincero encorajamento da luta que ocorrerá no futuro; significa, além do mais, que o sentimento inteligente da Europa não mais tolera a existência da escravidão no Brasil, e que ela está pronta para dar a ajuda necessária e encorajar sua completa extinção. [Por isso,] de agora em diante, [Joaquim Nabuco] ocupará outra posição; além de deputado e de presidente de uma sociedade antiescravista brasileira, ocupará uma posição que nenhum círculo eleitoral poderia lhe conferir, já que, ao obter a simpatia e a ajuda de abolicionistas de fora do Brasil, deu ao movimento a que está ligado um caráter internacional que não pode mais ser dele retirado.[288]

Nabuco na Inglaterra (1882-1884) e sua aproximação com a BFASS

De volta ao Brasil, em maio de 1881, e sabendo que a Câmara seria dissolvida em agosto,[289] Joaquim Nabuco concentrou suas atenções nas eleições que ocorreriam no fim do ano. Dessa vez, porém, os liberais de Pernambuco viam com maus olhos o seu nome na lista de candidatos. Aliás, a essa altura, devido à sua atuação no parlamento, Nabuco era visto desse mesmo modo pela maioria dos membros do Partido, que majoritariamente adotava o princípio de que a abolição já havia sido posta em marcha com a aprovação da Lei

---

288 *The Rio News*, 4 de maio de 1881, p.4.
289 O decreto de 12 de março de 1881 adiou a Assembleia Geral Legislativa para 15 de agosto, e o de 30 de junho dissolveu a Câmara.

do Ventre Livre. Mesmo com essas restrições, Joaquim Nabuco conseguiu ter a sua candidatura lançada por um distrito da cidade do Rio de Janeiro.

Antes das eleições, o candidato manteve a correspondência com a BFASS, tanto que uma nota do *Reporter* de julho informa o recebimento de "cartas muito interessantes do Senhor Nabuco", que continua a empregar o seu "usual vigor e eloquência para advogar a causa do escravo naquele Império".[290]

Na primeira carta enviada a Allen depois de retornar ao Brasil, de 5 de junho de 1881, Nabuco relatou que sairia como candidato pelo Rio, mas dificilmente seria eleito em razão do bom acolhimento que recebera na Europa, um "assunto para o partido pró-escravidão manipular o eleitorado". Em vista disso, afirmou que, caso fosse derrotado, procuraria "passar algum tempo na Inglaterra, ajudando de Londres, tanto quanto [pudesse], o movimento abolicionista daqui".[291]

Três dias depois, remeteu outra carta ao barão de Penedo, expondo insegurança em relação não só ao êxito da sua candidatura como também ao rumo que daria à sua vida caso sofresse uma derrota: "incerto como é o resultado da eleição, devo pensar no que hei de fazer se não for reeleito, e tenho pensado seriamente em me estabelecer em Londres". Nessa cidade, escreveu, iria "por minha conta e risco *procurar a vida* [grifado por J.N.]" e "faria para viver" se abrisse um escritório de advocacia que atendesse consultas sobre legislação brasileira e sobre questões gerais relativas ao Brasil; o projeto, no entanto, só se viabilizaria se "tivesse o seu apoio e o seu auxílio – além do de seus amigos e das Companhias aí estabelecidas...".[292]

Em 23 de outubro, uma semana antes das eleições, Nabuco escreveu a Allen sobre dois assuntos diversos. O assunto inicial assume a forma de um relato sobre o andamento do processo dos escravos da Morro Velho no Supremo Tribunal, que expõe as filigranas jurídicas e judiciárias a esse respeito, para finalmente dizer que o processo continuava a correr... Sendo assim, esse assunto exerce na carta uma função afetiva, na medida em que visa mostrar a empatia do missivista com o destinatário, dado o interesse da BFASS pela questão. Torna-se, portanto, um pretexto para tratar do segundo assunto, que justifica de fato a carta porque

---

290 *Anti-Slavery Reporter*, 7 de julho de 1881, p.107.
291 Carta 7, Apêndice B.
292 Carta ao barão de Penedo de 8 de junho de 1881. In: *Cartas a amigos*, v.I, p.47-8.

veicula uma notícia, quer persuadir o destinatário do seu efeito beneficente e, ao mesmo tempo, expressa tacitamente a ansiedade do missivista em relação à reação do destinatário.

O segundo assunto tratado por Nabuco na carta é o seu futuro, uma vez que julgava inevitável a sua derrota eleitoral; por isso, escreveu que "provavelmente me estabelecerei em Londres por uns poucos anos, visto que dificilmente poderei fazer algo fora do parlamento, exceto educar o povo por panfletos e escritos, atividades que serão mais bem exercidas em Londres que aqui". Referiu-se também à sua impotência para ajudar os escravos e ao sofrimento causado por essa situação: "todo dia [escravos] procuram-me, acreditando que tenho poder para libertá-los, ao passo que só posso mandá-los de volta às suas senzalas e à cólera dos seus senhores"; por fim, mencionou os efeitos da sua provável derrota eleitoral: ela seria enfrentada com a mesma resignação e paciência com que "os escravos suportam a intolerável situação em que estão".

Contudo, em contraste com a situação dos escravos, considerou "muito branda" a sentença que o excluiria das atividades parlamentares, para as quais os "donos de escravos e delegados da escravidão" seriam os seus substitutos. Nas saudações do final da carta, Nabuco assumiu a sua posição de correspondente da BFASS ao cumprimentar os "companheiros de trabalho", nomeadamente o Sr. Gurney, o Sr. Sturge e o Sr. Crawford.[293]

Um mês depois, Allen respondeu a essa carta; disse que, se o mal triunfasse, Nabuco seria bem-vindo à Inglaterra porque, "pela sua eloquência, que será ouvida por todo o vasto Atlântico e dará coragem e força ao pobre escravo, você será certamente capaz de ajudar muito a boa causa"![294] Na verdade, interessava à BFASS incorporar Nabuco aos seus quadros para que a associação pudesse atestar a sua ação na supressão da escravidão no Brasil, pondo em prática um plano que seus fundadores haviam idealizado cerca de meio século antes

Com a proximidade das eleições, O Abolicionista devotou-se à propaganda da candidatura de Nabuco. Para isso, antecipou para 28 de outubro o número que seria publicado em 1º de novembro, aliás, o penúltimo número da sua história, e todo ele foi dedicado ao candidato. De fato, as oito páginas desse exemplar foram ocupadas por um manifesto da Sociedade Brasileira contra a Escravidão em apoio à sua candidatura, por uma conferência e um

---

293 Carta 9, Apêndice B.
294 Carta 9, Apêndice A.

artigo de Nabuco e por todo o material relativo à "missão abolicionista" publicado anteriormente.

Ao fim e ao cabo, Joaquim Nabuco, conforme sua própria previsão, foi derrotado e pôs em ação o plano de se mudar para Londres. Ao mesmo tempo, construiu a justificativa política da mudança, denominando-a "banimento", "ostracismo", "expatriação", "excomunhão", "desterro" e depois "desterro forçado". José do Patrocínio chamou-a de "exílio", e o *Reporter* de "exílio forçado"; Nabuco adotou definitivamente essa última designação, tanto que em 1884 disse que sua ida para Londres "se tem chamado e se deve chamar de meu exílio".[295]

Para ganhar a vida na Inglaterra, conseguiu o emprego de correspondente do *Jornal do Comércio*, graças à influência do barão de Penedo. Contudo, antes de começar a trabalhar, queixou-se do pouco que receberia, como se vê numa carta ao Embaixador, escrita logo depois da sua chegada a Londres: "realmente é muito pouco o que me pagam para o trabalho que vou ter. Conscienciosamente, deviam pagar-me um pouco mais".[296] Certamente, na queixa havia um pedido implícito para que Penedo intercedesse a seu favor.

Aproximadamente duas semanas depois, já como correspondente, voltou a tocar no assunto noutra carta ao mesmo destinatário: "não imagina o trabalho que me dão as *três* correspondências três vezes por mês. Faz isso *nove* correspondências ao todo. Por 30 libras é de graça". Tendo em vista o volume de trabalho, pleiteava ser tratado como "três pessoas distintas", isto é, receber 90 libras por mês.[297] Em 1883, no entanto, seu rendimento já era substancialmente maior: recebia cerca de £70 por mês, pois se tornara também correspondente do jornal *La Razón* do Uruguai e prestava assessoria jurídica à *Central Sugar Factories*, que tinha interesses no Brasil, além dar consultas de advocacia.[298]

A comparação dessa renda com o salário pago pela BFASS aos seus secretários, que, diga-se de passagem, constituía a maior despesa de manutenção da associação, e com o salário que o próprio Nabuco pagava aos seus criados em 1899, revela o quanto ela representava: os secretários que antecederam Charles H. Allen,[299] e muito provavelmente o próprio Allen, recebiam £300

---

295 *Campanha abolicionista no Recife*, p.102.
296 Carta ao barão de Penedo de 2 de janeiro de 1882. In: *Cartas a amigos*, v.I, p.64.
297 Carta ao barão de Penedo de 23 de janeiro de 1882. In: *Cartas a amigos*, v.I, p.66-7.
298 Carta a José Maria da Silva Paranhos de 3 de abril de 1886. In: *Cartas a amigos*, v.I, p.141-5.
299 Howard Temperley, 1972, p.82.

140 ANTONIO PENALVES ROCHA

por ano; por outro lado, Benjamin e Albina, criados de Nabuco, recebiam respectivamente £2 e £1 por mês.[300]

Mesmo tendo uma renda anual quase duas vezes e meia maior que a de um secretário da BFASS e mais de trinta vezes maior que a de um trabalhador doméstico, em outubro de 1883 Nabuco expressou a Hilário de Gouvêa, seu cunhado, preocupações com as dívidas que havia contraído. Devia a familiares e a um amigo aproximadamente £450 e havia gastado mais cerca de £225 na publicação de O Abolicionismo;[301] ou seja, em 1883 as dívidas de Nabuco correspondiam praticamente à quantia que receberia durante um ano de trabalho. Nessa mesma carta ao cunhado, escreveu que gostaria de tirar férias no Brasil em julho do ano seguinte, mas não sabia se poderia se dar a este luxo, pois ficaria sem rendimentos durante o período.

Seja como for, Joaquim Nabuco sustentou-se na Inglaterra como jornalista e advogado, sem, no entanto, perder de vista sua carreira política no Brasil. A fim de resguardá-la, não mediu esforços para ser lembrado, mantendo contato direto com o mundo da política brasileira por via postal e participando de atividades da BFASS que pudessem lhe render projeção internacional a fim de garantir espaço para o seu nome na pauta dos jornais brasileiros.

Três cartas, entre as inúmeras que remeteu a brasileiros entre 1882 e maio de 1884, expõem claramente os objetivos dos contatos diretos de Joaquim Nabuco.

Em 1882, fez uma petição à Câmara para solicitar "a necessidade urgente de abolir a escravidão no Império".[302] Encaminhou-a pelo correio para André Rebouças, recomendando-lhe, em carta anexa, que coletasse assinaturas do "maior número possível de pessoas respeitáveis" e intermediasse sua apresentação na Câmara e no Senado. Disse-lhe também que se comunicaria "com a Espanha, a França e os Estados Unidos"[303] a respeito do documento e, de fato, pediu à BFASS que o pusesse em contato com Frederick Douglass[304] nos Estados Unidos, embora não haja como saber se esse contato se efetivou;

---

300 Diários, v.2, p.161.
301 Carta a Hilário de Gouvea de 11 de outubro de 1883. In: Cartas a amigos, v.I, p.106. Nesta carta, Nabuco apresenta o total das suas dívidas em contos de réis, que aqui foram transformados em libras pelo valor médio do câmbio da época: £1 = 8$885 réis.
302 Ver as Cartas 13, 14, 15 e 17, Apêndice B. O cabeçalho da petição foi enviado a Allen, conforme a Carta 17, Apêndice B, e publicado pelo Anti-Slavery Reporter, ago. de 1882, p.211.
303 Carta a André Rebouças de 6 de junho de 1882. In: Cartas a amigos, v.I, p.70-1.
304 Carta 13, Apêndice B; sobre F. Douglass, ver nota 685.

ABOLICIONISTAS BRASILEIROS E INGLESES 141

de qualquer maneira, a assinatura do abolicionista norte-americano não aparece na petição.

A petição foi apresentada na Câmara pelo deputado Antonio Pinto e, como era de se esperar, não teve efeito prático. De qualquer modo, Nabuco tratou de transformá-la em matéria do *Reporter*, que publicou, em agosto de 1882, seu cabeçalho e uma nota sobre o assunto.[305]

No fim do ano, mandou cartas a Gusmão Lobo e a Adolfo de Barros[306] para encorajá-los a reativar a Sociedade Brasileira contra a Escravidão, inativa desde o início de 1882, isto é, desde a chegada de Nabuco na Inglaterra.

Há fortes indícios de que esse propósito derivou da intenção de mantê-la viva para conservar na retina dos dirigentes da BFASS a sua imagem de presidente da Sociedade e de líder do movimento abolicionista brasileiro. Trocando em miúdos, como se viu acima, em 1880, o Comitê da *British and Foreign Anti-Slavery Society* supôs que a *Brazilian Anti-Slavery Society* fosse filiada a ela e nomeou seu presidente correspondente. O *Anti-Slavery Reporter* registrou essa nomeação e, portanto, a oficializou, tanto que na "Lista de funcionários e correspondentes de 1881" consta, pela primeira vez, "Joaquim Nabuco, *President of the Brazilian Anti-Slavery Society*".[307]

O *Reporter* publicava regularmente essa Lista no primeiro número do ano, e o nome de Joaquim Nabuco foi repetido pelo periódico nos seus números de janeiro de 1882, 1883 e 1884[308] nos mesmos termos da Lista de 1881, não obstante o desaparecimento da Sociedade Brasileira contra a Escravidão a partir de 1882.

Quando o número do *Reporter* de janeiro de 1882 foi publicado, Nabuco tinha acabado de chegar à Inglaterra, sendo provável que nada soubesse a respeito desse desaparecimento. Mas, nesse mesmo ano, ao tomar conhecimento do estado da Sociedade brasileira, empenhou-se em reativá-la a fim de garantir a conservação do seu *status* de "presidente". Essa atitude deve ter derivado da sua percepção de que se o perdesse colocaria em questão a

---

305 Carta 17, Apêndice B.
306 Carta a Gusmão Lobo de 12 de novembro de 1882 e a Adolfo Barros de 12 de novembro de 1882. In: *Cartas a amigos,* v.I, respectivamente, p.83-4 e 85-6.
307 *Anti-Slavery Reporter,* dez. de 1880, p.162.
308 Em 1884, a BFASS contava com seis correspondentes do Brasil de um total de 22 de outras partes do mundo, a saber: Joaquim Nabuco, Adolfo de Barros, A. R. Jurado, Gusmão Lobo, André Rebouças e o rev. Vanorden; até seu primeiro número de 1895, o *Reporter* manteve os nomes desses homens na lista de correspondentes da associação.

142 ANTONIO PENALVES ROCHA

coligação, bem como o seu papel de "líder do movimento pela abolição no Brasil", como o *Reporter* de janeiro de 1882[309] o havia retratado.

Afinal, a tentativa de reativar a Sociedade Brasileira contra a Escravidão foi em vão. E é impossível saber se Nabuco deixou premeditadamente de informar aos ingleses que a Sociedade desaparecera ou se a BFASS obteve essa informação e resolveu manter as coisas como estavam para fins de publicidade. Contudo, essa última conjectura é fraca. Pois, além de a mentira ser incompatível com a rigidez da religiosidade dos quacres que controlavam a BFASS, numa carta que ela enviou a André Rebouças, em fevereiro de 1883, dirigiu-se ao "Tesoureiro da *Brazilian Anti-Slavery Society*",[310] um sinal de que seguia acreditando na sua existência; de qualquer modo, a partir de 1882, Nabuco não fez mais nenhuma referência em público à Sociedade Brasileira contra a Escravidão.

Isso tudo quer dizer que, de 1882 a 1884, Joaquim Nabuco exerceu a presidência de uma associação abolicionista brasileira para inglês ver, e, portanto, a coligação entre a BFASS e a Sociedade Brasileira contra a Escravidão reduziu-se efetivamente às ligações entre a BFASS e Joaquim Nabuco. E o episódio mostra a dificuldade da BFASS para obter as informações necessárias ao cumprimento da sua tarefa de lutar contra a escravidão no mundo todo. Pois, para isso, limitava-se a assimilar informações provenientes do estrangeiro de fontes acreditadas na Grã-Bretanha pela grande imprensa e pelo governo, cuja fidedignidade, no entanto, o seu próprio estafe tinha dificuldades para comprovar.

A propósito da dificuldade para conferir informações provenientes do estrangeiro, um jornal inglês, com o qual Charles Allen polemizara sobre a quantidade de escravos na África, censurou energicamente a BFASS e o seu secretário por se basearem acriticamente em informações de terceiros; de acordo com a *Pall Mall Gazette*:

> Uma parcela dos bem conhecidos filantropos se junta, forma uma sociedade e paga um secretário, cuja obrigação é escrever cartas e promover a agitação. Não é necessário que ele conheça mais sobre os assuntos do que as informações que pode extrair dos *Blue Books* e dos jornais. Como, por exemplo, o Sr. Charles H. Allen, que ... nunca esteve em absoluto na África. Ele se gaba de que sua Sociedade 'não tem e nunca teve um único representante na África'. É

---

309 *Anti-Slavery Reporter,* jan. de 1882, p.6.
310 Ibidem, fev. de 1883, p.49.

ABOLICIONISTAS BRASILEIROS E INGLESES **143**

lamentável que sociedades que estão confortavelmente instaladas em casa não enviem agentes para examinar pessoalmente os fatos.[311]

De qualquer maneira, depois de 1884, o *Reporter* continuou a considerar Nabuco como o líder do abolicionismo brasileiro. Por outro lado, nunca fez menção alguma à Confederação Abolicionista,[312] que, pouco depois da sua fundação, em 1883, abrigou dezessete clubes abolicionistas diferentes de cinco províncias e da capital, bem como diversas sociedades abolicionistas que representavam profissionais e instituições de ensino. Além disso, desde o início, abrigou também a maioria dos antigos membros da Sociedade Brasileira contra a Escravidão, como, por exemplo, André Rebouças, que não só dividiu com José do Patrocínio a autoria do seu Manifesto de fundação[313] como também exerceu nela o cargo de tesoureiro. Isso quer dizer que membros da "pequena igreja" de Nabuco se associaram com a "igreja fronteira", como ele chamava o grupo abolicionista formado por "José do Patrocínio, Ferreira Menezes, Vicente de Sousa, Nicolau Moreira, João Clapp".[314]

Além da petição e da tentativa de reativar a Sociedade, Joaquim Nabuco enviou, em 1883, uma carta ao visconde de Paranaguá,[315] recém-empossado na Presidência do Conselho de Ministros, para denunciar um edital de venda de escravos de Valença, publicado pela imprensa do Rio. Ao indicar a idade dos escravos, o edital mostrava às escâncaras a infração das leis de 1831 (particularmente da que determinava a libertação dos escravos que desembarcassem no Brasil) e de 1871 (Lei do Ventre Livre). Mais uma vez, essa carta também foi matéria do *Reporter*.[316]

Como mostram essas cartas, o "exílio" não afastou Joaquim Nabuco do Brasil, pois, mesmo vivendo na Inglaterra, ele lembrava os deputados que a Câmara era omissa em relação à abolição e ao visconde de Paranaguá do descaso do governo em relação às leis sobre a escravidão. Ainda que suas

---

311 *Anti-Slavery Reporter*, set.-nov. de 1895, p.194.

312 Entre 1883 e 1888, João Clapp, presidente da Confederação, foi citado uma única vez no *Reporter*, numa das cartas de Nabuco sobre a abolição no Ceará (Carta 21, Apêndice B). No mesmo período, houve apenas duas citações do nome de José do Patrocínio: a edição de março de 1882 (p.63) apresenta-o como um "militante devotado e corajoso, tanto quanto convincente e eloquente, do movimento abolicionista" e a de julho-agosto de 1888 (p.125) cumprimenta-o por ser um dos brasileiros que mais "trabalharam pela verdade e pela completa independência do seu país".

313 Robert Conrad, 1975, p.234 e 235.

314 *Minha formação*, p.194.

315 Carta ao visconde de Paranaguá de 6 de novembro de 1882. In: *Cartas a amigos*, v.I, p.76-8.

316 *Anti-Slavery Reporter*, jan. de 1883, p.5.

144 ANTONIO PENALVES ROCHA

denúncias caíssem no vazio, e de fato caíam, o seu nome marcava presença nos círculos do governo, comunicando tacitamente sua intenção de retomar à carreira política. Ao cabo, o apoio que recebia da BFASS assegurava a ida dessas denúncias para as páginas do *Reporter,* a principal fonte de informações da imprensa inglesa e estrangeira sobre escravidão na época, aumentando ainda mais o seu currículo de político abolicionista.

Ao mesmo tempo que mantinha contatos no Brasil, Joaquim Nabuco estreitava relações com a BFASS não só por estar em Londres como também porque ambas as partes estavam convencidas de que este estreitamento proporcionaria benefícios mútuos de publicidade. De fato, o noticiário da imprensa inglesa poderia fazer menções à participação de Nabuco em atividades da associação na Inglaterra; assim, ambos obteriam publicidade, algo que lhes era vital: para Nabuco, destinava-se a fins político-eleitorais e para a BFASS à propaganda institucional.

Enfim, a "missão abolicionista" de 1881 mostrara a Joaquim Nabuco que, primeiro, a imprensa internacional, inclusive a brasileira, reproduzia o noticiário dos grandes jornais europeus, entre os quais se destacavam os ingleses e, segundo, que suas ações na Europa eram monitoradas por setores pró-escravistas e abolicionistas da imprensa brasileira. O estreitamento das relações com a BFASS, a partir de 1882, era, portanto, a única maneira de Joaquim Nabuco conseguir novamente algum grau de exposição pública na Inglaterra que atraísse a atenção da imprensa brasileira. A BFASS podia colocá-lo em contato com celebridades internacionais, o que seria registrado pela imprensa, interceder junto aos grandes periódicos britânicos em favor da publicação de seus textos e assegurar espaço no *Reporter* seja para matérias de sua autoria, seja em "reportagens" sobre a sua atuação na Inglaterra; em qualquer um desses casos, haveria repercussões na imprensa brasileira que se transformariam em futuros ganhos político-eleitorais.

Resta, no entanto, saber que tipo de ganho Nabuco obteria por meio dessa estratégia. Por certo, ela não garantiria um aumento substantivo do seu eleitorado no Brasil, pois fortalecimento político-eleitoral no Império não tinha quase nada a ver com publicidade. Nabuco sabia muito bem disso e sofrera na própria carne essa experiência nas eleições para a Câmara em 1881; por outro lado, sabia também que, além de a notoriedade internacional reavivar a solidariedade dos amigos ao "exilado", dificilmente o Partido Liberal excluiria da lista de candidatos alguém que era reconhecido na Inglaterra. Em suma, fortalecimento político-eleitoral significava o reconhecimento da sua notabilidade pelos "mandarins do Brasil imperial", como

ABOLICIONISTAS BRASILEIROS E INGLESES 145

Pang e Seckinger[317] denominaram a elite política brasileira, e, consequentemente, uma aposta na continuidade da sua carreira de político profissional.

O estreitamento das relações também beneficiaria a BFASS que, como associação civil, dependia de contribuições para se manter. Ocorre que, a partir dos meados do século XIX, com o arrefecimento do movimento abolicionista britânico, os herdeiros dos quacres endinheirados não tinham mais a mesma motivação da velha guarda para sustentá-la, além de o número de subscritores que lhe pagavam anualmente pequenas quantias ter declinado substancialmente. Tudo somado, a associação sofrera uma brutal queda de arrecadação.

Os efeitos desse quadro tornam-se claros numa carta de junho de 1884 que Charles Allen enviou a Nabuco informando sobre a falta de fundos da BFASS para bancar a comemoração do jubileu da emancipação inglesa e sobre o risco de bancarrota que a associação corria, razão pela qual Allen pedia contribuições aos abolicionistas brasileiros.[318] E não demorou para a situação se agravar. Cerca de quatro anos mais tarde, a BFASS assumiu publicamente sua fragilidade numa nota publicada pelo *Reporter*:

> Infelizmente, devemos comunicar aos nossos leitores que a *Anti-Slavery* tem necessidade de fundos. O trabalho que vem realizando nos últimos cinquenta anos, orientado pela agitação puramente pacífica e moral, acelerou a extinção da escravidão no Brasil, nos Estados Unidos da América, na Índia e em várias ilhas do Oceano Índico, tanto quanto nas colônias da França, Espanha, Portugal e Holanda. A publicação e a circulação de informações sobre a escravidão e o tráfico de escravos constituem os principais itens da despesa. Nos últimos anos, muitos dos seus principais provedores faleceram, e os seus lugares não foram adequadamente ocupados pela geração atual.[319]

Essa nota, aliás, contém também a chave da explicação do interesse da BFASS em estreitar as relações com Joaquim Nabuco. Contando com o "líder do movimento abolicionista brasileiro" no seu quadro de ativistas, a BFASS participaria da abolição na última nação escravista cristã. Sendo assim, se mostraria ativa ao incluir essa atuação no rol das suas atividades internacionais, como de fato incluiu nessa nota de outubro de 1888, e usá-la para fins de publicidade na tentativa de aumentar sua arrecadação. Esperava também que essa divulgação pudesse atrair novos subscritores não só britânicos como também brasileiros.

---

317 Eul-Soo Pang e Ron L. Seckinger, 1972.
318 Carta 23, Apêndice A.
319 *Anti-Slavery Reporter*, set.-out. de 1888, p.155.

146 ANTONIO PENALVES ROCHA

De todo modo, entre 1882 e o primeiro terço de 1884, houve um estreitamento das relações de Joaquim Nabuco com a BFASS, o que fica patente no aumento da correspondência, na participação de Nabuco em atividades da BFASS e no empenho desta associação em promover o seu associado brasileiro pela imprensa.

Do início de 1880 ao fim de 1881, Joaquim Nabuco recebeu nove cartas da BFASS e lhe enviou sete; em contrapartida, entre o início de 1882 e maio de 1884, recebeu catorze e enviou treze. Particularmente em 1882, a BFASS enviou-lhe oito, um número que só foi superado ao longo de toda a década de 1880 pelas onze cartas que expediu a Nabuco no ano da abolição, embora três destas últimas estivessem aos seus cuidados, uma vez que se destinavam ao Imperador e à Princesa Isabel. Um cômputo geral da correspondência passiva entre os anos de 1880 a 1888 revela que quase a metade das cartas de Nabuco conservadas pela BFASS – treze de um total de vinte e oito – foram escritas entre 1882 e maio de 1884.

Afora o aumento da correspondência, chama a atenção também o interesse da BFASS de agregar Joaquim Nabuco aos seus quadros. Poucos dias depois da sua chegada a Londres, Allen transmitiu-lhe o convite de Sturge para que participasse da próxima reunião do Comitê, já que tinha assento nessas reuniões por ser correspondente da associação.[320] Mas não interessava a ela apenas agregar Nabuco aos órgãos administrativos. Diversos convites lhe foram feitos para participar de reuniões públicas antiescravistas, como comprovam as cartas de 25 de outubro de 1882 e em 21 de junho e 19 de julho de 1883.[321]

Dessas cartas vale a pena destacar a primeira, porque mostra a expectativa de Nabuco de que a exposição pública do seu nome na Inglaterra teria repercussões no Brasil. A carta de 25 de outubro resume-se a um convite para que o brasileiro discursasse numa reunião da BFASS sobre abolição do tráfico e da escravidão no Egito, presidida pelo Conde de Shaftesbury.[322] Em 15 de novembro, conforme relatou a Adolfo Barros, Nabuco compareceu à reunião e fez um discurso. Lamentou, porém, que os taquígrafos do *Times* não o tivessem anotado, pois discursou no final de uma reunião muito longa; ainda assim, tinha esperança de vê-lo publicado pelo *Reporter*.[323] O periódico realmente noticiou a realização da reunião, que contou com a presença do

---

320 Carta 10, Apêndice A.
321 Respectivamente as Cartas 17, 18 e 19 do Apêndice A.
322 Carta 17, Apêndice A.
323 Carta a Adolfo de Barros de 17 de novembro de 1882. In:*Cartas a amigos*, v.I, p.87.

"cardeal Manning, de alguns parlamentares, de ex-ministros e de Joaquim Nabuco, 'presidente da *Brazilian Anti-Slavery Society*'"; contudo, não transcreveu o discurso.[324]

Quanto aos demais convites, registrados pela correspondência de 1883, Nabuco não compareceu ao encontro na residência do Dr. Ingleby[325] e tampouco há notícias de que tenha aceitado os convites de Joseph G. Alexander.[326]

A julgar pelo espaço que ocupou no *Reporter* e também pela memória de Joaquim Nabuco e de Charles Allen, a mais destacada atuação do brasileiro nas atividades da BFASS ocorreu em setembro de 1883, quando foi um dos membros de uma delegação que a representou na Conferência sobre o Direito Internacional de Milão. De fato, o periódico dedicou mais de uma dezena de páginas ao assunto em outubro de 1883, e noutros números transcreveu trechos de artigos sobre ele que foram publicados pela imprensa internacional.

Quanto à conservação do episódio na memória dos protagonistas, Nabuco fez duas menções à Conferência: primeiro, num discurso da campanha eleitoral de 1884 no Recife no qual expôs um balanço da sua atividade política abolicionista sem, no entanto, dizer nem uma palavra sequer sobre seus vínculos com a associação inglesa;[327] segundo, numa carta à BFASS, escrita cerca de dezessete anos depois da Conferência, em que se apresentou a Travers Buxton, sucessor de Edmund Sturge, nos seguintes termos: "... tive o privilégio de representá-la [a BFASS] juntamente com o Sr. Allen no Congresso de Milão, em 1883 ...".[328] Por outro lado, dezessete anos depois, Allen e Comitê da BFASS rememoraram o episódio em cartas ao brasileiro.[329]

Tudo começou com uma carta que Nabuco enviou de Brighton[330] a E. Sturge, cujo conteúdo pode ser inferido pelas demais cartas que tratam do mesmo assunto,[331] dado que ela não se encontra nos arquivos. De todo modo, comunicou que estava redigindo um texto sobre a escravidão no Direito Internacional e tencionava apresentá-lo, em setembro de 1882, numa conferência

---

324 *Anti-Slavery Reporter*, dez. de 1882, p.279.
325 Carta 18, Apêndice A.
326 Carta 19, Apêndice A.
327 *Campanha abolicionista no Recife*, p.107-8.
328 Carta 34, Apêndice B.
329 Carta 58 e 59, Apêndice A.
330 Sobre outras atividades de Nabuco nessa cidade, ver Cap. 5 deste livro.
331 Cartas 14 e 15 do Apêndice A e Cartas 18 e 19 do Apêndice B.

promovida pelo *Institut de Droit International*; além disso, sugeriu a Sturge que a BFASS participasse da reunião.

Sem esconder seu entusiasmo, Sturge acatou a sugestão e incentivou Nabuco a concluir o texto para apresentá-lo noutra conferência sobre o Direito Internacional, organizada pela Associação para a Reforma e Codificação da Lei das Nações e presidida por Travers Twiss, um renomado jurista britânico que tinha relações com a BFASS.

Essa outra conferência ocorreria em Milão, em setembro de 1883, e Sturge argumentou que seria valiosa a participação de Nabuco, porque o assunto "terá uma importância especial neste momento em que as potências da Europa estão em conferência sobre a decisão final a respeito do Egito, onde a questão [escravidão e Direito Internacional] será levada em consideração".[332] Em seguida, Sturge entrou em contato com Alexander, um advogado que era do Comitê da BFASS e fora um dos representantes da associação no Congresso de Berlim (1878), para que ele fizesse os acertos com Twiss e com Nabuco a respeito do envio de uma delegação da BFASS a Milão. Nabuco, por outro lado, concordou com a proposta de Sturge, e Alexander foi a Brighton ao seu encontro. Enfim, dessa vez a participação da BFASS num evento estaria a reboque de um trabalho de Joaquim Nabuco.

Finalmente, em 1883, por decisão do Comitê da BFASS, foi formada uma delegação para ir a Milão composta por três membros da associação: Charles Allen, Joseph G. Alexander e Joaquim Nabuco. As cartas de 1883, trocadas entre os dois últimos, tratam de questões relativas à dissertação de Nabuco na Conferência, à sua inscrição na associação de juristas que promovia o congresso e ao pagamento pela BFASS das suas despesas de viagem e de estada em Milão.[333]

A delegação efetivamente compareceu à Conferência, que contou, segundo o *Reporter*, com a presença de "algum número entre 300 e 400 participantes", e Joaquim Nabuco apresentou um texto doutrinário[334] contra o tráfico e a escravidão no terreno do Direito Internacional.

Além da participação de Joaquim Nabuco em atividades da BFASS, resta ainda um último assunto a ser tratado sobre as relações entre ambos, entre 1882 e maio de 1884, concernente às referências sobre o brasileiro no *Reporter* e ao papel da BFASS na publicação de seus textos na Inglaterra.

---

332 Carta 14, Apêndice A.
333 Cartas 16, 20, 21 e 22 do Apêndice A.
334 O texto que Nabuco apresentou está integralmente reproduzido no Apêndice C, 1; há um exame desse texto no item 5.2.

ABOLICIONISTAS BRASILEIROS E INGLESES **149**

Entre 1879 e 1888, seu nome foi citado mais de uma centena de vezes nesse periódico. As matérias em que foi citado podem ser divididas em: (1) "reportagens" do redator, ao que tudo indica Charles H. Allen, invariavelmente alusivas à atuação abolicionista de Nabuco no Brasil e na Europa ou aos seus vínculos com a BFASS; (2) transcrição de artigos de outros periódicos referentes a fatos variados da sua atuação política e (3) cartas de seu próprio punho. O espaço ocupado por essas matérias vai desde umas poucas linhas em pequenas notas ou a simples alusões ao seu nome em artigos referentes a outros temas, até as nove páginas preenchidas pela transcrição integral do *paper* apresentado por Nabuco na Conferência de Milão.

Houve um aumento das referências do *Reporter* a Joaquim Nabuco de 1882 a maio de 1884 em comparação com os anos anteriores. De 1879 aos fins de 1881, foram catorze referências, ao passo que houve dezoito do início de 1882 a maio de 1884. De qualquer maneira, os anos em que houve o maior número de referências (dez) foram os de 1883 e 1888, que, entretanto, têm uma diferença essencial: em 1883, o periódico da BFASS publicou três textos de Joaquim Nabuco, enquanto no ano da abolição seu nome apareceu apenas nas "reportagens" sobre esse episódio.

Em 1883, Nabuco escreveu um texto especialmente para o *Reporter* – uma carta ao editor sobre a abolição da escravidão em algumas regiões do Ceará[335] – e, além disso, publicou trechos de outra carta que enviara ao *Times* sobre o mesmo assunto,[336] bem como o texto integral que apresentara na Conferência sobre o Direito Internacional.

Paralelamente, em setembro desse mesmo ano, Joaquim Nabuco lançou *O Abolicionismo* na Inglaterra, e o *Reporter* não só noticiou o lançamento[337], mas também publicou duas resenhas sobre o livro, uma escrita por um "correspondente brasileiro" e outra por Lamoureux, no *Rio News*.[338]

A propósito, há um fato relativo à história desse livro que nunca foi observado: sua publicação está ligada indiretamente à BFASS, e para comprová-lo basta saber quem foi Abraham Kingdon, o seu editor.

Desde o ano em que chegou à Inglaterra, Joaquim Nabuco fez leituras sobre o antiescravismo. Certamente, no mesmo ano, começou também a esboçar um texto sobre o seu "assunto favorito" – a abolição. E deve ter tocado nesse assunto em conversas com Charles Allen, que lhe indicou,

---

335 Carta 21, Apêndice B.
336 *Anti-Slavery Reporter*, jun. de 1883, p.167.
337 Ibidem, out. de 1883, p.258.
338 Ibidem, dez. de 1883, p.310 e 311.

150 ANTONIO PENALVES ROCHA

ainda em fevereiro de 1882, um editor, amigo seu e de Edmund Sturge, Abraham Kingdon, que, aliás, se tornara editor do *Anti-Slavery Reporter* a partir de janeiro de 1881.

Como relatou Allen na carta de 21 de fevereiro de 1882,[339] antes de ser editor, Kingdon fora "comerciante comissionado", um profissional que fazia compras para estrangeiros e recebia como pagamento uma porcentagem prefixada do valor total da compra. Para oferecer consultoria jurídica a firmas inglesas com interesses no Brasil, Nabuco deve ter tido a necessidade de montar algo parecido com um escritório e, para isso, pediu sugestões a Allen que, novamente, lhe indicou Kingdon, conhecedor do comércio de Londres. O inglês entendeu que o brasileiro tinha a mesma profissão que ele, e estava fazendo compras em Londres para remeter as mercadorias ao Brasil. Por isso mesmo, estipulou o valor do seu trabalho.

Nabuco pensou que estivesse sendo subornado e, indignado, avisou Allen que não mais empregaria Kingdon como seu editor por causa disso. Mas, Allen desfez o mal-entendido: explicou a Nabuco que ele também exercera a profissão de "comerciante comissionado", que Kingdon era pessoa de confiança dele e de Sturge e não tinha motivos para tentar suborná-lo, embora soubesse que o suborno "era o único modo para fazer negócios" na Embaixada Brasileira. No fim das contas, no ano seguinte, o nome de Abraham Kingdon apareceria estampado em *O Abolicionismo* como editor do livro.

Pouco antes do mal-entendido com Kingdon, Nabuco havia procurado outro editor. Uma carta manuscrita que se encontra nos arquivos da Fundação Joaquim Nabuco, enviada ao brasileiro por Edward Stanford, apresenta os custos para a publicação de um texto em português na Inglaterra.[340]

Mas a grande ambição de Joaquim Nabuco era publicar no *Times*, que, segundo ele mesmo, aparecia no Brasil como "a voz da civilização",[341] tanto que no discurso de 1884, em que fez um balanço da sua carreira política, afirmou que "dirigi-me duas vezes ao *Times*, uma comunicando a abolição em Fortaleza e, outra no Ceará".[342] Evidentemente o "dirigi-me" não dá garantias de que as cartas tivessem sido publicadas; em todo o caso, o *Reporter* publicou trechos de ambas.[343]

---

339 Carta 11, Apêndice A.
340 Carta (manuscrita) de Edward Stanford a Joaquim Nabuco de 22 de fevereiro de 1882, Fundação Joaquim Nabuco.
341 Carta 22, Apêndice B.
342 *Campanha Abolicionista no Recife*, p.109.
343 Esses trechos saíram no *Anti-Slavery Reporter*, respectivamente, nas edições de junho de 1883, p.167, e abril de 1884, p.93.

ABOLICIONISTAS BRASILEIROS E INGLESES   151

A esse respeito, em 27 de julho de 1883,[344] Nabuco enviou uma carta a Charles Allen solicitando a intercessão de A. Pease e E. Sturge[345] junto ao *Times* em favor da publicação de outra carta que escreveria para refutar uma carta anônima enviada de Jundiaí, publicada por este jornal naquele dia. Nabuco supôs corretamente que a carta publicada pelo *Times* fora escrita por Walter J. Hammond, que, meses antes, polemizara com o *Rio News*;[346] além disso, explicou que precisava de uma confirmação de que a sua solicitação seria atendida, pois estava com excesso de trabalho e só escreveria a refutação se tivesse certeza de que ela seria publicada. Finalmente, alegou também que Hammond contava com "forte apoio do interesse escravista e de pessoas que estão contra nós"; assim sendo, concluiu, se a carta ficasse sem resposta, a causa abolicionista no Brasil sofreria um duro golpe na medida em que sua publicação pelo *Times* seria considerada "como uma expressão das simpatias e dos sentimentos britânicos sobre a questão".

No final das contas, a repercussão da carta de Walter J. Hammond foi de tal ordem que fracassou a tentativa de Joaquim Nabuco de ver um texto de sua autoria publicado no *Times*.[347]

E essa não seria sua última tentativa, tampouco seu último fracasso nessa empreitada.

De qualquer maneira, a carta de Hammond ao *Times* ilustra como a imprensa brasileira estava atenta às notícias sobre a escravidão veiculadas pela imprensa inglesa. Essa carta foi reproduzida pelo *Correio Paulistano*, e o *Brazil*, o periódico do Partido Conservador, fez o que chamou de um "transumpto" dela. Na introdução desse resumo, o *Brazil* apresentou "o estimável Sr. Walter Hammond, muito digno inspetor da Companhia Paulista" como um "consciencioso observador das coisas do Brasil, descritas com verdade e com toda imparcialidade" e considerou o seu projeto digno de ser conhecido "tanto na Europa, como no Brasil".[348]

Assim sendo, o desejo de Joaquim Nabuco de tê-la refutado no *Times* não se reduzia apenas às suas convicções abolicionistas; certamente se a tivesse

---

344 Carta 22, Apêndice B.

345 Em 1882, com a morte de Samuel Gurney, Arthur Pease assumiu a Presidência da BFASS; concomitantemente, Edmund Sturge se tornou o presidente do Comitê da associação.

346 Segundo Robert Conrad, a carta de Hammond fora publicada pelo *Rio News* em 15 de março de 1883 e seu autor tinha "fortes simpatias paulistas". Conrad, 1975, p.212.

347 Há um exame dessa carta no item 5.5.

348 *Brazil*, 4 de setembro de 1883, p.2. Agradeço a gentileza de Thomaz Barnezi por me passar essas informações, coletadas por ele em sua pesquisa sobre esse periódico.

criticado nesse jornal atestaria, para efeitos político-partidários, a continuidade do seu combate à escravidão no estrangeiro.

Nos fins de 1883, a saúde de Joaquim Nabuco ficou seriamente abalada, impedindo-o até mesmo de comparecer às festas da Embaixada do Brasil.[349] Com efeito, a sua debilitação foi de tal ordem que perdeu treze quilos entre outubro de 1883 e março de 1884, sem que os médicos conseguissem diagnosticar suas causas orgânicas.[350] É difícil, no entanto, dissociar esse abatimento da tensão provocada pelo excesso de trabalho, endividamento, ausência de perspectivas de vida na Inglaterra e sua impossibilidade de encontrar uma solução para todos estes problemas pessoais.

A tábua de salvação apareceu em março de 1884. Prevendo a realização de eleições parlamentares e a provável formação de uma forte bancada abolicionista na Câmara, André Rebouças escreveu-lhe: "precisamos de você no 1º de maio pelo menos. O Rodrigues lhe entregará 100 libras para as despesas de viagem etc. Há excelentes esperanças no 2º Distrito. Precisamos de você no parlamento em 1885".[351] A propósito, essa quantia não foi a única que Rebouças lhe cedeu: no registro das suas despesas com a campanha abolicionista, calculou um gasto total de 3368$000 (aproximadamente £380), dos quais mais de um terço, 1307$000 (aproximadamente £150), com Joaquim Nabuco.[352]

O retorno ao Brasil e o apoio da BFASS

Joaquim Nabuco desembarcou no Rio de Janeiro em maio de 1884 com a intenção de permanecer no Brasil durante quatro meses.[353] No início de junho, passou a escrever artigos em defesa do recém-empossado Gabinete Dantas, que tencionava reformar a legislação sobre a escravidão por meio da libertação incondicional dos sexagenários, da ampliação do Fundo de Emancipação e da proibição do tráfico interprovincial. Nabuco assinava os artigos com o pseudônimo de Garrison, e os textos eram publicados no *Jornal do Comércio* como matéria paga do Partido Liberal. Mas ele não era o único a

---

349 Cartas ao barão de Penedo de sábado [novembro] de 1883 e 25 de dezembro de 1883. In: *Cartas a amigos*, v.I, p.107 e 108.
350 Carta 23, Apêndice B.
351 Apud Carolina Nabuco, 1958, p.142.
352 Ignácio José Veríssimo, 1939, p.192-3.
353 Carta 23, Apêndice B.

exercer essa atividade, pois participava do grupo que ficou conhecido como os "ingleses do Sr. Dantas" – Rui Barbosa, Gusmão Lobo, Rodolfo Dantas e Sancho de Barros Pimentel –, assim chamados porque também adotaram pseudônimos de abolicionistas anglo-saxões.

Em contrapartida à defesa de Dantas, Joaquim Nabuco esperava receber o apoio do ministério à sua própria candidatura nas eleições parlamentares do fim do ano, que acabou sendo lançada no 1º Distrito de Pernambuco graças às articulações do seu amigo Sancho de Barros Pimentel, recém-nomeado presidente da província. Assim sendo, em vez voltar a Londres, partiu para o Recife a fim de se dedicar unicamente à campanha eleitoral, pretendendo, como escreveu numa carta ao barão de Penedo, visitar 1500 eleitores, ou seja, todos os eleitores do 1º Distrito, fazer 15 discursos e tratar de "cem negócios diferentes". Quanto à saúde, informou ao barão, "coisa estranha, ... há um ano nunca foi tão boa, ... vou engordando". [354]

Tal como nas eleições de 1881, a abolição foi o tema principal dessa campanha. E os discursos de 1884 compuseram um livro — *Campanha Abolicionista do Recife*, publicado em 1885.

A eleição ocorreu em dezembro. Quando teve início a apuração, partidários da sua candidatura acusaram os conservadores de fraudar a contagem dos votos numa seção eleitoral. Em consequência da acusação, houve um enfrentamento entre os adversários políticos, causando a morte de duas pessoas.

De qualquer maneira, a contagem dos votos deu a vitória ao candidato conservador, Manuel do Nascimento Machado Portela, que, em seguida, foi diplomado em Pernambuco. Mas a acusação de fraude dos liberais levou à convocação de um segundo escrutínio, realizado em janeiro de 1885 e, desta vez, Joaquim Nabuco obteve 890 votos dos 1.500 eleitores. Houve, portanto, um impasse, uma vez que Machado Portela já havia sido diplomado pela vitória no primeiro escrutínio e Nabuco vencera o segundo. Desse modo, caberia à Câmara dar a última palavra sobre o reconhecimento do vencedor.

Em 1884, depois do retorno ao Brasil, Joaquim Nabuco reduziu os contatos com a BFASS em consequência do seu envolvimento com as atividades políticas e eleitorais. Tanto foi assim que, de maio a dezembro, limitou-se a lhe enviar uma única carta para noticiar que trabalhava "incessantemente ... a favor da nossa causa no Rio de Janeiro, São Paulo e aqui [Pernambuco]" e

---

354 Carta ao barão de Penedo de 28 de outubro de 1884. In: *Cartas a amigos*, v.I, p.123.

154 ANTONIO PENALVES ROCHA

que sua candidatura, baseada numa plataforma abolicionista, contava com o apoio do governo.[355] Nesse mesmo ano, recebeu três da BFASS: duas eram de Allen, com informações sobre a atuação da associação no Oriente Médio, e uma de Alexander, sobre um projeto de lei que estava elaborando a partir da proposta que Nabuco apresentara no Congresso de Milão. Além do mais, Alexander pedia sugestões ao brasileiro, antes de os parlamentares ligados à BFASS submeterem-no à apreciação da Câmara dos Comuns.[356]

No início de 1885, Joaquim Nabuco estava de volta ao Rio de Janeiro para acompanhar a diplomação do candidato do 1º Distrito de Pernambuco, tendo a certeza de que seria reconhecido pela Câmara por contar com o apoio do governo. Nesse meio tempo, porém, o parlamento se contrapôs ao projeto de lei de Dantas sobre a escravidão e, em maio, a maioria emitiu um voto de desconfiança ao Gabinete, provocando a sua queda. Para substituí-lo, D. Pedro II convidou Saraiva, e, nesse entretempo, a Câmara diplomou Machado Portela. Em suma, a queda de Dantas e a "degola" de Nabuco foram praticamente simultâneas.

Mas, após a invalidação da vitória eleitoral, um incidente abriu-lhe as portas da Câmara. Poucos dias após sua "degola", morreu o deputado que representava o 5º Distrito de Pernambuco – um distrito eleitoral rural –, e os liberais ofereceram a vaga a Nabuco. Assim sendo, candidatou-se novamente e venceu a eleição, retomando uma cadeira na Câmara, depois de três tentativas fracassadas – em 1881, 1884 e 1885.

Tomou posse nos fins de julho, participou dos debates sobre as alterações que Saraiva propunha ao projeto de Dantas e fez duras críticas ao novo projeto de lei.[357] No final, a Câmara aprovou o projeto em agosto, e, em seguida, Saraiva renunciou. Cotegipe foi indicado pelo imperador para formar um novo ministério. A Câmara, que era de maioria liberal, foi dissolvida com a volta do Partido Conservador ao governo, e, em consequência, a duração desse mandato de Nabuco foi de apenas dois meses.

As duas eleições e o curto mandato parlamentar não impediram Joaquim Nabuco de retomar os contatos com a BFASS em 1885. As quatro cartas que expediu para Londres nesse ano relatam episódios das eleições e o teor da sua oposição ao projeto Saraiva.

---

355 Carta 24, Apêndice B.

356 Cartas 23, 24 e 25, Apêndice A.

357 Sobre os principais itens do projeto Dantas, as alterações feitas por Saraiva e a regulamentação da lei por Cotegipe, em 1886, ver Robert Conrad, 1975, p.255-89. Joaquim Nabuco fez uma síntese do projeto Saraiva na Carta 28, Apêndice B.

No começo do ano, logo depois de chegar ao Rio para acompanhar a diplomação, escreveu a Charles Allen para lhe contar que uma maquinação de conservadores e liberais pró-escravistas visava impedi-lo de assumir uma cadeira no parlamento.[358] Em maio, informou à BFASS que sua vitória eleitoral não havia sido reconhecida, embora houvesse a probabilidade do seu regresso à Câmara nas eleições do 5º Distrito, e que o projeto Dantas seria reapresentado pelo novo governo com grandes chances de ser aprovado, pois todos estavam convencidos de que ele extinguiria a escravidão "em 7 ou 8 anos pela compra de escravos" e até mesmo dispostos a votar a favor da indenização. Informou-a também que o seu envolvimento na política dificultava o seu retorno à Inglaterra.[359] Em junho, manifestou sua euforia pela vitória eleitoral, chegando a ponto de dizer que havia sido recepcionado por "mais de 50 mil pessoas" em Recife.[360]

Na última carta do ano, escrita em agosto, que, aliás, reproduz as grandes linhas de um discurso que fizera na Câmara no mês anterior,[361] explicou a Allen os propósitos do projeto Saraiva e o teor da sua oposição a ele, que, no fim das contas, é o mesmo que fundamenta o seu antiescravismo; ou seja, mais uma vez apontava os danos que a escravidão causava ao Estado Nacional brasileiro. Segundo Nabuco,

> seja nas finanças nacionais, seja na prosperidade da agricultura, seja em relação ao solo que ela encontrou e encontra virgem, tanto quanto em relação às pessoas que emprega, seja em relação às nossas instituições do trono ao eleitorado, em tudo a escravidão significa falência e decomposição, fraqueza e atrofia.[362]

A BFASS, por outro lado, expediu seis cartas a Joaquim Nabuco que expõem a sua determinação de apoiá-lo a fim de que ele liderasse a oposição ao projeto Saraiva. Desse modo, a associação trocava o papel de observadora, que exercera nas candidaturas anteriores de Nabuco (1881 e 1884), pela defesa pública de um dos seus membros.

Esse apoio estava em conformidade com os recursos da associação e se efetivava por meio da publicidade que a BFASS dava ao nome de Joaquim Nabuco na imprensa britânica. Assim, por exemplo, ao tomar conhecimento

---

358 Carta 25, Apêndice B.
359 Carta 26, Apêndice B.
360 Carta 27, Apêndice B.
361 *Perfis parlamentares – Joaquim Nabuco* (1983). Discurso de 24.7.1885, p.299-323.
362 Carta 28, Apêndice B.

da invalidação da vitória eleitoral de Nabuco, Charles Allen mandou uma nota sobre o assunto ao *Times,* que foi publicada em junho.[363] Logo depois, enviou à redação do mesmo jornal a carta que Nabuco lhe escrevera em maio, além de outra de seu próprio punho a respeito da vitória eleitoral de Nabuco no 5º Distrito; o *Times* publicou um trecho da primeira e usou a segunda num editorial.[364] Além disso, em agosto, Allen avisou Nabuco de que o *Reporter* publicaria uma matéria extraída do *Rio News* a respeito do seu "retorno triunfante" à Câmara.[365] Finalmente, enviou ao *Times* a carta de Nabuco de 6 de agosto,[366] que explicava o conteúdo do projeto Saraiva e expunha os termos da oposição do deputado a ele para responder a uma carta de Ernesto Ferreira França sobre a indenização dos donos de escravos, anteriormente publicada pelo mesmo periódico. Essa última carta de Nabuco foi publicada pelo *Times* em setembro.[367]

Em suma, graças à ação da BFASS, o nome de Nabuco apareceu pelo menos cinco vezes no mais conhecido jornal britânico entre 2 de junho e 21 de setembro de 1885, afora o *Reporter* ter publicado um artigo do *Rio News* sobre sua volta ao parlamento.

Esse era o máximo de apoio que a BFASS podia lhe oferecer, pois, de acordo com Allen, com a publicação desse material no *Times,*

os abolicionistas brasileiros podem ver que contam com o apoio do público britânico e desta Sociedade pela oposição determinada que fazem ao nefasto sistema de comprar velhos e exauridos escravos dos fazendeiros com dinheiro retirado do público em geral.[368]

O *Reporter*, por outro lado, indicou a maneira pela qual essa publicidade contribuiria para o avanço do movimento abolicionista brasileiro: "a publicidade ... nas páginas do *Times* ajuda muito os esforços dos abolicionistas, pois os fazendeiros são particularmente sensíveis às críticas do povo inglês".[369]

---

363 Carta 26, Apêndice A.

364 Carta 27, Apêndice A.

365 Carta 29, Apêndice A.

366 Essa carta de Nabuco também foi publicada pelo *Anti-Slavery Reporter,* out. de 1885, p.462-3.

367 Carta 30, Apêndice A. A respeito de Ernesto Ferreira França, suas ideias e a reação da BFASS, ver a nota 642, referente a essa mesma Carta; sobre os reflexos desse debate no *Rio News,* ver Cartas ao Editor e as "respostas do Editor".

368 Ibidem.

369 *Anti-Slavery Reporter*, jun. de 1995, p.413.

ABOLICIONISTAS BRASILEIROS E INGLESES 157

De qualquer maneira, a coligação da BFASS com Joaquim Nabuco estava consolidada com o empenho dos ingleses em promover um político que, a seu ver, era o "líder do movimento abolicionista brasileiro".

4.2 A coligação nos últimos anos da escravidão no Brasil (1886-1888)

Nos fins do ano de 1885, Joaquim Nabuco retornou ao Recife para disputar, em 15 de janeiro de 1886, a cadeira na Câmara reservada ao 1º Distrito, tendo novamente como adversário Machado Portela. Dessa vez, no entanto, Portela tinha o apoio do governo, e Nabuco foi derrotado. Aliás, assim como em Pernambuco, o Partido Conservador venceu nas demais províncias, e, desse modo, a Câmara formada no início de 1886 representava o que Nabuco chamou de "a escravidão no poder". Mas vale a pena antecipar um fato: essa mesma Câmara aprovaria a Lei Áurea pouco mais de dois anos depois de ter sido formada.

Após a derrota eleitoral, Joaquim Nabuco voltou ao Rio de Janeiro e aceitou o convite de Quintino Bocaiúva para tornar-se colunista de *O País*. Em 1886, além de trabalhar no jornalismo, escreveu também uma série de panfletos que constituíram o que denominou de *Propaganda Liberal*, intitulados *O Erro do Imperador, Eclipse do Abolicionismo, Eleições Liberais e Eleições Conservadoras e Escravos! Versos Franceses a Epiteto*.[370]

Quanto à sua correspondência com a BFASS de 1886, enviou duas cartas e recebeu três, assinadas por Allen.

A primeira de Joaquim Nabuco data de 23 de janeiro, ou seja, foi escrita uma semana depois da sua derrota eleitoral.[371] Por isso, ela se inicia com esse assunto, apresentando uma lista dos fatores político-eleitorais que favoreceram a vitória de Machado Portela: pressões do governo sobre os funcionários públicos, promessa de empregos e apoio maciço dos donos de escravos ao candidato do Partido Conservador. Esses fatores foram simplesmente enunciados, exceto o último, que tratava da infidelidade eleitoral dos libertos à sua candidatura e que se tornou, na carta, objeto de uma pequena dissertação de dois parágrafos.

---

370 Todos eles foram publicados no Rio de Janeiro pela Typ. Leuzinger & Filhos, em 1886, sendo os três primeiros reeditados em *Campanhas de Imprensa*, 1949.

371 Carta 29, Apêndice B.

158 ANTONIO PENALVES ROCHA

Para tratar dessa questão, partiu do seguinte ponto: ao votarem nos donos de escravos, os negros libertos não reconheciam o "débito de gratidão de toda a raça para com seus libertadores". Desse modo, mantinham viva a "lembrança da alma escrava" na medida em que revelavam ignorância da noção de "solidariedade social", pois lhes faltava a devida consciência de que tinham uma dívida ancestral com ele, isto é, estavam comprometidos a votar nele desde quando seus antepassados foram trazidos como escravos para o Brasil.

Como os votos dos libertos certamente não mudariam os rumos da eleição, esse trecho assume mais o aspecto de um desabafo de um candidato frustrado com a derrota eleitoral que o de uma análise propriamente dita de um dos motivos da derrota do Partido Liberal em Pernambuco; em duas palavras: Nabuco usou os libertos como bodes expiatórios. Noutra parte da carta, expôs suas opiniões sobre o jogo político no quadro institucional do Império e sobre o significado da volta dos conservadores ao governo.

Tendo em vista a resolução da BFASS de apoiar Joaquim Nabuco, Charles Allen enviou a carta ao *Times*, que publicou uma "parte considerável" dela em 18 de fevereiro. Dois meses depois, uma parte da carta foi também publicada pelo *Reporter*.[372]

A versão publicada pelo órgão oficial da BFASS suprimiu algumas passagens, a começar pela que aludia à infidelidade eleitoral dos libertos.[373]

Embora não haja nenhuma informação sobre a supressão dessa passagem, é possível inferir por qual motivo a associação tomou essa providência. Em primeiro lugar, o teor do argumento era claramente emocional e contrastava muito com o princípio racional que presidia a ideia liberal de voto, pois pressupunha a obrigação de homens livres, donos dos seus próprios interesses, de *votar* num candidato para pagar uma dívida da "raça", contraída desde que seus "ancestrais foram trazidos como escravos da África". Em segundo lugar, a passagem cobrava solidariedade *racial* dos libertos com os escravos, que se converteria em solidariedade social dos negros em geral a um político que se imaginava o benfeitor branco da "raça negra". Sendo assim, expunha, por vias tortuosas, um ponto de vista racista num desabafo, ou seja, num estado emocional propício para a manifestação da irracionalidade inerente ao racismo.

Caso o *Reporter* reproduzisse o trecho poderia ficar numa situação difícil, pois se sujeitaria a eventuais questionamentos dos seus leitores como, por

---

372 *Anti-Slavery Reporter*, mar.-abr. de 1883, p.32.
373 Os cortes estão arrolados nas notas de rodapé 696, 697 e 698 do Apêndice A.

ABOLICIONISTAS BRASILEIROS E INGLESES 159

exemplo, por que a "lembrança da alma escrava" permanecia nos libertos? Se os libertos conservam essa "lembrança", estariam os escravos brasileiros preparados para exercer a cidadania? Se estivessem, por que razão Nabuco garante que os libertos votam nos "donos de escravos", e não nele, que é apresentado pelo mesmo periódico como "líder do movimento abolicionista brasileiro"? Qual é a base do movimento abolicionista no Brasil, apoiado pela BFASS, uma vez que nem mesmo o seu líder pode contar com os "numerosos" votos dos negros livres?

Acima de tudo, a censura do *Reporter* exibe o contraste cultural existente entre os abolicionistas ingleses e Joaquim Nabuco. Na década de 1880, o racismo já estava disseminado na Inglaterra, fundamentado na crença, difundida após a revolta da Jamaica de 1865, de que o negro jamais seria civilizado, nas teorias antropológicas raciais e na ideia da superioridade branca, que vicejou durante a constituição do Império Britânico.[374] Mesmo assim, a BFASS conservava o que Charles Dickens chamou ironicamente no romance *Bleak House* de "filantropia telescópica", ou seja, a caridade oferecida ao "pobre negro" a milhares de quilômetros de distância da Grã-Bretanha.

Por outro lado, o brasileiro expôs suas queixas sobre a infidelidade dos libertos à causa abolicionista com a naturalidade de quem fora dono de escravo desde os três anos de idade e tinha sido educado numa sociedade em que uma grande quantidade de negros era dominada por uma minoria. Para reproduzir a dominação, essa minoria recorria a ferramentas simbólicas, entre as quais estava a alegação de que os negros eram traiçoeiros. Além do mais, Nabuco devia se sentir apunhalado pelas costas pelos poucos eleitores negros, porque acreditava que sua ação política estava a serviço das aspirações populares; como disse a José Mariano noutra ocasião:

> [na Câmara] o meu ideal [não é] político, mas popular. Você tem a alma do povo, eu tenho a consciência. Nós nos separamos apenas aparentemente – porque no fundo nos completamos. ... Oponho-me aos bancos porque quero a pequena propriedade, a dignidade do lavrador, do morador, do liberto ... Não considero o interesse de nenhum partido, mas somente do povo que nada pode fazer por si porque nem sequer balbucia a linguagem dos seus direitos.[375]

---

374 Sobre os efeitos da revolta da Jamaica de 1865 na Inglaterra vitoriana ver Christine Bolt, 1969, p.36-53; neste mesmo trabalho, no cap. VI, encontra-se um exame do racismo britânico no período.

375 Evidentemente a importância desse documento reside na posição do autor em relação às aspirações populares, pois nele o vocábulo "libertos" diz respeito a todos os escravos libertados em maio de 1888. Carta a José Mariano de julho de 1888. In: *Cartas a amigos*, v.I, p.174-5.

160 ANTONIO PENALVES ROCHA

Na segunda carta, de 18 de abril,[376] relatou a Allen que havia publicado quatro panfletos e deveria fundar um jornal, se seus amigos mobilizassem o capital necessário para a empreitada. Mas, caso o jornal não fosse fundado, pretendia retornar à Inglaterra, porque "[preciso] conciliar a solução do meu problema individual com a solução do problema social". Sobre o "problema social", explicou a Allen que sua saída do Brasil prejudicaria o abolicionismo e a "causa liberal"; mas nada disse a respeito do "problema individual".

Junto com essa mesma carta, havia outra anexada: trata-se de um texto com críticas a certas ideias sobre a abolição de Goldwin Smith, um professor de História da Universidade de Oxford. Nabuco pediu a Allen que tentasse publicá-la no *Times* ou nalgum outro periódico inglês.

Duas questões dessa carta merecem ser observadas: primeiro, o "problema individual" de Nabuco, que fornece informações sobre sua biografia; segundo, a crítica a Goldwin Smith, que esclarece certos elementos constitutivos do seu abolicionismo. Essa crítica a Smith será examinada mais adiante;[377] por ora, vale a pena tratar somente da questão do "problema individual".

Joaquim Nabuco fizera uma exposição sobre o seu "problema individual" numa carta escrita quinze dias antes a José Maria da Silva Paranhos, o futuro barão do Rio Branco,[378] cujo assunto principal era "a minha história, isto é, a posição em que me acho". De acordo com a narrativa de Nabuco, tal história teve início oito anos antes, quando fora nomeado adido. Se tivesse permanecido na carreira, teria avançado muito; mas entrou na política e, em seguida, foi excluído dela por causa do abolicionismo, tornando-se, daí em diante, um "semeador de ideias". De todo modo, foi obrigado a pôr de lado todos "interesses materiais, ... que eram grandes". Em 1881, mudou-se para a Inglaterra e, em 1884, antes de voltar ao Brasil, recebia aproximadamente £70 por mês, como jornalista e advogado, "com a perspectiva de [receber] mais". A doença, porém, o forçou a voltar e desde então tinha recebido apenas uma quantia de dinheiro do Montepio de Pernambuco e dois meses de subsídios da Câmara. Tencionara usar a soma do Montepio para pagar a "pequena dívida" que contraíra com a ida à Inglaterra, referente às "despesas de ... colocação e de partida". Contudo, esse dinheiro cobriu parte dos gastos das viagens entre o Rio e Pernambuco e das despesas de campanha das quatro eleições em que fora candidato entre 1884 e 1886.

---

376 Carta 30, Apêndice B.
377 Ver item 5.3.
378 Carta a José Maria da Silva Paranhos de 3 de abril de 1886. In: *Cartas a amigos*, v.I, p.141-5.

ABOLICIONISTAS BRASILEIROS E INGLESES **161**

Enfim, segundo Nabuco, "fui me endividando, e hoje acho-me colocado em uma posição difícil", e "meus amigos têm feito toda espécie de sacrifícios por mim".

Para superar essa "posição", depositava esperanças na fundação de um "jornal político". Em todo caso, sentia que "ficar na política é arruinar-me" e, assim, pediu diplomaticamente a ajuda de Paranhos: "estimaria poder contar com o lugar do *Jornal* [*do Comércio*]" na Europa.

Em 1885, cerca de um ano antes, Joaquim Nabuco fizera essa mesma solicitação ao barão de Penedo,[379] e, em março de 1886, voltou a lhe pedir que endossasse o esforço de Paranhos para que pudesse "restituir o que ... tinha, como base para uma nova carreira no estrangeiro".[380] Dessa forma, Nabuco tramava sua volta à Europa.

De qualquer maneira, em 1886, Joaquim Nabuco estava desacorçoado com as dívidas ainda não saldadas que fizera na Inglaterra entre 1881 e 1884 e com as mais recentes, contraídas nos últimos dois anos. Assim, a fundação do jornal parecia-lhe a única saída para permanecer no Brasil; caso contrário, precisaria de uma mão dos amigos diplomatas para retomar o cargo de correspondente do *Jornal do Comércio*. E o jornal que ele pretendia fundar jamais saiu da sua condição de projeto.

Em 1886, a BFASS enviou três cartas a Joaquim Nabuco. Na primeira delas Allen pediu esclarecimentos sobre a lei Saraiva e aludiu a uma viagem que fizera a Marrocos para investigar "tanto o tráfico de escravos naquele país quanto vários atos de opressão a que o povo está constantemente sujeito".[381] Na segunda, de 16 de abril, afirmou que uma boa parte da carta de Nabuco de 23 de janeiro fora publicada no *Times* e que a BFASS conseguiu levantar uma questão no parlamento sobre a lei Saraiva.[382] Na terceira, acusou o recebimento da carta sobre o artigo de Goldwin Smith e deixou claro que seria difícil publicá-la no *Times*, em vista do espaço que a questão da Irlanda ocupava na imprensa, razão pela qual a enviaria ao periódico noutra ocasião.[383]

No início de 1887, Joaquim Nabuco viajou de novo para Pernambuco e de lá partiu para a Europa como correspondente de *O País* com a intenção de participar de outro congresso sobre o Direito Internacional em Londres,

---

379 Carta ao barão de Penedo de 17 de maio de 1885. In: *Cartas a amigos*, v.I, p.136-7.
380 Carta ao barão de Penedo de 4 de março de 1886. In: *Cartas a amigos*, v.I, p.140-1.
381 Carta 31, Apêndice A
382 Carta 32, Apêndice A.
383 Carta 33, Apêndice A.

162 ANTONIO PENALVES ROCHA

promovido pela mesma associação de juristas que, em 1883, promovera a
Conferência de Milão. No início de abril, chegou a Paris, onde permaneceu
pouco mais de uma semana e, em seguida, foi para Londres. Ficou na capital
da Inglaterra durante um mês e compareceu, no dia 6 de maio, a uma reunião
do Comitê da BFASS. Depois disso, voltou a Paris e lá permaneceu até 23
de maio; por fim, retornou a Londres, participou do congresso promovido
pelos juristas, no qual se limitou a reapresentar a proposição básica que fora
aprovada no Congresso de Milão – a condenação da escravidão pelo Direito
Internacional.[384] Finalmente, em agosto, voltou às pressas ao Brasil para disputar mais uma eleição em Pernambuco. Novamente, o seu adversário seria
Manuel do Nascimento Machado Portela, obrigado a submeter-se às eleições
para confirmar a sua cadeira na Câmara porque fora nomeado Ministro do
Império por Cotegipe.

Durante o primeiro semestre de 1887, Joaquim Nabuco recebeu quatro
cartas da BFASS. A primeira, de 21 de abril, refere-se ao seu contato com
essa associação alguns dias depois de chegar a Londres; quanto ao teor,
essa carta continha os agradecimentos calorosos de Allen pelo papagaio
que Nabuco lhe trouxera do Brasil e também uma alusão ao fato de ter
intermediado o contato do brasileiro com uma celebridade britânica — um
"missionário africano".[385] Dois dias depois, Allen lhe escreveu novamente
para dar notícias sobre o andamento de um processo relativo ao emprego
de escravos por uma companhia inglesa de mineração instalada no Brasil,
provavelmente a Cocaes Co.[386] Em 13 de junho, Charles H. Allen mandou-
-lhe um recado, que certamente dava continuidade a uma conversa: havia
entrado em contato com Gladstone para apresentá-lo a Nabuco; no dia
seguinte, Allen comunicou a Nabuco que o ex-primeiro-ministro os receberia em casa no fim da semana,[387] e, dessa forma, a BFASS continuava
trabalhando a favor de Joaquim Nabuco ao colocá-lo em contato com
celebridades britânicas.

Ao que tudo indica, Joaquim Nabuco não escreveu carta alguma à BFASS
no primeiro semestre de 1887, pois nenhuma deste período foi arquivada pela
associação.

Quanto às eleições em Pernambuco, Joaquim Nabuco obteve a vitória
nas urnas, em 14 de setembro, e foi diplomado em 5 de outubro. Contudo,

---

384 Apêndice C, 4.
385 Carta 34, Apêndice A.
386 Carta 35, Apêndice A.
387 Respectivamente, Cartas 36 e 37 do Apêndice A.

ABOLICIONISTAS BRASILEIROS E INGLESES 163

dez dias depois, a Câmara entrou em recesso. Assim, voltou a Pernambuco, donde partiu novamente para a Inglaterra em novembro.

O "eclipse do abolicionismo" e a abolição

A vitória eleitoral de Joaquim Nabuco ocorreu em meio a uma crise aguda da escravidão, cujos primeiros sinais surgiram nos fins de 1886 em São Paulo. Sendo assim, a exposição dos traços gerais dessa crise fornecerá mais material para o exame da atuação abolicionista de Joaquim Nabuco.

Dos meados de 1885 aos fins de 1886, houve efetivamente o que Joaquim Nabuco denominou "eclipse do abolicionismo". A "agitação abolicionista", que crescia desde a abolição no Ceará (1884), começou a ser refreada nos meados de 1885 pelo Gabinete Saraiva. A partir daí, portanto, teve início o "eclipse" com a revisão do projeto de Dantas pelo novo governo,[388] cujo ponto máximo ocorreu entre os fins de 1885 e de 1886, quando o Partido Conservador, "um corpo opaco", se interpôs "entre o Brasil e a humanidade", e o Gabinete Cotegipe sancionou e regulamentou a Lei aprovada por Saraiva.[389]

A regulamentação, iniciada nos fins de 1885, estabelecia uma nova regra para a matrícula de escravos ao dispensar informações sobre suas origens; assim, essa medida deitava a última pá de cal sobre os pleitos dos abolicionistas para libertar os africanos que haviam entrado ilegalmente no Brasil a partir de 1831.

Seu acabamento, no entanto, foi dado pelo "Regulamento Negro", um nome que os abolicionistas deram à obra realizada, em 1886, por Antonio Prado, Ministro da Agricultura e membro de uma família de grandes fazendeiros de café de São Paulo. As principais normas do "Regulamento" foram: o aumento de mais um ano no prazo para o término da escravidão (dos 13 anos previstos pela Lei Saraiva para 14 anos), dado que, a partir de então, essa contagem se iniciaria com o término do registro dos escravos, em março de 1887; a incorporação da capital do Império, considerada pela Constituição como Município Neutro, à província do Rio de Janeiro, de modo a permitir que os escravos da cidade pudessem ser vendidos dentro da província, ao passo que a Lei Saraiva extinguia o tráfico interprovincial e, finalmente, o enquadramento do crime de abrigar escravos fugitivos num artigo

---

388 Para uma comparação entre o projeto Dantas e a Lei aprovada por Saraiva, ver Robert Conrad, 1975, p.269-78.

389 "O Eclipse do Abolicionismo". In: *Campanhas de imprensa*, p.249-53.

do Código Penal referente ao furto, cuja pena era de dois anos de prisão, ao passo que pela Lei Saraiva a pena para o crime seria uma multa. Enfim, o "Regulamento Negro" marcou o "eclipse" total do abolicionismo.

Mas não se pode perder de vista que "abolicionismo" para Joaquim Nabuco significava erradicação da escravidão por meios legais; por conseguinte, o "eclipse" a que ele se referia dizia respeito tão somente ao esmorecimento da luta que se efetuava dentro dos espaços institucionais, o que efetivamente ocorreu a partir da ascensão do Partido Conservador ao governo nos fins de 1885.

Com efeito, no período que vai de fins de 1885 até as vésperas da abolição, o controle político do governo pelos conservadores praticamente pôs fim aos debates sobre a libertação dos escravos na Câmara. Por isso, entre 1886 e 1887, o Senado passou a ser a arena desses debates, pois não fora afetado pela mudança do governo em virtude da vitaliciedade do cargo de senador; não foi à toa, portanto, que a maioria absoluta dos projetos de abolição desses anos foi apresentada por senadores, embora o próprio Senado se encarregasse de recusá-los sumariamente.

Houve, entretanto, um efeito involuntário da reação conservadora ao abolicionismo. O bloqueio dos canais legais reforçou a convicção dos abolicionistas favoráveis à ação direta para a libertação dos escravos e os encorajou a colocarem-na em prática. Dessa forma, o eclipse, de uma só vez, transferiu a cena da campanha abolicionista do parlamento para a sociedade e transformou os abolicionistas radicais em protagonistas do movimento.

Há duas particularidades do movimento protagonizado por esses radicais que merecem destaque. Em primeiro lugar, nesse caso, ação direta diz respeito à desobediência civil (participação dos abolicionistas em reuniões públicas proibidas e dificultação da ação policial) e à sabotagem da propriedade sobre os escravos (estímulo à fuga de escravos, apoio durante a fuga e abrigo dos fugitivos). Ou seja, pelo que se sabe, não houve nem intenção tampouco ação dos radicais para efetuar a abolição ou por meio da insurreição dos escravos ou por meio da luta armada contra os donos de escravos e os defensores da escravidão. Realmente, não apareceu nenhum John Brown no Brasil, embora no calor da hora Lamoureux tivesse chamado Antonio Bento de "John Brown da emancipação brasileira"[390] num balanço que fez dos atores da abolição dois dias depois da aprovação da Lei Áurea. Em segundo lugar, esses radicais constituíam uma massa socialmente difusa de militantes

---

390 *The Rio News*, 15 de maio de 1888, p.1. Em 1900, Nabuco repetiu essa frase em Paris, como se verá mais adiante.

ABOLICIONISTAS BRASILEIROS E INGLESES **165**

anônimos, formada por cocheiros, ferroviários, padres, pequenos comerciantes, estudantes universitários, membros das famílias tradicionais etc.

Outros fatores contribuíram para a mudança do lugar e do caráter da luta pela abolição. No início de outubro de 1886, consumou-se a abolição da escravidão em Cuba, deixando o Brasil na condição de única nação escravista cristã, e esse insulamento em relação ao mundo ocidental acarretou o descrédito completo do arrazoado pró-escravista.

Não bastasse isso, houve também um afrouxamento do poder coercitivo do Estado sobre os escravos com a supressão da pena do açoite do Código Criminal.[391] De fato, em outubro de 1886, a Câmara sancionou um projeto de lei, originariamente apresentado e aprovado pelo Senado, que suprimia essa pena. Contudo, a Lei de Abolição do Açoite alterava somente o Código Criminal, e o próprio Antonio Prado declarou em alto e bom som que a Lei não eliminava o açoite privado.[392] De qualquer maneira, mesmo que o "bacalhau" continuasse sendo privativamente empregado, a Lei de Abolição do Açoite extinguia a mais amedrontadora pena que o Estado impunha aos escravos.

Em outubro de 1886, a cidade de Santos fez o papel de um cadinho que amalgamou esses materiais; ou seja, nela houve, pela primeira vez, a fusão da ação direta dos abolicionistas, derivada do fechamento dos canais legais aos debates sobre a abolição, com o enfraquecimento da capacidade do Estado tanto para justificar a escravidão quanto para ameaçar os escravos com o açoite.[393]

Os abolicionistas da cidade tentavam sem sucesso libertar os cerca de trezentos escravos da região santista. Em outubro de 1886, José do Patrocínio, tal como fizera no Ceará em 1883, visitou Santos com o intuito de apoiar o movimento e foi entusiasticamente recebido pelos abolicionistas locais.

Poucos dias depois da sua chegada, morreu José Bonifácio de Andrada e Silva, o Moço, que era tido pelos abolicionistas locais como o mais respeitável cidadão de Santos. Depois da partida de Patrocínio, os abolicionistas de Santos reuniram-se para prestar uma homenagem a José Bonifácio e aproveitaram a ocasião para elaborar um plano de libertação dos escravos. Em menos de uma semana, quase todos os escravos da cidade foram libertados,

---

391 O projeto fora o resultado direto de um caso de aplicação dessa punição, à qual, aliás, os escravos estavam usualmente sujeitos, na província do Rio de Janeiro. O episódio que provocou a promulgação da lei foi a morte dos escravos de Paraíba do Sul.

392 *The Rio News*, 15 de agosto de 1886, p.15.

393 Robert Conrad, 1975, p.291ss.

e Santos tornou-se o primeiro território "livre" da província de São Paulo. A notícia se espalhou pelo interior e, daí em diante, Santos se tornaria um polo de atração de fugitivos.

A partir do começo de novembro, as autoridades da São Paulo se deram conta da mudança e providenciaram o deslocamento de vinte soldados da capital para Santos. Essa força policial triplicou em cerca de vinte dias e, no fim desse curto período, ficou diretamente sob o comando do chefe de polícia da província em obediência a uma ordem de Antonio Prado.

Em 20 de novembro, ocorreu o primeiro confronto entre os policiais e os abolicionistas na estação ferroviária da cidade, onde os policiais estavam prontos para embarcar fugitivos que seriam levados à capital. Sendo atacado por abolicionistas, sob a alegação de que estavam maltratando os prisioneiros, os policiais dispararam suas armas contra o grupo, ferindo diversas pessoas. Depois desse choque, mais policiais chegaram à cidade.

Concomitantemente, um grupo abolicionista – os "caifazes", membros de uma sociedade secreta – atuava na cidade de São Paulo sob a liderança de Antonio Bento desde a morte de Luis Gama, em 1882. A partir dos fins de 1886, a principal ação desse grupo consistia em encorajar a fuga de escravos das fazendas do interior, que, em 1887, passaram a ser encaminhados para Santos.

Assim, começava a crise da escravidão na província de São Paulo, a principal produtora de café do Império. E essa crise agravou-se poucos meses depois de ter se iniciado e se irradiou.

Em 10 de junho de 1887, correu um boato no "círculo de negócios" do Rio de Janeiro, propagado por telegramas de São Paulo, que ilustra essa irradiação: havia estourado uma insurreição em Santos, e 2 mil escravos estavam marchando sobre a capital da província. O desmentido demorou dois dias para chegar. Na verdade, o boato tinha surgido porque os fazendeiros haviam requisitado a ajuda militar do Império para conter as fugas, e o governo havia mandado a São Paulo um cruzador com 50 marinheiros e uma tropa de infantaria com 50 soldados.[394]

Cerca de três meses depois houve outro sobressalto. A imprensa carioca referiu-se à fuga de aproximadamente 150 escravos de duas fazendas de Itu, que estariam se dirigindo à cidade de São Paulo. Para piorar as coisas, a força policial que tentou recapturá-los foi por eles batida, e os soldados foram despidos e surrados; em seguida, os fugitivos enfrentaram um destacamento

---

394 *The Rio News*, 15 de junho de 1887, p.2.

da cavalaria e novamente os soldados foram derrotados, sendo um deles morto. No fim das contas, esses fugitivos desviaram-se de São Paulo e foram para Santos, evitando o confronto direto com os militares que os esperavam em Cubatão.[395]

A essa altura, informava o *Rio News*, verifica-se a existência de "um sentimento de insatisfação" dos escravos de São Paulo, que "estão abandonando as fazendas e dirigindo-se a Santos" em pequenos grupos. Nos fins de novembro, no entanto, o mesmo periódico registrou um aumento do tamanho dos grupos de fugitivos: estariam passando diariamente por Cubatão entre 10 e 20 escravos.[396] E, no seu último número de 1887, noticiou que o que ocorria em São Paulo havia perdido o caráter de casos isolados de fuga para se transformar numa "emigração *en masse* de grandes quantidades de escravos das fazendas". Atendendo à solicitação de autoridades locais, o Império havia enviado destacamentos policiais para o interior da província, razão pela qual o jornal previa que, cedo ou tarde, ocorreria um confronto entre soldados e fugitivos, o que muito possivelmente resultaria numa "guerra servil".

Simultaneamente, Deodoro da Fonseca escreveu uma carta à Princesa Isabel solicitando que os militares não fossem usados como "capitães-do-mato", e praticamente todos os bispos do Brasil, a pretexto de homenagear o jubileu sacerdotal do papa Leão XIII, se manifestaram contra a escravidão.

As fugas sensibilizaram os grandes fazendeiros, que, a partir dos meados de 1887, passaram a defender a abolição. Em junho, Antonio Prado, Martinho Prado Junior e Elias Pacheco Chaves se propuseram a libertar incondicionalmente seus escravos em 25 de dezembro de 1889.[397] E outros, também movidos pelo medo, começaram a oferecer a emancipação condicional aos escravos mediante a prestação de serviços por um período que variava de um a três anos, no fim do qual lhes pagariam uma pequena remuneração.

Em maio de 1887, Antonio Prado havia renunciado ao cargo de ministro para disputar uma cadeira no Senado. Nos meados do ano, já como senador, começou a advogar medidas abolicionistas urgentes, contando com o apoio de João Alfredo, senador por Pernambuco; pouco depois, o *Correio Paulistano*, que pertencia ao novo senador paulista, começou a publicar matérias abolicionistas. Assim, aparecia o risco de uma cisão do Partido Conservador

---

395 Ibidem, 24 de outubro de 1887, p.2, e 5 de novembro de 1887, p.2.

396 Ibidem, p.4.

397 *The Rio News*, 5 de julho de 1887, p.2.

e, para evitar que isso acontecesse, Cotegipe prometeu dar atenção à questão durante o recesso parlamentar.

A essa altura, a crise da escravidão em São Paulo começou a se irradiar pelas províncias vizinhas do Rio de Janeiro e de Minas Gerais, que juntas concentravam aproximadamente 2/3 dos escravos do Império.

Nessas circunstâncias, em dezembro, Antonio Prado promoveu uma reunião dos representantes da grande lavoura escravista, que fundaram em 15 de dezembro a Associação Libertadora e Organizadora do Trabalho. O parágrafo 1 do artigo I dos seus estatutos estipula que o seu objetivo era o de "promover a total libertação dos escravos existentes na província de São Paulo dentro de um período máximo de três anos, que deverá terminar em 31 de dezembro de 1890".[398]

Dentro desse novo quadro histórico, prosseguia a correspondência entre Joaquim Nabuco e BFASS. No segundo semestre de 1887, Nabuco escreveu duas cartas à associação: em 16 de setembro, logo depois de saber que havia sido eleito, comunicou-lhe o fato.[399] A outra, escrita nos meados de dezembro, anuncia à BFASS a sua chegada à Inglaterra e também insinua, mais uma vez para inglês ver, que o autor da carta havia tido uma atuação relevante, em 1886, na aprovação da Lei de Abolição do Açoite.

A BFASS, por sua parte, enviou três cartas a Joaquim Nabuco. Na de 7 de outubro, Allen avisa-lhe que cópias da sua carta de setembro foram enviadas a Gladstone e ao *Times*, que a publicou em 3 de outubro; além disso, disse-lhe que o Comitê da associação havia aprovado unanimemente uma Mensagem de congratulação pela sua vitória eleitoral, embora fosse "desnecessário dizer que você conta com a mais calorosa simpatia de todos os abolicionistas da Inglaterra".[400] Essa Mensagem, que foi publicada pelo *Reporter*, considerava a vitória eleitoral de Joaquim Nabuco como "um importante passo para o progresso da emancipação no Brasil rumo ao dia em que o abominável sistema da escravidão será extirpado pelo povo desse Império".[401]

Noutra carta, de 1º de novembro, Allen anexou cópias da carta de Nabuco publicada no *Times* e reproduziu um trecho de uma carta que Gladstone lhe enviara, acusando o recebimento da notícia da vitória eleitoral de Nabuco e

---

398 O Estatuto da Associação foi publicado na íntegra pelo *The Rio News* de 24 de dezembro de 1887, p.3.

399 Carta 32, Apêndice B.

400 Carta 38, Apêndice A.

401 Carta 39, Apêndice A.

ABOLICIONISTAS BRASILEIROS E INGLESES 169

enviando congratulações; além disso, o secretário disse que o rev. Vandornen estava em Londres e que lhe informara sobre o interesse dos fazendeiros em substituir os escravos por imigrantes europeus. Allen expôs também a sua preocupação com a condição dos imigrantes no Brasil e com o destino dos ex-escravos, que não teriam sido suficientemente motivados para trabalhar nas Índias Ocidentais inglesas: "nossa experiência ensina que algum controle deve ser exercido sobre os fazendeiros; senão, o que será do negro?".[402]

A última carta de 1887 que Nabuco recebeu da BFASS data de 21 de dezembro, quando ele já estava novamente em Londres, e foi escrita por Edmund Sturge; porém, é mais apropriado tratar dela um pouco mais adiante, pois diz respeito à ida do brasileiro ao Vaticano.

O que mais chama a atenção na correspondência de 1887 é uma ausência: Joaquim Nabuco não deu informação alguma aos ingleses sobre a mudança de rumo do abolicionismo e da crise da escravidão. Certamente, durante o primeiro semestre do ano, não poderia ter dado esse tipo de informação, pois permanecera durante cinco meses na Europa, entre 23 de março e 23 de agosto. Chegando a Pernambuco nessa última data, se envolveu na campanha eleitoral até a primeira quinzena de setembro; em seguida, partiu para o Rio de Janeiro, onde desembarcou em 29 de setembro e tomou posse na Câmara do dia 5 de outubro. Atuou como deputado durante dez dias, como foi mencionado antes, e, no fim do mês, aproveitando o recesso parlamentar, voltou ao Recife, donde partiu novamente para Inglaterra.

Duas hipóteses podem ser formuladas sobre a razão pela qual Joaquim Nabuco nada disse à BFASS a respeito das mudanças que ocorriam na marcha do movimento abolicionista. Primeiro, poderia ser aventado que o seu alheamento sobre o que se passava no Brasil era em razão do tempo que permanecera no exterior durante o ano. Todavia, expôs o seu conhecimento das fugas de escravos em São Paulo num discurso que fez na Câmara em 6 de outubro ao criticar o emprego de militares na captura dos fugitivos, tal como Lamoureux fizera no *Rio News* cerca de três meses antes.[403] Além disso, revelou também conhecimento dos reflexos político-partidários da crise da escravidão, pois registrou numa carta escrita ao barão de Penedo, dois dias depois desse discurso, que "o Cotegipe dizem que fica até maio para cair então e vir o João Alfredo".[404]

---

402 Carta 40, Apêndice A.
403 *The Rio News*, 15 de julho de 1887, p.2.
404 Carta ao barão de Penedo de 8 de outubro de 1887. In: *Cartas a amigos*, v.I, p.182.

A outra hipótese, que parece mais verossímil, porque se mantém dentro da lógica que presidia suas relações com os abolicionistas ingleses, é a de que nada informou à BFASS para manter a sua imagem de líder do abolicionismo brasileiro, pois seria embaraçoso explicar aos ingleses por que estava fora do país no momento de uma grave crise. A propósito, um artigo do segundo número do *Reporter* de 1887, intitulado "Senhor Nabuco", inicia-se com a seguinte frase: "temos o grande prazer de dar as boas-vindas à Inglaterra ao nosso bom amigo, Senhor Joaquim Nabuco, *líder do movimento abolicionista brasileiro* [grifado por mim – APR], que acabou de voltar a este país depois de três anos de ausência".[405]

De qualquer maneira, até os fins de 1887, a BFASS não tinha recebido informações sobre o estado do movimento abolicionista no Brasil, tanto que na carta de 1º de novembro de 1887, Allen solicitou a Nabuco, em nome do Comitê, uma opinião sobre o "andamento da emancipação".[406] Finalmente, recebeu notícias do Brasil pelo rev. Vanorden e pela chegada de exemplares do *Rio News* em Londres. E o último número do *Reporter* de 1887 reproduziu as notícias do jornal de Lamoureux e deu ênfase especialmente à fuga dos escravos de Itu.

Ao tratar do assunto, o periódico da BFASS fazia a sua primeira referência à nova fisionomia do abolicionismo no Brasil. Insatisfeito, no entanto, com as informações recebidas, o editor escreveu que buscava, "com certa ansiedade, mais notícias sobre essa singular rebelião de escravos" e, reproduzindo literalmente as palavras de Lamoureux, viu o movimento com a aparência de início de "guerra servil", que ainda não havia eclodido graças "ao admirável autocontrole e bons sentimentos dos escravos".[407] Previu também que um confronto "seria um grande desastre", pois fora informado pelo rev. Vanorden sobre a grande quantidade de ex-escravos no Exército, presumindo, decerto, que seriam solidários com os fugitivos. Ao mesmo tempo, o nome de Antonio Prado, associado à "aceleração da abolição no Brasil", aparecia pela primeira vez no periódico.[408]

O apoio da BFASS à ida de Nabuco ao Vaticano

Quando tomou o vapor para a Europa, no último dia de novembro de 1887, Joaquim Nabuco pretendia ficar na Inglaterra e na França durante um

---

405 *Anti-Slavery Reporter*, mar.-abr. de 1887, p.65.
406 Carta 40, Apêndice A.
407 *Anti-Slavery Reporter*, nov.-dez. de 1997, p.179.
408 Ibidem, p.178.

ABOLICIONISTAS BRASILEIROS E INGLESES **171**

mês e meio. Depois disso, na viagem de regresso ao Brasil, visitaria o Sul dos Estados Unidos, Cuba, Jamaica, Haiti e Antilhas francesas para observar os resultados do fim da escravidão nestes lugares.[409] Contudo, durante a travessia do Atlântico redefiniu seus planos de viagem, tanto que no dia em que desembarcou em Southampton, escreveu ao amigo João Artur de Souza Corrêa, embaixador do Brasil no Vaticano, sobre a possibilidade de aceitar o seu convite para assistir às comemorações do jubileu sacerdotal do papa.[410]

Na verdade, o que se vê nessa carta é uma hesitação retórica entre recusar e aceitar o convite. Pois, de um lado, considerava demasiadamente custosa a ida à Itália devido ao pouco tempo que ficaria na Europa e, de outro, "iria sem falta alguma" se pudesse apresentar ao papa as questões relativas à Igreja e à abolição, uma vez que quase todos os bispos brasileiros haviam publicado pastorais recomendando aos católicos a emancipação dos escravos "como o melhor presente a oferecer ao Santo Padre" pelo jubileu. Nesses termos, estava disposto a convencer o Vaticano a fazer uma declaração sobre a ação dos bispos que "ferisse a consciência dos católicos brasileiros que ainda possuem escravos". Escreveu também que não tinha a pretensão de se encontrar pessoalmente com o papa, mas gostaria de levar a questão ao conhecimento de "alguma pessoa a quem S.S. preste ouvido". Seguramente, o embaixador não poderia prestar esse serviço, "mas eu posso, e o que lhe pergunto é se é escusado pensar nisso ou se poderia achar algum auxiliar que me ajudasse a conseguir o meu fim".[411]

Assim que chegou a Londres, Joaquim Nabuco entrou em contato com Charles Allen, contou-lhe sobre o roteiro inicial de sua viagem e sobre a possibilidade de ir a Roma.[412] Ao mesmo tempo, deve ter envolvido a BFASS no seu novo plano, sugerindo o envio de uma delegação da associação ao Vaticano da qual ele faria parte, como acontecera na Conferência de Milão de 1883. Allen não só aprovou o plano como encontrou um meio de executá-lo: era preciso obter o aval da Igreja Católica da Grã-Bretanha, o que demandaria a anuência do seu líder, o Cardeal Manning,[413] que, por sinal, foi o único sacerdote católico que pertenceu ao estafe da BFASS.

---

409 Carta a Salvador de Mendonça de 27 de dezembro de 1887. In: *Cartas a amigos*, v.I, p.165.
410 Carta (manuscrita) de João Artur de Souza Corrêa a Joaquim Nabuco de 5 de outubro de 1887, Fundação Joaquim Nabuco.
411 Carta a João Artur de Sousa Corrêa de 14 de dezembro de 1887. In: *Cartas a amigos*, v.I, p.163-5.
412 Carta 32, Apêndice B.
413 Sobre o cardeal, ver nota 656.

172 ANTONIO PENALVES ROCHA

Rapidamente, Allen começou a fazer os arranjos para isso, e um dia depois foi feito o contato com Manning, fato este registrado numa nota referente ao dia 16 de dezembro dos *Diários* de Joaquim Nabuco e no *Reporter*.[414]

Dando continuidade aos trâmites, poucos dias depois Nabuco escreveu sobre o assunto ao presidente do Comitê da BFASS. Em seguida, Edmund Sturge respondeu-lhe que tomara conhecimento dos seus planos de viagem ao Vaticano, aos Estados Unidos e ao Caribe. Particularmente sobre a ida ao Vaticano, fez duas observações: em primeiro lugar, deveria ser solicitada ao papa uma declaração sobre os "papas e cardeais que atuaram contra o tráfico negreiro e a escravidão ou escreveram sobre ambos, desde o tempo do Cardeal Ximenes"; em segundo, opôs-se ao envio de uma delegação da BFASS a Roma, pois a repercussão do encontro "retiraria o caráter espontâneo de uma declaração do chefe da Igreja Católica".[415] Na verdade, essa última proposta queria dizer que causaria constrangimentos à BFASS, tradicionalmente sob controle de quacres, solicitar ao papa uma declaração contra a escravidão.

No mesmo dia da carta de Sturge, Souza Corrêa escreveu a Nabuco em resposta à sua carta do dia 14, encorajando-o a defender a causa da abolição no Vaticano.[416]

Uma semana depois, W. S. Lilly, presidente da União Católica da Grã--Bretanha, avisou Nabuco de que o cardeal Manning o receberia no dia seguinte.[417] No encontro, que contou com a presença de Charles Allen, ficou acertado que Manning e Lilly recomendariam Nabuco ao cardeal Rampolla, secretário de Estado do Vaticano. Além disso, as sugestões de Sturge foram inteiramente acatadas: Nabuco iria ao Vaticano não como representante da BFASS, mas como parlamentar abolicionista brasileiro, e solicitaria ao papa uma declaração que contivesse um histórico da oposição da Igreja à escravidão.

---

414 *Diários*, v.1, p.187. Mais tarde, em 1896, Charles Allen publicou um artigo no *Reporter* intitulado *"Cardinal Manning: a Reminiscence"* no qual afirmou que "... alguns anos atrás, apresentei o Sr. Joaquim Nabuco, distinto abolicionista brasileiro, ao Cardeal Manning, que lhe fez uma carta de apresentação ao papa Leão XIII ...". *Anti-Slavery Reporter*, jan.-fev. de 1896, p.35.

415 Carta 41, Apêndice A. Sobre o Cardeal Ximenes, ver nota de rodapé dessa carta.

416 Carta de João Arthur de Souza Correa a Joaquim Nabuco de 20 de dezembro de 1887. Fundação Joaquim Nabuco.

417 Carta (manuscrita) de W. S. Lilly a Joaquim Nabuco de 22 de dezembro de 1887. Fundação Joaquim Nabuco. É impossível saber pelos documentos que estão no Brasil como Lilly entrou em cena; provavelmente foi convocado pelo cardeal Manning para participar de uma decisão que envolvia os católicos britânicos.

ABOLICIONISTAS BRASILEIROS E INGLESES **173**

A essa altura, portanto, o plano de Joaquim Nabuco de ir ao Vaticano, tramado em pouco mais de uma semana, já havia conquistado o apoio da BFASS, do líder da Igreja Católica da Grã-Bretanha, do presidente da União Católica da Grã-Bretanha e do embaixador Brasileiro no Vaticano, que, além do mais, conseguiu agendar o seu encontro com o cardeal Rampolla para o dia 11 de janeiro.[418]

Nos primeiros dias de janeiro, Joaquim Nabuco partiu de Londres para Roma via Paris, permanecendo na capital da França até o dia 7. Enquanto isso, Charles Allen atuava na retaguarda, pois o brasileiro havia saído da Inglaterra sem as cartas de apresentação de Lilly e de Manning, que Allen enviou para ele em Paris.[419] Além disso, Nabuco deixou com Allen um texto, para ser publicado no *Times*, sobre a sua ida ao Vaticano; o texto foi encaminhado ao periódico, que, no entanto, não se interessou em publicá-lo.[420]

No fim das contas, Joaquim Nabuco encontrou-se com Rampolla no dia 11, como anotou sucintamente nos seus *Diários*. E as únicas informações que legou sobre esse encontro foram a "impressão agradabilíssima" deixada pelo Cardeal bem como uma frase em francês meio enigmática porque está descontextualizada (*"je reviendrai sur lui"*), indicando, de qualquer forma, que voltaria a tratar da questão com ele. Com certeza, Nabuco solicitou uma audiência com o papa, e o cardeal Rampolla exigiu uma justificativa por escrito.

Cinco dias depois, Joaquim Nabuco enviou a Rampolla o que chamou de "memorial".[421] O texto apresenta o Brasil como a única nação cristã escravista, embora reconheça que, por força de lei, a escravidão seria erradicada dentro de um prazo de 12 anos. Esse prazo, no entanto, parecia aos escravos "uma eternidade da pena" e para a nação "uma eternidade de opróbrio", razão pela qual "nós queremos ... acabar com a escravidão a todo custo". Relata também que, apesar de a emancipação avançar lentamente, as alforrias eram manifestações comuns de caridade privada e pública, dado que o Brasil é um

---

418 Carta de João Arthur de Souza Correa a Joaquim Nabuco, 4ª-feira [4 de janeiro] de 1888. Fundação Joaquim Nabuco.

419 Carta 42, Apêndice A.

420 Cartas 43, 44, 45 e 46, Apêndice A.

421 *Minha formação*, p.224. Nas duas páginas seguintes a essa, Joaquim Nabuco reproduziu excertos desse documento; mas, como os utilizou para efeitos autobiográficos, retirou deles o real significado de um "memorial", se esse vocábulo for entendido num dos seus significados registrado no *Caldas Aulete*: "petição em que há referência a um pedido já feito". Por isso, será usada aqui sua versão supostamente integral, publicada originalmente pelo *Correio Paulistano* de 13 de maio de 1918 e reproduzida por Osvaldo Melo Braga, 1952, p.135-8.

"país latino e católico" onde ninguém defende a escravidão, diferentemente dos "Estados Unidos protestantes" onde um "povo inteiro" a defendeu. De qualquer forma, a nação "persevera ainda em uma grande falta com Deus e contra o homem", e a barbárie "se torna mais funesta à medida que se aproxima o seu termo, por causa dos ressentimentos de alguns senhores desapossados perante a impaciência dos escravos de antemão libertados".

Escorado nesses princípios, enunciou que a Igreja poderia prestar "o mais brilhante serviço" à nação, abreviando "o fim da crise em que estamos" por meio de uma intervenção "estranha aos poderes políticos". Para pedir essa intervenção, ele havia feito uma "peregrinação do Brasil a Roma, na esperança, na fé que o coração do Santo Padre se deixaria tocar pela magnitude do auxílio que ele pode prestar aos mais humildes e desgraçados filhos da Igreja". A ocasião era propícia, pois senhoras católicas brasileiras haviam emancipado duzentos e cinquenta escravos para comemorar o jubileu do papa, um número pequeno em relação às "libertações a que o jubileu deu lugar entre nós". Não bastasse isso, quase todos os bispos brasileiros declararam em cartas pastorais que a libertação dos escravos era o "modo mais digno e nobre de celebrar a festa sacerdotal de Leão XIII", sendo essa "humilde e triste oferta do Brasil talvez a única que terá feito derramar ao Santo Padre lágrimas de reconhecimento".

Ainda conforme o "memorial", além de as circunstâncias serem favoráveis à intervenção, Leão XIII poderia fazer das cartas de alforria geradas pelo jubileu "a semente da emancipação universal", acrescentando "aos seus outros títulos o de 'Pai dos escravos'", quase que simultaneamente à canonização do padre Pedro Claver.[422]

Quanto ao seu próprio papel nisso tudo, Nabuco escreveu que era "por demais humilde" para expor pessoalmente ao papa "o estado da questão dos escravos no Brasil"; não seria, portanto, da sua alçada "sugerir, àquele que se inspira no próprio Deus, a forma do seu mandamento em favor dos escravos cristãos", uma atribuição de quem é o "irmão do escravo, tanto como pai do senhor". Por outro lado, se o cardeal "pensasse que eu devia advogar eu próprio a minha causa perante o Santo Padre, eu me poria às suas ordens";

---

422 S. Pedro Claver (1580-1654). Iniciou seus estudos em teologia na Espanha. Em 1610, veio para a América, sendo ordenado sacerdote em 1616, em Cartagena, hoje na Colômbia, que era o centro do comércio de escravos da América Espanhola. Durante toda a vida, direcionou sua atividade missionária aos escravos negros, transformando-se no apóstolo dos escravos. Foi canonizado em 15 de janeiro de 1888 por Leão XIII.

ABOLICIONISTAS BRASILEIROS E INGLESES **175**

desse modo, se entregava "com inteira confiança à intercessão de Vossa Eminência junto a Sua Santidade".

Para fechar o documento, afirmou que se limitaria a transmitir ao papa as linhas gerais da carta de apresentação de Manning, que já havia sido entregue ao Cardeal, sobre a "repromulgação das bulas dos seus santos predecessores contra o tráfico e a escravidão". Mas, não ficaria só nisso; por moto próprio solicitaria "um ato pessoal de Leão XIII" em relação à iniciativa dos bispos brasileiros.

Em suma, a julgar pela argumentação marcadamente afetada do "memorial", as solicitações de Joaquim Nabuco pautavam-se por princípios cristãos e visavam beneficiar a cristandade, a Igreja Católica como instituição e o próprio papa, sendo, ao mesmo tempo, destituídas de pretensões político-partidárias. Desse modo, Rampolla aprovou a audiência de Nabuco com o papa, tendo em vista o caráter inofensivo das solicitações e o peso diplomático sobre o Vaticano exercido pelas cartas de recomendação dos ingleses e pela intermediação do embaixador do Brasil. Ao fim e ao cabo, o papa recebeu Joaquim Nabuco em audiência privada no dia 10 de fevereiro.

Obviamente, o Vaticano não iria tornar público o assunto tratado pelo papa numa audiência privada. Mas, o seu interlocutor sentiu-se à vontade para narrar o que ocorrera e escreveu diversas cartas sobre a audiência. No mesmo dia, informou o barão de Penedo sobre os seus resultados, dizendo que Leão XIII "prometeu-me publicar brevemente a sua Encíclica aos bispos brasileiros", enviou um telegrama[423] a *O País* a respeito do encontro e escreveu outra carta sobre o mesmo assunto para ser publicada pelo mesmo jornal.[424] Poucos dias depois, praticamente repetiu o que escrevera a Penedo numa carta a Victor Schoelcher, aproveitando a ocasião para lembrar-lhe de que os abolicionistas brasileiros esperavam ter o apoio da opinião pública francesa.[425]

O próprio Joaquim Nabuco destacou a importância da audiência para a abolição no Brasil e construiu uma opinião a respeito da influência desta sua ação sobre uma mudança de posição do Vaticano em relação à escravidão no mundo todo.

---

423 Segundo Evaristo de Moraes, 1924, p.168, Joaquim Nabuco teria enviado o telegrama ao jornal no dia da audiência.

424 Essa carta foi publicada em *O País* do dia 19 de março de 1888. Osório Duque-Estrada, 1918, p.232, e Evaristo de Moraes, ibidem.

425 Carta (manuscrita) de Joaquim Nabuco a Victor Schoelcher de 15 de fevereiro de 1888. Fundação Joaquim Nabuco.

Esse material encontra-se nalgumas passagens da carta enviada a *O País* e no capítulo do *Minha formação* sobre o assunto.[426] A carta, na verdade, reproduz as linhas gerais do "memorial", embora não faça menção a este documento. Acrescenta, no entanto, que teria dito ao papa que pretendia ir aos Estados Unidos, "onde está a maior parte da raça negra da América"; mas alterara o plano "quando os nossos bispos" manifestaram-se a favor da emancipação para comemorar o jubileu sacerdotal do sumo pontífice. Assim sendo, decidira ir a Roma pedir-lhe "que completasse a obra daqueles prelados, condenando, em nome da Igreja, a escravidão", razão pela qual solicitava que "falasse [a respeito da escravidão] de modo que sua voz chegasse ao Brasil antes da abertura do parlamento, que tem lugar em maio".

Leão XIII teria respondido que "a escravidão está condenada pela Igreja" e que falaria sobre o assunto, embora não pudesse precisar "se a encíclica apareceria no mês que vem ou depois da Páscoa [1º de abril]". De acordo com uma frase dos *Diários*, a Encíclica *In Plurimis – Carta aos Bispos do Brasil* teria chegado ao Brasil em 19 de junho de 1888.[427]

Depois da audiência, Joaquim Nabuco foi a Paris e em seguida a Londres, de onde, em 19 de março, iniciou a viagem de volta ao Brasil. Chegou a Pernambuco no dia 30, onde permaneceu durante duas semanas, e desembarcou no Rio de Janeiro em 18 de abril.

No dia 3 de maio de 1888, a Câmara reiniciou seus trabalhos e o projeto de abolição imediata da escravidão do Gabinete João Alfredo foi apresentado ao plenário cinco dias depois...

4.3 Joaquim Nabuco e a BFASS entre 1888 e 1902

Constituída única e exclusivamente para abolir a escravidão no Brasil, a coligação entre a BFASS e Joaquim Nabuco perdeu a razão de ser em 1888. A associação, no entanto, manteve contato com Nabuco até julho de 1902 e conservou o nome do brasileiro na lista dos seus correspondentes, como atestam respectivamente as cartas que lhe enviou depois de 1888 e a lista dos correspondentes publicada anualmente pelo *Reporter*. Embora os contatos não tivessem efeitos práticos, salvo um deles, como se verá mais adiante, a conservação do nome do brasileiro na lista servia para fins de propaganda da

---

426 *Minha formação*, p.226-35.
427 *Diários*, v.I, p.294. No item 5.6, há um exame da audiência de Nabuco com o papa.

ABOLICIONISTAS BRASILEIROS E INGLESES **177**

associação, na medida em que expunha o seu caráter internacional. Assim, durante catorze anos, de 1881 a 1895, o periódico manteve o nome dos seis correspondentes do Brasil listados anteriormente;[428] depois de 1896, só restou o de Joaquim Nabuco, que, aliás, se tornou o único correspondente da BFASS na América Latina.

Em 1888, depois da Abolição, a BFASS escreveu sete vezes a brasileiros: enviou seis cartas a Joaquim Nabuco e uma ao barão de Penedo, ao passo que Joaquim Nabuco só escreveu uma carta "confidencial" a Charles Allen, cujo conteúdo é desconhecido, pois ela obviamente não foi arquivada.

A primeira das cartas da BFASS foi escrita três dias depois da aprovação da Lei Áurea e continha "congratulações prazerosas e do fundo do coração, que todos nós desejamos lhe oferecer, pela conclusão do trabalho de libertação ao qual o seu bondoso pai e depois você devotaram suas vidas".[429] Em seguida, a BFASS remeteu à Embaixada do Brasil em Londres uma Mensagem e uma Resolução do Comitê ao imperador e a Nabuco, sob os cuidados do barão de Penedo, que também recebeu uma Mensagem; felicitava o primeiro por testemunhar esse "grande triunfo da civilização", e congratulava calorosamente Nabuco e seus "companheiros do movimento abolicionista no Brasil pela conclusão da obra".[430] Aliás, a Mensagem enviada a Nabuco foi posteriormente transcrita pela BFASS numa folha de velino, para que ele a guardasse por toda a vida.[431] Em junho, E. Sturge lhe escreveu sobre a carta "confidencial" que enviara à BFASS, perspectivando no plano internacional o significado do fim da escravidão no Brasil, que representava "a extinção tanto do comércio de escravos quanto da escravidão em todo o mundo ocidental", apesar de ambos continuarem existindo na "África, onde os caçadores de escravos árabes aumentam a pilhagem, e no Oriente muçulmano".[432] Dois dias depois, foi a vez de Allen escrever-lhe, tratando novamente da carta "confidencial".[433] No fim do ano, a BFASS deixou sob os cuidados de Nabuco uma Mensagem a ser entregue à princesa Isabel,[434] e ele cumpriu a tarefa.[435] A maior parte de todo esse material foi publicado pelo *Reporter*,

---

428 Ver nota 308.
429 Carta 47, Apêndice A.
430 Apêndice E, 17, 18 e 19.
431 Carta 49, Apêndice A.
432 Carta 48, Apêndice A.
433 Carta 49, Apêndice A.
434 Apêndice E, 20 e Carta 50, Apêndice A.
435 Carta 34, Apêndice B.

178 ANTONIO PENALVES ROCHA

patenteando o reconhecimento da BFASS de que Joaquim Nabuco fora o líder do movimento abolicionista no Brasil.

Sobre o conteúdo de todas essas cartas, vale a pena destacar a comparação que Sturge e Allen fizeram entre a abolição nas Índias Ocidentais e no Brasil, porque nela está inscrito um argumento que os abolicionistas ingleses tinham na ponta da língua para se defender da acusação de que a abolição havia causado o colapso econômico das colônias britânicas das Antilhas.[436] Segundo o presidente da associação, a abolição brasileira superou a inglesa de 1833 por não indenizar os proprietários, dado que, apesar da oposição de um "amplo setor" do movimento abolicionista, o parlamento distribuiu entre os antigos donos de escravos das colônias inglesas £20000000. Ainda segundo esse argumento, a medida foi desastrosa, porque esse dinheiro foi parar nas burras dos credores dos proprietários, que desmantelaram "a estrutura industrial da Jamaica e das outras Ilhas das Índias Ocidentais" porque não reinvestiram na produção.

Depois da carta "confidencial", Joaquim Nabuco só voltou a escrever outra carta à BFASS em dezembro de 1898, para informar sobre o lançamento de *Um estadista do Império – Nabuco de Araujo*. Na resposta, Allen lhe contou que deixara o cargo de secretário, que fora substituído por Travers Buxton e que se tornara Secretário Honorário.[437] Pouco tempo depois, Allen escreveu uma carta pessoal a Nabuco.[438]

No que diz respeito aos laços entre a BFASS e Joaquim Nabuco, o fato mais importante desse período pós-abolição foi a momentânea reaproximação das partes em 1900, motivada pelo Congresso Antiescravista de Paris.

Nos fins de 1899, a Sociedade Antiescravista Francesa convidou a BFASS e "todos que têm no coração a causa da justiça e da caridade para com as raças deserdadas da África" a participarem de uma reunião internacional. Os trabalhos dessa reunião deveriam basicamente pôr em foco "questões relativas ao tráfico africano por mar ou por terra, o destino dos escravos libertos e dos trabalhadores livres e a entrada de bebidas alcoólicas na África". Com esse temário, o Congresso objetivava fazer um balanço dos últimos dez anos da luta antiescravista na África, tendo como ponto de partida as determinações da Conferência de Bruxelas de 1890 e as propostas apresentadas numa Con-

---

436 Carta 48 e 49, Apêndice A.
437 Carta 51, Apêndice A.
438 Carta 52, Apêndice A.

ferência Antiescravista de Paris desse mesmo ano, convocada pelo cardeal Lavigerie.[439]

Com o convite, os abolicionistas franceses solicitavam a publicação do programa pelo *Reporter* para divulgar os temas sugeridos "na esperança de que muitos leitores comparecessem". Os organizadores do Congresso consideravam a ocasião oportuna para a sua realização, pois

a Exposição Universal do próximo ano certamente trará a Paris membros de sociedades antiescravistas de todas as nacionalidades. O espetáculo majestoso das múltiplas conquistas dos povos civilizados, que trabalham como homens livres, direcionarão necessariamente os nossos pensamentos, com mais força que nunca, para os milhões de deserdados que, longe de compartilhar essas vantagens conosco, são destituídos daquilo que pertence de direito a todo ser humano – a liberdade pessoal.[440]

A BFASS aceitou o convite e, no ano seguinte, constituiu uma delegação para ir ao Congresso, formada Fowell Buxton (presidente), Charles Allen (secretário honorário), Travers Buxton (secretário), J. G. Alexander (membro do Comitê) e E. W. Brooks (pelo Comitê Antiescravista da Sociedade dos Amigos); aliás, dez anos antes, esses mesmos delegados haviam representado a BFASS no Congresso organizado pelo cardeal Lavigerie em Paris.

Não obstante a escravidão africana ser o assunto do Congresso, em fevereiro de 1900, a BFASS convidou Joaquim Nabuco para integrar a delegação,[441] e ele aceitou o convite.[442]

---

439 Cardeal Charles-Martial Allemand-Lavigerie (1825-1892). Clérigo francês, ordenado em 1849 e promovido a cardeal em 1882. Em 1867, foi nomeado arcebispo de Argel e permaneceu na Argélia durante toda a sua vida. Inspirando-se nos escritos de Livingstone e Burton, Stanley e Cameron, Lavigerie dedicou-se a uma "missão civilizatória" na África, destinando sua obra à conversão dos muçulmanos e pagãos ao cristianismo e à erradicação do tráfico de escravos no continente; dessa forma, contribuiu efetivamente para estender o império colonial francês do Magreb à África Equatorial. Antes de qualquer outro membro da Igreja, Lavigerie pôs em prática a prescrição de Leão XIII de que "devemos vivamente deplorar a escravidão", exposta na Encíclica aos Bispos do Brasil, tanto que, em julho de 1888, promoveu uma cruzada europeia contra o tráfico e a escravidão, fazendo conferências em diversas cidades, como Roma, Paris, Londres e Bruxelas. Em Londres, foi acolhido pela BFASS, e o assunto ganhou destaque do *Anti-Slavery Reporter* de jul.-ago. de 1888. A cruzada contribuiu para a convocação da Conferência de Bruxelas (1889-1890), na qual as grandes potências procuraram fixar uma política unificada para a África; no entanto, o mesmo arrazoado humanitário para o combate da escravidão foi usado para consolidar a partilha da continente africano pelas potências.

440 *Anti-Slavery Reporter*, nov.-dez. de 1899, p.205-8.

441 Carta 53, Apêndice A.

442 Carta 35, Apêndice B.

180 ANTONIO PENALVES ROCHA

Em junho de 1889, com a dissolução da Câmara, Joaquim Nabuco começou a se afastar da vida pública e, alguns meses depois, as circunstâncias políticas aumentaram ainda mais esse afastamento, pois Nabuco se recusou a aderir à República. Mas, cerca de dez anos mais tarde, em março de 1899, o governo Campos Sales o nomeou para negociar na Inglaterra os limites entre o Brasil e a Guiana Inglesa; assim, ele retornou à diplomacia, permanecendo nela até o fim da vida.

Para assumir esse cargo, partiu para a Inglaterra no início de maio de 1899. Assim sendo, recebeu o convite da BFASS para fazer parte da delegação que iria ao Congresso Antiescravista.

Um ano depois de Joaquim Nabuco ter aceitado o convite, faleceu Souza Correa, seu amigo, que substituiu o barão de Penedo na Embaixada Brasileira de Londres. Para preencher provisoriamente o cargo, Nabuco foi nomeado pelo governo brasileiro, em abril de 1900, Enviado Extraordinário e Ministro Plenipotenciário para a Inglaterra. Equivocadamente, no entanto, o *Times* noticiou que ele se tornara o Embaixador brasileiro na Grã-Bretanha. Em consequência do erro do jornal, a BFASS oficiou-lhe congratulações,[443] e Nabuco escreveu à associação para desfazer o mal-entendido e informar que só ocuparia o cargo até a nomeação do embaixador.[444]

Nos meados de julho de 1900, ou seja, aproximadamente três semanas antes da realização do Congresso, Joaquim Nabuco comunicou à BFASS que não havia redigido seu *paper*, e o envio prévio do texto era a condição para a inscrição no evento. Em carta à BFASS, Nabuco alegou que não o escrevera porque não tinha recebido o material necessário para isso e, além do mais, na lista dos assuntos do programa constavam apenas "questões pendentes e problemas em curso, e não ... assuntos históricos, como a abolição da escravidão na América do Sul ou do Norte".[445]

Mas, tudo indica que, antes disso, Nabuco já havia percebido que nada tinha a dizer sobre os temas do programa, pois, em abril, Allen o encorajara a escrever o texto e oferecera-lhe uma cópia do *paper* da Conferência de Milão, deixando subentendido que poderia usá-lo como matriz.[446]

No fim das contas, a delegação da BFASS pôde contar com Joaquim Nabuco, pois ele resolveu preparar um "discurso" dois dias antes do Congresso.[447]

---

443 Cartas 55 e 56, Apêndice A.
444 Cartas 36 e 37, Apêndice B.
445 Carta 38, Apêndice B.
446 Carta 55, Apêndice A.
447 *Diários*, v.2, p.193.

ABOLICIONISTAS BRASILEIROS E INGLESES 181

O *Reporter* não oferece informações detalhadas sobre o Congresso. De qualquer forma, o evento ocorreu dentro das datas previstas, e os trabalhos foram presididos pela princesa Isabel, que agora se apresentava como condessa d'Eu, e por Henri Wallon, que, além de presidente da Sociedade Antiescravista Francesa, já era também conhecido pela sua *História da Escravidão na Antiguidade*.

De qualquer maneira, Joaquim Nabuco leu o seu "discurso"[448] aos participantes, apresentou a condessa d'Eu à delegação da BFASS, conforme o relato do *Reporter*, e fez outro curto discurso para apoiar a iniciativa dos participantes de prestar uma homenagem a Thomas Fowell Buxton, o substituto de Wilberforce no Parlamento inglês, feita em razão da presença no Congresso dos outros dois Buxtons que ocupavam cargos de direção na BFASS.

Depois do Congresso, Charles Allen escreveu uma carta pessoal a Nabuco, em 1901, cumprimentando-o por ter se tornado embaixador do Brasil na Inglaterra[449] e, oficialmente, a BFASS lhe expediu quatro cartas entre os meses de junho e julho com denúncias sobre a escravidão em Marrocos.

No ano seguinte, em março e abril, Allen voltou a lhe escrever duas cartas pessoais; a primeira comunicava o seu rompimento com a BFASS e a segunda explicava os motivos que o levaram a afastar-se da associação, relacionados com a posição pró-bôers do Comitê, enquanto ele defendia a política de Chamberlain.[450] A última carta que Nabuco recebeu da BFASS, em julho de 1902, era assinada por Travers Buxton e tratava da exportação de escravos de Angola para S. Tomé.[451]

As últimas cartas arquivadas de Nabuco à BFASS foram as referentes ao Congresso Antiescravista de Paris. Depois disso, há apenas a cópia, nos arquivos da Fundação Joaquim Nabuco, de uma carta de pêsames enviada a Sra. Allen, em 1904, pelo falecimento do seu marido.[452]

---

448 Há um exame desse "discurso" no item 5.7.
449 Carta 58, Apêndice A.
450 Cartas 59 e 60, Apêndice A.
451 Essas cinco cartas da BFASS a Nabuco, quatro de 1901 e uma de 1902, encontram-se nos arquivos da Fundação Joaquim Nabuco de Recife.
452 Carta 39, Apêndice B.

5
A INTERNACIONALIZAÇÃO DO ABOLICIONISMO DE JOAQUIM NABUCO

5.1 Joaquim Nabuco em Brighton

Em agosto de 1882, durante a sua mais prolongada estada na Inglaterra antes da abolição, Joaquim Nabuco foi a Brighton,[453] onde permaneceu aproximadamente dois meses. Aliás, entre os últimos dias de setembro e início de outubro, André Rebouças esteve com ele nessa cidade próxima a Londres,[454] pois, acometido por "uma doença séria, causada indubitavelmente pelo excesso de trabalho",[455] estava na Inglaterra a descanso.

O que merece ser posto em relevo a respeito desses meses de permanência em Brighton é que Joaquim Nabuco a aproveitou para conhecer uma parte da biblioteca de Richard Cobden. Trata-se, possivelmente, da mesma centena de livros e os milhares de panfletos, estes de sua autoria, que formam *The Cobden Collection*, que se encontra sob os cuidados da *Brighton & Hove City Library*.

Conhecer os escritos de Cobden fazia parte do projeto de Joaquim Nabuco de estudar para escrever sobre seu "assunto favorito, sobre a abolição".[456] E a primeira vez que manifestou a intenção de realizar esse projeto foi no início de 1882, quando escreveu ao barão de Penedo que devia aceitar o seu "ostracismo como tempo de trabalho e não de divertimento. É o que devo fazer: trabalhar, estudar e aprender";[457] noutros termos, e mais genericamente,

---

453 Cartas 14 e 15 do Apêndice A e Cartas 18 e 19 do Apêndice B.
454 Carta ao barão de Penedo de 4 de outubro de 1882. In: *Cartas a amigos*, v.I, p.74.
455 *The Rio News*, 5 de setembro de 1882, p.5.
456 Carta 13, Apêndice B.
457 Carta ao barão de Penedo de 2 de janeiro de 1882. Ibidem., p.65.

também informara Charles H. Allen sobre seu intuito de "ficar por alguns anos [na Inglaterra] para estudar as instituições inglesas".[458]

Richard Cobden foi o líder da Liga contra a Lei dos Cereais, uma associação fundada em 1838 para lutar pela supressão do controle dos preços dos cereais, que estavam sob o jugo do Estado britânico desde o século XVIII, e pela revogação das Leis de Navegação, que vigoravam desde o século XVII. A razão da luta, argumentavam os membros da Liga, eram os efeitos nocivos de ambas as Leis sentidos nos preços artificialmente elevados de produtos básicos na Grã-Bretanha, que beneficiavam única e exclusivamente uma oligarquia em prejuízo de toda a sociedade. Assim sendo, em nome do bem comum, o grupo liderado por Cobden pleiteava a revogação de ambas pelo Parlamento e, consequentemente, a implantação do livre-comércio interno e externo. Por outro lado, alguns cartistas temiam os resultados do movimento: se o livre-comércio provocasse a queda dos preços dos alimentos, os patrões usariam-na como pretexto para reduzir os salários.

Empregando métodos de propaganda e de ação política similares aos do movimento abolicionista, a Liga pressionou o Parlamento, o que o fez revogar a Lei dos Cereais, em 1846, e os Atos de Navegação, em 1854. A propósito, Richard Cobden e John Bright, um quacre que foi o seu braço direito e o porta-voz do movimento, ocuparam cadeiras no Parlamento, e o último tornou-se alto funcionário do governo britânico.

Para Joaquim Nabuco, dois motivos tornavam a biblioteca atraente: primeiro, ter acesso a livros que pertenceram a Cobden e aos seus escritos representava conhecer materiais relativos à formação intelectual de um dos "nossos mestres", como André Rebouças se referiu a ele numa carta a Nabuco, depois de tê-lo igualado a Wilberforce;[459] segundo, a biblioteca dispunha de material para os seus estudos sobre a crítica da escravidão da Inglaterra vitoriana.

Cobden e Bright, além de defensores do livre-comércio, eram abolicionistas, embora nunca tivessem militado em nenhuma associação antiescravista, e Joseph Sturge, o fundador da BFASS, esteve ao lado deles na fundação da Liga. Por sinal, segundo Howard Temperley, na década de 1830 os dois primeiros estavam entre os principais porta-vozes da abolição, ao passo que Sturge "era provavelmente mais bem conhecido no país como advogado do livre-comércio que como um opositor da escravidão", além de

---

458 Carta 10, Apêndice B.
459 André Rebouças, 1938, Carta a Nabuco de 7 de abril de 1895, p.427.

ser um dos "mais generosos patrocinadores" da Liga.[460] É possível ainda que particularmente a crítica da escravidão de Bright[461] tivesse chamado a atenção de Nabuco, antes mesmo da sua mudança para a Inglaterra, em consequência do destaque dado a ela por Walter Bagehot.[462]

Um exemplo da crítica de Cobden à escravidão pode ser encontrado num discurso que fez em 1844. Adotando a crítica religiosa do abolicionismo inglês, Cobden denunciava a injustiça do "sistema diabólico" da escravidão e, assim, expunha sua oposição à "posse de seres humanos como mercadorias ou propriedade, o que vai de encontro ao preceito fundamental do cristianismo". Paralelamente, aderia à crítica da escravidão da Economia Política ao ter

> a mesma opinião dos mais distintos escritores que cuidaram do assunto – homens como Adam Smith, Burke, Franklin, Hume e outros, os maiores pensadores de todos os tempos - de que o trabalho escravo é mais caro que o trabalho livre; se ambos forem colocados lado a lado numa concorrência justa, o trabalho livre suplantaria o trabalho escravo.[463]

Enfim, Cobden condenava a escravidão em termos religiosos e econômicos, sintetizando, em linhas gerais, a crítica à escravidão da era vitoriana.

Mas a BFASS e os defensores do livre-comércio entraram em choque na década de 1840 graças às diferentes posições que tinham sobre o controle do preço do açúcar pelo Estado.[464] Ambas as associações faziam uma distinção entre produtos tropicais derivados do trabalho escravo e do trabalho livre – respectivamente denominados *slave-grown produce* e *free-grown produce*. Quanto ao açúcar, a BFASS apoiava irrestritamente a orientação do governo de manter os privilégios alfandegários à produção das Índias Ocidentais, pois era um produto *free-grow*. Por isso, era favorável à manutenção das pesadas tarifas que incidiam sobre o açúcar cubano e brasileiro, ambos *slave-grown*, o que, aliás, tornava seus preços proibitivos no mercado interno britânico.

---

460 Howard Temperley, 1972, p.140.

461 John Bright estava entre os convidados para o "café" que a BFASS oferecera a Nabuco em 1881; contudo, seu nome não consta da lista dos que compareceram.

462 W. Bagehot foi publicista e editor do *The Economist*. Joaquim Nabuco o tinha em tão alta conta que dedicou um capítulo de *Minha formação* para mostrar o quanto devia às suas ideias, "todas elas chaves de sistemas e concepções políticas, de verdadeiros estados do espírito moderno", p.17.

463 John Bright e J. E. Thorold Rogers (Ed.) 1908, v.1, p.90.

464 Howard Temperley, 1972, p.111-52, e C. Duncan Rice, 1970, p.402-18.

186 ANTONIO PENALVES ROCHA

Mais ainda, em comparação com o açúcar de Cuba e do Brasil, o das Índias Ocidentais tinha um custo de produção mais alto e era de qualidade inferior, e, para complicar mais as coisas, refinadores ingleses processavam açúcar brasileiro para a reexportação.

Nesse caso, ficava claro que o governo britânico beneficiava principalmente os produtores das Índias Ocidentais em prejuízo de toda a sociedade, obrigada a consumir um produto de má qualidade e mais caro que o dos concorrentes. Mesmo assim, a BFASS endossava essa política, não por causa dos impostos e do monopólio, mas sim, como mostrou Temperley, para efeitos econômicos e políticos de combate à escravidão. Pois, ao favorecer o produto das Índias Ocidentais, o governo não só dava trabalho aos libertos das colônias inglesas como também impedia o aumento do tráfico e da exploração dos escravos em Cuba e no Brasil, que acompanhariam naturalmente a necessidade de produzir mais para atender a demanda do mercado interno inglês, caso ele fosse aberto aos produtos destes lugares. Além disso, em termos políticos, o aumento do tráfico representaria desprestígio ao empenho da Inglaterra para combatê-lo no Atlântico Sul.

Já a Liga contra a Lei dos Cereais via as coisas de outro modo. O argumento que servia de ponto de partida para Cobden era de que as mercadorias não conduzem moralidade, e o comércio internacional era demasiadamente complexo para ser reduzido à dicotomia *slave-grown* e *free-grown*. Segundo o mais simples exemplo que Cobden dava a esse respeito nos seus discursos, o consumidor inglês comprava café produzido pelo escravo, mas só podia adoçá-lo com açúcar produzido por trabalho livre. E as coisas ficavam infinitamente mais complicadas quando se tratava do ferro brasileiro, do tabaco cubano e do algodão norte-americano, este último manufaturado na Inglaterra para ser negociado no Brasil. Enfim, de acordo com Cobden,

> como defensores do livre-comércio, não pedimos a livre admissão do açúcar produzido pelo escravo porque queremos consumir a produção dos escravos de preferência à dos homens livres, mas porque fazemos objeção ao sofrimento que um monopólio impõe ao povo da Inglaterra com a pretensão de eliminar escravidão.[465]

No fim das contas, a propaganda da Liga conquistou o apoio de alguns abolicionistas da BFASS, embora seu Comitê se mantivesse firmemente em oposição à entrada do *slave-grown produce* na Inglaterra.

---

465 John Bright e J. E. Thorold Rogers (Eds.). 1908, v.1, p.93.

ABOLICIONISTAS BRASILEIROS E INGLESES 187

O antagonismo entre os abolicionistas que defendiam a continuidade do monopólio do açúcar das Índias Ocidentais e os defensores do livre-comércio veio à tona durante a realização, em Londres, da Segunda Convenção Mundial Antiescravista (1843), que contou inclusive com a presença de Richard Cobden, como delegado *pro forma* da Sociedade Antiescravista de Manchester. Porém, a causa da dissidência desapareceu cerca de três anos depois da Convenção, pois, cedendo às pressões, o Parlamento revogou a Lei dos Cereais.

De qualquer maneira, Nabuco e Rebouças não foram os únicos a dar valor ao abolicionismo dos líderes da Liga contra a Lei dos Cereais. A crítica deles à escravidão também foi vista com bons olhos por outros contemporâneos, como, por exemplo, por Victor Schoelcher, que colocou a atuação e as ideias de Bright ao lado das de Clarkson e de Wilberforce no discurso que fez durante o banquete comemorativo do aniversário da abolição francesa, em 1881.

Mas, ao manusear o material da biblioteca, Nabuco ficou indignado com o estado dos livros de Cobden, tanto que escreveu ao barão de Penedo que "a maior parte [deles] não estão ainda cortados".[466] Essa sua decepção, no entanto, não existiria se ele se lembrasse de uma observação de Frédéric Bastiat, um economista francês entusiasta da Liga, cujos textos, aliás, eram conhecidos pelos acadêmicos de Direito do Brasil: "Cobden está para [Adam] Smith como a divulgação está para a invenção; [com a] ajuda de seus numerosos companheiros de trabalho, ele vulgarizou a ciência social ...".[467]

5.2 Joaquim Nabuco na Conferência de Milão

O texto apresentado por Joaquim Nabuco, em setembro de 1883, na Conferência sobre o Direito Internacional de Milão foi estruturado para desenvolver sete proposições: uma sobre o tráfico de escravos e seis sobre a escravidão.

Conforme o método de exposição que Nabuco adotou, a primeira propõe a assimilação do tráfico de escravos à pirataria, o que acarretaria a sua criminalização pelo Direito Internacional. Por certo, como Nabuco reconheceu na dissertação, o conteúdo dessa proposição não era novo, uma vez

---

466 Carta ao barão de Penedo de 4 de outubro de 1882. In: *Cartas a amigos*, v.I, p.73.
467 Frédéric Bastiat, 1883, p.2-3.

188 ANTONIO PENALVES ROCHA

que a diplomacia inglesa já havia apresentado uma proposta semelhante no Congresso de Viena e uma delegação da BFASS, formada por E. Sturge, J. Long e J. G. Alexander, tentou obter a aprovação de uma proposta parecida no Congresso de Berlim, em 1878. Obviamente, as sucessivas reapresentações da proposta atestam o malogro dos ingleses em obter a sua aprovação internacional.

Mesmo assim, Joaquim Nabuco a retomou em Milão para acertar contas com a BFASS. De fato, explicou que fez a proposição não porque a questão dissesse respeito ao Brasil, mas sim para colaborar com a determinação da BFASS de extinguir o tráfico africano, num momento em que as atenções da associação estavam voltadas para o fornecimento de escravos ao Egito. Por isso, afirmou que a formulara para "quitar uma pequena parte da ajuda que tenho recebido com frequência da British and Foreign Anti-Slavery Society".[468] A propósito, em toda a obra editada de Nabuco, essa afirmação é a única que registra o reconhecimento do apoio que recebeu da BFASS.

As outras seis proposições, relativas à escravidão no Direito Internacional, estão fundamentadas num princípio formulado por Johann Kaspar Bluntschli, que, sumariando o trabalho desenvolvido por filósofos dos séculos XVIII, invertia um preceito do Direito Romano, presente no Código de Justiniano, segundo o qual a escravidão era compatível com o direito das gentes, mas incompatível com o direito natural. Em contraposição a esse preceito, o jurista suíço havia argumentado que a escravidão não poderia ser reconhecida pelo Direito Internacional, porque "está em contradição com os direitos conferidos à natureza humana e com os princípios reconhecidos por toda a humanidade". Nabuco aderiu a essa tese ao afirmar que tomava Bluntschli "como guia em tudo que tenho a honra de vos propor".

Resumidamente, as suas proposições sugerem que o Direito Internacional: (1) não reconheça qualquer reclamação dos Estados sobre a escravidão, na medida em que a instituição é uma perpetuação do tráfico; (2) assegure o *status* de liberto ao escravo que o obteve num país estrangeiro, caso ele retorne ao seu país de origem; (3) torne ilícita a cláusula de qualquer tratado que obrigue um Estado a devolver escravos refugiados em seu território; (4) condicione a extradição do escravo às normas que regulam a extradição de um homem livre; sendo extraditado, em conformidade com tais normas, o escravo deverá ser julgado no país de origem pelas mesmas leis e tribunais destinados ao homem livre; (5) obrigue os Estados a interditar aos seus

---

468 Todas as citações referentes ao assunto em tela foram extraídas do texto do *paper* (Apêndice C, 1).

ABOLICIONISTAS BRASILEIROS E INGLESES 189

concidadãos, domiciliados ou não num país que reconhece a licitude da escravidão, tanto a posse de escravos quanto a celebração de contratos que envolvam escravos; (6) recuse a legalidade da propriedade do homem sobre o homem e, em consequência, desobrigue qualquer Estado de indenizar proprietários de escravos.

Mas a dissertação de Joaquim Nabuco não permaneceu somente no campo doutrinário do Direito Internacional; para fundamentar os princípios doutrinários, baseou-se em questões concretas da abolição no Brasil.

Justificando o porquê da abolição no Brasil, argumentou que estava em jogo o estabelecimento dos alicerces de uma "nação durável, liberal e americana", reafirmando, noutros termos, o argumento de que a abolição seria o agente principal da remodelação do Estado Nacional brasileiro.

E esse assunto serviu-lhe de pretexto para falar sobre a sua própria atuação política abolicionista. De fato, ao expor os fundamentos da quinta proposição, aludiu à questão da Morro Velho, relatando a denúncia que fizera no "parlamento brasileiro [de] um complô contra a liberdade pessoal, sem equivalente registrado na nossa história". Além disso, afirmou que os cônsules portugueses no Brasil vendiam escravos "toda vez que este tipo de bem aparecia nas sucessões sob suas responsabilidades", uma denúncia que, por sinal, já fizera, em 1881, em *O Abolicionista*.[469]

Acusar estrangeiros, em cujos países de origem a escravidão fora proibida, de empregarem escravos no Brasil, era um ardil de Nabuco para se defender da principal crítica que recebia dos seus adversários políticos – a de que difamava o Brasil no exterior. Ou seja, rebatia essa crítica ao enfatizar o papel dos interesses de estrangeiros na preservação da escravidão no Brasil, em contraposição à disposição dos brasileiros para libertar os escravos. Assim, por exemplo, assegurou na Conferência de Milão que, no Brasil,

a escravidão no seu período mais duro e o tráfico de negros até o seu fim estavam sob os interesses dos estrangeiros e eram por eles explorados; mesmo hoje, a repugnância que a escravidão causa é bem maior entre os brasileiros de origem que entre os estrangeiros domiciliados no país.

Esse mesmo argumento tem uma trajetória que vai de 1880 até depois da Abolição. Na primeira página do primeiro número de *O Abolicionista*, escreveu que "parte da escravatura está nas mãos de estrangeiros, que não podem

---

469 *O Abolicionista*, 1º de dezembro de 1881, p.2.

possuir escravos nos seus países, nem conforme a lei dos seus países";[470] depois da Abolição, escreveu que comunicara ao Papa, no início de 1888, que

> não havia na história do mundo exemplo de humanidade de uma grande classe igual à desistência feita pelos senhores brasileiros dos seus títulos de propriedade escrava. Disse que essa era a prova real de que a escravidão no Brasil tinha sido sempre uma instituição *estrangeira* [grifado pelo autor], alheia ao espírito nacional.

Mas, ainda de acordo com suas palavras, o que pensava, mas não dissera a Leão XIII, é que os estrangeiros no Brasil "foram, e são ainda hoje, de toda a comunhão, os que menos simpatia mostraram pelo movimento libertador".[471]

Finalmente, seguindo o mesmo raciocínio de que a escravidão era mantida no Brasil por estrangeiros, ao passo que os brasileiros estavam dispostos a eliminá-la, indicou qual seria a principal contribuição internacional para a abolição: urgia a mudança da "lei internacional", pois o Direito Internacional "infelizmente tardou muito, e ainda tarda, a repelir a escravidão com todas as suas forças".

Em conclusão, afirmou que o Direito Internacional deve "levantar a sua voz" a favor dos escravos, "esses *heimathlose* da humanidade" a fim de que "seja proibido considerar a condição legal do escravo, exceto para protegê-lo".

Em todo caso, eliminada a escravidão no Brasil e em Cuba, ela perduraria como "chaga do mundo maometano" e como tendência "sempre prestes a renascer sob outro nome nas novas colônias europeias na África e nas ilhas do Pacífico, em todos os lugares onde as raças superiores entram em contato com as raças inferiores".

Essa última frase é um forte indício de que a noção de raça de Joaquim Nabuco carece de um exame especializado, na medida em que constata um fato que parecia simplesmente evidente ao autor: a existência de raças superiores e inferiores. Aliás, para reforçar essa necessidade, deve ser lembrado que, numa passagem do seu discurso na Câmara de 1/9/1879 contra a vinda de *coolies* ao Brasil, ele já havia se referido aos chineses como uma "raça inferior", ao aderir sem restrições a esta ideia de Cristiano Ottoni.[472]

---

470 Ibidem, 1º de novembro de 1881, p.1.
471 *Minha formação*, p.231.
472 *Perfis parlamentares – Joaquim Nabuco*, p.169.

5.3 A crítica de Joaquim Nabuco a Goldwin Smith

Joaquim Nabuco anexou à carta que enviou à BFASS em 18 de abril de 1886[473] outra dirigida *"Ao Editor do Times"* e solicitou a Charles Allen que a encaminhasse para publicação neste jornal. Aproximadamente um mês depois, Charles Allen respondeu-lhe que seria impossível publicá-la naquele momento, pois todas as atenções da imprensa britânica estavam concentradas na questão da autonomia da Irlanda.[474] Por fim, alguns meses depois, ela foi publicada pelo *Reporter*.[475]

Trata-se de uma crítica a um artigo de Goldwin Smith, um professor de História da Universidade de Oxford, sobre William Lloyd Garrison (1805-1879) – jornalista, escritor, orador e líder proeminente do abolicionismo norte-americano. E, segundo Joaquim Nabuco, o artigo de G. Smith tinha dois pontos principais: (1) defendia o direito dos donos de escravos à indenização e (2) censurava os abolicionistas de Massachusetts, liderados por Garrison, por terem procurado apoio na Inglaterra.

Joaquim Nabuco contrapôs ao primeiro ponto o argumento de que não haverá débito algum do Estado com os donos de escravos a partir do momento que o próprio Estado criminalizar a escravidão, pois, antes desta medida ser tomada, a escravidão havia provocado graves danos econômicos, financeiros, morais e políticos. Além do mais, caso o preceito de Goldwin Smith fosse aplicado a um país pobre como o Brasil, a indenização acarretaria um enorme aumento da dívida do Estado. Tudo somado, a indenização levaria o país à bancarrota ou, alternativamente, o Estado teria de sujeitar os escravos aos seus supostos credores até que pudesse pagá-los. Em síntese, a indenização inviabilizaria a abolição no Brasil.

Na verdade, esse arrazoado reproduz os argumentos da crítica à indenização que Joaquim Nabuco fizera na Câmara durante o debate sobre o projeto Saraiva. De qualquer maneira, revelava uma mudança da posição de Nabuco em relação ao projeto de lei que apresentara em 1880, prevendo a abolição em dez anos e a indenização dos donos de escravos, e era um dos resultados das suas relações com a BFASS, que também se opunha à indenização.

A respeito do segundo ponto, observou que o próprio Goldwin Smith defendera o empenho dos abolicionistas norte-americanos em buscar apoio britânico quando atuou em parceria com Cobden e Bright para quebrar a

---

473 Carta 30, Apêndice B.
474 Carta 33, Apêndice A.
475 *Anti-Slavery Reporter*, ago.-set. de 1886, p.95.

192 ANTONIO PENALVES ROCHA

simpatia pela escravidão nos Estados Unidos de algumas classes da Inglaterra, além de ter publicado um livro em defesa da União Americana. O apoio britânico, argumentou Nabuco, era "um elemento forte nas batalhas contra a escravidão", e, na ausência dele, a história dos Estados Unidos poderia ter tomado um rumo diferente.

Opôs também a esse ponto uma visão da difusão do progresso entre as nações. Imaginava que havia "uma atividade mental e moral no mundo", que as ideias tinham circulação universal e, por isso, a "civilização se eleva em todos os lugares até o mesmo nível", uma ideia que parece ser fortemente inspirada na filosofia de Auguste Comte. Como as nações estão em diferentes níveis civilizacionais, o Estado ou "a vida política", conforme suas palavras, se apropria da atividade e das ideias em benefício da individualidade nacional.

Dado que a escravidão perdurava no Brasil, ao passo que desaparecera nos países de nível civilizacional mais elevado (metaforicamente denominados por ele de "montanhas intelectuais cujas águas correm até nós"), o Estado brasileiro também deveria eliminá-la em benefício da elevação da civilização nacional. Para isso, no entanto, os abolicionistas precisavam de apoio na Inglaterra, supostamente a mais alta das "montanhas", a fim de que pudessem contrastar "a morte moral interna com a vida moral externa". Os Estados Unidos conheceram uma situação semelhante à do Brasil, e, assim, Garrison prestara um serviço à União Americana ao conquistar o apoio britânico.

Depois de todo esse malabarismo, sua conclusão é decepcionante: a Inglaterra contribuiria para pôr fim à escravidão no Brasil se adotasse uma resolução do Direito Internacional que incriminava a escravidão como pirataria. Ou seja, o não dito é que a Inglaterra deveria adotar o seu "ovo de Colombo", apresentado no Congresso de Milão, pois, segundo sua ladainha, muitos estrangeiros têm escravos no Brasil e ninguém seria tão insensato a ponto de solicitar a intervenção direta do Estado inglês... Pior que isso, essa proposta não era original nem mesmo no Brasil, pois a "proibição aos estrangeiros de possuírem escravos no Brasil", para a "abolição próxima ou remota da escravidão" brasileira, foi uma das receitas prescritas por Tavares Bastos à BFASS em 1865.[476]

Finalmente, justificou na conclusão o porquê da carta. No Brasil, o missivista era vítima principalmente de duas acusações, e o artigo de Goldwin

---

476 Ver Perdigão Malheiro, 1976, v.II, p.279.

ABOLICIONISTAS BRASILEIROS E INGLESES **193**

Smith fornecia munição aos acusadores: acusavam-no de comunista, porque não reconhecia a propriedade sobre o escravo ao condenar a indenização, e de inimigo do país, porque solicitava a "simpatia do mundo" à abolição ao criticar o Brasil no estrangeiro. E fechou a carta com a explicação do motivo que o levava a procurar apoio na Inglaterra: queria "denunciar os crimes da escravidão ao mundo como o melhor modo de colocar as classes governantes e as instituições do governo em julgamento", para que "se envergonhem de ser cúmplices da opressão".

Em lugar nenhum da sua obra publicada encontra-se essa mesma confissão, embora numa carta "particular" que enviara de Londres a Ubaldino do Amaral tivesse dito que uma das maneiras de cumprir seu compromisso com a abolição na Inglaterra era a "tarefa de envergonhar os meus compatriotas de aceitarem ainda neste período da história aquela pirataria [isto é, a escravidão]".[477]

5.4 Joaquim Nabuco e William Lloyd Garrison

Há outro aspecto da carta ao *Times* sobre o artigo de Goldwin Smith que deve ser colocado em destaque: Joaquim Nabuco se igualou a Garrison ao defendê-lo da censura feita por Goldwin Smith ao empenho do norte-americano em obter apoio britânico. Essa menção passaria em brancas nuvens se fosse a única que Nabuco fez a Garrison. Mas, ao contrário, o norte-americano passou a figurar na vida e na obra do brasileiro desde quando Thomas Fowell Buxton Jr., em 1881, comparou a homenagem que a BFASS lhe prestava no Hotel Charring Cross com a que oferecera a Garrison quatro anos antes.

Em 1883, Joaquim Nabuco escreveu que, tal como Garrison, ele se recusava a "incitar a insurreição" dos escravos.[478] Mais tarde, adotou o pseudônimo de "Garrison" para defender o Gabinete Dantas na imprensa; aliás, fez questão disso, pois o pseudônimo pertencia a Gusmão Lobo, que já havia assinado diversos artigos com ele.[479] Numa das conferências da *Campanha Abolicionista no Recife* comparou a sua boa acolhida pela BFASS em 1881 com a de Garrison.[480] Além do mais, se pôs em pé de igualdade com o norte-

---

477 Carta (manuscrita) de Joaquim Nabuco a Ubaldino do Amaral de 31 de maio de 1883, pertencente à Fundação Joaquim Nabuco.
478 *O Abolicionismo*, p.25.
479 Carolina Nabuco, 1958, p.152.
480 *Campanha abolicionista no Recife*, p. 96.

-americano na carta a Goldwin Smith, no que diz respeito à busca de apoio abolicionista na Inglaterra. Por fim, em *Minha formação*, voltou a se comparar de igual para igual com W. L. Garrison para justificar a sua ida ao Vaticano e o seu encontro com o Papa Leão XIII.[481]

Possivelmente, essa sua identificação com Garrison devia ser conhecida pelos amigos; por isso, relaciona-se com o fato de Salvador de Mendonça[482] lhe enviar dos Estados Unidos a primeira biografia de Garrison, escrita por dois dos filhos do biografado – Wendell Phillips Garrison e Francis Jackson Garrison – e publicada em 1879. Em carta anexa, Mendonça disse-lhe que apenas intermediava a entrega da biografia, pois se tratava de um presente de Wendell P. Garrison, o que leva a crer que, num contato com o filho de Garrison, o Cônsul brasileiro lhe contara sobre as ideias de Nabuco a respeito do seu pai.[483] Cerca de um ano depois, Nabuco enviou, também por intermédio de Salvador de Mendonça, uma carta de agradecimento a Wendell P. Garrison.[484] Em 1886, o norte-americano entrou novamente em contato com ele para agradecer pela defesa que fizera do seu pai na carta publicada pelo *Reporter* sobre o artigo de G. Smith.[485]

A partir da correspondência, Nabuco e Wendell P. Garrison tornaram-se amigos, e tanto cartas quanto os *Diários* do brasileiro registram encontros entre ambos nos Estados Unidos durante a primeira década do início do século XX. Aliás, Nabuco devia estimá-lo muito, a julgar pelo quanto ficou sensibilizado com sua morte, em fevereiro de 1907.[486]

Por último, em 1908, cerca de dois anos antes de morrer, Joaquim Nabuco fez sua última referência a William Lloyd Garrison. Confessava-se arrependido pela sua falta de juízo quando, em 1876, fora adido nos Estados Unidos: interessara-se "pelas bonitas raparigas americanas" quando podia ter conhecido "homens notáveis", entre os quais Garrison.[487]

De todo modo, Willian L. Garrison de fato atuou na imprensa a favor da abolição, se opôs ao incitamento da revolta de escravos e procurou apoio na Inglaterra. Mas as raízes desses elementos constitutivos da sua ação

---

481 *Minha formação*, p.223.
482 Salvador de Mendonça era cônsul do Brasil em Nova York e fora colega de Joaquim Nabuco na Faculdade de Direito de São Paulo.
483 Carta manuscrita de Salvador de Mendonça a Joaquim Nabuco de 9 de novembro de 1885, pertencente à Fundação Joaquim Nabuco.
484 Carta de Joaquim Nabuco a Salvador de Mendonça s/d. In: *Cartas a amigos*, v.I, p.140.
485 Carta 32, Apêndice B.
486 *Diários*, v.II., p.333 e 394.
487 Ibidem, p.426.

abolicionista são muito diferentes das do brasileiro. E Nabuco só conseguiu fazer uma analogia entre a sua atuação e a de Garrison porque isolou esses elementos das circunstâncias que lhes deram sentido, a saber, a história pessoal de Garrison e o contexto ideológico que enformou o seu abolicionismo. Portanto, um cotejamento entre a biografia e o contexto ideológico que deram forma às práticas abolicionistas de ambos pode pôr às claras essas diferenças.

Quatro meses depois do nascimento de Joaquim Nabuco,[488] sua família mudou-se para o Rio de Janeiro, porque Nabuco Araujo, o juiz que presidira nesse mesmo ano de 1849 o julgamento dos revolucionários pernambucanos de 1848, tinha de assumir o mandato parlamentar. Para não expor o recém-nascido aos riscos da viagem, a mãe, uma aristocrata de quatro costados, o deixou sob os cuidados dos padrinhos, que eram proprietários de engenhos e viviam no engenho Massangana. Assim, o "Quinquim de Massangana", como a madrinha o chamava, foi um menino de engenho até os oito anos de idade.

Depois da separação, a criança só voltou a ver os pais aos três anos de idade, quando foram a Recife visitá-la. E fez a viagem do engenho à capital da província em companhia de um "crioulinho", que o padrinho lhe presenteou porque o afilhado se afeiçoara por ele. No fim, os pais retornaram ao Rio, e a criança ao engenho. Nos cinco anos seguintes, o "Quinquim" ficou sob as saias da madrinha, que havia enviuvado, tendo, até os oito anos de idade, todas as regalias de um "sinhozinho": estava sob os cuidados de uma ama escrava, tinha um escravo para acompanhá-lo nos passeios pelo engenho e um professor especialmente contratado para lhe ensinar as primeiras letras.

Com a morte da madrinha, em 1857, herdou dela outro engenho e, em companhia da ama e de dois "escravos fiéis", partiu ao encontro da família no Rio. Pouco tempo depois, passou a viver numa das residências mais elegantes da cidade, o solar dos Nabucos no Flamengo.[489]

A essa altura, Nabuco de Araujo já era senador e colocou o filho num colégio interno em Friburgo, dirigido por um barão alemão. No mesmo ano, o filho ingressou no Colégio Pedro II, e nele permaneceu até 1865. Aos dezesseis anos de idade, foi para São Paulo para cursar a Faculdade de Direito, onde estudou durante dois anos, tendo completado o curso em Pernambuco.

---

488 Os dados biográficos de Joaquim Nabuco foram extraídos das suas duas principais biografias: Carolina Nabuco, 1958, e Luiz Viana Filho, 1952.

489 Jeffrey D. Needell, 1993, p.181.

Em 1870, o recém-formado tentou exercer a advocacia junto com seu pai. Mas, insatisfeito com a profissão, logo a abandonou. Fez algumas incursões na imprensa como crítico literário, voltou a Pernambuco para vender o engenho que havia herdado e, com o dinheiro obtido, adicionado a uma quantia que o pai lhe deu, ficou cerca um ano na Europa, entre 1873 e 1874, viajando pela França, Itália e Inglaterra. Na França, comportou-se, segundo Luiz Vianna Filho, como um "caçador de celebridades" e conheceu Renan, Taine, George Sand e Thiers.

Finalmente, em 1876, a família conseguiu colocá-lo na carreira diplomática, interrompida com a morte do pai e com a sua entrada na vida político-partidária do Império. E, a julgar pela montanha de depoimentos pessoais que legou à posteridade, a carreira política ajustou-se perfeitamente bem às suas necessidades.

Em 1879, Joaquim Nabuco iniciou sua atuação abolicionista como político profissional do Partido Liberal. Assim sendo, atuou em conformidade com um item do Programa do Centro Liberal (1869) que prescrevia a "alforria gradual dos escravos" e a justificava ao considerar que a emancipação dos escravos era "uma grande questão da atualidade, uma exigência imperiosa e urgente da civilização".[490] A propósito, Nabuco de Araujo teve um papel decisivo na idealização e redação desse Programa.

É verdade que, ao pé da letra, Joaquim Nabuco nunca defendeu a "abolição gradual" e, a partir de 1880, passou a advogar a necessidade de medidas antiescravistas que fossem além das fixadas pela Lei do Ventre Livre, tendo apresentado à Câmara o projeto de lei de abolição mencionado anteriormente que previa a abolição em dez anos. Mas sua relação com a BFASS provocou uma mudança essencial na sua posição a favor da indenização, e ele se tornou, de 1883 em diante, um defensor da abolição imediata e incondicional. Mesmo assim, manteve a ideia de que o fim da escravidão era uma "exigência imperiosa e urgente da civilização", ao associar o atraso do Brasil com a escravidão.

De todo modo, o núcleo do seu abolicionismo alojava a ideologia do progresso; dessa forma, a abolição da escravidão era concebida como alicerce para a emergência de uma ordem semelhante à vigente nos países europeus industrializados e nos Estados Unidos, que redefiniria a identidade nacional ao garantir a elevação do nível de civilização do Estado Nacional brasileiro, como se vê na sua crítica ao artigo de G. Smith.

---

490 Américo Brasiliense, 1878, p.43 -4.

ABOLICIONISTAS BRASILEIROS E INGLESES **197**

Entre os meados de 1881 e julho de 1885 e entre outubro de 1885 e outubro de 1887, vale dizer, nos cerca de seis anos que esteve fora da Câmara, atuou como publicista, jornalista e orador na Inglaterra ou no Brasil. Todo esse trabalho, no entanto, destinava-se à recuperação da carreira política interrompida em 1881 e à organização da sua sempre periclitante vida profissional.

Enfim, durante os anos da campanha abolicionista, Joaquim Nabuco permaneceu umbilicalmente ligado ao Partido Liberal e atuou conforme as regras do jogo político institucional, deixando clara até mesmo a sua disposição de negociar a abolição com o Partido Conservador. Por isso, opunha-se à insurreição de escravos e, ao mesmo tempo, causava-lhe mal-estar a "tarefa de envergonhar os ... compatriotas" ao buscar apoio na Inglaterra.

William Lloyd Garrison,[491] por outro lado, tinha três anos de idade e vivia na cidade de Newburyport, em Massachussets, quando seu pai, mestre de veleiro mercantil, abandonou a família, deixando a mulher e os três filhos na penúria. Pouco antes, uma filha do casal havia morrido, e a mãe teve outra logo depois que o pai partiu sem deixar qualquer rastro. E o drama familiar prosseguiu: na adolescência, o irmão de Garrison, seguindo o exemplo do pai, tornou-se alcoólatra. Afinal, os filhos foram criados pela mãe com o dinheiro minguado que recebia como ama-seca, tanto que, para enfrentar as dificuldades, Garrison, durante a infância, contribuía com o sustento da família vendendo melaço caseiro e maçãs na rua e recolhendo sobras de cozinhas das casas ricas da cidade.

O abolicionismo de Garrison amalgamou elementos da sua formação pessoal e da religiosidade do seu tempo. Sua mãe dera aos filhos uma rigorosa educação religiosa, pois era uma batista fervorosa, cuja fé se intensificara com o drama familiar, que considerou como um decreto divino para que ela difundisse a palavra de Cristo. E essa educação se refletiria na erudição bíblica que Garrison ostentou na maturidade.

Quanto ao contexto ideológico, houve nos Estados Unidos das décadas de 1820 a 1840 o que se chamou de o Segundo Grande Despertar – o anterior data da primeira metade do século XVIII. Trata-se de um movimento evangélico marcado por uma grande quantidade de *revivals*, isto é, de avivamentos pessoais do fervor religioso, que se desdobravam na convicção dos crentes de que era preciso fazer uma guerra contra o pecado. Desse modo, o

---

491 A maior parte dos dados biográficos de Garrison aqui apresentados foi extraída do trabalho de James Brewer Stewart (1992).

movimento religioso gerou uma série de movimentos reformistas como, por exemplo, o movimento pela temperança, pela paz mundial e pelo fim da escravidão. O abolicionismo de Garrison estava imerso nessa atmosfera religiosa e partia do princípio de que o pecado da escravidão seria suprimido pelo perfeccionismo cristão, assumido por ele próprio.[492] Esse perfeccionismo estava sintetizado numa exortação do próprio Garrison: "sede perfeito, do mesmo modo que o vosso Pai Celestial é perfeito".[493]

Quando Garrison completou trinta anos, isto é, a mesma idade que Joaquim Nabuco tinha quando assumiu uma cadeira na Câmara, já era reconhecido como uma das principais figuras do abolicionismo nos Estados Unidos.

Para chegar a esse ponto, iniciou a sua vida profissional aos treze anos de idade, quando se tornou aprendiz de tipógrafo de um jornal de sua cidade natal, onde também começou a sua carreira de jornalista. Findo o aprendizado, teve diversas experiências profissionais e públicas entre os vinte e vinte e cinco de idade: fundou um jornal de vida muito curta, foi contratado como editor de outro jornal que defendia a temperança, filiou-se à Sociedade de Colonização Americana, aderindo, portanto, ao incipiente movimento abolicionista, e tornou-se coeditor de um periódico abolicionista quacre de Baltimore, o *Genius of Universal Emancipation*.

No que diz respeito ao seu currículo abolicionista, nesse mesmo período de 1825 a 1830, desligou-se da Sociedade de Colonização Americana e passou a combatê-la. Isso se deu no momento em que percebeu que prevalecia na associação o objetivo de promover a emigração dos negros libertos para a África a fim de preservar a escravidão nos Estados Unidos, embora houvesse entre os seus membros uma minoria de abolicionistas sinceros. Em 1830, quando começou a trabalhar no *Genius*, tornou-se um partidário da abolição imediata e incondicional. Ao advogá-la nesse jornal, foi processado no mesmo ano por um homem citado numa coluna que criara – a "Lista Negra" – na qual publicava nomes de traficantes e de senhores que cometiam violências contra escravos. Em consequência do processo, foi condenado a pagar uma

---

492 Isso não quer em absoluto dizer que o movimento abolicionista norte-americano derivou unicamente da ideologia religiosa. Há uma montanha de estudos dos historiadores norte--americanos que associam à emergência da economia de mercado ou às mudanças sociais derivadas da nova ordem econômica ou ainda a uma crise de autoridade da elite tradicional provocada pelas mudanças econômicas e sociais. Tampouco quer dizer que o abolicionismo de Garrison era estritamente religioso, embora, de fato, ele tivesse revestido as questões políticas e sociais relativas à escravidão de um discurso religioso.

493 Apud Aileen S. Kraditor, 1989, p.103.

ABOLICIONISTAS BRASILEIROS E INGLESES 199

multa ou a cumprir alternativamente uma pena de seis meses de prisão. Sem ter o dinheiro para pagá-la, ficou preso cerca de dois meses, até que Arthur Tappan, um rico filantropo abolicionista, pagou a multa.

Depois que saiu da prisão, já com vinte e cinco de idade, se fixou na Nova Inglaterra. No quinquênio seguinte, em 1831, fundou um jornal — *The Liberator* — e o pôs a serviço da causa abolicionista; com o passar dos anos, esse periódico tornou-se nacionalmente conhecido e circulou até 1865. Além disso, em 1832, Garrison fundou a Sociedade Antiescravista da Nova Inglaterra.

Em 1833, viajou pela primeira vez à Inglaterra com o dinheiro arrecadado numa campanha dirigida aos libertos de diversas cidades americanas. O objetivo confesso da viagem era de conseguir fundos para a criação de uma escola de trabalhos manuais que se destinaria à educação de ex-escravos.

Mas Garrison tinha outras intenções. Em primeiro lugar, queria imprimir um cunho internacional à Sociedade Antiescravista da Nova Inglaterra, e, ao mesmo tempo, aprender mais sobre o movimento abolicionista britânico, haja vista que os líderes ingleses constituíam uma poderosa fonte de inspiração para o nascente movimento norte-americano. Além do mais, o ano era 1833, e, desde o seu início, o Parlamento britânico debatia a legislação sobre a emancipação nas colônias. Em segundo lugar, os ingleses quase nada sabiam sobre o movimento norte-americano, e, pior ainda, pouco antes um representante da Sociedade de Colonização Americana estivera na Inglaterra, onde se fizera passar por porta-voz de todo o movimento. Para assegurar sua posição à testa do abolicionismo norte-americano, Garrison precisava denunciar as más intenções dessa associação.

No final das contas, Garrison conheceu Buxton, Clarkson e Wilberforce. Aproximadamente duas semanas depois da sua chegada, Wilberforce encabeçou o lançamento de um manifesto, assinado também por outros líderes abolicionistas ingleses, contra a Sociedade de Colonização Americana. Além disso, foi muito bem recebido por grupos abolicionistas da Escócia, da Irlanda, por reformistas de diversas nuances e cartistas de toda a Grã-Bretanha.

Ao voltar aos Estados Unidos, em 1833, fundou a Sociedade Antiescravista Americana (AASS). Talvez um dado seja suficiente para indicar a dimensão dessa associação: cinco anos depois de ter sido fundada, ela congregava 1350 sociedades abolicionistas e 250 mil membros.[494]

Garrison fez mais quatro viagens à Inglaterra nos anos de 1840, 1846, 1867 e 1877. Considerando, portanto, o total de cinco viagens, tem-se que

---

494 Ibidem, p.6.

duas visavam obter apoio britânico ao movimento abolicionista norte-americano (as de 1833 e 1840), uma pretendia garantir na Inglaterra a imagem da sua liderança abolicionista nos Estados Unidos, ameaçada pelo sucesso de Frederick Douglass (1846), outra tinha o objetivo de angariar fundos em benefício dos ex-escravos norte-americanos (1867) e, finalmente, a última (1877) ocorreu por motivos pessoais. Para verificar o sentido dos contatos de Garrison com a BFASS, as que mais interessam são as de 1840, 1867 e 1877.

Em 1840, Garrison fez sua segunda viagem à Inglaterra na condição de membro da delegação da AASS na Convenção Mundial Antiescravista, promovida pela BFASS. Chegou a Londres cinco dias depois da sessão inaugural e tomou conhecimento de que a BFASS não reconhecera o direito de participação da delegação feminina da AASS na Convenção. Assim sendo, as mulheres norte-americanas, que já estavam no recinto da Convenção, tinham sido proibidas de participar dos debates, de votar e até mesmo de ocupar um lugar ao lado dos homens no plenário, sendo-lhes somente permitido assistir aos debates num lugar reservado aos visitantes. Em solidariedade, Garrison sentou-se ao lado delas e não participou dos trabalhos.

Sua única manifestação nessa Convenção ocorreu no encerramento, durante o chá oferecido pelos organizadores, quando fez um discurso em defesa dos direitos das mulheres, das "leis dos pobres", do sufrágio universal, da temperança, da necessidade de um língua universal e de "outros tópicos", e sua divagação recebeu uma advertência da mesa que presidia os trabalhos.[495]

Essa desavença teve um custo alto para a AASS. Primeiro, desencadeou a cisão do movimento abolicionista norte-americano: um grupo liderado pelos irmãos Arthur e Lewis Tappan afastou-se da AASS e fundou a Sociedade Antiescravista Americana e Estrangeira que, ao contrário de Garrison, defendia a participação dos abolicionistas na vida político-partidária dos Estados Unidos. Segundo, a BFASS tachou Garrison de desordeiro e heterodoxo, distanciou-se da AASS e, concomitantemente, passou a apoiar a sociedade recém-fundada pelos Tappans, tanto que Lewis Tappan tornou-se correspondente da BFASS. Em contraposição, Garrison igualou a BFASS, Joseph Sturge e os Tappans aos donos de escravos.

Apesar de perder o apoio da BFASS, Garrison continuou tendo o de alguns grupos britânicos que eram fiéis às suas ideias desde 1833: abolicionistas da Escócia, da Irlanda e do interior da Inglaterra, reformistas,

---

495 Para uma descrição da Convenção, ver Douglas H. Maynard, 1960.

ABOLICIONISTAS BRASILEIROS E INGLESES 201

cartistas, militantes dos direitos das mulheres e irlandeses separatistas, vale dizer, apoio de grupos malquistos pela BFASS.

Em 1867, fez a quarta viagem à Europa e, como delegado da Comissão da União Americana de Libertos, foi à Conferência Paris, a terceira reunião internacional antiescravista promovida pela BFASS, desta vez em parceria com as sociedades abolicionistas francesa e espanhola. Em Paris, foi ovacionado pelos participantes,[496] e, um mês depois, o *Reporter* o considerou como "o mais proeminente dos abolicionistas americanos".[497]

Terminada a Convenção, viajou à Inglaterra. Em Londres, foi recebido e homenageado por Joseph Cooper, que presidia um Comitê da Grã-Bretanha e da Irlanda da União Nacional de Ajuda aos Libertos. Na recepção, Cooper fez o discurso de boas-vindas e disse que "o trabalho de toda sua vida, dedicado aos escravos da América, deu-lhe um nome e um lugar nos corações dos filantropos não só neste país como também em qualquer parte do globo".[498] Garrison, em contrapartida, agradeceu "aos amigos desse lado do Atlântico pela estimulante simpatia e apoio, tanto no passado quanto no presente; pois a grande luta da causa antiescravista não poderia ter sido mantida como foi sem essa simpatia".[499] Desse modo, para a principal associação abolicionista inglesa, o incendiário de 1840 se tornava o herói do abolicionismo internacional de 1867, e Garrison agradeceu genericamente aos ingleses pelo apoio recebido. Em duas palavras, as partes litigantes se reconciliaram.

Em 1877, Garrison retornou à Inglaterra numa visita estritamente pessoal, pois fez a viagem para tentar recuperar a sua saúde. Mesmo assim, o estafe da BFASS reuniu "aproximadamente cinquenta pessoas" e ofereceu-lhe um café numa reunião "semipública" para lhe prestar homenagens e ouvir dele um relato sobre a situação dos libertos norte-americanos. Dessa forma, a BFASS selava oficialmente o reconhecimento dos trabalhos de Garrison.[500]

A ação abolicionista de Garrison foi rigorosamente coerente com suas ideias abolicionistas. Para examiná-las, talvez um bom ponto de partida seja uma visão, já muito bem examinada por Brewer Stewart, que teve antes de embarcar na sua primeira viagem (1833) à Inglaterra.

Garrison escreveu que, pouco antes da viagem, se viu numa grande altura, de modo que tinha diante dos olhos a África, o Atlântico e as costas da

---

496 *Anti-Slavery Reporter*, 16 de setembro de 1867, p.199.
497 Ibidem, p.205.
498 Ibidem, 15 de novembro de 1867, p.243.
499 Ibidem, p.245.
500 *Anti-Slavery Reporter*, 11 de setembro de 1877, p.278.

América do Norte. Na África, enxergara aldeias em chamas e ouvira "gemidos agonizantes" de moribundos. Vira também navios negreiros afastando-se das costas africanas e os sulcos que deixavam no oceano estavam repletos de cativos mortos. Ao mesmo tempo, ouvira "gritos abafados de vítimas" que saíam dos porões dos navios. Ao dirigir o olhar para os Estados Unidos, se deparara com uma multidão interminável de escravos a ferros, "aviltados, fatigados, famintos, feridos", suplicando-lhe que os libertasse. Tendo oniscientemente todo esse cenário diante dos olhos, ouvira também uma voz tonitruante que clamava: "lute pelos oprimidos"; era Deus, e Garrison pensara: "devo ouvir a voz dos Céus".[501]

Para Garrison, essa revelação representava simbolicamente o que Brewer Stewart chamou de "drama mundial da emancipação". Cerca de dez anos mais tarde, convicto dessa sua missão mundial, Garrison escreveu que havia sacrificado

> todos os meus preconceitos nacionais, complexionais e locais no altar do amor cristão e, quebrando os estreitos limites de um patriotismo egoísta, inscrevi na minha bandeira esse lema: "meu país é o mundo; meus paisanos são toda a humanidade".

Mas as imagens apocalípticas de 1833 não contêm os fundamentos das suas ideias e táticas abolicionistas, embora exponham a intensidade religiosa do seu engajamento emancipacionista. Garrison concebia a escravidão como pecado a partir do princípio de que nenhum ser humano pode se arvorar do direito de sujeitar outro ser humano. Quando um homem assume essa autoridade está brincando de Deus, porque usurpa uma prerrogativa que é divina por excelência, ou seja, Deus é o único senhor, e todos devem se sujeitar igualmente ao Seu poder. Sendo assim, sua luta pela abolição destinava-se à salvação daqueles que se empenham em salvar, de uma só vez, os pecadores que escravizavam e as vítimas deste pecado como condição para assegurar a própria salvação.

E como combater a escravidão? Antes de tudo, ela não poderia ser combatida por meio da participação nas instituições do Estado, outro agente de coerção que se interpunha entre Deus e os seres humanos, sobretudo porque admitia a escravidão. Com efeito, Garrison igualava o governo ao anticristo e chegou a ponto de dizer que entre a abolição e a União, ficaria com a primeira.

---

501 James Brewer Stewart, 1992, p.64-5.

ABOLICIONISTAS BRASILEIROS E INGLESES 203

Sendo assim, restava-lhe recorrer ao que denominou "persuasão moral", isto é, difundir o abolicionismo pela imprensa, conferências, panfletos e petições.

Passo seguinte, os que aderissem à causa formariam *lobbies* e grupos de pressão, e os eleitores, à exceção dele mesmo, votariam em candidatos comprometidos com a causa abolicionista.

De qualquer maneira, o Estado deveria ser preservado a fim de que efetuasse o combate ao pecado quando o seu controle estivesse nas mãos de homens comprometidos com o perfeccionismo cristão e, portanto, atuassem como agentes de Deus. No fim das contas, a perspectiva de Garrison era milenarista, pois ele se empenhava em eliminar o pecado, entre os quais o da escravidão era um dos maiores, para preparar o terreno necessário ao advento do Reino de Deus a partir dos Estados Unidos.

Quanto à questão da revolta de escravos, fez a seguinte observação num discurso proferido a propósito do enforcamento de John Brown (16 de novembro de 1859):

> sou um não resistente; desejo e tenho trabalhado incessantemente pela abolição pacífica da escravidão, pelo apelo à consciência do dono de escravo; além disso, como um homem de paz – um homem de paz extremista – estou preparado para dizer: "sucesso a toda insurreição de escravos do Sul ou a de qualquer país escravista". E, ao fazer essa declaração, não me vejo sendo concessivo ou manchando a minha profissão de paz. Onde quer que haja uma luta entre o oprimido e o opressor – desde que as partes tenham exatamente as mesmas armas – Deus sabe que meu coração estará com o oprimido, e sempre contra o opressor. Portanto, nada mais posso desejar que sucesso a toda insurreição escrava onde quer que ela tenha se iniciado.[502]

Nesse texto encontram-se algumas chaves do abolicionismo de Garrison. A não resistência explica a tática da "persuasão moral", porque segue o curso lógico da sua ideia sobre coerção. Ou melhor, se a escravidão era a mais bem acabada expressão do pecado, na medida em que envolvia a dominação de um homem sobre o outro, o confronto direto com os que a mantinham também era pecado à luz do perfeccionismo cristão, pois Cristo aconselhara oferecer a outra face ao agressor em conformidade com o que Deus disse: "a vingança é Minha. Eu retribuirei". Portanto, em nome do perfeccionismo

---

502 *The Liberator*, 16 de dezembro de 1859 (http://www.hist.umn.edu/hist1301/documents/garrison_brown.htm).

204 ANTONIO PENALVES ROCHA

cristão, os abolicionistas não deveriam resistir ao ataque das turbas enfurecidas de defensores da escravidão, tampouco incitar os escravos a se insurgirem. Contudo, como violência gera violência, se os escravos estivessem em condições iguais a dos seus senhores, Garrison torcia pelo sucesso dos insurgentes. E, em última instância, a revolta geral dos escravos seria a punição de Deus a uma nação que acredita na licitude da escravidão.

Em suma, as semelhanças entre as táticas abolicionistas de Garrison e de Nabuco eram única e exclusivamente aparentes; na realidade, havia uma diferença radical entre elas, determinada pela experiência de vida e pelos princípios que orientavam suas respectivas ações.

De fato, ambos se recusaram a incitar os escravos à revolta. Garrison assumia essa posição em nome da "não resistência" que, como observou Clare Taylor, significava "afastamento ativo"[503] de qualquer tipo de ação que envolvesse dominação, e não resistência pacífica; tanto mais que Garrison desejava, como se viu acima, "sucesso a toda insurreição escrava", desde que fosse feita por escravos. Nabuco, por outro lado, assumia uma posição parecida em nome da preservação da estratificação social constituída pela sociedade escravista, pois o seu abolicionismo visava "conciliar todas as classes", e os abolicionistas "não pedem emancipação no interesse tão somente do escravo, mas do próprio senhor, da sociedade toda";[504] além do mais, Nabuco temia também que a insurreição expusesse a "classe ... mais influente e poderosa do Estado ... à vindita bárbara e selvagem de uma população mantida até hoje ao nível dos animais e cujas paixões, quebrado o freio do medo, não conheceriam limites no modo de satisfazer-se".[505]

De fato, ambos buscaram apoio britânico. Em todas suas cinco viagens à Inglaterra, Garrison procurou levantar fundos para os escravos e libertos ou para o movimento abolicionista. Por certo, procurou também apoio para o grupo abolicionista que liderava, seja para conservar a sua liderança sobre esse grupo por meio da publicidade que a imprensa da Grã-Bretanha lhe dava, seja para garantir sua ascendência sobre os grupos britânicos que eram fiéis às suas ideias, como se vê em dois casos, a saber: primeiro, em 1833, denunciou aos ingleses o comprometimento da Sociedade de Colonização Americana com a escravidão para pôr em relevo, de uma só vez, o papel da Sociedade Antiescravista da Nova Inglaterra e da sua liderança pessoal no movimento abolicionista americano; segundo, em 1846, tentou controlar

---

503 Clare Taylor, 1974, p.5.
504 *O Abolicionismo*, p.24.
505 Ibidem, p.25.

ABOLICIONISTAS BRASILEIROS E INGLESES 205

Frederick Douglass[506] na Inglaterra, porque, entre outros motivos, receava ser relegado a um segundo plano pelos diversos grupos britânicos que o apoiavam. Nabuco, por outro lado, procurou o apoio da BFASS para apetrechar a sua própria carreira de político profissional abolicionista.

De fato, ambos tinham projetos abolicionistas que visavam redefinir as respectivas identidades nacionais. O ponto de partida do projeto de Garrison era a conversão dos norte-americanos ao perfeccionismo cristão; embora o processo de conversão devesse ocorrer dentro da sociedade civil, teria efeitos na constituição do Estado, pois os convertidos não só o colocariam a serviço da luta contra o pecado da escravidão como também dariam à nação uma posição de vanguarda na preparação do mundo para o advento do milênio. Por outro lado, o ponto de partida do projeto abolicionista de Nabuco era a ideologia do progresso; a tribuna parlamentar serviria de cátedra para instruir as elites sobre a responsabilidade da escravidão pelo atraso do Brasil, que seria superado pela cornucópia moderna: o trabalho livre.

Enfim, o cotejamento das experiências de vida e dos princípios que determinaram a ação de ambos mostra tão somente a reprodução da representação de que a repetição histórica é regulada pelo par tragédia e farsa, em vez de atestar o ponto de vista de Joaquim Nabuco sobre a semelhança entre o seu abolicionismo e o de Garrison.

5.5 A BFASS e Walter J. Hammond

Walter J. Hammond, o autor da carta "anônima" sobre a escravidão e a abolição no Brasil, publicada no *Times* de 27 de julho de 1883,[507] era diretor da Estrada de Ferro Paulista e de uma companhia de navegação. De acordo com os comentários do *Reporter*,[508] essa carta era uma versão pouco modificada da que Hammond enviara ao *Rio News*, sendo constituída por uma introdução e três subtítulos referentes a assuntos relativos à escravidão no Brasil.

Assim sendo, segundo o *Reporter*, ela se inicia com uma pequena história do emprego de escravos no Brasil a partir da consideração de que é a "única terra civilizada que mantém a escravidão" e, excetuando a libertação dos servos na Rússia, tem "mais escravos que qualquer outra terra civilizada libertou por medidas pacíficas".

---

506 Ver nota 685.
507 Carta 22, Apêndice B.
508 *Anti-Slavery Reporter*, ago. de 1883, p.200.

O primeiro subtítulo da carta – "A Lei de 1871" – explica o objetivo da Lei do Ventre Livre, cujo resultado, depois de 11 anos de vigência, foi a transformação de 150 mil crianças escravas em aprendizes e a libertação de 11 mil escravos adultos pelo Fundo de Emancipação; ou seja, o autor deixa subentendido que a Lei era insuficiente para fazer a emancipação dos escravos.

Sob o segundo subtítulo – "Diferentes classes de escravos" – Hammond disserta sobre o *status* dos diferentes escravos brasileiros: os mais bem tratados eram os domésticos; abaixo deles estavam os que tinham uma profissão e eram alugados e, finalmente, havia os "Calibans", como chamou os que trabalhavam nas turmas das fazendas (ou nas "fábricas", como Nabuco as chamava) em condições subumanas, pois eram caninamente submetidos pelos feitores e proprietários, alimentados porca e parcamente e trabalhavam de sol a sol. Finalmente, Hammond fazia uma proposta para acelerar o fim da escravidão no Brasil.

A resposta a Hammond foi dada num artigo do *Reporter*, intitulado "*Slavery in Brazil*", que saiu alguns dias depois da publicação da carta pelo *Times*. Esse artigo reproduz integralmente em duas páginas o que está resumido nos dois primeiros subtítulos do parágrafo acima, embora nada diga sobre a proposta de Hammond para acabar com a escravidão no Brasil.

A justificativa do editor para transcrevê-los foi a seguinte: considerava a carta "admiravelmente bem escrita" na medida em que oferecia um quadro "vivo e muito triste" da escravidão nas fazendas brasileiras, sendo por isso "indubitavelmente interessante aos nossos leitores".

Mas, no fim do artigo, o editor escreveu que gostaria que a carta finalizasse nos pontos transcritos, pois não concordava com a proposta de Hammond para imprimir uma velocidade maior ao fim da escravidão no Brasil. Pois o sistema de "abolição gradual" aconselhado pelo missivista, "exposto nas duas colunas e meia do *Times* que se seguem aos parágrafos descritivos de abertura", defendia "os interesses dos fazendeiros". Allen, certamente o autor desse texto, afirmou também que identificava suas semelhanças com a carta que havia sido enviada ao *Rio News*. Mas, mesmo sabendo que ela havia sido publicada no Brasil, o *Reporter* não se sentira na obrigação de se manifestar, dado que dizia respeito a uma questão local.

Para concluir seus comentários, o editor afirmou que, em vista da "circulação mundial" que o *Times* dera a princípios odiosos a todo pensamento abolicionista correto, agora era preciso denunciar "a falha dos argumentos razoáveis, mas perniciosos, usados pelo missivista anônimo para apoiar o sistema de emancipação gradual e a compra de escravos pelo governo por

ABOLICIONISTAS BRASILEIROS E INGLESES 207

meio de enormes empréstimos levantados na Inglaterra!". Enfim, Charles Allen não dava esclarecimentos sobre os tais princípios odiosos ou sobre a sugestão de Hammond de que o Brasil obtivesse empréstimos na Inglaterra para abolir a escravidão.

Essas questões foram tratadas no artigo seguinte desse mesmo número do *Reporter*, intitulado *"Anti-Slavery Jubilee"*,[509] escrito em resposta a um desafio à BFASS lançado por um editorial do *Times*, que se apoiava na carta de Hammond.

Antes de tudo, o título desse artigo se refere aos cinquenta anos da abolição inglesa. De fato, a lei que pôs fim à escravidão nas Índias Ocidentais, indenizando os donos de escravos, foi sancionada pelo rei William IV em 28 de agosto de 1833 e entrou em vigor em 1º de agosto de 1834. Desse modo, 1883 e 1884 eram os dois anos de jubileu da abolição inglesa, "uma das maiores e mais nobres ações da Inglaterra", segundo esse mesmo artigo.

Relembrando que agosto de 1883 era um dos jubileus e usando o principal argumento da carta de Hammond, o de que o maior impedimento à emancipação no Brasil era pecuniário, o *Times* publicou um editorial em que desafiava a BFASS a resolver o seguinte problema: "qual é a melhor maneira de apressar a emancipação no Brasil?".

Sem ter nada de concreto a dizer, o editor do *Reporter* voltou suas baterias contra as propostas de Hammond que estavam na parte omitida do artigo anterior, e que se resumiam ao seguinte: (1) o governo brasileiro deve pleitear um empréstimo de £33000000 na Inglaterra, à razão de £30 por escravo, e repassá-lo aos fazendeiros para que emancipassem os escravos; (2) depois de terem o dinheiro em mãos, os fazendeiros teriam o direito de continuar com os escravos por mais quatro ou cinco anos como forma de indenização, após o que seriam definitivamente libertados; (3) os ex-escravos, no entanto, teriam de pagar as £30 ao governo num prazo máximo de dois anos, dentro do qual ficariam trabalhando para o antigo dono, pois o fazendeiro era responsável pelo pagamento do empréstimo que beneficiava o escravo.

E Hammond fechava sua carta incitando "os abolicionistas e seus amigos que clamam pela emancipação" a se esforçarem para concretizá-la, sob pena de serem caracterizados mais como meros obstrucionistas que como colaboradores efetivos da abolição.

Certamente a BFASS, uma associação filantrópica, não teria como resolver o problema proposto pelo editorial. De modo que só restou a Charles

---

509 *Anti-Slavery Reporter*, ago. de 1883, p.202.

208 ANTONIO PENALVES ROCHA

Allen dizer que os ingleses não consentiriam em ceder empréstimos a donos de escravos que submeteriam "o negro miserável a um trabalho não recompensado por cinco anos". Para completar, recorreu a uma oração de Lord Brougham,[510] que citava frequentemente; aliás, ela também fora citada por William Lloyd Garrison num discurso de 16 de dezembro de 1859, feito logo depois do enforcamento de John Brown:

> Não me falem dos direitos – não me falem da propriedade do senhor sobre seus escravos. Nego o direito e não reconheço a propriedade. Os princípios e os sentimentos da nossa natureza se rebelam contra ela. Seja o apelo feito à razão ou ao coração, a sentença que a rejeita é a mesma. Em vão me falam das leis que sancionam esse direito. Há uma lei acima de todas as leis dos códigos humanos – a mesma em todo o mundo –, a mesma em todos os tempos. É a lei escrita pelo dedo de Deus no coração do homem; e por essa lei, imutável e eterna, enquanto os homens desprezarem a fraude, se opuserem à rapinagem e detestarem o sangue, rejeitarão com indignação a fantasia selvagem e criminosa de que o homem possa manter a propriedade do homem.

5.6 Joaquim Nabuco e a Encíclica *In Plurimis*

Depois de reproduzir no *Minha formação* trechos da carta escrita a *O País* sobre da sua audiência com o Papa, Joaquim Nabuco comentou que, embora sua permanência em Roma o tivesse impedido de ir aos Estados Unidos, estava "satisfeito, contente", porque a "palavra do Papa terá para todos os católicos maior influência do que poderia ter qualquer outra manifestação em favor dos escravos".

Reconheceu, no entanto, que a audiência não teve repercussão política, porque a Encíclica custou a chegar ao Brasil, dado que "o ministério conservador alarmou-se com a intenção manifestada pelo Papa" e determinou o "envolvimento" da diplomacia, razão pela qual ela só apareceu "depois de abolida a escravidão". Não obstante, a bênção do Papa "à nossa causa" foi conhecida pelo país em fevereiro "pelas minhas revelações", quando Cotegipe ainda presidia o Ministério.

Em suma, segundo essas informações de Nabuco, a sua audiência com Leão XIII e a promessa do Papa de publicar uma Encíclica interferiram

---

510 Ver, por exemplo, Carta 33, Apêndice A.

ABOLICIONISTAS BRASILEIROS E INGLESES 209

positivamente no curso da abolição, a despeito de a Encíclica ter efetivamente chegado ao Brasil em junho de 1888.

Além dos reflexos no Brasil, ainda segundo a visão de Joaquim Nabuco, a sua audiência com o Papa também teve efeitos no movimento abolicionista internacional; a esse respeito, reproduziu presunçosamente uma opinião de Charles Allen, segundo a qual o brasileiro havia preparado "junto ao Papa o caminho para o monsenhor Lavigerie".

As evidências, no entanto, não comprovam o grosso das afirmações de Nabuco que aparecem no "memorial", enviado ao Cardeal Rampolla, nas suas cartas a Penedo, a Schoelcher, a O País e, doze anos depois, no Minha formação relativas ao encontro com o Papa; a saber:

1) embora tivesse dito ao Papa que decidira fazer a "peregrinação do Brasil a Roma" depois da manifestação dos bispos brasileiros, as evidências mostram que seu plano de ir ao Vaticano foi elaborado durante sua viagem à Europa;

2) as evidências não sustentam a sua afirmação de que ele teria pedido ao Papa que se manifestasse sobre a abolição antes do início dos trabalhos parlamentares de 1888, uma vez que havia se comprometido no "memorial" entregue ao Cardeal Rampolla a não tratar de questões políticas na audiên-cia, e esse documento tinha a força de uma carta de intenções que devia ser seguida à risca;

3) não é possível comprovar que houve uma maquinação do Partido Con-servador para atrasar a chegada da Encíclica de Leão XIII ao Brasil porque, em primeiro lugar, quando Nabuco encontrou-se com o Papa, em 10 de fevereiro, a queda de Cotegipe, efetivada em 7 de março, era tida como favas contadas; aliás, desde antes do início do recesso parlamentar havia rumores nos meios políticos sobre sua queda e a ascensão de João Alfredo, fato este que se comprova numa opinião do próprio Nabuco, conforme o que escreveu a Penedo, em outubro de 1887;[511] em segundo lugar, antes da posse, João Alfredo havia assumido o compromisso de tomar medidas políticas pela abolição imediata e, portanto, o Gabinete conservador não teria interesse em retardar a chegada da Encíclica ao Brasil, mas sim tê-la em mãos o quanto antes para fins de legitimação destas medidas; em terceiro lugar, Nabuco sabia disso, tanto que, segundo a carta sobre a audiência escrita para O País, teria dito a Leão XIII que o movimento abolicionista brasileiro havia se

---

511 Ver nota 404.

tornado "proeminentemente um movimento da própria classe dos proprietários" e teria destacado a atuação de Antonio Prado, que era o esteio do Gabinete João Alfredo.

Mas não são somente as afirmações miúdas de Nabuco que carecem de consistência. Todos os seus textos sobre a audiência insinuam que ela teria sido decisiva para o lançamento da Encíclica de Leão XIII, como, por exemplo, na carta a Penedo em que diz que o papa "prometera-me" a publicação de uma Encíclica; ou então no *Minha formação*, em que afirmou que ela só não teve os efeitos pretendidos em virtude do fato de que a diplomacia teria retardado a sua publicação.

A inconsistência vem à tona quando essas suas afirmações são cotejadas com o texto da própria *Encíclica In Plurimis – Carta aos Bispos do Brasil*. No terceiro parágrafo dessa Bula lê-se que o Papa havia manifestado seu contentamento com as medidas dos bispos brasileiros "no mês de janeiro último ao enviado que o augusto imperador delegara junto a nós" e, ao mesmo tempo, comunicado ao Embaixador que "deveríamos escrever ao Episcopado a respeito dos indivíduos escravos".[512] Ou seja, o lançamento da Encíclica contra a escravidão já havia sido decidido pelo Papa antes do seu encontro com Nabuco e havia sido comunicado à Embaixada do Brasil em janeiro. Afora isso, a Encíclica data de 5 de maio de 1888, isto é, foi publicada três dias antes de o governo apresentar o projeto de lei de emancipação imediata no parlamento.

Além do mais, Nabuco não despertou a atenção de Leão XIII para a questão da escravidão e, portanto, sua ida ao Vaticano não tem relação alguma com a "cruzada antiescravista" do Cardeal Lavigerie, que, por sinal, era confidente de Leão XIII; aliás, Allen, que Nabuco citou para destacar a importância de sua audiência com Leão XIII, não escreveu que essa "cruzada" decorreu da sua audiência, mas sim que se deveu *"em parte* [grifado por mim – APR] à sua visita ao Vaticano".[513]

Finalmente, quando Joaquim Nabuco afirmou que a "palavra do Papa" teria maior importância que qualquer outra manifestação abolicionista, explicou exatamente o oposto do queria dizer: ela de fato não teve relevância alguma, dado que a abolição foi efetivamente realizada sem ela. E, ademais, a crise da escravidão naquela altura dos acontecimentos já estava fora do controle do Estado, restando-lhe fazer a abolição para reassumir noutros termos o controle da ordem.

---

512 Papa Leão XIII, 1987, p.3.
513 Carta 52, Apêndice A.

ABOLICIONISTAS BRASILEIROS E INGLESES 211

Embora pareçam anedóticos, dois episódios narrados pelo *Rio News* ilustram essa fase terminal da escravidão.

Em fins de janeiro de 1888, a polícia de Itu prendeu escravos fugitivos. Ao saber da ocorrência, a proprietária emitiu cartas de alforrias a todos, obrigando a polícia a soltá-los da prisão; em seguida, uma multidão de escravos apresentou-se à delegacia da cidade na esperança de obter o mesmo benefício, e a polícia teve de dispersá-la.[514]

Nos fins de março, a aristocrática Petrópolis foi declarada livre da escravidão; um comitê de citadinos, sob a liderança de ninguém menos que a princesa Isabel, arrecadou fundos para comprar a liberdade de 102 dos 127 escravos da cidade. Para surpresa geral, na cerimônia de entrega das cartas de alforria apareceram cinquenta fugitivos pedindo proteção ao comitê, que, no frigir dos ovos, arrecadou a quantia necessária para igualmente libertá-los.[515]

Enfim, no que diz respeito a quase tudo que Joaquim Nabuco escreveu sobre sua audiência com Leão XIII, não há risco de erro em afirmar que o papel que ele atribuiu à importância desse episódio tinha uma finalidade única e exclusivamente autopromocional.

Mas, quanto ao que escreveu doze anos depois no *Minha formação*, a autodefesa estava imbricada na autopromoção em razão das críticas que recebera de seus aliados por estar flanando pela Europa e presumivelmente exortando o Papa a lançar uma Encíclica contra a escravidão num momento crucial da história da abolição. De fato, José do Patrocínio o criticou duramente num artigo intitulado "Abolicionistas no seu Posto", publicado na *Cidade do Rio* de 23 de abril de 1888.[516] Sentindo o golpe, Nabuco escreveu na entrada referente a esse mesmo dia dos seus *Diários* que Patrocínio "ataca-me, chama-me ausente, diplomata e muitos outros nomes"; aliás, nesse mesmo lugar, Nabuco registrou também: "furor na Confederação [Abolicionista] contra mim". Em São Paulo, *A Redempção*, o jornal dos caifazes, num artigo intitulado "Esperem pelo Papa", o acusou de omissão por trocar a luta abolicionista pela tentativa de obter uma declaração papal sobre a escravidão.[517] E, Lamoureux, que era o seu maior admirador na imprensa, não usou uma linha sequer do *Rio News* para noticiar o episódio.

---

514 *The Rio News*, 5 de fevereiro de 1888, p.3.
515 Ibidem, 5 de abril de 1888, p.3, e 15 de abril de 1888, p.3.
516 José do Patrocínio, 1996, p.213.
517 Apud Célia Marinho de Azevedo, 1987, p.246.

212 ANTONIO PENALVES ROCHA

Por outro lado, a BFASS acreditou na informação de Nabuco e reconheceu o seu papel decisivo no lançamento da Bula; segundo um comentário de Charles Allen, "você convenceu Sua Santidade sobre a necessidade de a Igreja se manifestar claramente sobre a questão da escravidão".[518]

5.7 Joaquim Nabuco no Congresso Antiescravista de Paris

O texto exposto por Joaquim Nabuco no Congresso Antiescravista de Paris (1900), batizado de "A Luta Antiescravista no Brasil",[519] expõe uma narrativa histórica das ações abolicionistas no Brasil a partir da Lei Euzébio de Queiroz. A particularidade dessa narrativa reside no fato de que ela foi construída para colocar em primeiro plano a abolição propriamente dita; por isso, o autor opina sobre o seu caráter, sobre os seus atores e sobre as interpretações do fato. Em meio a isso tudo, nas suas entrelinhas, o texto informa também a respeito do lugar que o narrador ocupou na marcha dos eventos abolicionistas da década de 1880.

É verdade que, antes do Congresso, Nabuco já havia dissertado sobre uma parte desse assunto em *Um estadista do Império*, e algumas passagens do texto em tela reproduzem material do *Minha formação*.[520] Apesar disso, o texto é peculiar na sua obra devido à adoção da perspectiva histórica como método de exposição, o que obrigou o autor a sintetizar todas suas opiniões sobre o tema. Não há dúvida de que esse seu caráter sintético deriva também do fato de o texto ter sido escrito apenas dois dias antes da sua apresentação. De qualquer modo, o pouco tempo dedicado à sua elaboração o robustece

---

518 Carta 50, Apêndice A.

519 Há uma tradução supostamente integral dele nos *Escritos e discursos literários*, p.243-54. O *Anti-Slavery Reporter* também publicou excertos do mesmo no seu número de agosto--novembro de 1900, p.115-29. Sempre que possível, recorri ao segundo, pois o primeiro apresenta passagens obscuras e imprecisões. Por exemplo, a mais grave das imprecisões é sobre a princesa Isabel estar "presidindo a Sociedade Antiescravagista Francesa" (p.249), enquanto seus presidentes eram de fato o cardeal Perraud e Henri Wallon; trata-se de um erro de tradução, pois, segundo o texto em inglês, a princesa estava *"presiding over the French Antislavery Society"*, ou seja, "presidindo a reunião da Sociedade Antiescravista Francesa".

520 Sobre o papel do imperador na abolição, ver *Um estadista do Império*, t.II, p.158-60; sobre a campanha abolicionista, a atuação dos políticos, dos donos de escravos e da monarquia, *Minha formação*, caps. 21 e 22. Segundo Gilberto Freyre, aos cinquenta anos (1899) Joaquim Nabuco "deu forma à *Minha formação*", conforme escreveu no prefácio deste livro (*Minha formação*, p.XII), haja vista que alguns dos capítulos haviam sido publicados como artigos antes da edição do livro.

como fonte histórica, na medida em que a pressa é um empecilho à escrita estudada.

Tudo somado, o "discurso" merece ser observado por informar de maneira sintética e simplificada todas as opiniões de Joaquim Nabuco sobre a abolição. Além do mais, essas opiniões deram régua e compasso para a escrita da história da abolição durante muito tempo.

Nesse texto, de saída, Joaquim Nabuco insinuou que o título lhe fora indicado pelos seus anfitriões. Na verdade, essa insinuação tinha fins retóricos, na medida em que pretendia justificar a impropriedade da apresentação desse tema num Congresso sobre a escravidão na África; concomitantemente a insinuação servia também para negar o enunciado sugerido pelo título, tanto que o ponto de partida do "discurso" foi a reprovação da ideia de que houve luta antiescravista no Brasil.

Com efeito, Nabuco informou, antes de tudo, que não houve luta contra a escravidão no Brasil "no sentido de divisão nacional". Pois, de acordo com o seu argumento, diferentemente das demais experiências abolicionistas do século XIX, a abolição brasileira não envolveu uma guerra civil como a norte-americana, não indenizou os senhores como a inglesa, não teve suas origens numa revolução republicana como a francesa, nem tampouco foi obra de um autocrata libertador como a russa. Enfim, a singularidade da libertação dos escravos no Brasil residia na espontaneidade do processo, porque ela derivou de "uma emoção nacional crescente" que gerou uma "corrente de opinião e de sentimento, mais forte que os interesses pessoais, uma espécie de renúncia íntima dos que poderiam desafiá-la".

Concretamente a ideia da abolição no Brasil começou a ser gestada pelos "estadistas e o Imperador", que se inspiraram "nas necessidades da situação nacional diante do mundo, no grau da nossa civilização e no cuidado com o futuro". As duas primeiras providências antiescravistas – a Lei Euzébio de Queiroz (1850) e a Lei Rio Branco (1871) – traduziram essas necessidades.

A campanha abolicionista surgiu mais tarde. E a façanha inaugural da "agitação popular" foi a abolição no Ceará, que não só deu à luz a primeira província livre da escravidão no país[521] com o também provocou uma inflexão político-partidária.

---

521 Essa noção de "província livre" não deve ser tomada literalmente. No dia 21 de fevereiro de 1886, o *Jornal do Comércio* publicou o que o *Rio News* chamou de "uma das mais humilhantes notícias que recebemos": a descoberta de que havia trezentos escravos no município de Milagres no Ceará. *The Rio News*, 24 de fevereiro de 1886, p.2.

Sobre essa inflexão, Nabuco explicou que, até então, a única força da ideia abolicionista advinha da "emoção que ... levantava"; mas, a partir da abolição no Ceará, ela foi adotada pelo Partido Liberal e, em consequência, houve a formação do Gabinete Dantas, "voltado para a emancipação". Depois da queda de Dantas e da subsequente derrota dos liberais nas eleições para a Câmara, a ideia "se impôs aos vencedores coligados contra ela". Em três anos, contudo, o Partido Conservador se converteu ao abolicionismo, e o "Gabinete João Alfredo/Prado" propôs a abolição imediata. No fim das contas, o projeto de lei,

> redigido numa só linha – *É declarada extinta a escravidão no Brasil* –, foi apresentado na segunda-feira, 7 de maio de 1888; na quinta-feira passou na Câmara, quase por aclamação, e no domingo o Senado o levava à sanção imperial, que a Princesa Regente assinaria no mesmo dia, em 13 de maio.

A "agitação popular" teria atuado como braço civil do Estado. E foi adjetivada de "popular" por Joaquim Nabuco não porque tivesse sido levada a cabo pelas camadas populares, isto é, pela população pobre, mas sim por grupos de cidadãos do Império que constituíam o povo. Ou seja, embora estivesse sintonizada com os projetos dos estadistas, a "agitação" só era "popular" porque era civil, tanto mais que ele próprio se incluiu entre os "agitadores", tratados nesse texto na primeira pessoa do plural.

Esses agitadores, no entanto, mobilizavam eventualmente pessoas das camadas populares propriamente ditas, como, por exemplo, os jangadeiros, que, segundo Nabuco, foram "movidos" pelos abolicionistas do Ceará. Sendo assim, o discursador atribuía a si mesmo um lugar na abolição, pois se considerava, e era considerado por alguns, como a principal figura da "agitação popular", no sentido que ele dava a esta expressão.

Se o ponto de partida das iniciativas abolicionistas foram as ideias dos estadistas e do Imperador, a "agitação popular" as difundiu e, concomitantemente, os encorajou a avançar. Isso tudo, porém, não era suficiente para explicar a rapidez com que a abolição foi feita, pois, "quando nos alistamos, acreditávamos ... que a campanha se estenderia além das nossas vidas", e a escravidão ainda duraria mais um século. Em todo caso, revertendo as expectativas, ela ocorreu em 1888, apenas quatro anos depois da abolição no Ceará.

Para explicar essa rapidez, Joaquim Nabuco pôs em cena os donos de escravos, tanto que lhes cabe "uma das mais belas menções na história do abolicionismo brasileiro, se não foram de fato eles que lhe imprimiram a sua

ABOLICIONISTAS BRASILEIROS E INGLESES 215

mais bela originalidade" simplesmente porque libertaram espontaneamente seus cativos. Enfim, com a entrada em cena dos senhores estava completo o elenco da abolição: no início (1871) e no fim (1888), a monarquia tomou as providências abolicionistas; depois de 1880, a "agitação popular", inspirada nas iniciativas oficiais, difundiu o abolicionismo; por fim, os "próprios interessados" na escravidão passaram a libertar os seus escravos.

A propósito, Nabuco acreditava realmente que a abolição fora protagonizada pelos donos de escravos. Tanto que, mais tarde, em 1909, num discurso proferido em Washington em homenagem ao centenário de Lincoln, afirmou que a abolição no Brasil foi alcançada "num grande abraço de confraternidade nacional, e foram os proprietários de escravos, com a prodigalidade de suas cartas de manumissão, os que impulsionaram a ação das leis emancipacionistas sucessivamente decretadas".[522]

Com a abolição no Ceará, ainda conforme Nabuco, entraram em cena também os abolicionistas partidários da ação direta. Em Pernambuco, os membros do Clube do Cupim estimulavam as fugas de escravos e transportavam os fugitivos nas barcaças. Em São Paulo, Antonio Bento, "pelo caráter o John Brown brasileiro", incitava os escravos à fuga, e os amparava para que passassem "de um município para outro". Contudo, embora Joaquim Nabuco reconhecesse a importância histórica da ação desses abolicionistas, a subestimava ao considerá-la como "um dos fatores menores da obra", uma vez que "o escravo fugia por si mesmo", restando aos abolicionistas somente "fazê-lo partir ou escondê-lo".

Depois de descrever os papéis que esses diferentes atores exerceram na abolição, o "discurso" apresentou os "dois pontos de vista diferentes" sobre a sua história.

Uns veem nela "um movimento popular de tendências revolucionárias", como se ela tivesse obedecido a um "impulso inconsciente das massas" que exerceu forte pressão sobre o Estado. Os que veem a abolição através desse prisma e "conseguem abstrair a política, encarnam essas tendências na pessoa de José do Patrocínio", uma "mistura de Espártaco e de Camille Desmoulins".[523] Nesses termos, Nabuco censurou duplamente os que perfilhavam esse ponto de vista porque, primeiro, parecia-lhe óbvio que a abolição fora um fato político para atender necessidades da civilização e do futuro da nação e, segundo, José do Patrocínio assemelhava-se a dois

---

522 "Centenário de Lincoln", p.167.
523 Essa mesma comparação aparece em *Minha formação*.

216 ANTONIO PENALVES ROCHA

personagens históricos que se sublevaram contra a ordem estabelecida, uma ação que Nabuco não via com bons olhos.

De qualquer maneira, das duas uma: ou essa última censura está desnorteada ou é um acerto de contas particular de Nabuco com Patrocínio, que lhe criticara na imprensa pouco antes da abolição. Pois são múltiplas as imagens de Espártaco e Desmoulins e, concretamente, Patrocínio não liderou, como o primeiro, uma revolta de escravos, embora tenha sido radical e panfletário como o segundo. Por outro lado, ao fazer a comparação, dificilmente Joaquim Nabuco deixaria de levar em conta que, em meio a essa multiplicidade de imagens de ambos, houve um denominador comum entre o escravo romano e o revolucionário francês: ambos foram mortos por contestarem a ordem; portanto, ao que tudo indica, com luvas de pelica, Nabuco revidava às críticas que recebera e dava início a um processo que relegaria a ação abolicionista de José do Patrocínio a um segundo plano na memória da abolição.

O outro ponto de vista sobre a abolição a considerava como "obra nacional" levada a cabo "pelas influências sociais e políticas predominantes no país". "Uma grande parte do resultado" devia ser atribuído à "dinastia", seja pela sua iniciativa em 1871, seja pela "coragem e dedicação" em 1888, e não há sombra de dúvida de que Joaquim Nabuco se incluía entre essas "influências".

Para atestar a veracidade desse ponto de vista, montou um sofisma que será mais bem compreendido com a reprodução de uma afirmação que fez nos primeiros parágrafos do "discurso", segundo a qual a escravidão foi demolida por "quatro golpes certeiros e profundos": a Lei Euzébio de Queiroz, que represou os "mananciais africanos", a Lei Rio Branco, que libertou os filhos de escravos, a Lei de 1885, que reduziu o tempo da escravidão a "pouco mais de uma dezena de anos" e a de 13 de maio de 1888, que a extinguiu "no mesmo dia".

Tomando esse conjunto de "golpes" como premissa, Nabuco afirmou que a abolição só pode ser avaliada adequadamente pelo historiador que observar a escravidão antes de 1871, quando a instituição exibia sua maior "força e fecundidade". Assim, ele poderá verificar o "resultado líquido" da Lei de 1871, uma medida que abrangeu "inúmeras gerações" de escravos ao determinar que todos os nascituros do ventre escravo somente seriam cativos até aos vinte e um anos. Por isso, teve um efeito "incomparavelmente maior" que o das Leis de 1885 e 1888: a de 1885 emancipou apenas os escravos de uma mesma geração e a de 1888 incidiu sobre os poucos anos que restavam à escravidão.

A Lei de 1871 foi, portanto, o principal golpe desferido contra a escravidão e resultou de uma decisão tomada única e exclusivamente "na esfera governamental" sob a "a influência maior" do imperador. A Lei de 1888 teve uma origem parecida: apesar de a escravidão contar com poucos anos de sobrevida, a Princesa Regente tomou a decisão de "precipitar-lhe o fim" porque, durante o seu paroxismo, "se a luta assumisse outro caráter ensanguentaria a nação".

Enfim, por meio desse contorcionismo, Nabuco avaliava a quantidade de gerações de escravos beneficiadas por leis, quando o que estava em jogo eram os seus efeitos emancipacionistas concretos; caso a aferição levasse em conta somente esses efeitos, seria impossível comparar a Lei de 1871 com a de 1888. Mas sua argumentação visava apenas "demonstrar" que a Lei de 1871, nascida da "razão de Estado ou da consciência dinástica", havia sido muito mais incisiva que as duas posteriores para sustentar um ponto de vista sobre os sujeitos históricos da abolição. Seja como for, a ação dos abolicionistas ameaçou ensanguentar a nação, e a ameaça só foi abortada pela interferência da monarquia em 1888.

Para concluir a parte do "discurso" sobre as particularidades da abolição no Brasil, Nabuco explicou o significado do enunciado inicial do texto, segundo o qual a luta contra a escravidão não provocou "divisão nacional": "no sentido de um espírito teórico, arraigado e expansionista, como vimos nos Estados Unidos, não houve escravidão no Brasil. O dono de escravos de hoje era, amanhã, o emancipador de todos seus escravos". E a encerrou ao afirmar que "o coração do país foi vencido pela causa desde o início".[524]

Em seguida, se associou, "em nome dos abolicionistas brasileiros", à obra dos participantes do Congresso e argumentou que a luta dos brasileiros contra a escravidão teve reflexos internacionais em consequência da oposição dos bispos brasileiros à escravidão, que levou o Vaticano a lançar a Bula *In Plurimis*. Não foi por outro motivo que, em 1888, ao chegar em Roma, o cardeal Lavigerie encontrou o apoio de Leão XIII para realizar a cruzada antiescravista africana. A obra dos participantes do Congresso em tela era, portanto, uma "continuação direta da que concluímos na América". Assim, mais uma vez, Nabuco falava de si mesmo, dado que considerava a sua audiência com Leão XIII decisiva para o lançamento da Bula.

Mas, prosseguiu, diferente dos brasileiros, os participantes do Congresso não tinham "com a raça africana a mesma dívida que nós", razão pela qual devia render à "raça negra" o "mesmo tributo que já uma vez lhe rendi".

---

524 A última frase dessa citação só aparece no texto publicado pelo *Anti-Slavery Reporter*.

218 ANTONIO PENALVES ROCHA

A partir dessa afirmação, Nabuco passou a discorrer sobre um assunto que se tornará famoso com a publicação do *Minha formação*.[525] Iniciou o tributo à "raça negra" com as mesmas palavras da passagem do livro: "combati a escravidão com todas as minhas forças..." e, mantendo a exposição nesta mesma linha, afirmou que

> quando penso na alma escrava, que conheci na infância, pergunto a mim mesmo se a escravidão, a domesticidade do homem, não teria sido a origem de toda a bondade do mundo, e a escravidão se me afigura um rio de ternura, o mais silencioso que atravessa a história, mais tão largo e tão profundo que todos os outros, e o cristianismo mesmo parece proceder dele.

Desse ponto em diante, discorreu sobre a "onda de abnegação que a escravidão derrama no seio do cristianismo" e usou outra expressão que aparecerá no *Minha formação*: "entre nós, Deus também conservou o coração do escravo, como o do *animal fiel* [grifado por mim – APR], fora de tudo que o pudesse revoltar contra a sua dedicação". E, como experiência pessoal,

> eu não trocaria, por nenhum outro, o primeiro contato da minha vida com a raça mais generosa entre todas, para a qual a desigualdade da sua condição enternecia, em vez de azedar, e que, por sua doçura no sofrimento, emprestava até mesmo à opressão de que era vítima um reflexo de bondade ... e espalhou em torno de nós um sentimento de gratidão pelos menores benefícios e de perdão para as maiores culpas....

Com essa elocução sobre o "rio de ternura" da escravidão, Joaquim Nabuco pagou seu tributo aos "santos pretos" e encerrou o seu "discurso".

Resta saber, no entanto, qual princípio foi usado para pintar esse quadro que mostra relações sociais e econômicas presididas por uma noção de bondade marcadamente católica, haja vista que, para Nabuco, os que tinham interesse em manter a escravidão libertavam espontaneamente os seus escravos, que, por sua vez, expressavam "gratidão pelos menores benefícios" e perdoavam "as maiores culpas" dos senhores. Aliás, Joaquim Nabuco acreditou na existência desse mundo até o fim da vida, pois no discurso em homenagem a Lincoln (1909) acima citado referiu-se a livros escritos por um norte-americano que "conservarão, como lágrimas eternas, *a poesia da escravidão* [grifado por mim –

---

525 *Minha formação*, p.184.

APR], o encanto desse único laço entre escravos fiéis e o senhor reconhecido, de cuja família eles realmente faziam parte".[526]

Seguramente esse princípio era o da "fraqueza" e da "doçura do caráter nacional, ao qual o escravo havia transmitido sua bondade e a escravidão, o seu relaxamento".[527] Noutros termos, a luta contra a escravidão no Brasil foi determinada pelos elementos constitutivos do caráter nacional brasileiro, o que explicava, portanto, o porquê de ela ter sido "uma corrente de opinião e de sentimento, mais forte que os interesses pessoais", fomentada por "uma emoção nacional crescente". E com esse retrato do caráter nacional brasileiro Joaquim Nabuco pôs em cena outro ator da abolição: o escravo, que ofereceu à constituição do caráter a "doçura no sofrimento", "a domesticidade do homem" por meio de sua índole de "animal fiel".

Hoje em dia essas expressões provocam, no mínimo, um misto de indignação e repugnância, especialmente a última delas. Joaquim Nabuco, no entanto, conferia-lhes um valor altamente positivo e por meio delas pretendia exibir afabilidade.

Como compreender que um bom escritor, que considerava que a "a raça negra não é, ... para nós, uma raça inferior", conforme escreveu em *O Abolicionismo*,[528] reduziria o escravo a "animal fiel"? Ou, o que teria levado um homem obrigado a escolher prudentemente as palavras pela sua formação acadêmica em Direito e pelas suas atividades de jornalista, político profissional e de diplomata a empregar, de modo aparentemente estabanado, essas expressões?

Antes de oferecer uma resposta direta a essas questões, deve ser levado em conta que há uma grande diferença entre os escritos de Joaquim Nabuco sobre a escravidão da década de 1880 e os da década de 1890. Os primeiros empregam um vocabulário estritamente laico para tratar das condições do escravo e das relações entre a escravidão e diversos aspectos da vida nacional. A partir do texto em tela, e pouco depois no *Minha formação*, essas condições e relações cederam lugar a imagens da bondade do escravo construídas com um vocabulário religioso.

A mudança das imagens e do vocabulário está intrinsecamente ligada à "reconversão" de Joaquim Nabuco ao catolicismo, iniciada em Londres, em janeiro de 1891.[529] Depois disso, Nabuco tornou-se um devoto, tanto que,

---

526 "Centenário de Lincoln", p.167.
527 *Minha formação*, p.193.
528 *O Abolicionismo*, p.18-9.
529 *Diários*, v.2, p.30.

por exemplo, pouco antes deste Congresso, durante a última semana de abril de 1900, esteve com a família no Santuário de Lurdes, onde assistiu a missas, rezou e teve algumas revelações místicas.

Um episódio ocorrido durante o curso desse seu recobro da fé fornece elementos para a compreensão da sua nova visão do escravo. Seu principal mentor fora um inglês, o Padre Gordon, que contou a Nabuco que a sua conversão resultara da "oração dos seus antepassados". Dessa experiência religiosa de Gordon, Nabuco derivou a origem da sua própria "reconversão" nos seguintes termos: "quero crer que foram os escravos que ofereceram a Deus por mim algumas de suas amarguras".[530]

Esse episódio está registrado nos *Diários*, o que significa que se trata de uma anotação destinada apenas à sua lembrança, uma vez que, presumivelmente, não pretendia vê-los publicados. Em todo caso, essa passagem revela, primeiro, que Joaquim Nabuco falava com seus botões a respeito da sua importância para os escravos, e, segundo, que os escravos reconheciam-na, tanto que suas almas ofereceram as amarguras a Deus em troca da volta do filho pródigo à casa do Pai Eterno.

Dada essa importância, Nabuco traçou um caminho espiritual que representava a sua caridade abolicionista como o ponto inicial de um círculo de benevolência católica, que se fechava com uma retribuição das almas dos escravos. Trocando em miúdos: como Nabuco havia se dedicado aos escravos, as almas deles, que certamente estavam no Paraíso, ofereceram suas amarguras a Deus em troca do acolhimento do benfeitor. Por isso mesmo, Joaquim Nabuco passou a chamá-los de "santos pretos" tanto no "discurso" em tela quanto no *Minha formação*, porque, depois de terem aceitado o martírio e perdoado seus algozes em vida, suas almas queriam que Nabuco estivesse ao lado de Deus.

Os registros dos *Diários* eram de foro íntimo, mas para fins de exemplaridade católica essas ideias deveriam se tornar uma mensagem sobre uma experiência espiritual que representa o escravo como "animal fiel", uma vez que os sentimentos deles eram os mesmos que os primeiros cristãos atribuíram ao "cordeiro de Deus".

Enfim, esse conjunto de expressões de gosto literário muito duvidoso nada tem a ver com racismo ou simpatia pela escravidão. Significavam apenas a confissão pública da gratidão de Nabuco pela interferência das almas dos escravos à sua "reconversão".

---

530 Ibidem, p.52.

6
O PAPEL DA COLIGAÇÃO NA ABOLIÇÃO E A LIDERANÇA ABOLICIONISTA DE NABUCO

Incertos sobre onde a memória termina e a história começa, frequentemente atribuímos a uma o que vem da outra, misturando antigas memórias com histórias posteriormente ouvidas e lidas ... (David Lowenthal, *The Past is a Foreign Country*)

Um inventário das opiniões que a BFASS tinha sobre Joaquim Nabuco e o *Rio News,* que o *Rio News* tinha sobre Joaquim Nabuco e a BFASS e que Joaquim Nabuco tinha sobre a BFASS e o *Rio News* pode ser um ponto de partida para examinar a atuação da coligação na abolição. Pois o material inventariado mostrará não só como os coligados se articulavam, mas também o caráter da ação abolicionista da coligação. Além do mais, esse mesmo material contém informações sobre o papel da memória na representação histórica da liderança abolicionista de Joaquim Nabuco.

As opiniões da BFASS sobre Joaquim Nabuco e sobre o Rio News

Joaquim Nabuco foi, por certo, uma figura importante na história da BFASS, pois, antes de tudo, uma associação que atuava globalmente contra a escravidão carecia da participação de estrangeiros, principalmente de abolicionistas da maior sociedade escravista do Ocidente a partir dos meados da década de 1860. E o que Nabuco lhe ofereceu foi além do que era esperado, na medida em que se tornou o "líder abolicionista" estrangeiro que esteve mais estreitamente ligado a ela em toda a sua história.

De fato, além de ter residido em Londres e de ter mantido contato direto com a associação durante o período que vai do início de 1882 ao início de 1884, deu continuidade aos vínculos com ela quando retornou à Inglaterra, entre meados de abril e início de agosto de 1887 e entre meados de dezembro de 1887 e meados de março de 1888. Tudo somado, descontando as suas viagens ao continente no primeiro semestre de 1887 e as do início de 1888, nesses seis anos (1882-1888) permaneceu em Londres mais de dois anos e meio.

Nabuco, se quisesse, ocuparia um posto executivo na associação, uma vez que qualquer correspondente da BFASS podia participar das reuniões do Comitê quando estivesse em Londres. Assim sendo, diferenciou-se dos demais abolicionistas estrangeiros que ocuparam o mesmo cargo tanto pelo tempo que permaneceu nessa cidade quanto pela sua efetiva participação em atividades da BFASS.

Alguns comentários do *Reporter*, que estão entre as mais de uma centena de menções a Joaquim Nabuco feitas por este periódico, revelam como Nabuco era retratado pelos abolicionistas ingleses.

Já em 1881, o periódico anunciou "o dobre de finados" da escravidão brasileira decorrente dos trabalhos da *Brazilian Anti-Slavery Society*, cujos "felizes resultados por todo império" tornaram mais frequentes as manumissões no Brasil, dando como exemplo o caso de Sebastião Accioly Lins, que "libertou 23 escravos".[531]

Em janeiro de 1882, reproduziu um artigo do *Rio News* sobre a derrota de Nabuco nas eleições parlamentares e sobre sua intenção de se mudar para Londres, onde "acredita que poderá se aplicar mais e melhor [ao seu trabalho abolicionista] que no Brasil" por meio da "imprensa e da tribuna do orador".[532] Nesse mesmo ano, depois da sua chegada a Londres, o *Reporter* referiu-se ao seu "exílio forçado" e comparou a sua condição de exilado com a de José Bonifácio, "o pioneiro da emancipação brasileira, que foi compelido a fugir do seu país, onde os donos de escravos exerciam, e ainda parecem exercer, o poder supremo".[533]

Em janeiro de 1883, deu destaque à continuidade da atuação de Nabuco em prol da "causa pela liberdade humana" na Inglaterra, pois ele havia enviado uma "eloquente petição à Câmara de Deputados do Brasil que solicitava

---

531 *Anti-Slavery Reporter*, 16 de novembro de 1881, p.207.
532 Ibidem, jan. de 1882, p.12.
533 Ibidem, fev. de 1882, p.35.

a abolição completa em todo o país".[534] E, em outubro desse ano, reproduziu um resumo sobre a escravidão no mundo todo, o mesmo apresentado por Charles Allen na Conferência de Milão, que exprimia a convicção da BFASS de que a emancipação no Brasil estava bem encaminhada na medida em que estava sob os cuidados do "Senhor Nabuco e de seus respeitáveis coadjuvantes".[535]

Em 1886, a Sociedade das Senhoras Amigas dos Negros de Birmingham referiu-se à atividade abolicionista de Joaquim Nabuco como a de um homem que tem "trabalhado por muitos anos no Brasil, quase que sozinho, pela libertação dos escravos".[536]

Em 1887, Charles Allen enviou uma carta ao *Times* sobre a vitória eleitoral de Nabuco apresentando-o como "o líder do movimento abolicionista brasileiro", que partira às pressas da Inglaterra para tentar reconquistar a sua cadeira no parlamento; e a encerrou comunicando que "tenho o prazer de dizer que essa missão, aparentemente arriscada, resultou no triunfo da causa da abolição ...".[537]

Em 1888, o *Reporter* noticiou que "o Senhor Nabuco visitou o Papa há poucos dias ... e obteve dele a promessa de que publicará uma encíclica especial sobre a emancipação no Brasil".[538]

Em 1891, no "Obituário" de D. Pedro, depois da passagem que se refere à aspiração do Imperador de pôr fim à escravidão no Brasil, lê-se que "pela agitação, que foi admirável e corajosamente conduzida pelo Senhor Joaquim Nabuco, um estadista bem conhecido pelos nossos leitores, o Partido Abolicionista apoiou indiretamente o imperador".[539]

Esses comentários do *Reporter* mostram a visão distorcida da BFASS sobre a escravidão, sobre o movimento abolicionista e sobre a vida político-partidária no Brasil; por exemplo: "o dobre de finados" da escravidão havia soado com a fundação da Sociedade Brasileira contra a Escravidão, pois 23 escravos haviam sido libertados; Joaquim Nabuco, "líder do movimento abolicionista no Brasil", trabalhou "por muitos anos ..., quase que sozinho, pela emancipação" e o movimento por ele liderado apoiou as aspirações abolicionistas do Imperador. Certamente essa distorção provinha das difi-

---

534 Ibidem, jan. de 1883, p.5.
535 Ibidem, out. de 1883, p.250.
536 Ibidem, ago.-set. de 1886, p.103.
537 Ibidem, set.-out. de 1897, p.157.
538 Ibidem, jan.-fev. de 1888, p.2.
539 Ibidem, nov.-dez. de 1891, p.297.

culdades da BFASS de obter informações abrangentes sobre o Brasil, e as poucas informações obtidas eram dadas por Nabuco e filtradas apenas pela boa-fé de pessoas de sólida formação religiosa.

Essa mesma miopia em relação a Joaquim Nabuco condicionou a construção da noção da BFASS a respeito do seu próprio papel no movimento abolicionista brasileiro, como se vê no artigo de Crawford anteriormente referido,[540] que põe a associação numa posição de destaque na abolição no Brasil por ter dado educação antiescravista à opinião pública brasileira.

Certamente não vem ao caso discutir aqui a existência ou não da opinião pública, mas apenas constatar que os letrados europeus do século XIX identificavam-na como um fato social. De qualquer maneira, as observações de Crawford sobre o assunto devem ser colocadas no quadro das representações que a BFASS fazia de si mesma para fins de legitimação e de autopreservação da associação, haja vista que é impossível autenticá-las por meio de comprovação empírica. Ou seja, nada indica que a BFASS tenha desempenhado o papel que atribuiu a si mesma no movimento pela abolição da escravidão no Brasil.

Em contraposição a esse artigo, dois contemporâneos de Crawford que viviam no Brasil colocavam sob suspeita até mesmo a existência de uma opinião pública brasileira, embora, tal como o inglês, a reconhecessem como fenômeno social.

No início de 1882, o senador Martinho de Campos, que estava na presidência do Conselho de Ministros e era conhecido pela sua truculência como "escravocrata da gema", ao ser aconselhado por um deputado numa sessão da Câmara a prestar atenção à opinião pública, fez uma série de perguntas que continham implicitamente as suas respectivas respostas:

> Onde está a opinião pública? Na maioria do parlamento? Ela representa a maioria da nação ...? E como se pode conhecer essa maioria da nação? Mediante a meia dúzia de loucos, jovens e velhos que escrevem nos jornais? É isso que faz a opinião pública?[541]

Cinco anos mais tarde, numa pequena nota que aparentemente pretendia apenas expor uma indignação, pois não estava ligada a fato algum, Lamoureux escreveu que

---

540 Ver texto referente à nota 82.
541 *The Rio News*, 5 de março de 1882, p.3.

ABOLICIONISTAS BRASILEIROS E INGLESES **225**

Estivemos à procura da opinião pública, como Diógenes procurava um homem honesto. Estamos seguros de que ela não é representada pela imprensa, e que os auditórios das reuniões republicanas e abolicionistas também não a representam. De fato, estamos plenamente seguros de que opinião pública no Brasil é uma ficção que tem pequena influência na política, se é que tem alguma. A maioria dos eleitores é mais ou menos dependente do governo e vota como o governo ordena. Sendo uma ficção num país que alega ser governado por uma constituição, a opinião pública é um enigma tão difícil que desistimos da procura.[542]

De todo modo, é impossível comprovar que a BFASS teve um papel de importância na abolição como agência de formação da opinião pública, e se teve algum foi porque estava coligada com Nabuco.

Quanto ao *Rio News*, a BFASS nunca manifestou suas opiniões sobre o periódico ou sobre o seu editor. Mas alguns números superam essa ausência de uma manifestação explícita: entre 1879 e 1888, o *Reporter* citou, ou reproduziu integralmente, mais de cinquenta matérias publicadas originalmente por Lamoureux.

As opiniões do Rio News *sobre Joaquim Nabuco e a BFASS*

Nos pouco mais de dois anos que vão de setembro de 1879 a dezembro de 1881, o *Rio News* publicou cerca de vinte matérias sobre Joaquim Nabuco e fez pelo menos o dobro de referências ao seu nome. Algumas têm poucas linhas ou são notas curtas; outras, no entanto, ocupam mais espaço e assumem a forma de editoriais e de artigos. Há matérias ainda maiores, que ocupam uma página ou mais, concernentes à publicação de cartas da correspondência entre Nabuco e a BFASS,[543] à versão em inglês do Manifesto da Sociedade Brasileira contra a Escravidão,[544] ou ainda, em março e abril de 1881, à transcrição de notícias de jornais europeus sobre Nabuco, todas apresentadas e comentadas pelo editor.

Mas o número dessas referências caiu substancialmente depois da mudança de Joaquim Nabuco para Londres. Em 1882, o seu nome praticamente sumiu das páginas do periódico; a rigor, nesse ano, houve uma única

---

542 Ibidem, 24 de julho de 1887, p.5.
543 Carta 1 do Apêndice A e carta 1 do Apêndice B.
544 Ibidem, 5 de outubro de 1880, p.3.

referência a ele numa nota sobre um mal-entendido a respeito da origem das informações sobre os libertos escravizados pela Morro Velho. Quanto ao período que vai do início de 1883 a maio de 1884, foi impossível obter quaisquer informações, dado que faltam na coleção mais acessível do *The Rio News*, que pertence ao acervo da Biblioteca Nacional, os números relativos a esses anos, embora se saiba pelo *Reporter* que, em 1883, Lamoureux resenhou *O Abolicionismo*.

Em comparação com o período de 1879 a 1881, nos pouco mais de três anos e meio que vão de janeiro de 1885 a agosto de 1888 houve uma redução dessas referências. Tudo somado, o nome de Joaquim Nabuco foi citado treze vezes durante toda essa quadra, sendo estas citações distribuídas ano a ano da seguinte forma: três em 1885, duas em 1886, seis em 1887 e duas em 1888; aliás, em 1888 não houve nenhuma antes da abolição.

De qualquer maneira, entre 1879 e 1881, Lamoureux relatou episódios da vida pública de Joaquim Nabuco e pôs em relevo traços positivos da sua personalidade, sobretudo suas virtudes como político profissional. Em 1880, quando Nabuco se destacou na Câmara, o *Rio News* o considerou como um político que havia assumido uma "posição independente",[545] cuja atuação era ditada "por suas próprias convicções" e não pelos "meros objetivos políticos" dos partidos.[546] Tinha "ideias saudáveis" e os "melhores sentimentos", além de ser "o mais tolerante e mais culto dos estadistas do Brasil".[547] E, aos olhos de Lamoureux, Joaquim Nabuco projetava essas virtudes na ação política, incentivando "o interesse e a simpatia dos homens mais inteligentes com os quais entrava em contato".[548]

Por isso tudo, em 1881, atribuiu a Nabuco a condição de "líder do movimento pela abolição neste país". O reconhecimento internacional dessa liderança, obtido em Portugal, na Espanha, na França e na Inglaterra no início desse ano, investiram-no de uma importância jamais adquirida por um estadista do Brasil, e, assim, ele "deixou de ser apenas o porta-voz dos abolicionistas brasileiros para tornar-se um porta-voz do abolicionismo em todos os lugares".[549]

Outros textos do *Rio News* mostram que Joaquim Nabuco era vitimado pela sua independência político-partidária. Em dezembro de 1879, o editor

---

545 Ibidem, 24 de dezembro de 1879, p.3.
546 Ibidem, 15 de março de 1880, p.1.
547 Ibidem.
548 Ibidem, 4 de maio de 1881, p.4.
549 Ibidem, 4 de maio de 1881, p.4. Ver nota 286.

lamentou que "as pressões do atual Gabinete", em represália ao abolicionismo do deputado, obrigaram-no a renunciar ao cargo de adido da embaixada brasileira de Washington.[550] Lamentou também sua derrota nas eleições para a Câmara nos fins de 1881, tramada pelo governo, e a considerou como responsável pela sua mudança para a Inglaterra, o que significava para o país a perda de "um dos seus filhos mais promissores".[551]

Depois de 1884, no entanto, essa apologia se escasseia muito, embora o *Rio News* continuasse a manifestar respeito por Joaquim Nabuco. Por exemplo, nesse ano, Lamoureux chamou a atenção para o fato de que Nabuco inaugurou uma nova forma de fazer política no Brasil ao empregar "meios de educação política popular" na campanha eleitoral de Recife. Valendo-se das possibilidades criadas pela Reforma Eleitoral de 1881, tinha "um contato mais direto com o eleitorado por meio do uso do sistema anglo-saxão de reuniões populares e discursos", oferecendo "aos seus compatriotas modelos excelentes e dignos daquilo que os americanos denominam oratória *stump* [de praça pública]".[552]

Em 1886, elogiou a sua integridade como jornalista nas entrelinhas de um comentário sobre os ataques pessoais que lhes eram feitos na imprensa, ridicularizando a sua aparência, as suas companhias, a sua carreira e os seus objetivos pessoais e políticos. Esses ataques apareciam em artigos anônimos e eram publicados nas colunas pagas de todos os jornais do Rio de Janeiro em resposta aos comentários políticos de Joaquim Nabuco na sua coluna "Sessão Parlamentar" de *O País*, sendo "instigados, dirigidos e apoiados pelo governo em razão da crítica ácida que fazem à atual administração, assim como pela posição de líder dos abolicionistas do autor". Desse modo, o *Rio News* novamente apresentava Nabuco como vítima das pressões do governo, que pretendia "afastá-lo de *O País*, a fim de silenciar sua voz no Brasil" da mesma forma que exercera influência na sua derrota nas últimas eleições em Pernambuco. Mas, afirmava Lamoureux, Nabuco deixava de lado os comentários pessoais, embora rebatesse energicamente os ataques que diziam respeito "a princípios e ao interesse público".[553]

Essas apreciações evidenciam a admiração e o respeito do *Rio News* por Joaquim Nabuco, uma vez que o retratam como um político íntegro e progressista, cujas ideias sobre a ordem nacional e prática política estavam em

---

550 Ibidem, 24 de dezembro de 1879, p.3.
551 Ibidem, 5 de dezembro de 1881, p.3.
552 Ibidem, 24 de abril de 1885, p.5.
553 Ibidem, 24 de julho de 1886, p.3

consonância com as do "mundo civilizado", razão pela qual era repelido pelo sistema político-partidário do Império.

Revelam ao mesmo tempo a cumplicidade do jornal com Joaquim Nabuco. De fato, Lamoureux assemelhava traços do seu próprio projeto político com os dos projetos de Nabuco e, desse modo, o *Rio News* o promovia como se ele pudesse colocá-los em ação como político profissional ou, no mínimo, dar-lhes mais visibilidade do que podiam obter ao serem veiculados por um jornal escrito em inglês no Brasil. Sendo assim, punha em prática o mesmo princípio que norteava o seu jornalismo: promovia o deputado por acreditar "que o mais alto dever do jornalista é conduzir e instruir a opinião pública, condenar tudo que é injusto e nocivo e recomendar e promover tudo que é correto e benéfico ...".[554]

Ainda por cima, a cronologia selava essa cumplicidade, pois ambos manifestaram publicamente oposição à escravidão em 1879 e, neste mesmo ano, em 30 de setembro, Nabuco propôs na Câmara o que chamaria mais tarde de "secularização das relações civis", cujo propósito era separar a Igreja do Estado, uma das bandeiras políticas levantadas pelo *Rio News*.

Mesmo assim, houve uma redução das referências do *Rio News* a Joaquim Nabuco a partir dos meados da década de 1880 graças a uma convergência de fatores.

Em primeiro lugar, entre 1886 e 1888, o abolicionismo de Joaquim Nabuco ficou à margem do quadro dos acontecimentos sociais e políticos que prenunciavam a abolição. De fato, as fugas de escravos das fazendas de São Paulo, Rio de Janeiro e Minas, o Senado como palco das propostas abolicionistas e dos debates sobre a abolição e a adesão de Antonio Prado à emancipação absorveram a tal ponto a atenção de Lamoureux, que, em 1887, por exemplo, o *Rio News* fez mais referências ao fazendeiro paulista que a Nabuco.

Mas também Nabuco nada tinha a dizer sobre o que se passava. Seus textos sobre o assunto desse período mostram que ele mantinha o mesmo discurso sobre a abolição que construíra no início dos anos 1880, quando teve uma importância indiscutível na retomada dos debates parlamentares sobre a escravidão. E, passados cerca de cinco anos, esse discurso foi atropelado pela marcha do movimento abolicionista. Tudo o que Joaquim Nabuco conseguia fazer nessas circunstâncias era esforçar-se para colocar o Partido Liberal na vanguarda do movimento, como se vê nos quatro panfletos que

---

554 Apêndice D, 3.

ABOLICIONISTAS BRASILEIROS E INGLESES 229

publicou como parte de uma pequena série intitulada "Propaganda Liberal". Aliás, o último deles – *"Escravos! - Versos Franceses a Epiteto"* – mostra claramente a quem se dirigia a propaganda abolicionista de Nabuco e a sua inadequação num momento crucial da história da escravidão no Brasil; de acordo com o verso final desse soneto,

Fais au Brésil entier, Grand Esclave, une aumône!
Que ton esprit, brillant dans la nuit de l'erreur,
Chasse encore une fois les ténèbres d'un Trône,
Jette encore un reflet au front d'un Empereur![555]

Tendo em vista essa dissintonia da ação de Joaquim Nabuco com as circunstâncias históricas, respeitosamente o *Rio News* silenciou-se sobre ele e, diferentemente do que fez no início dos anos 1880, deixou de incensá-lo; mesmo assim, Lamoureux reconhecia, como se vê no editorial de 15 de maio de 1888, que Nabuco, tal como outros políticos do Império, levantaram o "interesse popular sobre a questão" e educaram "a consciência popular para que uma classe oprimida obtivesse justiça".

Mas, acima de tudo, o silêncio do jornal deve-se ao fato de que, nesse mesmo período, Lamoureux havia mudado seu ponto de vista sobre a abolição: ao mesmo tempo que o *Rio News* discutia todas as questões relativas à abolição e à reorganização social do país com a libertação dos escravos, em julho de 1888, no editorial anteriormente citado[556] expôs com todas as letras a sua defesa do "direito incontestável" do escravo de recuperar a liberdade "em qualquer época e lugar e *por todos os meios* (grifado por mim)".

Não bastasse isso, as atividades de Joaquim Nabuco já não eram mais matéria para notícias. A partir de 1884, houve uma diminuição da sua exposição pública determinada pela sua impossibilidade de retornar ao cenário que lhe dera fama — o plenário da Câmara –, que só ocupou durante uns poucos meses entre 1885 e 1888. Como não conseguia se reeleger, sua

---

555 *Escravos! — Versos Franceses a Epiteto*, p.74. A respeito do uso do francês no poema, Nabuco esclarece o porquê da sua forte "afinidade" com essa língua no *Minha Formação* (p.61): "não revelo nenhum segredo dizendo que insensivelmente a minha frase é uma tradução livre, e que nada seria mais fácil do que vertê-la outra vez para o francês do qual ela procede". De qualquer maneira, na página seguinte desse mesmo panfleto há uma tradução do verso: "Faze ao Brasil inteiro, grande Escravo, esta esmola: deixa o teu espírito, que brilha imortal na noite do erro, dissipar ainda uma vez as trevas de um trono, e lançar ainda um reflexo à fronte de um Imperador".

556 *The Rio News*, 5 de julho de 1888, p.2.

atuação política ficou limitada ao jornalismo e às conferências, e os novos rumos do movimento abolicionista ofuscavam o brilho fraco da sua atuação nesses campos.

Por fim, resta verificar as relações entre o *Rio News* e a BFASS, iniciadas juntamente com a tomada de posição francamente abolicionista do jornal carioca. Como foi comentado antes, essas relações se estabeleceram em 1879, quando os ingleses enviaram material para ser reproduzido pelo jornal. Por certo, o material era bem-vindo, pois, como Lamoureux observou em 1881, havia chegado o tempo de usar "todas possibilidades de pressão externa" para pôr fim à escravidão.[557]

Mas, em termos quantitativos, o volume de matérias publicadas sobre a BFASS pelo *Rio News* não foi expressivo: entre 1879 e 1882, encontram-se nas suas páginas apenas sete referências ou matérias alusivas à associação britânica concernentes ao emprego de *coolies* chineses no Brasil, aos libertos da Morro Velho e, a partir de 1881, às relações entre a BFASS e Nabuco. Haja vista a impossibilidade de acesso às fontes relativas aos anos de 1883 e 1884, merece registro o fato de que Lamoureux não publicou material algum proveniente do *Reporter* entre 1885 e 1888.

Em todo caso, a publicação de matérias sobre a BFASS entre os anos de 1879 e 1882 bastou para que seus leitores acreditassem que o *Rio News* mantinha ligações estreitas com os abolicionistas ingleses, o que pode ser comprovado na carta escrita por Ferreira França, que pede a Lamoureux esclarecimentos sobre posições antiescravistas da associação inglesa.[558]

Essa carta e a resposta de Lamoureux a ela tratam de um assunto que havia aparecido no *Times* de 21 de setembro de 1885: Ferreira França enviara a este diário uma carta em que argumentava que se a *Anti-Slavery Society* aceitara a abolição nas Índias Ocidentais mediante a indenização dos donos de escravos, e a BFASS, como herdeira dela, deveria defender a aplicação da mesma medida no Brasil. Aproximadamente duas semanas depois, Charles Allen escreveu uma resposta à carta, que também foi publicada no *Times*, usando inclusive trechos de uma carta que Nabuco lhe enviara.[559] E, afinal, a discussão foi parar nas páginas do *Rio* News.

No fim das contas, a relação entre o jornal e a BFASS foi mais proveitosa para os ingleses, que utilizaram o *Rio News* como fonte de informações sobre o movimento abolicionista no Brasil. Por outro lado, possivelmente

---

557 Ver nota 201.
558 Apêndice D, 3 e 4.
559 Carta 30, Apêndice A.

ABOLICIONISTAS BRASILEIROS E INGLESES **231**

Lamoureux percebeu que a BFASS não tinha a força necessária para pressionar o Estado brasileiro a tomar providências contra a escravidão num tempo em que essa questão fora retirada da pauta da política externa do Estado britânico, razão pela qual deixou de usar material do *Reporter*.

A opinião de Joaquim Nabuco sobre a BFASS e sobre o *Rio News*

O exame da atuação política antiescravista de Joaquim Nabuco, baseado nas fontes históricas da sua coligação com a BFASS, evidencia a importância desta associação na construção da representação que lhe atribuiu o papel de figura principal do movimento abolicionista brasileiro. De fato, como parte integrante do apoio que ela ofereceu a Nabuco, o *Reporter* fez uma quantidade considerável de referências à sua posição de líder desse movimento e assim deu projeção internacional ao seu nome. O *Rio News* teve igualmente importância nessa construção, não só por ter caracterizado Nabuco como líder, mas também por ter servido de ponte para o contato entre o deputado e a BFASS.

Posto isso, cumpre verificar o reverso da medalha, ou seja, a quantidade de vezes que Joaquim Nabuco fez menções à BFASS e ao *Rio News* e a natureza dessas menções.

No que diz respeito à BFASS, Joaquim Nabuco fez-lhe cerca de uma dúzia de menções; mas, no que diz respeito à natureza, a maioria absoluta delas foi usada como pano de fundo para Nabuco falar de si mesmo. Por exemplo, aludiu à BFASS na Terceira Conferência no Teatro Santa Isabel[560] para justificar suas relações com abolicionistas estrangeiros ou no *Minha formação* para dizer que ela intermediou a obtenção da carta do cardeal Manning que o apresentou ao Papa.[561] Há também algumas alusões estritamente nominais à associação nas passagens que perspectivam historicamente o antiescravismo no II. Reinado. Em *Um estadista do Império*, por exemplo, o nome da associação aparece como metáfora para designar a ação da Embaixada da Inglaterra contra a escravidão no Brasil nos fins dos anos 1850,[562] ou

---

560 *Campanha abolicionista no Recife*, p.94-6.
561 *Minha formação*, p.237.
562 "A Legação inglesa assumira no Brasil o papel da *Anti-Slavery Society;* rebater a escravidão era a sua função única, o lugar de ministro da rainha quadraria talvez melhor entre nós a um diretor daquela sociedade do que a um diplomata de carreira". *Um estadista do Império*, t.I, p.176.

então ela é citada na sua dissertação sobre as posições de Tavares Bastos, Nabuco Araujo e Perdigão Malheiro[563] perante a escravidão.

No seu livro autobiográfico, Joaquim Nabuco não reconheceu influência alguma da BFASS nem no seu abolicionismo tampouco na abolição, embora faça três menções à associação, a saber: à carta do cardeal Manning acima citada, às traduções do *Anti-Slavery Reporter* que fazia para seu pai e às suas próprias vitórias eleitorais, "que me traziam de longe as bênçãos dos velhos *quakers* da *Anti-Slavery Society*"[564]. Essa última, marcadamente afetada, diz respeito aos votos manifestados por Thomas Fowell Buxton, Joseph Cooper e J. G. Alexander de que os seus esforços abolicionistas contassem com a bênção divina.[565]

A única vez que Joaquim Nabuco admitiu abertamente que a BFASS o apoiava foi no *paper* que apresentou no Congresso de Milão ao confessar que tratava do tráfico africano para "quitar uma pequena parte da ajuda que tenho recebido com frequência da *British and Foreign Anti-Slavery Society*".[566] Mas, por certo, essa confissão queria dizer que ele quitava uma parte da ajuda dada pela BFASS à *sua* luta contra a escravidão no Brasil, tendo em vista que a associação o considerava como líder dos abolicionistas brasileiros, fortalecendo, portanto, esta noção com informações sobre o assunto. Desse modo, em vez de testemunhar o apoio recebido, Nabuco limitou-se a construir uma frase que o apresentava aos juristas do Congresso como líder do movimento abolicionista brasileiro.

Em resumo, todas essas menções nada revelam sobre a importância da BFASS na biografia abolicionista de Nabuco; muito pelo contrário, ocultam-na. Tanto é assim que, até hoje, os estudos sobre Joaquim Nabuco nada disseram sobre sua adesão à abolição imediata e incondicional estar ligada às suas relações com os abolicionistas ingleses, sobre o editor de *O Abolicionismo* ter sido o do *Reporter*, sobre a BFASS ter enviado as matérias de sua autoria ao *The Times* e tê-lo colocado em contato com celebridades britânicas, sobre a sua ida ao Vaticano ter sido possível graças aos arranjos feitos por essa associação e sobre o seu o cargo de correspondente da associação de 1881 até o início do século XX.

Além do mais, Joaquim Nabuco nunca disse uma palavra sequer sobre a influência da BFASS na abolição brasileira. E só indiretamente fez propaganda dela, como, por exemplo, ao reproduzir em dois artigos de 1884, ambos

---

563 Ibidem, respectivamente p.18, 90 e 136.
564 *Minha formação*, respectivamente p.26 e 224.
565 Ver as Cartas 7 e 14 do Apêndice A.
566 Apêndice C, 1.

ABOLICIONISTAS BRASILEIROS E INGLESES **233**

assinados por "Garrison", algumas denúncias de autoridades britânicas contra a escravidão no Brasil, que foram feitas durante as comemorações do jubileu da abolição inglesa por ela organizadas.[567]

* * *

Enfim, o quadro formado por esses dados mostra claramente que houve uma troca desigual de serviços dentro da coligação na medida em que a BFASS manifestou um grande apreço por Joaquim Nabuco e o promoveu unilateralmente. Aliás, algo parecido ocorreu também nas relações entre Joaquim Nabuco e o *Rio News*, pois o jornal foi citado uma única vez nas inúmeras resmas consumidas pela sua obra.[568]

Ao que tudo indica, essa ausência de reciprocidade proveio de uma medida de autoproteção. Sujeito a ataques por tentar resolver a questão da escravidão, tida por ele como uma questão crucial do Estado Nacional brasileiro, com apoio estrangeiro, ocultou as suas relações com a BFASS, salvo para dizer que coube a ela a iniciativa de procurá-lo. Assim sendo, deixava subentendido que atraíra a atenção dos britânicos pela importância da sua ação abolicionista, tanto que suas vitórias eleitorais eram abençoadas pelos "velhos *quakers*".

Esse silêncio tem sua origem numa lição que Nabuco aprendeu quando ofereceu, em nome da Sociedade Brasileira contra a Escravidão, um banquete ao Embaixador dos Estados Unidos no Brasil pelo seu obséquio de ter escrito uma carta que expunha os efeitos benéficos da abolição no seu país. O episódio lhe custou caro, pois estremeceu sua imagem perante a "oligarquia inteligente e patriótica", e, por isso, ameaçou sua carreira política. A partir dessa experiência, compreendeu que era prudente não fazer alarde sobre auxílio estrangeiro e, desde então, adotou a fórmula, diversas vezes reproduzida, de que o "partido abolicionista" era sensato e patriótico, e não pretendia atrair a "intervenção estrangeira, sabendo que isso levantaria contra si a nação inteira".

Mas há outro aspecto dessa omissão de informações que deve ser assinalado: não convinha tocar no assunto porque poderia vir à tona a debilidade da BFASS. Ou seja, as suas relações com a mais famosa sociedade abolicionista da segunda metade do século XIX, aparentemente prestigiosas e potencialmente perigosas para os interesses escravistas, poderiam se tornar motivo de zombaria em razão das dificuldades que a associação enfrentava para se sustentar.

---

567 Trata-se de "A Escravidão e o Brasil perante o Mundo" e de "Ainda o *Meeting* Abolicionista de Londres". *Campanhas de Imprensa*, p.70-81.
568 Ver nota 230.

234 ANTONIO PENALVES ROCHA

Joaquim Nabuco deve ter tomado conhecimento dessas dificuldades na época em que morou em Londres; senão, ficou ciente do fato pela carta que lhe foi enviada por Charles Allen em junho de 1884, informando que a BFASS estava à beira da bancarrota.[569]

Com efeito, na década de 1880, a BFASS enfrentou graves dificuldades com a brutal queda do número de subscritores, que consequentemente acarretou a redução das doações e do recebimento de legados, isso tudo devido a uma combinação entre o arrefecimento do entusiasmo da *middle class* britânica com a filantropia e a emergência do socialismo fabiano.[570]

Um efeito direto desse quadro pode ser verificado numa comparação sobre a quantidade de subscritores da associação na década de 1840 e na de 1880. De acordo com números obtidos por Howard Temperley, as listas de subscrições e doações mostram que um ano após a sua fundação, portanto em julho de 1840, a associação contava com 236 membros; em 1841, esse número praticamente dobrou, indo para 461 e, em 1847, saltou para 850.[571]

Essas listas eram publicadas pelo *Reporter* como parte do balanço anual da associação, sendo, por isso mesmo, referentes à arrecadação do ano anterior, e revelam que toda a arrecadação da BFASS, em 1879, proveio dos bolsos de apenas 80 subscritores e doadores,[572] número este que se manteve em 1880.[573] Em 1883, esse número aumentou para 106;[574] em 1884, praticamente quadruplicou em relação ao ano anterior, tendo sido contabilizadas 278 subscrições e 120 doações em consequência de uma campanha de arrecadação de fundos para a realização das comemorações do jubileu da abolição inglesa.[575] Em 1888, no entanto, a BFASS teve apenas 260 subscritores e doadores; ou seja, no ano da abolição no Brasil o número dos seus associados era apenas cerca de 10% maior que o do ano da sua fundação.

E os gastos, principalmente com a publicação do *Reporter*, eram muito altos em relação a uma receita que se escasseava progressivamente. Em janeiro de 1881, o periódico relatou o aperto da associação ao indicar que o custo da publicação do periódico havia superado "o total da receita de 1879, obtida pelas subscrições comuns"; assim, a continuidade da sua circulação estava

---

569 Apêndice A, Carta 23.
570 Elizabeth Isichei, 1970, p.256-7.
571 Howard Temperley, 1972, p.67.
572 *Anti-Slavery Reporter*, dez. de 1880, p.162.
573 Ibidem, janeiro de 1881, p.11.
574 Ibidem, junho de 1884, p.144.
575 Ibidem, janeiro de 1885, p.273-7.

"na dependência de legados e outras fontes incertas", posto tivessem sido impressas e distribuídas 1750 cópias.[576]

O déficit era coberto por empréstimos concedidos pela Sociedade dos Amigos; mesmo assim, em 1883, o *The Friend* descreveu a BFASS como "um corpo pequeno e ativo", que, contudo, *"praticamente deixou de existir para a maior parte do mundo"* (grifado por mim).[577]

Essas dificuldades se arrastaram até o início do último ano do século XIX. Porém, em fevereiro de 1900, Charles Allen comunicou a Joaquim Nabuco que "não me preocupo com fundos, pois a Sociedade acabou de receber um legado de £2000. Essa quantia é maior que a dos legados recebidos por ela durante os 20 anos que estive lá, e é um bocado de boa sorte para o novo secretário".[578] Assim, depois de duas décadas de dificuldades, a BFASS conseguiu estabilizar as suas finanças; contudo, nove anos depois ela se fundiria com a *Aborigenes Protection Society*.

Em suma, Joaquim Nabuco evitou referências à associação não só para se proteger da acusação de que se aliava com estrangeiros a fim de tratar de uma questão nacional, mas também por temer que o seu nome fosse associado com o de um correspondente de uma Sociedade que "praticamente deixou de existir para a maior parte do mundo". Decerto essa era uma informação quase impossível de se obter no Brasil, onde um periódico quacre (*The Friend*) dificilmente chegaria. E, aparentemente, a BFASS estava a pleno vapor, uma vez que o *Reporter* era normalmente publicado, suas cartas continuavam sendo enviadas às redações da grande imprensa britânica, o seu estafe mantinha-se em contato com figuras ilustres da Grã-Bretanha e continuava comparecendo às salas do *Foreign Office*. Mas essas atividades só prosseguiam graças ao suporte da Sociedade dos Amigos e da bancada parlamentar quacre; aliás, na década de 1880, essa bancada contou com quinze representantes, sendo este o seu maior número de deputados desde o início da era vitoriana, quando foi permitido aos Amigos o acesso às cadeiras do Parlamento.[579]

Independentemente das dificuldades da BFASS, a coligação representava em si mesma uma ameaça virtual ao *status quo* do Império. Pois havia o temor de que abolicionistas estrangeiros promovessem campanhas de boicote à produção escrava ou constrangessem os banqueiros a conceder empréstimos ao Império ou então inibissem a vinda de imigrantes ao Brasil.

---

576 Ibidem, jan. de 1882, p.12.
577 Apud, Elizabeth Isichei, 1970, p.234.
578 Apêndice A, Carta 54.
579 Elizabeth Isichei, 1970, p.202.

Precavendo-se contra as eventuais críticas de abolicionistas estrangeiros, o Império pagava jornais europeus e norte-americanos para fazerem propaganda do Brasil, especialmente propaganda sobre a brandura da escravidão brasileira. De fato, jornais como o *Nord* e o *Independence Belge*, de Bruxelas, o *Export*, de Berlim, o *Opinion, o Messager Français* e o *Corrier International*, de Paris, e o *American Correspondance*, de Nova York, se prestavam a esse serviço.[580] De acordo com Lamoureux, essa propaganda procurava persuadir os financistas estrangeiros de que a situação financeira do Império estava sob controle a fim de obter novos empréstimos e atrair investimentos privados em ferrovias, usinas etc.; quanto aos prováveis emigrantes, procurava mostrar aos governos europeus que não correriam riscos de sofrer violências no Brasil, porque até mesmo os escravos eram bem tratados.[581]

De qualquer forma, a coligação não tinha força bastante para intimidar grupos econômicos e emigrantes, pois, primeiro, a BFASS estava enfraquecida devido à perda de interesse dos ingleses pela questão da escravidão e a agitação abolicionista era inexequível na Inglaterra da década de 1880, embora alguns ativistas ainda sonhassem em promovê-la;[582] segundo, a associação não podia contar com o apoio oficial, dado que, desde o início da década de 1860, com a questão Christie,[583] o Estado britânico deixou de exercer pressões contra a escravidão no Brasil e, em 1869, com a revogação da Lei Aberdeen, o antiescravismo começou a perder força dentro da pauta da política externa britânica, tanto que não houve interferência oficial da Inglaterra na abolição brasileira; terceiro, o próprio Nabuco, como medida de autoproteção, nada dizia no Brasil sobre suas relações com a BFASS a fim de salvaguardar a sua carreira. Desse modo, os grupos interessados na preservação da ordem reinante, que eram obrigados a se manter bem informados, certamente estavam cientes da inocuidade da coligação.

* * *

Como atestam todas essas opiniões de cada uma das partes constitutivas da coligação sobre as demais, a ausência de reciprocidade

---

580 *The Rio News,* 24 de dezembro de 1882, p.5.

581 Ibidem, 15 de dezembro de 1882, p.2.

582 Ver, a esse respeito, a proposta de Alexander a Nabuco. Apêndice A, Carta 16.

583 Manchester a considerou como um divisor de águas: "daí em diante existiram relações amistosas entre os dois governos, mas o fio do controle político da Inglaterra sobre o território português – um fio que remonta de uma forma notavelmente clara a 1640 – estava definitivamente rompido no Brasil". Alan K. Manchester, 1973, p.243.

ABOLICIONISTAS BRASILEIROS E INGLESES 237

presidiu as relações entre a BFASS e o *Rio News*, de um lado, e Joaquim Nabuco, de outro.

Mesmo assim, ela foi constituída pela convicção dos seus membros de que a abolição deveria se efetuar dentro das regras da ordem institucional. Mas, nos meados da década de 1880, Lamoureux afastou-se discretamente dela possivelmente em virtude da sua descrença na eficácia dessa prática abolicionista. Assim, Joaquim Nabuco e a BFASS tornaram-se os seus únicos membros, razão pela qual cumpre examinar o acordo tácito que houve entre ambos a respeito dos papéis que cada um deles desempenharia na abolição.

Por esse acordo, Nabuco deveria atuar como protagonista, porque era tido pelos ingleses como líder do movimento abolicionista brasileiro, e a BFASS atuaria como coadjuvante. A BFASS exerceu efetivamente o seu papel; por conseguinte, cabe verificar se o mesmo ocorreu com Nabuco. Pois, caso não haja elementos para comprovar que o tenha exercido, a única conclusão possível é a de que ele ocultou as suas relações com a BFASS porque nada havia para ser dito, exceto o que não deveria ser dito, isto é, que havia se coligado com a BFASS tão somente para conservar a sua carreira de político profissional abolicionista.

Para efetuar essa verificação, convém, antes de tudo, verificar o que os historiadores têm dito sobre o papel desempenhado por Joaquim Nabuco na abolição.

No estudo acadêmico inaugural sobre a abolição brasileira, de autoria de Percy Alvin Martin, professor de Stanford, Nabuco foi apresentado como "o verdadeiro coração e a alma do movimento abolicionista".[584]

Desde então, uma porção de historiadores tem mantido essa mesma representação, embora alguns a tenham retocado. Por exemplo, para Richard Graham ele foi "um dos mais importantes líderes abolicionistas" brasileiros e "líder titular e efetivo do movimento" de 1884 a 1888;[585] para Robert Brent Toplin, foi simplesmente "líder abolicionista"[586] e para Emília Viotti da Costa, "líder do movimento abolicionista na Câmara de Deputados".[587] Aliás, essa mesma imagem deu sinais de vida recentemente num artigo de Peter Blanchard, segundo o qual "o mais

---

584 Percy Alvin Martin, 1933, p.181.
585 Richard Graham, 1973, p.178.
586 Robert Brent Toplin, 1975, p.235.
587 Emília Viotti da Costa, 1977, p.236.

238 ANTONIO PENALVES ROCHA

influente movimento abolicionista [no Brasil] emergiu sob a liderança de Joaquim Nabuco".[588]

Na contracorrente, e assinalando a instabilidade da representação, Robert Conrad retratou José do Patrocínio como "líder nacional reconhecido de todo o movimento abolicionista" a partir de 1884.[589]

Seja como for, uma coisa é certa: não obstante a disseminação dessa imagem, a suposta liderança de Joaquim Nabuco carece de evidências.

Entre o início de 1879 e os meados de 1881, só poderia tê-la exercido na Câmara ou na Sociedade Brasileira contra a Escravidão. Mas nada atesta que ele tivesse liderado uma bancada legislativa abolicionista, se é que existia tal bancada, formada por deputados que atuassem independentemente das suas filiações partidárias liberais, conservadoras e republicanas.

Igualmente, nada atesta que tivesse exercido liderança sobre os amigos – deputados e cidadãos – filiados à Sociedade Brasileira contra a Escravidão.

A julgar pelas circunstâncias, uma convergência de interesses políticos alicerçou a fundação da Sociedade: para Joaquim Nabuco e para os deputados, ela seria um revide à decisão do Partido Liberal de engavetar o seu projeto de abolição, isto é, a Sociedade demonstraria a força social da ideia abolicionista e, por meio da agitação, colocaria em xeque a inação abolicionista dos parlamentares, cuja maioria era liberal. Por outro lado, para os cidadãos abolicionistas, que defendiam a libertação dos escravos em nome dos seus benefícios ao progresso e à civilização do país, a causa deveria correr somente dentro da ordem institucional, e uma Câmara que contasse com deputados como Joaquim Nabuco poderia pôr em prática este projeto.

Isso tudo, no entanto, não envolvia ascendência alguma de Joaquim Nabuco seja sobre os deputados, seja sobre os cidadãos. Entre esses últimos, aliás, estava André Rebouças, que, ao que tudo indica, foi o homem forte da Sociedade Brasileira contra a Escravidão, ao atuar como seu patrocinador e seu organizador. E Rebouças considerava Nabuco como um, e não o único, porta-voz de um projeto de abolição; tanto foi assim que, depois da mudança de Nabuco para a Inglaterra, uniu-se a José do Patrocínio para fundar a Confederação Abolicionista. Essa nova aliança, no entanto, não quer dizer que Rebouças subestimasse o deputado. Decerto ele tinha Nabuco em alta conta tanto como político quanto como amigo, e, como expressão desse

---

588 Peter Blanchard, "Abolicionism and Antislavery: Latin America". In: Seymour Drescher and Stanley L. Engerman (Eds.). 1998, p.18.

589 Robert Conrad, 1975, p.225.

apreço, em 1884, ofereceu-lhe dinheiro para voltar ao Brasil a fim de que se candidatasse novamente a uma vaga na Câmara, na esperança de que repetisse a sua atuação de 1879 a 1881.

Em síntese, Joaquim Nabuco de fato exerceu a presidência da Sociedade Brasileira contra a Escravidão; mas isso não significa que tivesse efetivamente liderado o pequeno grupo formado pelos seus integrantes. Além do mais, havia a questão da prática abolicionista da Sociedade, pois uma liderança abolicionista só se concretizaria efetivamente por meio da agitação, que mobilizaria setores diversos da sociedade. Mas a agitação prometida pela Sociedade limitou-se à publicação do seu periódico oficial, pois, de acordo com os métodos de ação preconizados por todos os seus membros, o parlamento era o lugar adequado para decidir sobre a abolição. Em conclusão: nem na Câmara tampouco na Sociedade Brasileira contra a Escravidão é possível encontrar a liderança abolicionista de Joaquim Nabuco entre 1879 e 1881.

De maio de 1884, quando retornou da Inglaterra, até maio de 1888, Joaquim Nabuco efetivamente defendeu a abolição pela imprensa, fez conferências abolicionistas e baseou as suas candidaturas numa plataforma abolicionista. Essas práticas, no entanto, também tinham uma fraca ligação com a agitação abolicionista propriamente dita, haja vista que as prioridades de Nabuco eram recuperar a carreira política interrompida em 1881 e alojar o abolicionismo no programa do Partido Liberal. Por isso, sua ação pela libertação dos escravos se destinava a um público restrito, ou seja, o alcance dos seus textos e da sua retórica era muito limitado, dado que muito pouca gente ouvia os seus discursos ou lia seus artigos num Brasil rural, cuja população era predominantemente analfabeta. Num exemplo extremo, é fácil imaginar a quantidade de leitores que poderia compreender *Escravos! — Versos Franceses a Epiteto* e aceitar a proposta do poema. Desse modo, também não é nesse tipo de defesa da abolição, determinada por interesses eleitorais, que se encontra a liderança de Nabuco no movimento abolicionista brasileiro.

Quanto à sua liderança abolicionista no parlamento depois de 1885, os números relativos ao tempo em que esteve na Câmara dispensam quaisquer comentários: nos quatro anos que correram entre maio de 1884 e maio de 1888, Nabuco foi deputado durante mais ou menos dois meses e meio – menos de dois meses em 1885, dez dias em 1887 e mais dez em 1888.

Se, em tese, os movimentos abolicionistas do século XIX mobilizaram grupos sociais que, sob a liderança de associações antiescravistas, pressionaram o Estado a tomar providências contra a escravidão, o marco inaugural do movimento abolicionista no Brasil está na fundação da Confederação Abolicionista, que, já no ano da sua fundação (1883), provocou um efeito avalancha no campo da luta contra a escravidão. Joaquim Nabuco ocupou, se tanto, um lugar exíguo nesse movimento ao representar setores abolicionistas do "mandarinato" brasileiro, tal como ele foi retratado por Pang e Seckinger; aliás, esse mandarinato constituía o público-alvo das suas campanhas. Categoricamente: ele não foi um líder, no sentido de cabeça ou de coordenador do movimento; quando muito, foi apenas o porta-voz de setores abolicionistas desse grupo.

De mais a mais, certas evidências desautorizam a imagem dessa liderança. Sabendo-se que Nabuco retornou do "exílio" em maio de 1884, dificilmente poderia exercê-la nos quatro anos seguintes na medida em que esteve ausente da arena durante quase um quarto do tempo que correu entre esta data e o início de 1888. De fato, passou cerca de sete meses e meio na Europa (mais de cinco meses em 1887 e pouco mais dos dois meses e meio iniciais em 1888) e esteve, no mínimo, três meses a bordo de navios no percurso de ida e volta entre o Rio e o Recife, nas dez viagens de 1884 a abril de 1888, e quase dois meses nas duas viagens de ida e volta à Europa, feitas entre o início de 1887 e o início de 1888.

Para completar, durante o tempo que se dedicou à abolição entre 1884 e 1888, em primeiro lugar, foi um franco-atirador, uma vez que todas as suas ações tinham fins eleitorais; em segundo, torceu o nariz para a Confederação Abolicionista, para o Clube do Cupim e para os "caifazes", como atestam diversos textos de seu próprio punho; em terceiro, no pouco tempo que esteve na Câmara, não usou a tribuna para atuar como porta-voz dos grupos abolicionistas ou para defender a ação deles; em quarto, na fase terminal da escravidão estava fora do Brasil, haja vista que passou boa parte do ano de 1887 na Europa e só retornou ao Rio de Janeiro em 18 de abril de 1888.

Resumindo: a tarefa de procurar a liderança de Nabuco no movimento abolicionista brasileiro põe em prática a definição de "metafísica" recolhida por Guimarães Rosa e publicada nas *Terceiras Estórias*: é a de "um cego, com os olhos vendados, num quarto escuro, procurando um gato preto... que não está lá".

E esses dados permitem ver que a permanência da representação de Joaquim Nabuco como líder do movimento abolicionista brasileiro entre historiadores profissionais assinala a sobrevivência de uma representação que começou a ser construída na década de 1880.

ABOLICIONISTAS BRASILEIROS E INGLESES 241

É particularmente nessa construção que a BFASS teve um papel decisivo, pois difundiu pelo mundo afora exatamente essa imagem da liderança abolicionista de Joaquim Nabuco.

Uma sondagem sobre a ação da coligação fornece dados sobre a construção dessa representação e explicita a discrepância entre o que aconteceu, de acordo com as fontes históricas, e a memória que foi construída a respeito da liderança de Nabuco.

Como foi mencionado acima, a partir dos meados da década de 1880, a coligação ficou nas mãos de abolicionistas profissionais: Joaquim Nabuco e os dois principais empregados da BFASS, Charles Allen e James Eastoe Teall,[590] que, aliás, praticamente carregavam a associação nas costas. Quanto à atuação de cada um dos coligados, Nabuco continuou agindo como um membro do Partido Liberal, empenhando-se principalmente em recuperar a sua carreira política, sem se filiar a qualquer grupo abolicionista expressivo. Secundando Nabuco, a BFASS não mediu esforços para apoiar um dos seus correspondentes, aquele que tinha na conta de luminar do movimento abolicionista brasileiro.

Mas, segundo um diagnóstico de Sylvio Roméro, Joaquim Nabuco sofria de um mal incurável: a "ânsia de ser visto em distância".[591] No começo da vida adulta, renegou o bacharelado em Direito e enveredou pela literatura, onde, ainda segundo Roméro, "as pegadas do moço foram tão imperceptíveis que não se descobrem facilmente".[592] Para dar um rumo à nau, a família conseguiu colocá-lo na diplomacia. Insatisfeito, contudo, com a posição de adido nos Estados Unidos, logo pediu licença do cargo e foi para a Inglaterra. Novamente a família interveio, e governo o transferiu para Londres.

---

590 James Eastoe Teall, filho de um pastor batista britânico, nasceu na Jamaica em 1856. Em 1875, tornou-se empregado da BFASS e nela permaneceu até a morte, em 1897. Nas décadas de 1880 e 1890 foi o braço direito de Allen, que o considerava como um homem "que conhecia a história do tráfico negreiro mais que ninguém na Inglaterra" (Apêndice A, Carta 51). As poucas informações a seu respeito indicam que seu trabalho era vital para a associação. E o estafe estava ciente da sua importância, tanto que, em 1898, numa matéria sobre as graves dificuldades financeiras da BFASS, o editor lamenta a queda de subscrições e doações necessárias à publicação do *Reporter* em razão da dificuldade da Sociedade para encontrar um substituto à altura de Eastoe Teall (*Anti-Slavery Reporter*, setembro-dezembro de 1898, p.196.). Uma prova do seu rigor intelectual encontra-se no único artigo do *Reporter* que traz sua assinatura, o "*Is it Lawful for Christhians to Hold Slaves?*" (nov.-dez.de 1887, p.184-6), cuja erudição destoa de tudo que era usualmente publicado pelo periódico.

591 Sylvio Roméro, 1883b, p.159.

592 Ibidem, 1883a, p.33.

Com a morte do pai, retornou ao Brasil, e os liberais pernambucanos concederam-lhe uma cadeira na Câmara.

Como deputado, Joaquim Nabuco revelou seus talentos para a carreira política ao associar uma quantidade respeitável de informações sobre a escravidão, acumulada desde o fim da adolescência, à sua reconhecida eloquência num momento em que a Câmara voltava a discutir essa questão. Além disso, em 1879, a roda da fortuna pôs em suas mãos uma denúncia contra a escravização de homens livres por uma companhia inglesa instalada no Brasil; e esse foi o filão de ouro que ele descobriu na Morro Velho para firmar a sua posição de combatente da escravidão.

A denúncia virou matéria de primeira página na imprensa brasileira e despertou atenção na Inglaterra, especialmente a da BFASS, com a qual Nabuco acabou se coligando e, em consequência, obteve rapidamente nomeada internacional. Assim, a partir de 1880, pela primeira vez na vida, "Quincas, o Belo" exerceu com sucesso um papel que atendia às suas necessidades pessoais de atrair atenções, razão pela qual há que se concordar novamente com Sylvio Roméro: a partir daí, a política tornou-se "o centro da gravidade para o seu espírito".

Seus talentos, somados à sua posição social e às suas ideias contra a escravidão, atraíram o apoio de setores do "mandarinato", que lhe delegaram o papel de representante para a realização de uma missão arriscada: combater a escravidão dentro das regras da ordem vigente em benefício do progresso e da civilização do Brasil.

Para se manter em destaque como político abolicionista, procurou apoio externo. Primeiro, pediu que o embaixador americano se manifestasse sobre o sucesso da abolição nos Estados Unidos e, em seguida, estabeleceu relações com a BFASS. Sua relação com Hilliard foi efêmera, ao passo que com a BFASS foi duradoura em razão das imposições estatutárias da associação que a obrigavam a participar da abolição no Brasil. Por outro lado, a eloquência, o domínio da língua inglesa, a sólida formação acadêmica e o treinamento diplomático foram decisivos para o sucesso da relação de Nabuco com os abolicionistas britânicos.

Afora isso tudo, Nabuco estabeleceu relações com uma associação de especialistas de um assunto que era o esteio da sua carreira política. Para efeitos de contraste, vale a pena lembrar que José do Patrocínio também procurou apoio externo, seja nomeando Frederick Douglass correspondente da Confederação Abolicionista nos Estados Unidos, seja tentando aproximar-se dos "abolicionistas radicais" franceses liderados por Victor Schoelcher, em cujas fileiras militavam homens como Victor Hugo, Louis Blanc e Elisée

Reclus.[593] Mas, a tentativa de Patrocínio não resultou em relações duradouras, pois, primeiro, a distância que separava os seus talentos dos de Nabuco era a mesma que separava socialmente o filho do senador Nabuco com uma aristocrata pernambucana do filho de um padre com uma escrava; segundo, Patrocínio se aproximou de um grupo estrangeiro envolvido em projetos amplos de transformação social que, por isso mesmo, estava comprometido com múltiplas questões.

Em todo caso, a apresentação do projeto de abolição de 1880, a crítica ao Partido Liberal exposta no Manifesto da Sociedade Brasileira contra a Escravidão, a questão Hilliard e o sucesso da "peregrinação abolicionista" à Europa despertaram a hostilidade dos defensores da ordem constituída contra Joaquim Nabuco. Daí em diante, esses homens mostraram-se dispostos a interromper sua carreira de deputado e exibiram sua força política na derrota de Nabuco nas eleições parlamentares de 1881.

Em consequência da derrota, Nabuco mudou-se para a Inglaterra para *"procurar a vida"* por "conta e risco". E imprimiu à mudança ares de exílio, prometendo aos aliados dar prosseguimento em Londres à agitação antiescravista, principalmente por meio da "tarefa de envergonhar os ... compatriotas". Foi muito bem-sucedido nas relações com a BFASS e conquistou notoriedade nos círculos abolicionistas estrangeiros. Porém, depois de viver mais de dois anos em Londres, percebeu que dera com os burros na água ao emigrar, pois suas atividades não satisfaziam suas necessidades pessoais "de ser visto em distância" e precisava de mais dinheiro do que recebia para manter seu trem de vida. Adoeceu e conseguiu retornar ao Brasil graças à ajuda de André Rebouças.

Ao se restabelecer no Brasil, em 1884, não estava mais na estaca zero da carreira, porque consolidara suas relações com a BFASS e, para fins eleitorais, poderia, com a ajuda dos aliados e amigos, tirar proveito da notoriedade conquistada. Desse modo, dedicou-se com afinco à recuperação da sua cadeira parlamentar, e fracassou em três das cinco eleições que disputou entre 1884 e 1887. Diante dos insucessos das suas tentativas de voltar à Câmara, expôs aos amigos, em 1886, o seu aflitivo "problema pessoal", que nada

---

593 O encontro de José do Patrocínio com Victor Schoelcher, num banquete realizado em Paris em março de 1884 para comemorar a abolição no Ceará, foi narrado por Osório Duque-Estrada, 1918, p.105, e por R. Magalhães Júnior, 1972, p.139, 143, 145-6. Merece ser lembrado que, ao lado desse grupo "radical", havia também o aristocrático *Comité Français d'Emancipation*, liderado pelo Duque de Broglie e por Guizot, que esteve à testa da Conferência Internacional Antiescravista de Paris de 1867.

mais era que a incapacidade de cuidar de si mesmo, embora, por desloca-mento, atribuísse a causa do martírio à sua dedicação pela libertação dos escravos. Finalmente, em 1887, recuperou o cargo de deputado, e, em se-guida, viajou à Europa.

Em poucas palavras, os talentos de Joaquim Nabuco propiciaram-lhe sucesso a partir do apoio que obteve para se tornar deputado. Mas, por si mesmos, esses talentos seriam insuficientes para criar a sua reputação, haja vista que Nabuco tinha um cargo *público*; assim, o processo de construção da reputação carecia de apoio social e político, que lhe foi oferecido por setores da elite. De fato, para eles, Joaquim Nabuco apresentava soluções adequadas em boa hora: suas promessas anunciavam uma forma de abolição que ia ao encontro dos anseios desses setores de preservar a ordem social. E a questão exigia uma solução urgente, pois naquela quadra histórica a escravidão bra-sileira havia se tornado insustentável na medida em que fazia do Brasil uma aberração no Ocidente.

Para arrematar a sua própria reputação e, portanto, consolidar sua carreira de político abolicionista, Joaquim Nabuco procurou obter reconhecimento no exterior. E foi bem-sucedido ao coligar-se com BFASS.

A prova de que a BFASS coadjuvava Nabuco e se empenhava em promovê-lo está na grande quantidade de alusões que lhe foram feitas pelo *Reporter*. Essa quantidade atingiu tal ponto que, já no início da década de 1880, o editor passou a se referir a ele como "Joaquim Nabuco, um nome bem conhecido dos nossos leitores". E tudo leva a crer que isso lhe fazia muito bem, tanto que se recordava que na juventude traduzira artigos desse mesmo periódico para o seu pai, cujo nome só foi citado uma única vez nas páginas do *Reporter*.[594]

A maioria absoluta dessas alusões engrandece a sua atuação abolicionista no Brasil, e entre elas destaca-se meia dúzia que o define como "líder do movimento abolicionista brasileiro".[595] E os abolicionistas ingleses efetiva-mente acreditavam que Joaquim Nabuco era o líder desse movimento, razão pela qual a BFASS, de 1882 até a abolição, entregou-se de corpo e alma à tarefa de conservar viva a sua reputação de figura central do movimento abolicionista brasileiro.

Como foi comentado antes, a representação da sua liderança pela BFASS teve origem nas informações que chegaram à Inglaterra em 1881, e não num

---

594 *Anti-Slavery Reporter,* 1º de julho de 1869, p. 224.

595 Ibidem, janeiro de 1882, p.6; jun. de 1882, p.170; mar.-abr. de 1887, p.65; set.-out. de 1887, p.157 (Carta ao *Times*); jan.-fev. de 1888, p.2; maio-jun. de 1888, p.76.

ABOLICIONISTAS BRASILEIROS E INGLESES **245**

plano arquitetado pela associação inglesa para promover um dos seus mais ilustres correspondentes da década de 1880.[596]

Com efeito, em 1879, a BFASS tomou conhecimento de Joaquim Nabuco pelas páginas do *The Rio News*, que considerava como um jornal confiável porque defendia a abolição imediata e incondicional. No ano seguinte, uma cópia do Manifesto da Sociedade Brasileira contra a Escravidão lhe foi cedida pelo *Foreign Office*, e o Comitê deduziu deste documento que o seu nome (*Brazilian Anti-Slavery Society*) e o seu programa evidenciavam o surgimento de uma filial brasileira. Em janeiro de 1881, já como correspondente da BFASS, Nabuco foi à sede da associação com a carta de apresentação de Adolfo de Barros, que o definia como líder abolicionista, e com jornais portugueses e espanhóis, que o colocavam à testa da luta contra a escravidão no Brasil; quase ao mesmo tempo, o *The Times* o qualificou de "líder parlamentar do partido antiescravista do Brasil".

Essas "provas" bastaram para que os abolicionistas ingleses lhe atribuíssem o papel de líder, tal como o *Reporter* registrou pela primeira vez em janeiro de 1882. Daí em diante, o grosso das informações que a associação recebeu a respeito do curso do movimento abolicionista brasileiro ficou quase que sob o controle do próprio Joaquim Nabuco, já que eram informações dadas por um membro do Comitê da associação. Ocorre que, além de falar sobre si mesmo em todos os assuntos que diziam respeito à abolição da escravidão no Brasil, Nabuco se colocava, por meio de recursos retóricos, como protagonista dos acontecimentos; por exemplo, em 1887 escreveu a Allen que

> pela imprensa pressionamos o Gabinete conservador para que aprovasse a lei que proíbe o açoite, e se tivéssemos juízes e leis para os escravos ela seria uma realidade, seria praticamente equivalente ao fim da escravidão, um pouco da maneira que você sugeriu-me fazer um dia, tal como fora feito na Índia. Já que é ilegal açoitar escravos, não sei como os senhores podem fazer valer seus direitos sobre eles.[597]

De fato, ao dar informações aos ingleses sobre os avanços do movimento, Joaquim Nabuco sempre sugeria estar no centro dos acontecimentos. No

---

596 John Harris, secretário da *Anti-Slavery and Aborigines Protection Society*, colocou Nabuco ao lado de J. Vizcarrondo, fundador da *Sociedad Abolicionista Española*, de A. de Tocqueville e de V. Schoelcher num livro comemorativo sobre o primeiro centenário da abolição inglesa ao arrolar as "deputações que visitaram as capitais da Europa e [os] entusiastas que criaram sociedades antiescravistas nos seus países vinculadas à BFASS". John Harris, 1971, p.92.

597 Carta 32, Apêndice B.

caso em tela, houve um estardalhaço da imprensa pela morte dos escravos açoitados em Paraíba do Sul, e Nabuco fez coro com ela porque era jornalista de *O País*. Contudo, a iniciativa de eliminar a pena do açoite do Código Criminal coube ao senador Dantas, e a lei não proibiu os proprietários de continuarem a açoitar seus escravos.

É dispensável uma análise de texto para se perceber que a informação contida na citação sugere que o missivista, acatando uma recomendação de Charles Allen, havia pressionado o Ministério Conservador a proibir o açoite dos escravos. E o receptor da mensagem não a colocaria sob suspeita, mesmo porque tinha o emissor em alta conta e era reconhecido no texto como um mentor de medidas abolicionistas.

Por certo o secretário da BFASS poderia tomar conhecimento de outra versão do acontecimento no *The Rio News*; entretanto, nem sempre era possível certificar em Londres uma informação sobre o Brasil, e não havia motivos reais para conferir a fidedignidade da informação. De todo modo, não é preciso muito esforço para encontrar diversas mensagens de Nabuco à BFASS que assumem essa mesma forma; uma passada de olhos pelas suas cartas à associação ou pelo *paper* da Conferência de Milão ou pelo "discurso" de 1900 comprovará esta observação. Importa é que, entre 1882 e 1888, Joaquim Nabuco foi o principal mensageiro da BFASS no Brasil, e esta posição lhe permitiu controlar mensagens que insinuavam reiteradamente o seu papel de líder do movimento abolicionista, espelhando a imagem projetada pelos ingleses.

Quando a representação da liderança de Nabuco passou a ser divulgada pelo *Reporter*, os grupos brasileiros que o tinham como porta-voz deram início a outra operação: propagaram-na internamente sob a alegação de que essa opinião tinha a chancela da mais notável associação abolicionista da época.

Por fim, depois da abolição, Joaquim Nabuco, sempre cioso da sua reputação, começou a erigir as fundações dessa imagem ao acatar a sugestão feita, em 1888, por E. Sturge, presidente do Comitê da BFASS, de que deveria escrever uma história da abolição brasileira em razão de seu caráter exemplar.[598] E essa empreitada foi efetuada pela edificação de uma memória do antiescravismo e do movimento abolicionista no Brasil, que, ao cabo, tornou-se matriz da história de ambos.

Em *Um estadista do Império*, mostrou que depois do fim da pressão oficial inglesa na década de 1860, a escravidão brasileira foi atingida por uma

---

598 Carta 48, Apêndice A.

ABOLICIONISTAS BRASILEIROS E INGLESES 247

saraivada de críticas externas provenientes de abolicionistas estrangeiros.[599] Essas críticas teriam envergonhado o Imperador e alguns estadistas ilustrados, entre os quais o seu pai, e, portanto, os constrangeram a tomar medidas contra a escravidão.

Mas, por meio desse argumento, Nabuco igualou forças que, na prática, eram inigualáveis, ou seja, igualou a pressão exercida pelo Estado britânico sobre a escravidão brasileira da década de 1840 até o início da década de 1860 com as pressões feitas a partir de então por associações abolicionistas estrangeiras. Uma comprovação de que eram inigualáveis reside no fato de que, das doze petições pela abolição enviadas por elas ao Império entre 1854[600] e 1878, o governo só respondeu à de 1866, de autoria da aristocrática sociedade abolicionista francesa.

De qualquer maneira, a sua narrativa histórica em *Um estadista* ... projetava no passado o roteiro que ele mesmo seguira para coligar-se com a BFASS; ou seja, Nabuco procurava legitimar no passado a sua própria experiência política ao valorizar a pressão externa de abolicionistas contra a escravidão no Brasil. E não demorou muito para que diversos escritores de narrativas históricas e historiadores profissionais seguissem ao pé da letra essas suas observações e considerassem essas pressões e os seus supostos resultados como fatos da história do antiescravismo no Brasil.

Depois disso, no "discurso" do Congresso Antiescravista de Paris, Joaquim Nabuco deu a si mesmo o papel de protagonista da "agitação popular", que foi responsável, conforme o seu arrazoado, por encorajar os estadistas a colocarem em prática um abolicionismo criado originalmente por eles mesmos, que, finalmente, em 1888, se consumou com a penada da princesa Isabel.

Finalmente, no *Minha formação,* pôs em primeiro lugar, entre as "cinco ações ou concursos diferentes que cooperaram" para a abolição, a "ação motora dos espíritos que criaram a opinião, pela ideia, pela palavra, pelo sentimento, e que a faziam valer por meio do parlamento, dos *meetings*, da imprensa ...",[601] cuja mais bem acabada expressão era a sua própria ação.

Os retoques finais dessa construção foram feitos por sua filha. De fato, nos fins da década de 1920, Carolina Nabuco congelou a imagem de Joaquim Nabuco como o protagonista da abolição no Brasil na sua biografia do pai e na publicação da parte da sua correspondência que a confirmava.

---

599 *Um estadista do Império*, t.I, p.565-70.
600 Não há uma petição escrita neste ano. Como foi dito antes, em 1851 quacres vieram ao Rio de Janeiro para entregar a petição de 1849 (Apêndice E, 1) ao imperador.
601 *Minha formação*, p.194.

Contando com essa abundância de "provas", e tendo suas atenções concentradas no papel do Estado e no dos principais artífices na abolição brasileira, a historiografia coroou esse processo ao reconhecer Nabuco como líder do movimento abolicionista brasileiro. Desse modo, a História passou a oferecer acriticamente um material que legitima o emprego ideológico da imagem de um Joaquim Nabuco padroeiro da modernidade nacional. E, daí em diante, essa imagem tem sido cultuada pelas elites políticas brasileiras, principalmente pelos setores destas elites que, independentemente da cor político-partidária, se autodefinem como progressistas.

PARTE III
Apêndices

O "Apêndice A" contém sessenta cartas da correspondência ativa, ou seja, cartas enviadas pela BFASS a Joaquim Nabuco entre os anos de 1880 e 1902. O grosso desse material pertence ao acervo da Fundação Joaquim Nabuco de Recife,[602] exceto quatro cartas – as de número 2, publicada pelo *Anti-Slavery Reporter*, e as de número 3, 7 e 8, publicadas em *O Abolicionista*. A maioria delas foi assinada por Charles H. Allen, que, como secretário da BFASS, era encarregado de cuidar da correspondência; treze, no entanto, foram escritas por outros membros da direção dessa organização: uma por Joseph Cooper, cinco por Edmund Sturge, seis por J. G. Alexander, e uma por Travers Buxton. Além de todas essas cartas, a Fundação Joaquim Nabuco conserva em seus arquivos mais cinco cartas enviadas a Nabuco por Travers Buxton e Henry Gurney, entre 1901 e 1902. Contudo, elas não foram incluídas neste Apêndice porque dizem respeito à escravidão na África, particularmente no Marrocos e em Angola, e foram enviadas numa quadra da vida de Joaquim Nabuco em que sua atenção estava voltada para outros assuntos.

O "Apêndice B" contém trinta e nove cartas da correspondência passiva, ou seja, as cartas de Joaquim Nabuco e seus amigos à BFASS de 1880 a 1900. Excetuando duas, que foram publicadas pelo *Anti-Slavery Reporter*, todas as demais pertencem ao acervo da Rhodes House Library (Bodleian Library)

---

602 Os códigos dessas cartas encontram-se nos v.I, II, III do Catálogo da Correspondência de Joaquim Nabuco. Ver "Bibliografia e Fontes".

da Universidade de Oxford.[603] Todas foram assinadas por homens que participaram da fundação da Sociedade Brasileira contra a Escravidão: trinta e cinco por Joaquim Nabuco, e as outras por José Américo dos Santos, por Adolfo de Barros e por André Rebouças. Nabuco endereçou vinte e nove delas a Charles H. Allen, três a Edmund Sturge e duas a Travers Buxton. Vinte e uma das cartas de Nabuco foram escritas e remetidas no exterior: dezessete na Inglaterra, durante os anos em que viveu neste país, e outras quatro da França.

O Apêndice C contém um *paper*, um discurso e um trecho de um artigo. Os dois primeiros foram apresentados por Joaquim Nabuco na Conferência sobre o Direito Internacional de Milão, de 1883, e o terceiro é uma "reportagem" do *Anti-Slavery Reporter* que informa sobre a participação de Nabuco, em 1887, na Conferência sobre o Direito Internacional de Londres, outra reunião da mesma associação de juristas que havia organizado a Conferência de Milão. Dois motivos levaram a formar um apêndice com esse material: primeiro, Nabuco foi à Conferência de Milão como membro da delegação da BFASS e compareceu à Conferência de Londres ao lado dos abolicionistas ingleses, embora não representasse a BFASS na última; segundo, todo esse material é desconhecido pelos que estudam o abolicionismo de Nabuco e somente o discurso feito em Milão se encontra nos arquivos da Fundação Joaquim Nabuco. Excetuando o discurso, o resto do material foi extraído do *Anti-Slavery Reporter*.

O Apêndice D contém um artigo do *The Rio News*, duas cartas de leitores ao jornal, ambas com as respectivas respostas de Andrew Jackson Lamoureux, e outra carta do editor a Joaquim Nabuco. O artigo ilustra o antiescravismo do periódico, as duas cartas de leitores com as respectivas respostas dizem respeito às relações entre o *Rio News* e a BFASS e a última carta expõe o vínculo entre Lamoureux e Nabuco.

O Apêndice E contém petições enviadas por quacres (ingleses e norte-americanos), pela BFASS e por suas sociedades abolicionistas "auxiliares" da Inglaterra a diferentes figuras do Império entre 1849 e 1889. As quatro últimas, no entanto, são Mensagens de congratulação ao imperador, ao barão de Penedo, a Joaquim Nabuco e a princesa Isabel pela abolição. Também estão nesse Apêndice as Resoluções da Conferência Antiescravista de Paris de 1867, que dão sentido a alguns trechos das

---

603 O código (*shelfmark*) que as identifica é MSS. BRIT. EMP. S-22 G80b, e as três cartas de Nabuco a Sturge estão numeradas como C98/1-3.

petições. Todo esse material foi extraído do *Anti-Slavery Reporter* e constituiu o grosso das pressões de grupos abolicionistas internacionais contra a escravidão no Brasil.

Finalmente, o Apêndice F contém fotos dos emblemas do movimento abolicionista britânico, feitos a partir de uma gravura de Josiah Wedgwood.

As notas de rodapé fornecem informações apenas sobre pessoas, edifícios e eventos que não se encontram no exame da coligação entre Joaquim Nabuco e a BFASS.

APÊNDICE **A**

Cartas da BFASS a Joaquim Nabuco (1880-1902)

1

British & Foreign Anti-Slavery Society
Office, 55 New Broad Street, E. C.
Londres, 8 de Janeiro de 1880

Ao Senhor Joaquim Nabuco

Caro Senhor,

Tenho o prazer de enviar-lhe a cópia de uma minuta aprovada pelo Comitê desta Sociedade:

O Comitê da British and Foreign Anti-Slavery Society quer registrar seu reconhecimento pelos grandes serviços que o Senhor Joaquim Nabuco tem prestado à causa da liberdade, com a sua dedicação constante e incansável para que fosse feita justiça aos negros da Cata Branca, que durante muito tempo foram mantidos ilegalmente como escravos pela São João D'El Rey Mining Company.

O Comitê viu com muito bons olhos a decisão recentemente tomada pelo Juiz de Direito do distrito de Rio das Velhas que determina a libertação dos negros da Cata Branca, visto que a liberdade deles data de 1860 e seus salários deveriam ter sido pagos desde então. O Comitê acredita que essa decisão será inteiramente acatada sem demora; mas, neste ínterim, expressa antecipadamente ao Senhor Nabuco o profundo reconhecimento pelo caráter da sua contribuição para que esse fim fosse alcançado; e agradece sinceramente em nome de todos os sofridos escravos.

258 ANTONIO PENALVES ROCHA

Quer também, ao mesmo tempo, registrar seu reconhecimento aos serviços que prestou à causa da humanidade pelo seu vigoroso ataque ao esforço político do governo brasileiro para introduzir o trabalho de *coolies* chineses sob contrato no Brasil. O Comitê considera que esse tipo de trabalho nada mais é que outro nome para a escravidão e espera que o Sr. Nabuco continue fazendo oposição a essa medida tão abominável e também que seus esforços a esse respeito sejam coroados de êxito.

Com a expressão da minha alta consideração,

Respeitosamente,

Charles H. Allen

Secretário

2

British and Foreign Anti-Slavery Society[604]

55, New Broad Street, London

17 de novembro de 1880

À Brazilian Anti-Slavery Society[605]

A British and Foreign Anti-Slavery Society recebeu com prazer e satisfação o Manifesto da Brazilian Anti-Slavery Society, e considera o estabelecimento desta Sociedade como uma das mais admiráveis provas de que a escravidão como instituição deve deixar de existir dentro de pouco tempo, não só no Império do Brasil como também em todo o mundo civilizado.

A British and Foreign Anti-Slavery Society, portanto, oferece suas cordiais congratulações e expressa a esperança de que, em geral, passará a receber, tanto na Grã-Bretanha quanto na América, mais informações do que antes sobre o estado da escravidão no Império do Brasil e sobre a condição dos escravos.

Os objetivos expostos no Manifesto foram cordialmente aprovados pela Sociedade em Londres, que está pronta para cooperar com os esforços da Sociedade brasileira a fim de destruir a praga da escravidão no Brasil.

---

604 Essa carta foi publicada pelo *Anti-Slavery Reporter,* dez. de 1880, p.143.

605 "Brazilian Anti-Slavery Society", de acordo com o original.

ABOLICIONISTAS BRASILEIROS E INGLESES 259

3

British and Foreign Anti-Slavery Society

Londres, 23 de novembro de 1880[606]

Caro Senhor,

Em nome da British and Foreign Anti-Slavery Society, tenho o prazer de acusar o recebimento de diversos exemplares do manifesto da *Sociedade Brasileira Contra a Escravidão*, em inglês, francês e português.

O vosso manifesto foi recebido por esta sociedade com o mais especial agrado, e eu, de coração, me congratulo convosco por haverdes granjeado para vosso presidente, o Sr. Joaquim Nabuco, deputado da assembleia geral do vosso país, cujos serviços em prol dos escravos são por nós tão favoravelmente conhecidos. O conde de Granville[607] remeteu-nos obsequiosamente, para que dele tomássemos conhecimento, um exemplar em inglês do mesmo manifesto, com a recomendação de que lho restituíssemos; e imediatamente o devolvi à secretaria dos negócios estrangeiros, com um dos exemplares em português, que houvestes a bondade de enviar-nos.

O manifesto foi submetido à discussão em sessão da junta administrativa de 17 do corrente, e unanimemente aprovada uma resolução de aprovação e congratulação, da qual tenho a satisfação de remeter-vos uma cópia. Nutro sinceras esperanças de que a Sociedade que tenho a honra de representar poderá colaborar com a vossa associação no empenho de extinguir com brevidade a escravidão. Enviar-vos-ei regularmente exemplares do *Anti-Slavery Reporter*, e em troca receberei com prazer as vossas publicações.

Com a expressão da minha maior consideração, sou vosso atencioso venerador

Ch. H. Allen
Secretário

Sr. José Américo dos Santos
Secretário da *Sociedade Brasileira Contra a Escravidão*

---

606 Reprodução da carta publicada por *O Abolicionista*, 1º de janeiro de 1881, p.3.

607 George Keveson-Gower Granville (1815-1891), estadista inglês que foi secretário de Estado no Foreign Office por duas vezes, em 1870-1874 e 1880-1885.

Cópia da Resolução

"Declaramos que a British and Foreign Anti-Slavery Society recebeu com muito prazer e satisfação o manifesto da Sociedade Brasileira Contra a Escravidão e considera a organização desta sociedade como uma das provas mais evidentes de que a escravidão, como instituição, deve cessar de existir dentro de pouco tempo, não só no Brasil, mas em todos os países civilizados. A British and Foreign Anti-Slavery Society, portanto, apresenta suas cordiais congratulações à *Sociedade Brasileira* e manifesta a esperança de que, pela troca regular de informações, o estado da escravidão e a condição dos escravos no Brasil se tornarão mais bem conhecidos do que são até agora pelo público, seja o da América, seja o da Grã-Bretanha. Os assuntos de que trata o manifesto foram cordialmente aprovados pela sociedade de Londres, que sempre estará pronta a colaborar com a sociedade do Brasil nos seus esforços para eliminar a maldição da escravidão no Brasil."

Ch. H. Allen
Secretário

4

British and Foreign Anti-Slavery Society
55, New Broad Street, E. C.

Londres, 9 de fevereiro de 1881

Com muita satisfação, quero dar-lhe as boas-vindas à Inglaterra. O Sr. Cooper está muito doente, mas irei à casa dele nesta manhã com o seu cartão e escrever-lhe-ei assim que voltar. O Sr. Sturge também está doente. Seria conveniente que você viesse aqui amanhã (quinta-feira, às 12h).

Estou muito ocupado com uma carta ao governo para o novo número do *Reporter*, senão poderia fazer-lhe uma pequena visita. Gostaríamos de ter a sua assinatura em duas cartas ao governo.

CH Allen
Secretário

ABOLICIONISTAS BRASILEIROS E INGLESES 261

5

British & Foreign Anti-Slavery Society
27, New Broad Street, E. C.
Londres, 14 de fevereiro de 1881

Caro Senhor,

Recebi uma carta de Brighton do nosso presidente, o Sr. Samuel Gurney, que quer saber sobre sua disposição para ir a Brighton nalgum dia desta semana. Ele gostaria também que fôssemos juntos e nos encontraria na estação para apresentar-lhe a alguns dos "leões" daquela cidade à beira-mar. Assim, poderíamos ir à sua casa para almoçar e voltaríamos sem dificuldade a Londres no expresso vespertino.

Creio que sexta-feira ou sábado seriam os melhores dias. Por favor, manifeste-se a respeito assim que puder, e verei qual trem poderemos tomar. Quando o Sr. Sturge estiver suficientemente bem para vir à City, espero que haja uma oportunidade para que alguns dos membros mais antigos desta Sociedade possam encontrá-lo em algum lugar da City ou no West End.

Infelizmente não conheço suficientemente bem a língua portuguesa para ler as suas cartas. Mesmo assim, consigo ler a maioria das reportagens sobre a sua recepção em Lisboa e agradeço muito pelos jornais portugueses que você me enviou. Caso queira que algum trecho deles apareça no nosso "*Reporter*", ficarei feliz em publicá-lo, desde que esteja vertido para o inglês. Não há mais tempo neste mês, pois ele foi para a gráfica; de todo modo, trará trechos do jornal espanhol. No mês que vem, poderei publicar trechos dos jornais lisboetas.

Nesse meio tempo, lhe devolverei os originais e espero que possamos ir juntos a Brighton na sexta ou no sábado.

Respeitosamente, Caro Senhor Joaquim Nabuco

Chas. H. Allen

6

British & Foreign Anti-Slavery Society
55, New Broad Street, E. C.
Londres, 3 de março de 1881

Meu caro Senhor,

O "*Welcome*" é um periódico que pertence ou é editado por um dos membros do nosso Comitê. Ele quer saber se você lhe daria uma boa fotografia com

262 ANTONIO PENALVES ROCHA

o seu retrato para que pudesse transformar em gravura e publicá-la juntamente com uma tradução do seu discurso em Madri. Tenho diversas cópias desse discurso e incluo uma em anexo a esta carta juntamente com uma cópia do *Welcome*.

Se tiver a bondade de me passar um cartão de visita e a tradução do discurso, os enviarei ao editor do *"Welcome"*. Talvez um dos funcionários da Embaixada possa traduzi-lo, pois está em português.

Espero vê-lo amanhã um pouco depois da 16h30min, quando as nossas ocupações rotineiras terminarem.

Respeitosamente,

Chas. H. Allen

7

Essex Hall, Walthamstow

8 de março de 1881[608]

Ao Sr. Joaquim Nabuco,
Caro Senhor,

Há dias tivestes a bondade de anunciar-me a vossa chegada em Londres, e logo eu vos teria respondido se não estivesse gravemente doente. Por isso não pude escrever-vos nem visitar-vos.

Ainda sou um inválido, mas penso que devo tentar escrever-vos algumas linhas para expressar-vos a minha cordial atenção e grande respeito por vós. Não posso manifestar-vos nem de longe a satisfação que tive ao ouvir ler [*sic*] vosso nobre Manifesto. É um documento que faz a maior honra tanto a vós como à Sociedade Brasileira.

Os princípios de justiça e de retidão são nele habilmente apresentados, e eu imagino serem os mesmos que o imortal José Bonifácio advogou quando banido do seu país há mais de meio século. Eu teria grande prazer se pudesse juntar-me aos meus colegas para prestar homenagem a quem está tão nobremente empenhado em pleitear a causa dos oprimidos e dos infelizes.

O meu tempo neste mundo está, porém, se aproximando do seu termo, e eu olho para o país onde o homem da terra não mais há de oprimir. Não vos surpreendereis com isto quando eu vos disse que fui na mocidade um humilde,

---

608 Reprodução da carta publicada por *O Abolicionista*, 1º de julho de 1881, p.8.

mas ardente auxiliar de Clarkson, Wilberforce e dos seus colaboradores, os que abriram o caminho à Liberdade e à Justiça.

Que a bênção do Altíssimo e Daquele que veio proclamar a liberdade dos cativos esteja convosco e com os vossos trabalhos, é o voto e a oração do muito sinceramente vosso,

Joseph Cooper.

8

British & Foreign Anti-Slavery Society
55, New Broad Street, E. C.

Londres, 5 de abril de 1881[609]

Ao Senhor Joaquim Nabuco
Presidente da Sociedade Brasileira contra a Escravidão

Caro Senhor,

No último encontro da Junta desta Sociedade, no dia 1º do corrente, fui indicado para transmitir-vos os agradecimentos da Junta pelas valiosas e importantes informações sobre a escravidão no Brasil que tivestes a bondade de prestar à Junta na sua reunião anterior e também pelo excelente e completo discurso que pronunciastes no almoço público[610] dado em vossa honra pelo nosso presidente a 23 de março próximo passado, em Charring-Cross Hotel.

Tenho também o prazer de expressar-vos da parte da Junta e dos outros membros desta Sociedade, que tiveram o privilégio de conhecer-vos, as suas saudações pela vossa chegada a este país e a esperança de que tereis uma boa e rápida viagem de volta quando o deixardes. Tenho a honra de ser, caro senhor, sinceramente vosso

Charles H. Allen
Secretário

---

609 Reprodução da carta publicada por *O Abolicionista,* 1º de julho de 1881, p.7.

610 Embora Allen tivesse escrito *"Public Breakfast"* ou simplesmente *"breakfast"*, como se lê tanto no *Reporter* quanto na Carta 6 do Apêndice B, *O Abolicionista* chamou o encontro de "almoço público" e principalmente de "banquete". O que merece ser destacado a esse respeito é que não se trata apenas de um erro de tradução, e sim do esforço de *O Abolicionista* para dar ares de grande solenidade à reunião.

264 ANTONIO PENALVES ROCHA

9

British and Foreign Anti-Slavery Society
55, New Broad Street. E. C.
London, 22 de novembro de 1881

Meu caro Senhor,

Foi um prazer receber sua amigável carta de 29 de outubro e apresso-me a respondê-la.

A versão em português da decisão da Corte no caso "Morro Velho" foi enviada aos procuradores do *Treasury*. Fico feliz em dizer-lhe que esse caso agora está quase completamente pronto para a ação judicial nas Cortes inglesas e espero que brevemente tenha alguma notícia a respeito dele. Mas isso é estritamente confidencial. Muito obrigado por seu gentil interesse pela questão e por sua ajuda.

Estamos esperando ansiosamente o resultado da sua grande disputa eleitoral – e tenho fortes esperanças de que voltará ao Rio de Janeiro. Se por acaso os poderes do mal forem demasiadamente fortes, e você for obrigado a aceitar que triunfem, por uma única razão, todos nós, lhe daremos alegremente boas-vindas no seu retorno à Inglaterra: com a sua eloquência, que será ouvida por todo o vasto Atlântico e dará coragem e força ao pobre escravo, você será certamente capaz de ajudar muito a boa causa! Por esta correspondência envio-lhe uma cópia dos *Slave Papers* N° 1, 1881, e ficaremos contentes se os aceitar. [611] No meio deles há uma matéria interessante relativa ao Brasil, que, como você verá, noticiamos no último *Reporter*. Haverá também outras notícias no próximo número. O Sr. Sturge está muito bem e manda-lhe bondosas recomendações – o Sr. Crawford também. Pobre Sr. Cooper; creio que dificilmente sobreviverá a este inverno. Ele parece estar degenerando rapidamente. A Sra. Allen está bem e lhe manda lembranças. Agora ela está em

---

611 Os *Slave Papers*, também chamados de *Blue-Books*, continham documentos sobre a escravidão enviados ao Parlamento pelos diplomatas ingleses que estavam no exterior. Nos Slave Papers n. 1, de 1881, o embaixador da Inglaterra no Brasil e o cônsul do Rio de Janeiro fizeram um relato sobre o banquete oferecido pela Sociedade Brasileira contra a Escravidão ao embaixador americano e sobre a carta que Hilliard dirigiu a Joaquim Nabuco comentando o Manifesto da mesma Sociedade. Segundo o periódico da BFASS, o relato tem um "tom de velada censura" a essas atitudes do diplomata norte-americano. *Anti-Slavery Reporter*, nov. de 1881, p.209. Os mesmos fatos voltaram às páginas do *Reporter* num artigo de dezembro (p.224), complementado com a reprodução de uma matéria do *Rio News* a respeito do apoio norte-americano aos abolicionistas brasileiros.

ABOLICIONISTAS BRASILEIROS E INGLESES **265**

Oxford, já que meu filho mais jovem foi para lá para tentar obter uma bolsa de estudos. O mais velho está em Cambridge, estudando Matemática.

Fico feliz de saber que você aprova nosso trabalho no Egito.[612] Ele ainda está longe de terminar – mas esperamos obter a liberdade para o escravo algum dia.

Tenho certeza de que você espera o mesmo para o seu milhão e meio de seres humanos escravizados no Brasil.

Com os melhores votos, sempre sinceramente,

Chas. H. Allen – Secr.

Senhor Nabuco.

10

British & Foreign Anti-Slavery Society
55, New Broad Street, E. C.

Londres, 3 de Janeiro de 1882

Meu caro Senhor,

"*Cead fealtha*"[613] ou cem mil boas-vindas às costas bondosas, embora enevoadas, da velha Inglaterra! Espero que você esteja muito bem depois da sua longa viagem e da sua árdua luta pela causa da liberdade. Fico muito contente em poder encontrá-lo novamente. O Sr. Sturge quer que eu o convide para a próxima Reunião do nosso Comitê – na sexta-feira, dia 6 do corrente, às 4h30m. Podemos contar com sua presença? Se não puder vir, mande-me um bilhete dizendo quando virá; assim, não sairei. Creio que irei ao sul da França na semana que vem e ficarei por lá durante um mês – de qualquer modo, quero encontrá-lo. Espero que compareça à Reunião do Comitê.

Como correspondente, você tem o direito de comparecer todos os meses.

Agradeço-lhe muito pela fotografia. É um retrato admirável. Pretendo fazer um álbum para o escritório com as fotografias dos que lutam contra a escravidão.

A Sra. Allen ficará contente por saber que você chegou em segurança e espero que, quando eu voltar de Menton, nos honre com sua companhia. Continuamos morando no mesmo lugar. Meus filhos estão bem. O mais

---

612 Ver nota 681.

613 Essa é uma expressão gaélica, mas não tem registro nos dicionários da língua do modo como foi escrita por Allen. Aproxima-se, no entanto, de *Céad Míle Fáilte*, que corresponde a "cem mil boas-vindas" no gaélico da Irlanda.

velho está em Cambridge (não agora, pois está de férias). O mais novo acaba de receber uma bolsa de estudos no Ralliot College — Oxford —, o maior prêmio universitário que existe para calouros. Ele tem apenas 17 anos e meio, o que torna a honra maior ainda.

Sempre muito sinceramente,

Chas. H. Allen

Envio-lhe um cartão em memória do caro Sr. Cooper.

Senhor Joaquim Nabuco

Agradeço pelo O Abolicionista

Gostaria de publicar a sua carta.[614]

11

British & Foreign Anti-Slavery Society

55, New Broad Street, E. C.

Londres, 21 de fevereiro de 1882

Meu caro Senhor,

Fiquei tão surpreso quando você me disse ontem que o Sr. Kingdon[615] lhe fez uma proposta muito insultuosa e escandalosa de comissão que tomei a iniciativa de escrever a ele nesta manhã a fim de comunicar-lhe sobre a sua intenção de não mais empregá-lo como seu editor. Sem dizer-lhe nada do que se passou, fiz entender que você estava muito aborrecido, e ele imediatamente adivinhou o motivo.

Assim, explicou-me com exatidão o que realmente propôs e disse que temia que tivesse havido um mal-entendido. O Sr. Kingdon, antes de ter sido editor, era o que chamamos comerciante comissionado ou agente, uma atividade bem conhecida e muito respeitada, atividade esta que exerci com a Austrália. O Sr. Kingdon viveu muitos anos em Madagascar, onde ensinou a arte da editoração aos nativos da imprensa oficial. Muitos dos seus amigos daquela ilha no Sul da África solicitavam-lhe encomendas para comprar mercadorias não só para a imprensa, mas também de todos tipos para todos fins.

---

614 Trata-se da carta publicada por *O Abolicionista*, 1º de dezembro de 1881, na qual Joaquim Nabuco justifica sua mudança para a Inglaterra. O *Anti-Slavery Reporter* a reproduziu no seu número de fevereiro de 1882, p.35.

615 Allen refere-se a Abraham Kingdon, que, como foi mencionado, era editor do *Anti-Slavery Reporter* e seria também o editor de *O Abolicionismo* de Joaquim Nabuco.

Essas encomendas eram feitas mediante o envio de dinheiro. Ele comprava as mercadorias e as remetia com a fatura, acrescentando aberta e claramente a comissão de 5% pelo trabalho ou qualquer que fosse a comissão combinada.

Ao saber da sua intenção de estabelecer um escritório na City, pensou que você começaria a operar como comerciante comissionado com o Brasil. Assim, ocorreu-lhe imediatamente a ideia de que, com um conhecimento maior que o seu para adquirir todas as coisas relativas às artes gráficas, poderia de bom grado comprá-las e, como seu agente, repartir a comissão. Isso ocorre frequentemente entre comerciantes quando um é mais qualificado que outro para atuar como comprador – e não faz diferença àquele que fez a encomenda, que paga, é claro, a comissão de 5%.

Mas isso não é a mesma coisa que oferecer uma comissão para fazer um suborno – adicionando-o ao preço e recebendo-o de quem fez a encomenda como parte do preço —, o que é uma fraude grosseira. O Sr. Kingdon categoricamente repudia transações como essa e diz que nunca pagou um tostão de comissão a ninguém na sua vida e jamais pagaria — embora eu saiba que lhe deram a entender indiretamente que este é o único modo de fazer negócios na sua Embaixada!

O Sr. Sturge e eu conhecemos Kingdon há algum tempo e sempre o tivemos em muito boa conta; assim, realmente não acreditamos que ele adotaria esse método de fazer negócios. Incluo, em anexo, dois atestados da sua idoneidade, e seria bom que você os lesse. Considero-o tão bem que mais de uma vez adiantei-lhe dinheiro para que fizesse seus negócios, e, na verdade, agora mesmo ele está com algum, que ainda não me devolveu.

Quando nos encontrarmos, poderei explicar tudo o que tentei toscamente expressar nesta carta. Que dia da semana que vem será bom para que você nos faça uma amigável visita e jante conosco *en famille*? Quinta ou sexta-feira, será conveniente?

Muito sinceramente,

Chas. H. Allen

12

British & Foreign Anti-Slavery Society
55, New Broad Street, E. C.

Londres, 21 de julho de 1882

Meu caro Senhor,

Eu falei com o Sr. Sturge sobre o que você havia dito a respeito da possibilidade de os escravos da Cata Branca serem induzidos a aceitar

268 ANTONIO PENALVES ROCHA

£10 ou £20 para firmar uma renúncia plena de qualquer reclamação sobre salários anteriores!

O Sr. Sturge pensa que, se for possível, alguém deve ser designado para proteger esses pobres escravos. Se isso acontecesse na Inglaterra, a determinação seria a de depositar o dinheiro em juízo – de modo que ficasse seguro e adequadamente administrado. Não conhecemos qual é o procedimento no Brasil, mas é importante que haja alguma segurança de que os valores devidos serão pagos. O Sr. Sturge pensa que talvez você possa escrever um texto sobre o assunto e enviá-lo pelo correio do dia 24 para chamar a atenção de alguma pessoa qualificada.

Provavelmente haverá alguma despesa com a postagem das mensagens telegráficas e com os honorários dos funcionários do Tribunal, e, por isso, estou autorizado a permitir que saque contra esta Sociedade qualquer quantia que não exceda £10 para cobrir essas despesas.

Gostaria cordialmente que expressasse sua opinião sobre isso tudo, informasse-me sobre sua recomendação e também sobre quais passos serão necessariamente adotados para a proteção dos negros.

Possivelmente levaremos a questão da Cocaes Co. à Câmara dos Comuns e à Chancery.[616]

A Sra. Allen espera que você nos visite nalgum dia da próxima semana, depois da terça-feira.

Respeitosamente,
Chas. H. Allen

---

616 A Chancery é uma das seções do Supremo Tribunal de Justiça. O provável processo que seria encaminhado contra a Cocaes Co., uma companhia inglesa de mineração que operava no Brasil, baseava-se numa denúncia feita "às autoridades brasileiras" pelo Rio News nos seguintes termos: "um grande número de escravos na província de Minas pertence à antiga National Brazilian Land and Mining Association [também conhecida como] Cocaes Company, [que os] mantém ilegalmente, pois a lei inglesa proíbe que súditos ingleses os possuam". *The Rio News*, 24 de junho de 1882, p.3. Dando os devidos créditos ao jornal carioca, o *Reporter* reproduziu essa notícia na sua edição de agosto de 1882 (p.212).

ABOLICIONISTAS BRASILEIROS E INGLESES **269**

13

Debonshire House Hotel
Bishopgate Without

24 de julho de 1882

Caro Sr. Nabuco,

Anexei a esta carta um esboço da "interpelação", que um dos nossos amigos apresentará na Câmara dos Comuns.

Antes disso, nos agradaria ter suas opiniões a respeito dela ou quaisquer sugestões ou alterações que pudesse fazer no documento.

Creia em mim,

Respeitosamente,

Edmund Sturge

Sr. Joaquim Nabuco

14

18 de agosto de 1882

Caro Sr. Nabuco,

Sua carta do dia 16 com o anexo encontrou-me aqui.[617]

Nosso secretário está na Suíça e só retornará daqui a três semanas.

É velha a história dos negros mantidos pela Companhia da qual o Sr. Samuel Gurney Sheppard é presidente. Poderemos falar a respeito dela quando o secretário voltar, e tivermos o prazer de revê-lo.

Agradeço-lhe pela menção ao Congresso sobre o Direito Internacional. Eu escreverei imediatamente para um membro do nosso Comitê, que tem cuidado do assunto, para pôr em prática sua sugestão. Por favor, informe-me quando sairá de Brighton e qual será o seu futuro endereço.

---

617 A carta citada, de 16 de agosto de 1882, não se encontra nos arquivos da Bodleian Library. De qualquer maneira, infere-se, por esta resposta de Edmund Sturge e pela carta subsequente de Nabuco (Carta 19, Apêndice B) que, em 16 de agosto, o brasileiro informara à BFASS que estava escrevendo um texto sobre a escravidão no Direito Internacional para apresentar numa Conferência de juristas do Institut de Droit International que ocorreria em Turim, em setembro; ao mesmo tempo, sugeria a participação da BFASS no evento.

Nesse meio tempo,

Respeitosamente,

Edmund Sturge

P.S. Outra consideração. Penso que é importante levar ao Congresso o documento que você propôs e peço que o prepare imediatamente. Escreverei ao secretário sobre o assunto. Ele terá uma importância especial neste momento em que as potências da Europa estão em conferência sobre a decisão final a respeito do Egito, onde a questão será levada em consideração.

15

26 de agosto de 1882

Caro Sr. Nabuco,

Depois que lhe escrevi na última semana, encontrei o meu amigo e colega de trabalho Sr. Tily Alexander.[618] Ele esteve em contato com Sir Travers Twiss,[619] que é tido como o mais influente dos membros ingleses da Conferência sobre o Direito Internacional. Sir Travers Twiss considera que o assunto é de muito grande importância, mas [ilegível] é duvidoso dar-lhe ampla consideração.

O Sr. Alexander pretende ir a Brighton, e espero que o encontre.

Respeitosamente,

Edmund Sturge

Sr. Joaquim Nabuco

---

618 Trata-se de J. G. Alexander, LLB, [sigla que os ingleses usavam para *legum baccalaureus*, bacharel em Direito], membro do Comitê da BFASS; provavelmente Sturge chamava-o familiarmente de "Tily".

619 Travers Twiss (1809-1897), economista e jurista, professor de Economia Política e de Direito Civil da Universidade de Oxford e de Direito Internacional do King's College de Londres. Entre suas obras destacam-se *View of the Progress of Political Economy in Europe since the Sixteenth Century* (1847), *The Law of Nations Considered as Independent Political Communities: On the Right and Duties of Nations in Time of Peace* (1861) e *On the Rights and Duties of Nations in Time of War* (1863). Twiss presidiu a Conferência sobre o Direito Internacional de Milão de 1883, que contou com a participação de Joaquim Nabuco, e apresentou uma comunicação aconselhando a transformação do Congo num protetorado internacional.

16

Roxburghe

Sandown, Isle of Wight
19 de setembro de 1882

Caro Senhor Nabuco,

Envio junto com esta carta, conforme havia prometido, uma cópia do meu ensaio sobre o Tráfico Negreiro e a proposta que apresentamos no Congresso de Berlim.[620] Verá que o seu segundo item é, de outra forma, o artigo de Bluntschli.[621]

Escrevi ao Sr. Sturge na sexta-feira sobre o que penso ser necessário, já que ele não estava em Londres quando eu lá estive na semana passada. Meu programa de medidas para ser implementado pelo nosso Governo tem quatro itens – os dois itens da proposta que recomendamos, (3) uma associação internacional para formar uma comissão mista em Zanzibar a fim de julgar casos levantados pelo comércio de escravos, com disposições úteis como a do direito de revista, e (4) a ajuda da Inglaterra ao governo do quediva,[622] forçando a supressão do tráfico terrestre através do Sudão e do Alto Egito e fazendo que seja realmente suprimido. Parece-me que essas medidas, se forem rigorosamente postas em prática pelo Foreign Office, seriam suficientes para suprimir o comércio de escravos no leste africano num curto período de tempo – embora, mais tarde, seja desejável dar prosseguimento a elas com o envio de um cruzador leve ao Lago Tanganyika.

Certamente todos esses eventos terão uma influência indireta na questão brasileira, mas, como você havia dito, penso que a influência moral sobre a opinião brasileira deverá ser grande.

---

620 O Congresso de Berlim, em 1878, foi organizado pelas potências europeias, sob a direção de Bismarck, para restabelecer a paz entre a Rússia e a Turquia. A BFASS enviou representantes a esse Congresso para tentar estabelecer normas internacionais contra a escravidão, que se resumiam a dois itens: "1) o tráfico de escravos deveria ser considerado um Ato de Pirataria; 2) as Potências representadas pelos signatários não reconhecerão no futuro a existência legal da escravidão nas suas relações com os Estados nos quais esta instituição continuar a existir". *Anti-Slavery Reporter*, ago. de 1878, p.57-61.

621 Jean-Gaspard Bluntschli (1808-1881) foi um jurista, historiador e deputado suíço, que lecionou Direito em Zurique. A partir de 1848, tornou-se catedrático de Direito em Munique e, mais tarde, professor de Ciência Política em Heidelberg; foi também um dos fundadores do Instituto Nacional do Direito das Gentes, que presidiu entre 1875 e 1877. Sobre as tais propostas ver o paper de Nabuco em Milão (1, Apêndice C).

622 Título dado ao vice-rei do Egito durante a dominação turca.

272 ANTONIO PENALVES ROCHA

Propus ao Sr. Sturge os seguintes meios para pôr em prática essas medidas. Primeiro, lançar um manifesto da Anti-Slavery Society, apelando aos nossos concidadãos para nos apoiar e insistindo com o nosso Governo para que tire vantagem da presente oportunidade, magnífica para executar o programa acima – estou trabalhando na elaboração do manifesto. Segundo, organizar manifestações públicas de protesto em nossas principais cidades nos fins de outubro, e eu lhe disse que nós dois estaríamos dispostos a formar uma comissão. Mencionei também a minha intenção de escrever um artigo para o *The Nineteenth Century* e a sua de escrever para o *Times*. Avisar-lhe-ei a respeito das opiniões do Sr. Sturge quando ele me responder.

Respeitosamente,

Joseph Alexander

17

British & Foreign Anti-Slavery Society
55, New Broad Street, E. C.

Londres, 25 de outubro de 1882

Caro Senhor,

Esta Sociedade organizou uma reunião pública no Willis's Rooms,[623] na rua King St. James, na quarta-feira, dia 15 de novembro, às 15h (presidida pelo Rt. Hon.[624] conde de Shaftesbury K. G.), por considerar favorável a atual ocasião para realizar a abolição da escravidão e do tráfico negreiro no Egito.

---

623 O Willis's Rooms surgiu na primeira metade do século XIX, ocupando o mesmo edifício, situado na King St. James Street, que fora originalmente construído no século anterior para o Almack's Rooms; ambos eram salões de festa, e a mudança do nome decorreu da mudança do proprietário. O edifício contava com salas para reuniões públicas, conferências, concertos, leitura de peças de teatro, bailes e jantares públicos e particulares, sendo frequentado por pessoas abastadas. O número máximo de participantes de um baile no seu salão principal foi de 1700 pessoas, o que permite imaginar o tamanho do edifício, que, aliás, foi destruído durante um bombardeio na Segunda Guerra Mundial. Charles Allen registrou como os principais participantes dessa reunião o Cardeal Manning, W. E. Foster e o "Senhor Joaquim Nabuco, presidente da Anti-Slavery Society of Brasil, que fez um discurso eloquente e emocionante" (*Anti-Slavery Reporter*, jul.-ago. de 1893, p.174).

624 Abreviação de "Right Honourable", título dos pares do reino e de alguns altos funcionários civis, como, por exemplo, o prefeito de Londres. A abreviatura que se segue ao nome do conde refere-se à "Knight of Garter", cavaleiro da Ordem da Jarreteira, a mais alta ordem da cavalaria inglesa. O conde de Shaftebury (1801-1885) atuou no Parlamento desde a primeira metade do século XIX e em diversas sociedades filantrópicas e religiosas de Londres.

O Comitê solicita a sua cordial cooperação e ficará muito satisfeito se você bondosamente concordar em falar na reunião a respeito do assunto acima referido. Solicitamos uma resposta antecipada ao convite.

Com grande consideração e respeito,

Chas. H. Allen

Secr.

Espero que esteja muito bem para nos oferecer um bom discurso no dia 15 de nov. Quando virá à City?

CHA

18

British & Foreign Anti-Slavery Society
55, New Broad Street, E. C.

Londres, 21 de junho de 1883

Caro Senhor Nabuco,

Fui indicado pelo Comitê desta Sociedade para oferecer-lhe nossos sinceros agradecimentos pelo seu trabalho de encaminhar ao governo brasileiro uma carta, solicitando-lhe que exija da St. John del Rey Co. os salários anteriores devidos aos 220 escravos que morreram no cativeiro. O Comitê também ficaria grato se algum dia pudesse entregar-lhe uma cópia do documento original. Provavelmente ele esteja impresso, e uma cópia impressa será suficiente.

Espero que tenha a bondade de não assumir nenhum compromisso para que compareça à reunião antiescravista que ocorrerá na residência do Dr. Ingleby,[625] perto de Londres, no dia 10 ou 12 de julho. Dar-lhe-ei os detalhes mais tarde.

Respeitosamente,

Chas. H. Allen

---

625 Clement Ingleby obteve o doutorado com uma tese sobre Shakespeare; além disso, era membro do Comitê da BFASS. Mas o que de fato interessa para a compreensão do significado do convite é que sua mulher, Sarah Oakes, tornou-se herdeira do tio, um rico industrial, e entre os bens que lhe foram legados estava uma mansão do século XVIII — a Valentines Mansion — onde os Ingleby passaram a viver como uma família típica da burguesia vitoriana. O *Reporter* dedicou as nove primeiras páginas (p.190-99) da sua edição de agosto à transcrição dos discursos feitos durante a reunião, cujo tema principal foi a escravidão no Egito. Compareceram à reunião quase todo estafe da BFASS, líderes religiosos, mais de cem homens e mulheres e até "uma pequena garota negra escrava", que um advogado inglês, presente na reunião, recebera do rei M'tesa de Uganda, tido como o principal traficante de escravos da África Central. Joaquim Nabuco não compareceu, mas sua atuação antiescravista foi lembrada no discurso de Allen.

19

19 de julho de 1883

Caro Sr. Nabuco,

Em anexo, segue-se o programa da nossa Conferência na semana que vem – suponho que tenha recebido a autorização para entrar na Mansion House[626] no fim da tarde de segunda-feira.

O Sr. Allen espera trazer a 3ª questão à discussão na quarta-feira, relativa a posição do Emin Paxá[627] na África Central. Não sei se você está preparado para participar; se estiver, será muito satisfatório para o Comitê da Anti-Slavery. A Associação se contentará com a sua participação na discussão de <u>qualquer</u> assunto que lhe interesse.

Esperando encontrá-lo,

Respeitosamente,

Joseph G. Alexander

Muito obrigado pela sua gentil oferta. Por favor, reserve tempo para um sarau no Draper's Hall[628] no fim da tarde de sexta-feira, e para uma recepção no Attorney General[629] na quarta-feira à noitinha.

---

626 Residência oficial do prefeito de Londres. O *Reporter* não fez menção alguma a essa reunião.

627 Mehmed Emin Paxá (1840-1892) foi o nome árabe adotado por Edward Schnitzer, médico e linguista alemão. Emin ocupou o posto de oficial médico no exército turco (1864) e no exército egípcio, sob o comando do general Gordon (1875), tornando-se médico-chefe das províncias egípcias do Sudão (1876). Finalmente, em 1878, foi nomeado governador da Província Equatorial do Egito. Em 1883, com a derrota anglo-egípcia imposta pelas tropas de Mohammed Ahmed (ver abaixo a nota 33), essas províncias ficaram isoladas do Egito. Assim mesmo, permaneceu na região, tendo sido resgatado por H. M. Stanley em 1888. Em 1892, foi assassinado por traficantes de escravos.

628 O Drapper's Hall está instalado num edifício de Londres reconstruído no século XVIII. Conta com quatro principais salões que podem ser alugados para reuniões sociais; o maior deles acomoda até 260 pessoas em jantares.

629 O Attorney General é o mais alto funcionário legal na Grã-Bretanha, encarregado de representar a Coroa e o Estado em matérias jurídicas. Certamente, a expressão é empregada nesse caso como uma metonímia para designar o edifício.

ABOLICIONISTAS BRASILEIROS E INGLESES **275**

20

28 de julho de 1883

Caro Senhor Nabuco,

Envio-lhe em anexo um recorte do "Cook's Excursionist",[630] com os custos das passagens para Milão, o que lhe permitirá estimar as suas próprias despesas da maneira que quiser.

De qualquer modo, tenho certeza de que não permitirá que as despesas se tornem um obstáculo à sua ida – temos um fundo apropriado aos objetivos da *Anti-Slavery*, que foi usado para pagar as despesas da nossa viagem a Berlim, e estou seguro de que não tenho de mencionar o assunto ao Sr. Sturge, que espero ver na sexta-feira no Comitê da *Anti-Slavery*, para garantir o reembolso das suas despesas. Se você é bastante capaz para fazer o trabalho, estou seguro de que é nosso dever arranjar o dinheiro para pagá-lo.

Sobre o outro ponto, eu me comunicarei com Sir Travers Twiss e com o Dr. Stubbs,[631] para assegurar ampla consideração à sua comunicação. No momento, não temos um grande número de assuntos que possam suscitar discussão; sendo assim não há razão suficiente para o seu ser excluído: na verdade, fique certo de que terá o tempo necessário.

Espero muito que esteja conosco, e aguardarei com muito interesse a apresentação do seu *paper*.

Respeitosamente,

Joseph G. Alexander

---

630 Agência de turismo de Londres, tida como a primeira da história.

631 William Stubbs (1825-1901) foi bispo e historiador em Oxford, em cuja universidade pretendia implantar uma escola de historiadores que adotassem a metodologia alemã. Foi autor de uma vasta obra, que incluiu a publicação de documentos da história anglo-saxônica; seu trabalho mais famoso é a *Constitucional History of England*, em três volumes, publicado entre 1873 e 1878.

276 ANTONIO PENALVES ROCHA

21

4 de agosto de 1883

Caro Senhor Nabuco,

Agradeço muito pela sua carta que recebi hoje de manhã. Terei muito prazer em propor que você e o Sr. Alcoforado[632] se tornem membros da Associação do Direito Internacional. Espero que ambos possam estar conosco em Milão.

Fico feliz em dizer-lhe que encontrei o Sr. Sturge e outros cavalheiros no Comitê da *Anti-Slavery* que são, junto comigo, coadministradores do "Fundo dos Amigos da *Anti-Slavery*" e, a respeito da sua ida a Milão, estou autorizado a oferecer-lhe a quantia de £20 para pagamento de suas despesas.

Em relação ao seu *paper*, peço desculpas por ter omitido as indicações sobre o melhor modo de apresentá-lo. Se não for demasiadamente trabalhoso, penso que seria desejável apresentá-lo <u>em francês ou inglês</u>. Teremos um grande número de italianos e provavelmente de suíços e de outros que o podem ler com muita facilidade em francês. Por outro lado, há sempre certo número de ingleses e americanos que não lerão francês facilmente, e, como o relatório será em inglês, o seu *paper* teria de ser traduzido para ser publicado.

Será mais barato e mais satisfatório fazer uma edição francesa impressa em Paris: se você mandar o manuscrito pelo correio ao Sr. Marchal Billard (seu endereço está abaixo) e aos editores do *Journal du Droit Internacional Rivé*, eles farão um serviço muito bom e poderão enviar-lhe as provas para correção. No que diz respeito ao inglês, revisarei com prazer. Eu diria que a impressão de 200 exemplares de cada seria mais que suficiente.

Se o Sr. Alcoforado obsequiasse-nos com uma comunicação sobre qualquer assunto do Direito Internacional, público ou privado, ficaríamos muito gratos. É duvidoso que tenhamos outra reunião do Conselho antes de irmos a Milão, e, deste modo, ambos não serão nomeados membros provisórios; mas essa questão é meramente formal.

---

632 Fenélon Alcoforado, amigo do barão de Penedo, era um advogado brasileiro que vivia em Londres.

Esperando encontrá-lo no momento adequado em Milão, sou
Respeitosamente,
Joseph G. Alexander.

Marchal Billard
27 place Dauphiné

Paris.

Em Londres, a melhor coisa que você pode fazer é procurar o Sr. Kingdon, que publica o *Anti-Slavery Reporter*.

22

24 de agosto de 1883

Caro Senhor Nabuco,

Dadas as circunstâncias mencionadas na sua carta, talvez não valha mais a pena escrever para tentar marcar um encontro. De qualquer modo, caso queira me encontrar, amanhã estarei aqui das 10h15min à 1h da tarde. Não estou certo de que tenha algo importante para lhe dizer a respeito do seu *paper*: você manifesta o desejo de chegar a um entendimento comigo sobre ele, mas talvez as respostas que dei às suas questões – como publicar em francês e inglês – tenham atendido suficientemente às suas necessidades. Ainda tenho comigo um considerável número de cópias do meu,[633] e pretendo levá-las comigo para Milão a fim de distribuí-las.

Ontem, recebi do Sr. Allen o seu cheque, que segue em anexo, já endossado. Hoje à tarde, teremos uma reunião do Conselho da Associação, na qual proporei o seu nome e o do Sr. Alcoforado como membros – e o do Sr. Allen também, que está indo diretamente da Suíça para Milão.

Respeitosamente,
Joseph G. Alexander

---

633 Alexander refere-se ao texto que apresentara no Congresso de Berlim (ver nota 620).

23

British & Foreign Anti-Slavery Society
55, New Broad Street, E. C.

Londres, 13 de junho de 1884

Meu caro Senhor,

Espero que bem antes desta você tenha chegado em segurança ao seu destino e que sua saúde tenha melhorado. Foi lamentável não o encontrar antes da sua partida – minha viagem ao Marrocos e a enfermidade subsequente impediram-me.

Marrocos ocupa agora uma posição proeminente, e minha visita ocorreu em boa hora. O artigo que escrevi para o *Times*, publicado nas suas colunas do dia 12 de maio, e o editorial publicado em seguida, no dia 14, expuseram a questão, e agora a ação da França está ajudando a aumentar o interesse por este país até então negligenciado. Você verá o meu artigo no *"Reporter"* deste mês.

O Egito ainda está na mesma desordem, se não estiver pior. Fora disso, espero que possamos considerar que a questão da escravidão está condenada a ser liquidada de uma vez por todas. Já é hora de fixar um limite à existência de escravos. Ficarei feliz se me enviar alguma boa notícia sobre a emancipação no Brasil, sobre as demais províncias estarem seguindo o nobre exemplo do Ceará.

Pobre Gordon![634] Estamos ainda temendo muito por ele. Mas espero que escape com vida e saúde. Ele deve ter passado momentos terríveis, sitiado numa cidade do abrasador Sudão.

---

634 Charles-George Gordon, apelidado de "general Gordon", "Gordon Chinês" e de "Paxá Gordon" (1833-1885). Oficial do exército inglês, cuja carreira militar se misturou com a prestação de serviços administrativos para o Império Britânico. Desse modo, atuou na Guerra da Crimeia, China, Egito, Sudão, Congo, Índia, Ilhas Maurício e na Colônia do Cabo. Mas o que de fato interessa é sua atuação no Egito e Sudão. Em 1874, foi convidado pelo quediva Ismail do Egito para assumir o governo da Província Equatorial, incorporada ao longo do curso da expansão egípcia em direção ao sul. Investido de uma missão civilizatória, dado seu projeto de eliminar o tráfico negreiro na região, Gordon aceitou o cargo, depois de obter o consentimento do governo inglês. Foi para Cartum e dedicou dois anos e meio de esforços para pacificar a região, colocá-la sob a influência cultural e comercial do Egito e suprimir o tráfico. Em 1876, retornou ao Cairo. Mas os traficantes de escravos adotaram uma nova rota que passava pelo sul do Sudão, o que levou o quediva a nomeá-lo, em 1877, governador-geral do Sudão. Permaneceu no cargo até 1879, cumprindo a missão para a qual fora designado. Nesse ano voltou para a Inglaterra e filiou-se à BFASS, tornando-se membro honorário de seu Comitê, razão pela qual, logo em seguida, aceitou a indicação de Leopoldo II para administrar o Congo, a fim de

ABOLICIONISTAS BRASILEIROS E INGLESES 279

Estamos muito ocupados com a preparação da nossa Reunião do Grande Jubileu, no dia 1º de agosto próximo, e tentando levantar fundos para isso, pois temos apenas cerca de £100 e estamos perto da bancarrota.

Gostaria de saber se alguns abolicionistas do Rio poderiam contribuir para os nossos fundos do jubileu.

O Sr. Sturge está muito adoentado e saiu da cidade há algumas semanas, mas espero que agora esteja melhor. Em casa, todos estamos bem e nos unimos para expressar nossa estima e mandar-lhe os nossos melhores votos.

Respeitosamente,

Chas. H. Allen

Secr.

24

6 de dezembro de 1884

Meu caro Senhor Nabuco,

A Sra. Alexander e eu ficamos tristes de saber que você deixou a Inglaterra sem que tivéssemos tido o prazer de recebê-lo em Sandown. De qualquer

---

realizar um trabalho semelhante ao do Sudão. Depois disso, foi para a Índia, China, Colônia do Cabo, voltou à Inglaterra e, em 1883, se encontrava na Palestina, dedicando-se a estudos sobre a Antiguidade. Mas, nesse meio tempo, em 1881, a paz foi rompida no Sudão pela revolta dos seguidores de Mohammed Ahmed, que se proclamara Mádi (o "messias" que restauraria a pureza do Islã), num momento em que o Egito e a Inglaterra não podiam reagir por estarem envolvidos noutras questões. Aliás, a Inglaterra ocupou militarmente o Egito em 1882, tornando-o protetorado britânico em 1914. Em 1883, uma força egípcia de dez mil soldados, sob comando de oficiais ingleses, foi aniquilada pelos rebeldes sudaneses, e, no fim do ano, o governo inglês ordenou a evacuação dos administradores e soldados egípcios do Sudão, iniciada pelo seu cônsul-geral, Evelyn Baring, que era de fato o vice-rei do Egito. Granville sugeriu o nome de Gordon para realizar essa operação, o que de fato ocorreu. Em janeiro de 1884, Gordon partiu do Cairo para Cartum, onde propôs a paz ao mádi e lançou uma proclamação (ver nota 21 do Apêndice B) para tranquilizar os sudaneses que possuíam escravos. Com o fracasso da negociação, iniciou a retirada. De qualquer modo, a partir de março, Cartum foi sitiada, e Gordon comandou uma resistência militarmente fraca, sem apoio da Inglaterra, até janeiro de 1885, quando foi morto no assalto final. John M. Mackenzie (1999, p.281) observou que, na Inglaterra, "religião, heroísmo e Império se misturavam numa poderosa combinação. Os heróis do século XIX, em especial Livingstone e o General Gordon, foram essencialmente figuras religiosas, retratadas como titãs morais que enfrentaram forças obscuras, tornando-se mártires num sacrifício parecido com o de Cristo"; essa observação perspectiva o apreço de Charles Allen por Gordon.

maneira, creio que não demorará muito até a sua visita à nossa ilha, quando o receberemos com satisfação. Espero que a sua saúde tenha sido restaurada pelo clima do seu maravilhoso país.

Escrevo-lhe especialmente para enviar uma cópia do esboço de uma lei sobre a escravidão e sobre o tráfico negreiro que estou escrevendo para a Anti-Slavery Society. Ela colocará em prática algumas das sugestões que você apresentou em Milão, e, como verá, também diz respeito à posição de companhias inglesas que mantêm escravos. Sob suas cláusulas, não mais haverá, mediante provas, casos como o da St. John Del-Rey Co., que causou sofrimento ao passar impunemente. Ficarei feliz se você fizer algumas sugestões sobre a lei, que provavelmente chegarão até mim antes de serem apresentadas no Parlamento.

Finalmente, esperamos que a Conferência de Berlim[635] tome algumas medidas para assimilar o comércio de escravos à pirataria no Direito Internacional. Você deve ter lido no *Times* o relato da minha entrevista com Lord Granville, e o *Anti-Slavery Reporter*[636] lhe fornecerá um relato posterior, no qual verá que as resoluções que apresentou em Milão a respeito da escravidão foram levadas à atenção do Lord. Estamos muito contentes por Sir Travers Twiss estar em Berlim como conselheiro legal da nossa Embaixada.

Ontem, no Comitê da *Anti-Slavery*, eu procurei saber sobre sua candidatura ao parlamento brasileiro, e espero que, a esta altura, você já tenha sido eleito. Que as bênçãos de Deus estejam a serviço dos seus esforços na causa do escravo!

Respeitosamente,
Joseph G. Alexander

---

635 Trata-se da Conferência de Berlim de 1884-1885, que reuniu as potências europeias para efetuar a "partilha da África".

636 O relato foi publicado pelo *Anti-Slavery Reporter,* dez. de 1884, p.223.

ABOLICIONISTAS BRASILEIROS E INGLESES 281

25

British & Foreign Anti-Slavery Society[637]
55, New Broad Street, E. C.

Londres, 1884

Meu caro Senhor,

Fiquei muito ... pela cópia da Tribuna ... seu eloquente discurso aos eleitores de Recife – mandei-a ao Sr. Crawford que o leu e fez um pequeno resumo dela para o *Reporter*.[638] Também recebi sua carta do dia 19 que foi lida no nosso Comitê na sexta-feira passada. O Sr. Sturge e todos os presentes mandam-lhe calorosas lembranças, e não preciso dizer que sua eleição para o parlamento brasileiro conta com os nossos mais ardentes votos. Estou certo de que os escravos oprimidos não podem encontrar um ... mais capaz e eloquente que você.

... [referência ao envio, pela remessa de livros do correio, de uma cópia de textos alusivos à Reunião do Grande Jubileu da Sociedade] que, penso, lhe interessará, e está encadernada de modo que encontrará a referência mais facilmente.

Envio-lhe também a prova impressa da cópia de um rascunho do projeto de lei para emendar as leis sobre o tráfico negreiro. O Sr. Alexander foi o protagonista da redação desse projeto, que agora aguarda a crítica do Sr. Bryce, MP.[639] Enquanto isso, ficaremos muito gratos em receber suas sugestões sobre qualquer emenda que você possa ... adiada até os meados de fevereiro há provavelmente tempo para receber sua resposta.

---

637 Esta carta está incompleta por causa da deterioração do papel. Quanto à data, está anotado a lápis no cabeçalho "1885". Mas, certamente, foi escrita nos fins de novembro ou início de dezembro de 1884, pois, em primeiro lugar, faz referência à carta enviada por Nabuco "do dia 19", ou seja, à carta de 19 de novembro de 1884 (Carta 24, Apêndice B); em segundo lugar, o *Anti-Slavery Reporter* publicou um artigo no seu número de dezembro de 1884, p.239, intitulado "Senhor Joaquim Nabuco", no qual comenta uma cópia de um discurso enviado a Londres por Nabuco, referente à sua candidatura a uma cadeira da Câmara por Pernambuco, assunto esse que também aparece nos fragmentos da carta em tela.

638 Na verdade o *Anti-Slavery Reporter* (dez.de 1884, p.239) não publicou um "pequeno resumo" do discurso, mas sim uma pequena nota sobre um discurso de Nabuco.

639 A sigla MP. designa Membro do Parlamento. O parlamentar em tela pertencia à bancada quacre.

Com cordiais lembranças, que a Sra. Allen compartilharia comigo se aqui estivesse.

Respeitosamente,

Chas. H. Allen

26

British & Foreign Anti-Slavery Society
55, New Broad Street, E. C.

Londres, 8 de junho de 1885

Meu caro Senhor,

Sei que o correio para o Rio parte amanhã. E junto com ele vai o meu amigo Sr. Lamoureux, editor do *Rio News*, que conheci e com o qual tive o grande prazer de estabelecer relações de amizade durante sua curta visita a esta cidade. Esse cavalheiro deu-me, poucos dias atrás, a triste notícia de que sua eleição para a Câmara de Deputados foi invalidada por apenas três votos!

Essa é outra desgraça para a causa da abolição no Brasil, mas decerto será temporária e você acabará obtendo uma cadeira, pois é altamente qualificado para o cargo. Enviei uma nota desse desastre ao *Times*, e ela foi publicada na sexta-feira, dia 2 do corrente. O Sr. Lamoureux escreveu-me uma carta valiosa e interessante sobre o estado da legislação no Brasil em relação à libertação de escravos com 60 anos de idade. Lamento que essa lei não esteja em vigor, mas que tenha sido apenas uma proposta do último ministério, que provavelmente deverá ser substituída por outra proposta de estender a escravidão até os 65 anos de idade com indenização aos donos de escravos!

Isso é simplesmente monstruoso, pois esses homens, depois de obrigarem os pobres coitados a trabalhar quase até morrer, ainda receberão para libertar seus escravos exauridos, com um pé na cova!

Espero que os fazendeiros sejam derrotados, embora tema que agora conseguirão tudo o que pretendem. Contudo, chegará o dia da revanche, bem antes do que eles esperam.

Estamos muito ocupados agora com a questão do Sudão, como você provavelmente verá na próxima correspondência, razão pela qual esperamos realizar logo uma Reunião pública na Mansion House para discutir este assunto.

O governo tende a deixar o Sudão retornar à barbárie; e, por enquanto, os negociantes de escravos o terão inteiramente em suas mãos. Essa questão egípcia foi ruim, e a única coisa que fizemos desde que chegamos ao país foi a desordem. O abandono de Gordon por tantos meses, até que o país se prontificasse a enviar uma nova expedição, que certamente foi muito tardia, constituirá uma página negra na nossa história.

ABOLICIONISTAS BRASILEIROS E INGLESES **283**

Para mim, a morte de Gordon é uma perda pessoal absolutamente irreparável, pois o conhecia intimamente e ele estava estreitamente ligado ao nosso trabalho.

Ficarei satisfeito em saber quando você terá tempo para escrever e, nesse ínterim, ofereço-lhe as sinceras condolências de todo o nosso Comitê pela sua derrota, muito desastrosa ao melhor interesse do Brasil.

Creia em mim, respeitosamente,

Charles. H. Allen

27

British & Foreign Anti-Slavery Society
55, New Broad Street, E. C.

Londres, 22 de junho de 1885

Meu caro Senhor,

Sua carta de 17 de maio foi extremamente interessante. Eu já soube pelo Sr. Lamoureux da invalidação da sua eleição pela Câmara de Deputados graças a uma articulação pró-escravista. Um pouco antes, fiquei muito satisfeito em saber pelo Sr. Rodriguez que você havia sido eleito por outro círculo eleitoral e mandei essa notícia ao *Times*.

Logo depois, no dia 19 do corrente, minha carta foi referida num editorial, que continha uma explicação sobre o não reconhecimento da sua eleição. Uma cópia dessa edição do *Times* segue por esta correspondência e também o *Times* de hoje, que contém um trecho da sua carta para mim.

Os abolicionistas do Brasil podem ver que contam com o apoio do público britânico e desta Sociedade por se oporem com determinação ao nefasto sistema de comprar os velhos e exauridos escravos dos fazendeiros com dinheiro retirado do público em geral. Seguramente escravos que trabalharam até os 65 anos de idade já adquiriram o direito à liberdade sem qualquer ônus ao erário nacional.

Seria muito mais justo obrigar os fazendeiros a manter seus escravos exauridos pelo resto da vida destes homens. De todo coração, o congratulamos pela sua eleição, e estamos certos de que liderará a cruzada contra esse projeto injusto com a eloquência e o vigor usuais.

Desejando-lhe todo sucesso

Respeitosamente,

Chas. H. Allen

28

British & Foreign Anti-Slavery Society
55, New Broad Street, E. C.

Londres, 7 de agosto de 1885

Cópia da Resolução aprovada na Reunião do Comitê da British and Foreign Anti-Slavery Society realizada no dia 7 de agosto de 1885.

Resolução:
Com sincero prazer e satisfação, este Comitê soube do retorno triunfante do Senhor Joaquim Nabuco ao parlamento brasileiro e por isso mesmo lhe oferece as suas cordiais congratulações por obter, depois de muito empenho contra a oposição organizada, uma vitória que não pode deixar de promover a causa da liberdade no Brasil e dar vida nova aos espíritos desanimados daqueles abolicionistas dedicados que lutaram durante muito tempo contra as forças esmagadoras da coalizão entre fazendeiros.

Por ordem,
Chas. H. Allen
Secretário

29

British & Foreign Anti-Slavery Society
55, New Broad Street, E. C.

Londres, 14 de agosto de 1885

Caro Senhor Nabuco,
Como pode imaginar, todos nós temos acompanhado com grande interesse as notícias que chegam do Brasil a respeito da sua eleição para a Câmara de Deputados. Nossas simpatias concentram-se inteiramente na sua pessoa, e agora tenho o prazer de enviar-lhe uma cópia da Resolução, aprovada na última Reunião do nosso Comitê. Espero que seja capaz de resistir com sucesso ao projeto de empréstimo para a compra de escravos exauridos. Tentar colocar dinheiro nos bolsos dos donos de escravos às custas da nação é uma proposta monstruosa, que deve ser combatida até o fim.

ABOLICIONISTAS BRASILEIROS E INGLESES   285

No nosso próximo *Reporter*, espero que possamos publicar alguns fatos extraídos do *Rio News*[640] sobre o seu retorno triunfante. O atual número está tão repleto de relatos das nossas últimas reuniões que não temos espaço para quaisquer congratulações. Talvez em outubro, antes da nossa próxima edição, eu terei a satisfação de ter notícias suas. Enquanto isso, agradeço muito pelos jornais e pelo lenço que contém um excelente retrato seu, que agora está pendurado no escritório.

O Sr. Sturge continua com boa saúde e, como sempre, está cheio de energia antiescravista.

O nosso Parlamento acabou de entrar em recesso, e não há muita coisa para fazer atualmente em público.

As eleições em novembro serão agitadas, e creio que delas resultará uma maioria Liberal, não obstante as predições confiáveis do Lord Randolph Churchill[641] indiquem o contrário.

Respeitosamente,
Chas. H. Allen
Unindo-se a mim, a Sra. Allen envia-lhe amáveis respeitos.

30

British & Foreign Anti-Slavery Society
55, New Broad Street, E. C.
Londres, 6 de outubro de 1885

[ao lado do cabeçalho, lê-se: "postei também uma cópia do *Times* de 2 de outubro"]

Meu caro Senhor,
Sua interessante carta de 6 de agosto chegou a tempo para mandar-lhe, pelo recorte em anexo do *Times* do dia 2 do corrente, que fiz uso dela para

---

640 Esses "fatos" foram publicados pelo *Anti-Slavery Reporter*, out. de 1885, p. 463, sob o título *Brazil*. Trata-se da reprodução de uma matéria que o *Rio News* extraíra de *O País* sobre a recepção de Nabuco e outra de Lamoureux sobre as dúvidas do *Times* a respeito da eficácia emancipacionista do projeto Saraiva, que provocaria a perda de confiança dos ingleses no Brasil.

641 Lord Randolph Henry Spencer Churchill (1849-1895), estadista inglês, ligado aos conservadores, que, na época desta carta, se tornara uma das figuras públicas mais populares da Inglaterra, sendo considerado um parlamentar brilhante.

responder à carta do Dr. E. F. França,[642] publicada no *Times* de 21 de setembro. Essa última carta está cheia de falácias. Você não anota nas suas cartas "particular e confidencial", e as envio ao *Times* porque me foi permitido enviar a última.

Certamente o projeto de indenização não conta com a sua aprovação, tampouco com a nossa. Esta Sociedade não aprovou a importância de vinte milhões dada aos fazendeiros das Índias Ocidentais. O Sr. Buxton aceitou a medida na última hora para conseguir a aprovação da Lei da Abolição, mas ela não estava na sua proposta original. Ele queria que fosse concedido um empréstimo de 16 milhões aos fazendeiros, mas o Parlamento, repentinamente surpreendido pelo Ministério, foi obrigado a aceitar a doação de um presente de 20 milhões, e os abolicionistas tiveram de tirar proveito das circunstâncias.

Esta Sociedade sempre considerou a medida como um erro, porque o dinheiro serviu para liquidar hipotecas de propriedades sobrecarregadas de dívidas e, assim, colocou dinheiro nos bolsos daqueles que haviam feito empréstimos a fazendeiros necessitados.

---

642 Ernesto Ferreira França (1828-1888), advogado do Conselho de Estado e sócio correspondente do Instituto Histórico e Geográfico Brasileiro. Mesmo sem ter em mãos a carta que Ernesto Ferreira França mandou ao *Times*, é possível conhecer o seu conteúdo ao cruzar as informações da carta de Charles Allen, transcrita abaixo, que foi reproduzida pelo *Anti-Slavery Reporter* (outubro de 1885, p.462), com a de Joaquim Nabuco, de 6 de agosto de 1885 (Carta 28, Apêndice B) e com as cartas publicadas pelo *Rio News* (Cartas 1 e 2, Apêndice D) sobre o mesmo assunto.

Ao Editor do Times
Senhor,
No *Times* do dia 21 corrente apareceu uma carta escrita no Rio de Janeiro pelo Dr. E. Ferreira França, pondo em questão nas colunas deste jornal afirmações feitas pelo Sr. Nabuco, notável abolicionista brasileiro, e por mim mesmo.
O missivista afirmou que a carta do Senhor Nabuco a mim "deve ter sido uma comunicação confidencial, de caráter amavelmente privado". A melhor resposta que posso dar a essa afirmação é pedir-lhe para publicar uns poucos trechos da seguinte carta que recebi do Senhor Nabuco, que me agradece por ter enviado suas cartas anteriores ao editor do *Times*. Neles, o proeminente abolicionista repudia clara e completamente a aprovação do projeto de lei de Indenização recentemente aprovado pelo parlamento brasileiro. Decerto, sua desaprovação ao imposto que incidirá sobre todo o país para a compra de escravos dos fazendeiros não poderia ser tão categoricamente manifestada de outro modo. Nesse ponto, ele conta com o total apoio da Anti-Slavery Society, que, não obstante a afirmação do Dr. França, nunca "adotou o princípio de que a indenização era um direito".
Respeitosamente, Senhor,
Charles H. Allen
"Secretário"
British and Foreign Anti-Slavery Society
30 de setembro de 1885

A julgar pelas suas cartas, o Dr. França parece conhecer mais sobre esta Sociedade do que aquilo que está registrado nos seus anais! Espero que você aprove o envio da sua última carta ao *Times*. Sempre considero que tenho autorização para publicar qualquer coisa que você tenha a bondade de me mandar, exceto se houver uma nota indicativa de que é algo "particular".

Por favor, nos informe exatamente sobre o andamento da matéria, pois os telegramas são confusos. O projeto se tornou realmente lei? Ao que parece, haverá uma nova eleição; assim, imagino que, no fim das contas, o projeto de indenização caiu por terra. Conte com os nossos melhores votos para a sua reeleição com uma plataforma abolicionista.

Junto comigo, a Sra. Allen envia-lhe amáveis respeitos. Estamos tumultuados com uma mudança de casa; mudamo-nos de Highgate para o número 13 da Well Walk - Hampstead N. W., onde um dia esperamos dar-lhe boas-vindas. Com os nossos melhores votos, creia em mim,

Respeitosa e sinceramente,

Chas. H. Allen

31

Meu caro Senhor,[643]

Como o correio parte amanhã, aproveito a oportunidade para desejar-lhe de coração um Feliz Ano Novo em nome do Comitê e do meu, ao qual o Sr. Teall[644] quer acrescentar os seus melhores votos.

Estamos bastante confusos, sem compreender a posição exata da questão antiescravista no Brasil, já que não temos tido o prazer de ouvi-lo há alguns meses. Tanto quanto podemos entender, tememos que o projeto Saraiva tenha se tornado lei, e que toda a nação será sobretaxada para que os escravos sejam comprados dos fazendeiros por preços exorbitantes. Achamos também que o parlamento foi dissolvido e que, neste momento, você está envolvido em atividades eleitorais. Se assim for, fazemos votos de que seja bem-sucedido.

Antes que esta chegue às suas mãos, estou seguro de que receberei uma das suas cartas interessantes e valiosas.

---

643 Esta carta está sem cabeçalho e contém uma data anotada a lápis: 1º de janeiro de 1886.
644 Ver nota 590.

288 ANTONIO PENALVES ROCHA

Voltei de uma visita ao Marrocos, onde permaneci cinco ou seis semanas, em companhia de Mr. Crawford, ex-cônsul em Cuba e membro do nosso Comitê, investigando tanto o tráfico de escravos naquele país quanto vários atos de opressão aos quais o povo está constantemente sujeito. Como publicaremos as informações coletadas, é desnecessário repeti-las aqui. Quando o Parlamento se reunir, esperamos conseguir alguma atenção pública sobre a condição do Marrocos.

Tenho a satisfação de informar-lhe que o nosso valioso *Chairman*,[645] o Sr. Sturge, parece estar com muito boa saúde, e fazemos votos para que assim continue por muito tempo.

Com muita estima, subscrita cordialmente pela Sra. Allen

Respeitosamente,

Chas. H. Allen

Secretary

32

British & Foreign Anti-Slavery Society

55, New Broad Street, E. C.

Londres, 16 de abril de 1886

Meu caro Senhor,

Parece que nossas últimas cartas se cruzaram: de qualquer maneira, como verá na cópia do *Times* que lhe envio, pude publicar uma parte considerável da sua valiosa carta de 23 de janeiro no *Times* de 18 de fevereiro. Desde essa data não tive o prazer de receber notícias suas, mas recebemos uma cópia da Lei Saraiva, enviada pelo Foreign Office, a respeito da qual levantamos uma questão na Câmara dos Comuns. Essa Lei, pelo que podemos entender, parece não ser inteiramente favorável aos escravos; de fato, o Sr. Bryce disse que era menos liberal do que o governo esperava que fosse.

Estamos ansiosos para obter uma cópia das regulamentações que complementam a Lei, porque sem elas a Lei é relativamente incompreensível. Você poderia nos ajudar a obter uma cópia? Nesse caso, o Comitê ficará extremamente grato se puder amavelmente enviá-la.

---

645 Sturge é tido como *Chairman* porque ocupava a presidência do Comitê.

ABOLICIONISTAS BRASILEIROS E INGLESES **289**

Naturalmente ficamos muito desapontados ao saber do seu insucesso na última disputa. O golpe que a causa antiescravista recebeu na última eleição brasileira é muito sério. Tivemos também um grande desapontamento com a rejeição do nosso bom Presidente, o Sr. Arthur Pease, pelo círculo eleitoral ampliado.

Devido à questão irlandesa, nosso Parlamento parece estar atualmente inacessível a qualquer outra questão, e naturalmente temos de ficar calados.

Nesta correspondência, envio-lhe uma cópia do panfleto sobre Marrocos, esperando que possa lhe interessar.

Expressamos a nossa alta estima, sem omitir a Sra. Allen e o Sr. Teall.

Sinceramente,

Chas. H. Allen

33

British & Foreign Anti-Slavery Society
55, New Broad Street, E. C.

Londres, 21 de maio de 1886

Meu caro Senhor Nabuco,

Sua interessante carta enviada ao Editor do *Times* chegou em boa hora, juntamente com sua carta para mim, de 18 de abril. Concordo inteiramente com suas observações sobre o texto do Professor Goldwin Smith;[646] de fato, o texto parece não ter muitos méritos. Em relação à indenização dos donos de escravos pelas suas propriedades mal adquiridas, presumo que você não se esqueceu das palavras eloquentes do finado Lord Brougham,[647] diversas

---

646 Goldwin Smith (1823-1910). Historiador de Oxford e publicista inglês. Em *O Abolicionismo* (p.212) Joaquim Nabuco citou um livro de sua autoria, intitulado *Does the Bible saction American Slavery?* e publicado em 1863, cuja tese é a de que a escravidão não pode ser considerada como instituição divina em todos os tempos e lugares pelo fato de ser mencionada na Bíblia. Esse livro teve um papel importante para convencer os ingleses a apoiarem o Norte dos EUA durante a Guerra Civil.

647 Henry Peter Brougham (1778-1868). Estadista britânico, que ocupou uma cadeira na Câmara dos Comuns e foi Lorde Chanceler, ou seja, presidente da Câmara dos Lordes, entre 1830 e 1834. Quanto à sua atividade antiescravista, no início do século XIX, publicou um livro sobre a política colonial das potências europeias que foi bem recebido pelo grupo de Wilberforce, ao qual esteve ligado durante as lutas parlamentares para extinguir o tráfico negreiro; mais tarde, advogou a abolição imediata no Parlamento. As "palavras eloquentes" referidas nessa carta, que Allen não se cansava de reproduzir, encontram-se no fim do item 5.5.

das quais publicamos mais de uma vez no nosso *Reporter*. Incluo nesta carta uma cópia delas, pois talvez queira traduzi-las para o português e utilizá-las.

Em relação à mesma carta, gostaria muito de vê-la publicada no *Times* ou num dos outros jornais. Mas, como você está plenamente consciente, a carruagem irlandesa bloqueia o caminho.[648] De qualquer maneira, entregamos sua carta a um impressor, depois de fazer uma ou duas alterações verbais muito superficiais em benefício da eufonia, embora deva assegurar-lhe que seu inglês está perto de ser tão bom quanto o de um britânico. De fato, é muito melhor do que o escrito por muitos de nós.

Quando houver calmaria no mundo político, verificarei se algum jornal está disposto a publicá-la.[649] Entrementes, envio-lhe uma cópia do *Reporter* sobre Marrocos, caso o outro que lhe enviei pelo correio nos últimos meses tenha se extraviado. Estamos tentando arduamente transferir a direção da Embaixada Britânica do litoral para o interior, como um primeiro passo para abrir o país à civilização.

Na Inglaterra, tivemos um inverno muito longo e aborrecido e, na verdade, poucas pessoas lembram-se de uma temporada tão desagradável e inclemente como essa, pois, por alguns meses, o sol esteve quase invisível. Tivemos frio intenso, muito difícil de suportar, pois quando há luz do sol o frio não é tão ameaçador à saúde.

A saúde da Sra. Allen ficou um pouco abalada, mas, agora, com mudança do tempo, ela está bem; não somos jovens como antes, contudo esperamos estar vivos para ver os escravos libertados no Brasil e recebê-lo calorosamente na Inglaterra, coroado pela vitória.

Respeitosamente,
Chas. H. Allen

---

648 Trata-se de uma referência metafórica do missivista às discussões sobre a autonomia da Irlanda, desencadeadas com o encaminhamento da Home Rule ao Parlamento.

649 No final, a carta de Joaquim Nabuco (Carta 30, Apêndice B) foi publicada pelo *Anti-Slavery Reporter* de ago.-set. de 1886, p.92.

34

13, Well Walk,
Hampstead,
London. N. M.
21 de abril de 1887

Meu caro Senhor Nabuco,

Quando contei a Sra. Allen o quão bondoso você foi ao lhe trazer um papagaio, ela ficou extremamente contente e disse que não poderia ter recebido um presente mais desejável. Por isso, escrevo uma linha para aceitá-lo em nome dela e agradecer-lhe também em nome dela.

Você deve permitir que eu mande alguém buscá-lo.

Esperamos que, em breve, possa marcar um dia para nos visitar tranquilamente em nossa nova casa.

Estamos perto do Heath, a uns poucos minutos de caminhada, na nossa casa própria; assim, estamos instalados provavelmente pelo resto dos nossos dias. Você se lembra que uma vez eu pedi ao General Gordon que lhe encontrasse em Highgate? Infelizmente ele não compareceu. Estou muito contente que tenha encontrado o missionário africano[650] hoje à tarde.

Sinceramente,
Chas. H. Allen

---

650 Trata-se, possivelmente, do rev. Horace Waller, que havia acompanhado Livingstone na África, era membro do Comitê da BFASS, Cônsul da Inglaterra em Moçambique e estava em Londres na data da carta, tanto que o *Anti-Slavery Reporter* de março-abril de 1887 publicou trechos de um panfleto de sua autoria sobre o agressivo avanço dos interesses portugueses na região do Lago Nyassa (p.58-65). Aliás, depois do fim da reprodução desses trechos, há uma nota de boas-vindas a Joaquim Nabuco. De qualquer modo, o encontro não deve ter sido significativo para Nabuco, pois não o registrou nos seus *Diários*.

35

British and Foreign Anti-Slavery Society
Founded 1839

Secretary: Chas. H. Allen, F.R.G.S.
Office: 55, New Broad Street,
London. E. C.

23 de abril de 1887

Meu caro Senhor Nabuco,

O anexo veio de Ryde. Você poderia ajudar-me a respondê-lo? Imagino que esta deva ser a Companhia que estava na Chancery,[651] e o Sr. Williams foi mandado para dispor dela. Acredito que ele ainda está lá – mas não sabemos o que aconteceu com os negros.

A Corte da Chancery vendeu os escravos? E se foi assim, que direito tinham seus membros, como ingleses, de se tornarem negociantes de escravos? Qualquer informação que possa nos dar, num momento de tempo livre, será considerada um favor pelo

Respeitosamente,
Chas. H. Allen

36

British and Foreign Anti-Slavery Society
Founded 1839

Secretary: Chas. H. Allen, F.R.G.S.
Office: 55, New Broad Street,
London. E. C.

13 de junho de 1887

Meu caro Senhor,

O anexo foi enviado pelo Sr. Stead. Talvez você possa vir até aqui na quinta--feira, ficar um pouco conosco e depois ir para casa comigo.

---

651 Trata-se provavelmente da ação contra a Cocaes Co., iniciada em 1882. Ver Carta 12 deste Apêndice.

Nada ainda do Sr. Gladstone,[652] mas eu lhe escrevi na terça-feira.

Respeitosamente,

Chas. H. Allen

37

British and Foreign Anti-Slavery Society
Founded 1839

Secretary: Chas. H. Allen, F.R.G.S.
Office: 55, New Broad Street,
London. E. C.

14 de junho de 1887

Caro Senhor,

O Sr. Gladstone nos convidou para uma festa que sua esposa dará no jardim da sua casa, em Dobbs Hill, às 16h30min da próxima sexta-feira, dia 18.

O estado da sua voz obriga-o a declinar "entrevistas faladas"; mas ouso dizer que lhe será dada uma pequena oportunidade. Você poderá vir até aqui por volta das 15h para irmos juntos de trem?

Se escrever-me uma linha, aceitarei o convite por nós dois.

Sinceramente,

Chas. H. Allen

38

British and Foreign Anti-Slavery Society
55, New Broad Street, E. C.

Londres, 7 de outubro de 1887

Caro Sr. Nabuco,

Recebi sua carta do dia 16 próximo passado em 2 de outubro, e imediatamente a remeti ao *Times*, que a publicou no dia seguinte. Espero que não

---

652 William Ewart Gladstone (1809-1898) foi quatro vezes primeiro-ministro da Inglaterra. O assunto em pauta nesse recado é a tentativa de Allen de promover um encontro entre Joaquim Nabuco e Gladstone, o que se comprova nas cartas 38, 39 e 40 deste mesmo Apêndice.

fique aborrecido comigo por tê-la tornado pública, pois parece um desperdício que as boas notícias não sejam conhecidas. Enviei uma cópia da sua carta ao Sr. Gladstone na certeza de que ele se regozijará com o sucesso do seu recente visitante, por quem adquiriu muito interesse. É desnecessário dizer que você conta com a mais calorosa simpatia de todos os abolicionistas da Inglaterra, e fui indicado pelo nosso Comitê para enviar-lhe uma cópia de uma Mensagem unanimemente aprovada na sua Reunião de hoje. Por favor, aceite também as sinceras congratulações da Sra. Allen e da minha família, às quais eu me associo de coração.

Minha mulher e eu passamos cinco semanas muito felizes na Suíça, principalmente em Engadine, a 6 mil pés acima do nível do mar. O esplendoroso ar puro dessa região alta e principalmente os dias ensolarados, sem nuvens, tiveram um efeito muito benéfico sobre nossa saúde, e tenho certeza de que nos capacitarão a enfrentar melhor os rigores do nosso inverno inglês. Envio-lhe duas cópias do *Times* que contêm suas cartas para mim, uma de Pernambuco e outra do Rio de Janeiro, e creio que ambas chegarão com segurança. Até agora não recebemos nenhum jornal brasileiro com comentários sobre a sua reeleição, se bem que possa chegar algum no próximo correio.

Com todos bons votos,

Sinceramente seu,
Chas. H. Allen

"Papagai" está muito bem e bonito e também está se tornando muito manso, mas não fala.

39

Mensagem aprovada pelo Comitê da British and Foreign Anti-Slavery Society no dia 7 de outubro de 1887[653]

"Com profunda satisfação, o Comitê tomou conhecimento de que foi coroada de êxito a diligente e vigorosa medida tomada pelo Senhor Joaquim Nabuco

---

653 Publicado pelo *Anti-Slavery Reporter*, set.-out. de 1887, p.157. O manuscrito não se encontra nos documentos da Fundação Joaquim Nabuco, a despeito de Allen afirmar na carta seguinte que o enviara pelo correio a Nabuco.

de retornar ao Brasil poucos dias depois de saber que seria disputada a cadeira de Pernambuco que ele mesmo ocupara anteriormente, e que vagou agora porque seu ocupante aceitou uma indicação ministerial. O Comitê reconhece o fato de que a vitória eleitoral do Senhor Nabuco, baseada na plataforma da abolição e obtida por uma ampla margem de votos sobre o candidato do governo, é um importante passo para o progresso da emancipação no Brasil rumo ao dia em que o abominável sistema da escravidão será extirpado pelo povo desse Império."

40

British and Foreign Anti-Slavery Society
55, New Broad Street, E. C.,

Londres, 1º de novembro de 1887

Caro Senhor Nabuco,

No último correio, pelo qual tive o prazer de lhe enviar uma cópia da Mensagem aprovada por este Comitê, congratulando-o pelo sucesso da sua corajosa luta em Pernambuco, mandei-lhe também duas cópias do *"Times"* sobre sua carta para mim com a notícia do fato. Agora, tenho o prazer de mandar-lhe uma cópia do trecho de uma carta do Rt. Hon. W. E. Gladstone para mim, confirmando o recebimento da minha carta que anunciava o seu sucesso.

"Hawarden, 8 de outubro de 1887

Com muita cordial satisfação, tomei conhecimento da notícia da eleição do Senhor Nabuco, que você foi muito gentil em dar-me, e tomo a liberdade de pedir-lhe que transmita a ele, quando houver oportunidade, as minhas sinceras congratulações."

Recentemente, recebemos a visita do rev. E. Vanorden, do Rio Grande do Sul, um dos nossos correspondentes. Esse cavalheiro informou-nos de que há um desejo geral dos fazendeiros de substituir o atual sistema de trabalho escravo pela imigração de europeus. A questão que se coloca é sobre o destino dos escravos, se não lhes for dada a chance de trabalhar como assalariados quando forem libertados. Além disso, que garantia há de que imigrantes da Europa seguramente receberão proteção adequada e tratamento justo? Parece--nos que os italianos são os únicos europeus capazes de suportar o clima. Ouvimos depoimentos de que muitos desses imigrantes foram amontoados em grandes navios e ficaram completamente desiludidos em relação às suas perspectivas futuras.

Sobre esse assunto, envio-lhe impressos de um Relatório Consular do Cônsul Ricketts,[654] e o Comitê ficaria grato por ter não só a sua opinião sobre o andamento da emancipação no Brasil, mas também sobre a possibilidade de o trabalho europeu eventualmente substituir o dos negros. Temos uma lembrança viva dos erros anteriormente cometidos nas nossas colônias pelos fazendeiros que, em razão da recusa dos negros de trabalhar em troca de uma esmola miserável de aproximadamente 2 p. por semana, foram expulsos sob a alegação de que eram preguiçosos. Nossa experiência ensina que algum controle deve ser exercido sobre os fazendeiros; senão, o que será do negro? Com todos os melhores votos

Sinceramente,

Chas. H. Allen

A Sra. Allen e a família juntam-se a mim para expressar amáveis recomendações, e também o "Papagai".

41

21 de dezembro de 1887

Caro Senhor,

Agradeço-lhe pela sua carta de ontem.

A respeito da solicitação ao papa, escrevi hoje ao Sr. Allen; penso que deverá conter uma referência histórica sobre os papas e cardeais que atuaram contra o tráfico negreiro e a escravidão ou escreveram sobre ambos desde o tempo do cardeal Ximenes.[655] Mas, disse também que uma delegação direta do nosso Comitê ao papa seria publicada em todos os lugares e retiraria o caráter espontâneo de uma declaração do chefe da Igreja Católica.

Soube pelo Sr. Allen dos seus planos sobre os Estados Unidos e as Índias Ocidentais. Você os visitará na volta? Se for assim, sugiro que visite Cuba, onde o fim do curso da escravidão, agora iniciado no Brasil, ocorreu recentemente.

Respeitosamente,

Edmund Sturge

---

654 Ricketts era o cônsul da Grã-Bretanha no Rio de Janeiro e este Relatório Consular foi publicado pelo *Anti-Slavery Reporter*, set.-out. de 1887, p.159-60, e de nov.-dez. de 1887, p.180-2.

655 Francisco Ximenes de Cisneros (1436-1517). Cardeal, estadista e inquisidor-geral espanhol.

42

British and Foreign Anti-Slavery Society
Founded 1839

—————————

Secretary: Chas. H. Allen, F.R.G.S.
Office: 55, New Broad Street,
London. E. C.

4 de janeiro de 1888

Meu caro Senhor,

Após a minha solicitação, as cartas do cardeal[656] chegaram muito depressa. Creio que é melhor enviá-las para Paris. Por favor, mande-me uma *carte postale* acusando o recebimento das mesmas.

Com os melhores votos de sucesso para sua expedição pontifical.

Sinceramente,

Chas. H. Allen

43

13 de janeiro de 1888

Meu caro Senhor,

O correio devolveu o anexo por não tê-lo encontrado. Suponho que você gostaria de conhecer o conteúdo.

Estou contente que tenha recebido as cartas do cardeal em Paris.

O Comitê não permitirá que eu vá a Roma, mas espero que tudo corra bem.

Tivemos *fogs* terríveis, e fui obrigado a ficar em casa na maior parte do tempo. Nada ainda de seu no *Times*, e nenhuma carta do editor a esse respeito; portanto, nada sei. Informe-nos quando voltará. O Sr. Sturge espera que você vá a Cuba.

Respeitosamente,

Chas. H. Allen

---

656 Allen refere-se ao cardeal Henry Edward Manning (1808-1892). Até meados do século XIX, Manning pertenceu aos quadros da Igreja da Inglaterra; mas afastou-se dela e filiou-se à Igreja Católica Apostólica Romana, tornando-se um católico ultramontano que chegou ao cardinalato durante o pontificado de Pio IX, em 1875. Além disso, foi também membro do Comitê da BFASS por muitos anos.

44

17 Well Walk - Hampstead NW
British and Foreign Anti-Slavery Society
55, New Broad Street, E. C.,

Londres, 17 de janeiro de 1888

Caro Senhor Nabuco,

Agradeço-lhe muito pela sua carta de Roma, datada de 12 do corrente. Há alguns dias, escrevi umas poucas linhas para o endereço que você nos deu. Anexei a carta que lhe havia enviado para o Brasil, devolvida pelo correio.

Fico muito contente por saber que o Secretário de Estado do papa foi tão atencioso com você, pois ele pode ajudá-lo muito.

Soube que o papa canonizou Pedro Claver e outros dois, mas nenhuma menção foi feita à atividade antiescravista de Pedro Claver. Para mim, que sou protestante, certamente esta cerimônia não tem valor, tampouco sentido algum, mas espero que possa conseguir uma promessa do papa de publicar uma Bula que exerça influência sobre homens vivos e os induza a libertar seus escravos. Se assim for, haverá alguma coisa palpável; mas homens que morreram há 300 anos saíram da esfera deste mundo, e não posso conceber de que modo uma medida dos vivos em memória deles produza algum efeito.

Penso que não é prudente que eu escreva ao *Times* sobre o seu manuscrito, pois o editor pode ainda pretender publicá-lo. Quando retornar à Inglaterra, se ele não tiver sido publicado, seria melhor que você mesmo escrevesse para informá-lo sobre o que fez em Roma e então pedisse o manuscrito de volta. Pensei que o Teall tivesse feito uma cópia do original; mas, poderá copiá-lo se for necessário.

Tivemos um tempo terrível desde a sua partida. Houve um *fog* espesso durante aproximadamente uma semana e, em seguida, um vento leste cruelmente gelado que ainda continua. Fiquei confinado em casa muitos dias e ainda aqui estou como um prisioneiro.

Todos nós juntos lhe desejamos um Feliz Ano Novo e uma bem sucedida missão na corte papal.

Creia em mim, respeitosamente,

Chas. H. Allen

Papagai está exuberante, e ele ou ela, suporta muito bem seu primeiro inverno na Inglaterra.

45

British and Foreign Anti-Slavery Society
Founded 1839

Secretary: Chas. H. Allen, F.R.G.S.
Office: 55, New Broad Street,
London. E. C.

23 de janeiro de 1888

Caro Nabuco,

Nada ainda no *Times*. O Sr. Sturge acha que você poderia procurar o correspondente do *Times* em Roma para mandar uma nota sobre sua missão de contatar o papa e sobre uma explicação a respeito da relação entre o jubileu e o movimento de emancipação no Brasil, o que estimularia o pessoal da Printing House Sq.[657] a tomar uma providência. Você pode fazer isso? Tive em mãos um longo texto que me foi enviado pelo Foreign Office "para ler e devolver". Veio do cônsul britânico no Rio de Janeiro, o Sr. Cough, datado em 12 de dezembro e diz que a emancipação está avançando depressa.

A Sra. Allen fez uma cópia para você ver, que lhe será entregue quando estiver de volta.

Esperando que tudo esteja bem,

Respeitosamente,

Ch. Allen

46

17, Well Walk
Hampstead
London. N. M.
25 de março de 88

Caro Senhor Nabuco,

Estamos todos muito desgostosos por saber do seu forte resfriado, mas esperamos que, com um repouso cuidadoso, passe depressa. Não admira

---

657 Praça onde estavam os escritórios e a oficina do *Times*.

que você tenha sido afetado pela mudança dos céus azuis da Itália para a atmosfera carregada desta ilha batida pelo vento leste. Se o tempo estivesse mais agradável seria um prazer visitá-lo, mas, durante toda esta semana, tenho ficado em casa quase como um prisioneiro.

Todos nós esperamos que o tempo melhore antes de você deixar Londres, de forma que, como antes, possa vir até aqui para tomar uma refeição familiar conosco. Dissemos ao Sr. Sturge que gostaríamos que ele viesse a Londres para lhe encontrar na semana que vem, já que esta será a sua última semana aqui. A Reunião do nosso Comitê será na próxima sexta--feira, às 15h30min; talvez você possa fazer uma visita breve ao escritório e se despedir dos membros. Se estiver suficientemente bem na quarta ou quinta-feira, penso também que estes dias seriam convenientes para o Sr. Sturge encontrar-lhe aqui.

Estamos todos ansiosos para ouvi-lo sobre sua entrevista com o Sumo Pontífice.

Estou aborrecido com o *Times* e julgo que a sua conduta de não tomar conhecimento de todas nossas comunicações não é muito elegante.

O Sr. Buckle prometeu dar toda consideração ao seu texto; assim, o enviei com uma carta introdutória particular, aproximadamente há dois meses! Nenhuma resposta. Então lhe mandei sua carta enviada para mim de Roma e disse que você esperava os manuscritos de volta, caso não fossem utilizados, e ele nem respondeu à minha carta tampouco devolveu a sua. O editor anterior, Sr. Chimmery, sempre me tratou com muito mais cortesia.

Você saberá pelo Sr. Teall que estive com a saúde abalada durante todo o inverno. Sofro principalmente de insônia, que é doença muito desgastante. A pessoa se exaure ao ficar na cama durante horas e horas sem conseguir dormir. Dentro de cerca de quinze dias, espero ir ao Egito, pois o médico recomendou-me uma viagem marítima. Provavelmente não ficarei lá por mais de uma semana, pois o objetivo da viagem é ela mesma. Se pudesse, iria com você ao Brasil!

Seu maravilhoso papagaio está perfeitamente bem e parece apreciar o primeiro inverno que passa na Inglaterra. Cobrimos sua gaiola à noite para protegê-lo do frio e aquecê-lo. Ele é maravilhosamente manso e muito imprudente. Minhas filhas são apaixonadas por ele. Elas dizem que também sou.

Na certeza de que você poderá nos dar o prazer da sua companhia na semana que vem,

Sinceramente seu,

Chas. H. Allen

47

British and Foreign Anti-Slavery Society
55, New Broad Street,

Londres, 16 de maio de 1888

Meu caro Nabuco,

Não consigo encontrar palavras suficientemente fortes e impressionantes da nossa pobre língua setentrional para lhe transmitir congratulações prazerosas e do fundo do coração, que todos nós desejamos lhe oferecer, pela conclusão do trabalho de libertação ao qual seu bondoso pai e você devotaram suas vidas.

O telegrama de sábado passado informava sucintamente que "a Câmara de Deputados brasileira aprovou a imediata e incondicional abolição da escravidão no Brasil". Em seguida, poucos dias depois, soubemos que ela havia sido confirmada pelo Senado, que o coração do moribundo imperador bateu com renovado vigor diante da grande notícia que brilhou nas águas do extenso Atlântico, esse oceano que forneceu, em tempos passados, muitos milhares de africanos para alimentar a cobiça de fazendeiros do Brasil. Agrada-me muito que o bom velho monarca esteja vivo para ver esse dia. É muito cedo para prever qual será o efeito da medida sobre o exército poderoso de cativos, mas creio que os escravos ficarão em lugar apropriado na nova condição, com muito pouca perturbação ao equilíbrio do Império. Meu primeiro impulso foi o de lhe enviar um telegrama com as felicitações desta Sociedade, mas isso custaria cerca de £4. Tive de renunciar a esse luxo e me contento com a vagarosa comunicação postal. De qualquer modo, você saberia que estamos muito contentes com o seu sucesso e, graças a Deus, com essa grande vitória.

Escrevo estas poucas linhas para enviá-las pelo primeiro correio, que partirá antes do nosso correio regular, e espero que as receba logo.

O *Reporter* também vai em anexo. Você verá que estive no Egito, um país em que o trabalho de emancipação prossegue. Estou seguro de que viverei para ver a escravidão totalmente extinta no Egito, como está no Brasil. Agora, que nenhuma nação cristã possui escravos, cabe aos muçulmanos e aos pagãos eliminar essa abominação. Esse é um grande avanço do progresso moral religioso, e cedo ou tarde os muçulmanos devem seguir o bom exemplo.

Em junho, na próxima Reunião do nosso Comitê, será aprovada uma Mensagem para registrar oficialmente o grande evento da emancipação no

302 ANTONIO PENALVES ROCHA

Brasil, mas, nesse ínterim, você seguramente receberá uma manifestação de cordial congratulação em nome de todos os abolicionistas ingleses, muitos dos quais ainda não perceberam a repercussão no mundo da forte explosão detonada pelo parlamento brasileiro. Ela deve inspirar a alma do velho poeta da liberdade, o quacre Whittier,[658] e fazê-lo registrar o grande evento numa crônica com versos de fogo.

A Sra. Allen e minha família juntam-se a mim para lhe enviar congratulações pessoais ao "Coeur de Lion", que durante muito tempo comandou um grupo de soldados do exército da liberdade com uma pequena esperança de sucesso, mas que, agora, com um golpe fulminante, rompe o último elo de ferro da cadeia da escravidão. Hurra! E Te Deum Laudamus.

Muito sinceramente,

Chas. H. Allen

48

18 de junho de 1888

Caro Senhor Nabuco,

Devo agradecer-lhe muito pela sua carta do dia 8 que, confirmando os telegramas publicados nos nossos jornais, foi seguida por sua carta da semana passada ao Sr. Allen.

Seguramente houve uma consumação repentina e gloriosa do seu trabalho, ao qual você se dedicou com perseverança por muito tempo. Num ponto, ela supera a lei de emancipação dos escravos das Índias Ocidentais Britânicas ao ignorar completamente a questão da indenização, como também ocorreu em Cuba, em 1883. Lembro-me de que a indenização sofreu forte oposição de um amplo setor do partido antiescravista, e o seu efeito logo

---

658 John Greenleaf Whittier (1807-1892), poeta e abolicionista quacre norte-americano. A adesão de Whittier ao movimento abolicionista ocorreu quando se tornou amigo de William Lloyd Garrison, embora tenha se afastado dele e aderido à *American and Foreign Anti-Slavery Society*. Num artigo sobre a falsa propaganda que o governo brasileiro fazia no exterior a respeito das suas medidas abolicionistas, retomada depois da aprovação da Lei Saraiva-Cotegipe, Lamoureux narrou que ela confundira até mesmo Whittier, levando-o a cantar "louvores ao Imperador e ao seu povo em palavras que hoje enrubescem as faces de vergonha" (*The Rio News*, 5 de dezembro de 1885, p.2). O poema a que se refere é *The Emperor and Slavery*, escrito em 1870 e publicado no *Anti-Slavery Reporter*, que tornou a publicá-lo na sua edição de maio-jun. de 1888, p.61.

mostrou que, neste ponto, houve um erro desastroso da medida. O dinheiro foi recebido por comerciantes em Londres, que detinham sob hipoteca a maioria das propriedades açucareiras; e, tendo recebido o total da quantia que lhes cabia, referente aos seus débitos, se recusaram a investir no cultivo da colheita seguinte. A consequência foi a interrupção geral do cultivo do açúcar, e, acompanhando-a, houve uma ampla desmoralização do hábito industrial do negro pela absoluta falta de emprego. Desde então, a estrutura industrial da Jamaica e das outras Ilhas das Índias Ocidentais não foi restaurada.

Daqui a algum tempo, você não poderia escrever uma história do abolicionismo no Brasil? Ele é um exemplo para o mundo, que não deve ser perdido.

Agora temos de agradecer pela extinção tanto do comércio de escravos quanto da escravidão em todo o mundo ocidental, embora ambos prossigam na África, onde os caçadores de escravos árabes aumentam a pilhagem, e no Oriente muçulmano.

É gratificante saber pela sua carta que a princesa imperial adquiriu um interesse notável pela questão, pois, quando fizemos uma entrevista com seu pai, muitos anos atrás, o assunto da emancipação não parecia lhe agradar.[659]

Respeitosamente,
Edmund Sturge

49

British and Foreign Anti-Slavery Society
Founded 1839
Hon. Secretary: Chas. H. Allen, F.R.G.S.
Office: 55, New Broad Street,
London E.C.

20 de junho de 1888

Meu caro Senhor,

No dia 16 de maio, escrevi-lhe uma carta congratulatória a respeito da gloriosa emancipação no Brasil, na qual afirmei que o Comitê aprovaria uma Resolução

---

659 Em junho de 1872, D. Pedro II recebeu uma delegação da BFASS em Londres.

congratulando-o por ter participado da sua realização. A cópia dessa Resolução foi transcrita numa folha de velino e agora a estamos enviando dessa forma para que você possa guardá-la pelo resto da sua vida. Ela vai dentro de um tubo, e o correio me assegurou ser permitido a sua expedição pela remessa de livros. Trata-se de uma remessa "registrada", endereçada ao Rio de Janeiro; como não deverá chegar juntamente com esta carta, pergunte por ela.

Você poderá ver no *Reporter* uma cópia da Mensagem ao Imperador, e uma cópia duplicada da mesma vai junto com a carta congratulatória no tubo.

Por favor, avise-nos quando tiver isso tudo em mãos, e quero restituí-lo se o correio cobrar algum valor adicional.

Acabei de receber a sua carta com data de 13 de maio, a qual você assinalou "particular". Posso muito bem entender sua frase: "não tenho palavras para descrever o que sinto".

Enviei sua carta ao Sr. Sturge, mas não o vi; ele também lhe enviou carta por este Correio. Também lhe enderecei uma carta da Dowager[660] Lady Buxton.

Não vimos nenhuma reprodução completa do seu discurso, nem relatos sobre os incidentes que ocorreram durante a aprovação da Lei; mas, vimos o sumário feito pelo *Rio News*. Creio que em algum momento teremos maiores detalhes.

A Mensagem ao Imperador foi enviada ao Barão de Penedo, cerca de três semanas atrás, mas até agora não recebemos nenhuma confirmação. Anexei a ela uma carta congratulatória ao Embaixador.

Todos nós estamos ansiosamente atentos ao efeito do grande movimento de emancipação no Brasil, sendo a política adotada ultimamente pelo Império a que sempre advogamos em relação à escravidão, ou seja, a emancipação imediata e incondicional.

Os £20000000 dados aos plantadores das Índias Ocidentais não foram aprovadas pela Anti-Slavery Society e o resultado dessa política não foi benéfico às colônias, tendo enriquecido indivíduos, muitos dos quais eram meros emprestadores de dinheiro, que tinham submetido as propriedades a pesadas hipotecas.

Minha mulher e minha família desejam unir-se a mim nas sinceras congratulações e nas boas lembranças.

Creia em mim

Sinceramente seu,

Chas. H. Allen

---

660 Trata-se de uma denominação honorífica empregada especialmente para uma viúva de alta posição social, indicativo de que manteve título e propriedade do marido morto.

ABOLICIONISTAS BRASILEIROS E INGLESES 305

50

British and Foreign Anti-Slavery Society
Founded 1839

Secretary: Chas. H. Allen, F.R.G.S.
Office: 55, New Broad Street,
London. E. C.

4 de novembro de 1888

Meu caro Senhor,

Desde a última vez que tive o prazer de lhe escrever, muita coisa ocorreu em relação ao tráfico de escravos na África Oriental. Os dois *Reporters* de julho-agosto e setembro-outubro mostrar-lhe-ão o quanto estivemos ocupados, acompanhando os bons resultados produzidos pela grande aclamação pública do cardeal Lavigerie em julho último. O interesse do Papa por essa questão, sem dúvida, deve-se em parte à sua visita ao Vaticano no último inverno, quando você convenceu Sua Santidade sobre a necessidade de a Igreja se manifestar claramente sobre a questão da escravidão.

Com esta carta envio-lhe outra [em anexo] da nossa Sociedade para a princesa regente que, tenho certeza, você nos fará o favor de entregar à Sua Alteza Imperial. Pode parecer tardio, mas estamos ansiosos para observar o efeito da emancipação no Brasil, e penso que poderíamos também ter recebido, antes disso, uma confirmação de recebimento da carta enviada ao imperador, pois talvez ela nunca tenha chegado às suas mãos.

Ficaremos felizes em receber notícias de como vão as coisas no Império. Tenho esperança de que haja um aumento da prosperidade e conto com ele, que será o resultado da política generosa da emancipação. O pedido de indenização de alguns fazendeiros nos parece, em princípio, errado, e espero que eles enfrentem uma bem-sucedida resistência.

A Sra. Allen e eu tivemos o prazer de visitar a Suíça durante o outono, mas agora sentimos os efeitos do *fog* e dos ventos gelados do leste que já começaram a soprar. Nem na Inglaterra, nem na Europa houve muito calor no verão deste ano, e penso que você certamente não o teria aproveitado se estivesse aqui.

Quando você voltará novamente?

O Sr. Sturge está bem, não obstante os seus 80 anos, e a maioria dos membros do Comitê aparenta boa saúde.

306 ANTONIO PENALVES ROCHA

Com todos bons votos,
    Sinceramente seu,
        Chas. H. Allen
As senhoras mandam-lhe lembranças. A Mary está em Portugal. Papagai está muito bem e é muito manso. Ele não fala.

51

17, Well Walk,
Hampstead,
London, N. M.
18 de março de 1899

Caro Senhor Nabuco,

Sua carta de 8 de dezembro foi, ao mesmo tempo, inesperada e bem-vinda, pois parece que já passou muito tempo desde a última vez que ouvi alguma voz do Brasil. Certamente fiquei muito contente por saber da sua calorosa aprovação ao meu pobre trabalho em benefício do escravo, e que amável lembrança teve do nosso esforço em conjunto para conseguir a abolição, não só no Brasil, mas também em outras partes do mundo. Minha mulher e todos os jovens da família se deleitaram com o inglês da sua carta que, por ser tão repleto de eloquência e de ritmo, raramente é alcançado até mesmo pelos nativos. O Comitê ficou muito feliz em ouvir a leitura dela, feita pelo meu sucessor, o Sr. Buxton, e os seus membros gostariam de encomendar um exemplar dos volumes que contêm a vida do seu pai,[661] se houver uma publicação em inglês ou francês.

O livro deve ser muito interessante e sem dúvida oferece uma história da escravidão no Brasil que terá o mais alto valor, especialmente para a geração mais jovem, para a qual a escravidão é agora pouco mais que um nome. Frequentemente penso na viagem que juntos fizemos a Milão para tentar obter da Conferência uma declaração de que o tráfico negreiro devia ser caracterizado como pirataria, quando, você se lembrará, o Sr. Alexander — um membro do nosso Comitê — habilmente apoiou a causa que você advogou com energia. O mesmo ponto fora apresentado no Congresso de Verona, em 1822, por um velho primo meu, William Allen F.R.S.,[662] quando o

---

661 A primeira edição de *Um estadista do Império* foi feita pela Livraria Garnier, que o publicou em três tomos, respectivamente em 1897, 1898 e 1899.

662 *Fellow of the Royal Society.*

ABOLICIONISTAS BRASILEIROS E INGLESES 307

Duque de Wellington, que representava a Inglaterra, era fortemente a favor da aprovação dessa declaração. Creio que ela foi derrotada pela ação da França. Quantos daqueles com os quais trabalhei agora estão mortos — Joseph Cooper, Edmund Sturge, W. E. Forster, general Gordon, Lord Mayor, Sir R. N. Fowler, rev. Horace Waller e muitos outros. Então veio a grande perda final, em novembro de 97, quando J. Eastoe Teall, que sempre foi o meu fiel assistente, e conhecia a história do tráfico negreiro mais que ninguém na Inglaterra, morreu de hidropisia muito cedo, com 41 anos, tendo empregado 22 anos da sua vida no escritório da New Broad St., 55.

Fiquei muito sobrecarregado de ansiedade e de trabalho em 98, com o Sr. Teall incapacitado desde o início de 97 e, em seguida, com a morte dele provocada por uma doença horrorosa; assim, senti que havia chegado a hora de desistir da luta solitária que havia mantido por um ano e meio. Por isso, pedi minha demissão ao nosso Presidente Arthur Pease M.P, por volta de maio do ano passado, e antes que ela se concretizasse, em novembro, ele também desapareceu deste mundo.

Aceitei a posição de Secretário Honorário, tendo sido, em primeiro lugar, afortunado por contar com os serviços do Sr. Travers Buxton como meu sucessor e, desde então, obtive o consentimento do seu sobrinho, o Sr. Fowell Buxton, para exercer as funções da Presidência, já que o cargo vagou com a morte de Arthur Pease.

E o nosso amado e belo papagaio verde partiu "sem contar o segredo do seu mutismo". Ele viveu durante cerca de 10 anos conosco e foi o mais doce e afetuoso dos animais de estimação. Sua devoção a mim era extraordinária, e eu podia fazer qualquer coisa com ele. Quando tive gripe, ele ficou muito triste; quando ouvia minha voz no andar superior insistia que o deixassem sair da gaiola; e quando saía, subia a escada, ia até a minha cama, subia no meu ombro e desafiava todos a tirarem-no dali. Depois, passava seus dias no meu quarto, feliz como um rei! Era também muito amoroso com a Beatrice, minha filha mais jovem, mas todos os demais tinham de tomar cuidado para não se aproximar do seu terrível bico. Nunca falou; assim mesmo, fiz uma descrição dele, que foi publicada no *Spectator*.

Ainda não deixamos de sentir a falta da nossa ave estimada, embora já tenham se passado cerca de dois anos desde que foi morto por ácido prússico. Ele lutou pacientemente contra um fungo que se desenvolveu em sua boca e penetrou vagarosamente na garganta, o que tornava o ato de comer muito difícil e doloroso, razão pela qual seu fim foi demasiadamente lento. Temos outro papagaio, um cinza, presenteado por um nativo da África Ocidental há cerca de dez anos. É uma ave notavelmente alegre, saudável e com grande

308 ANTONIO PENALVES ROCHA

facilidade para falar. Mas, embora seja afetuosa, só nos permite afagar a sua cabeça. Ele tem muito medo de deixar a gaiola, e não podemos pegá-lo como pegávamos o nosso maravilhoso pássaro.

Fico contente em lhe dizer que estamos bem, considerando nossa idade avançada. Farei 75 anos no próximo mês, uma idade que vai muito além da média. Meu filho mais moço é o único casado, e ele com sua mulher moram perto de nós; como não têm filhos, frequentemente os vemos. Meu filho é Secretário Assistente do Conselho de Educação Técnica e, embora não seja regiamente pago, tem muito que fazer; mas é um trabalho interessante, e sua mulher se deleita em cooperar com ele de todas as maneiras possíveis.

Minhas duas sobrinhas, que você conheceu em Montevidéu, estão bem. Josephine, a mais velha, mora com o seu pai no litoral, e a outra (Margaret) é casada e esteve na Índia durante sua lua de mel; mas isso foi muito tempo atrás.

Com nossas considerações a você e Madame, sou muito sinceramente seu,

Chas. H. Allen

Fiquei contente em ver no *Times* a sua indicação para ocupar um alto posto oficial numa próxima arbitragem.

52

> 17, Well Walk,
> Hampstead,
> London, N. M.
> 28 de maio de 1899

Meu caro Sr. Nabuco,

Uma carta que recebi de casa esta manhã deu-me a notícia surpreendente, mas prazerosa, de que um belo papagaio verde, *fac simile* do nosso favorito que partiu, chegou em casa vindo da Embaixada Brasileira como um presente seu. É muita gentileza sua ter tido o trabalho de trazer outro animal de estimação, e não sei como lhe agradecer suficientemente por tão amável ideia.

A Sra. Allen e eu estamos em South Devonshire, embora não no mesmo lugar, pois ela está em Torquay, visitando sua única prima-irmã remanescente, uma senhora de oitenta anos, e eu estou com meu irmão, nosso Tesoureiro, cuja filha você conheceu em Montevidéu alguns anos atrás. O tio dela, com quem ela está agora, é o Embaixador da Inglaterra no Japão.

ABOLICIONISTAS BRASILEIROS E INGLESES **309**

Teignmouth dista somente 8 milhas de Torquay por mar, mas a viagem é penosa por terra, pois é preciso baldear de trens numa bifurcação e então percorrer duas milhas e meia de cabriolé até a casa do nosso sobrinho. Como fui confinado em casa por um resfriado bronquial, e não ouso enfrentar esses ventos orientais gelados, não vejo minha mulher desde que partimos de Paddington há cerca de quinze dias. Ainda assim, estou seguro que ela se juntaria a mim para desejar-lhe novamente cordiais boas-vindas às nossas costas, especialmente porque você veio como um mensageiro da paz na questão sobre o Brasil e a Guiana Inglesa, e ela também lhe agradeceria de todo o coração por restaurar a vida, tal como era, do nosso animal de estimação perdido.

Agora nossa casa está sendo empapelada; dentro de duas semanas espero que estejamos nela, e decerto teremos o prazer de agradecer-lhe pessoalmente por sua gentil ideia.

Muito sinceramente,

Chas. H. Allen

53

British and Foreign Anti-Slavery Society
Founded 1839
Hon. Secretary : Chas. H. Allen, F.R.G.S.
Office: 55, New Broad Street,
London E.C.

6 de fevereiro de 1900

Secretário: Travers Buxton, M.A.

Meu caro Senhor,

Tendo em vista a proximidade da realização do Congresso Internacional Antiescravista de Paris, que está sendo preparado para agosto próximo, foi solicitado pela Sociedade Antiescravista Francesa que esta Sociedade enviasse representantes e apresentasse dissertações nos ramos do assunto em que têm experiência.

O Comitê decidiu solicitar a alguns correspondentes da Sociedade a gentileza de escrever dissertações desse teor, estando sob minha responsabilidade fazer-lhe esta solicitação. O Comitê tem a impressão de que um relato de sua autoria sobre a luta contra a escravidão no Brasil seria de valor e interesse excepcionais. Envio-lhe uma cópia do Programa Oficial para que possa entender o seu caráter e o seu objetivo.

Sou, Senhor, com muito respeito,

Seu fiel criado

Travers Buxton

Secretário[663]

54

17, Well Walk,
Hampstead,
London, N. M.
9 de fevereiro de 1900

Meu caro amigo,

Espero que tenha recebido a carta que lhe enviei em junho último, agradecendo por sua gentileza de trazer-me outro belo papagaio verde. Sem ter tido quaisquer notícias suas desde então, concluí que você havia voltado ao Brasil, razão pela qual hesitei em lhe mandar panfletos relativos ao meu pedido de demissão da Secretaria até que tivesse notícias suas. Como o Comitê indicou ao meu sucessor que lhe escrevesse uma carta solicitando que você preparasse um texto para a Conferência Antiescravista de Paris e esta mesma carta me foi remetida para que eu a encaminhasse, achei melhor escrever uma nota para a Embaixada, perguntando se você havia voltado ao Brasil. Informaram-me que ainda estava em Paris, por isso encaminhei tudo pela remessa de livros do correio: a carta do Sr. Buxton, dois panfletos sobre o meu pedido de demissão e também minha fotografia, que peço que aceite.

Agora me sinto muito desculpado por não realizar o trabalho antiescravista durante o atual inverno, pois não é possível fazer grandes coisas enquanto todos estão tão preocupados com a guerra na África do Sul e não me preocupo com fundos, pois a Sociedade acabou de receber um legado de £2000. Essa quantia é maior que a dos legados recebidos por ela durante os 20 anos que estive lá, e é

---

663 Possivelmente para evitar a despesa com o correio, Charles Allen aproveitou o espaço vazio desta carta e escreveu cinco parágrafos a seu amigo brasileiro. Mas deve ter-se arrependido disso, pois, três dias depois, escreveu uma carta a Nabuco (a seguinte, de 9 de fevereiro de 1900) cujos cinco parágrafos finais transcrevem-nos literalmente. Assim sendo, nada justifica a permanência desse trecho na carta de Travers Buxton.

ABOLICIONISTAS BRASILEIROS E INGLESES 311

um bocado de boa sorte para o novo secretário! Você gostará de saber que o belo papagaio tornou-se um pássaro encantador e, evidentemente, sendo muito jovem, é muito ativo e cheio de vida. Ele ainda chama a si mesmo "papagai real", mas já aprendeu muitas palavras e frases inglesas. *"Polly put the kettle on"*?[664] é a sua fala favorita. Minhas duas filhas são extremamente devotadas a ele, que, quando as vê, rapidamente voa para fora da gaiola e pousa nas mãos delas.

O papagaio cinza africano observa-o com desdém. Quando vier a Londres deve vir vê-los; quando isso ocorrerá?

Desculpe-me por entrar nas folhas da carta do Sr. Buxton,[665] mas o correio não me permite mais do que ½ onça e, por isso, eu não poderia colocar uma carta minha em anexo.

Sei que gostará de saber que a Sra. Allen e eu escapamos da gripe, embora ela tenha aparecido em casa. Foi um inverno desagradável, gelado e nevoento, e mesmo agora temos uma temporada de severo frio intenso com 18°, 20° e 22° Fahrenheit – e ainda há neve no chão.

Espero que você tenha escapado desse flagelo costumeiro e esteja bem. Sei que enfrentou muito frio em Paris.

Por este mesmo correio, mando-lhe um pequeno pacote que, no entanto, não pode ser entregue com esta carta.

Estamos todos ocupados com a guerra[666] e sentimos grande confiança nos Lordes Roberts[667] e Kitchener[668] e em "Joe" Chamberlain![669] O último

---

664 Os ingleses costumam ensinar essa frase aos papagaios devido à sua sonoridade. Literalmente traduzida, no entanto, ela perderia esse valor, resultando em *"Polly pôs a chaleira no fogo?"*.

665 Daqui até o fim desta carta estão os mesmos parágrafos excluídos da carta anterior.

666 Charles H. Allen refere-se à Guerra Bôer (1899-1902), no sul da África, o maior conflito militar em que a Grã-Bretanha se envolveu entre as Guerras Napoleônicas e Primeira Guerra Mundial.

667 Frederick Sleigh Roberts (1832-1914), militar britânico que participou de campanhas na Índia, Afeganistão e África do Sul, tornando-se comandante do Exército inglês na Índia. Em 1900, durante a Guerra Bôer, assumiu o comando das tropas britânicas na África do Sul. Depois de vencer os bôeres no Transvaal e no Estado Livre de Orange, voltou à Inglaterra para assumir o comando do Exército britânico.

668 Horatio Herbert Kitchener (1850-1916), militar britânico e estadista. Prestou serviços militares para o Império em Chipre, Palestina, Egito e Colônia do Cabo. Em 1888, tornou-se governador-geral do Sudão e, em 1898, depois de reorganizar o Exército egípcio, comandou as forças anglo-egípcias no ataque aos maditas, liderados pelo califa Abdullah desde a morte de Mohammed Ahmed, em 1885. Com a vitória, o Sudão Oriental foi ocupado, e todo o país se tornou, a partir de 1899, um domínio anglo-egípcio. Além disso, Kitchener completou o trabalho de Roberts na África do Sul, combatendo a guerrilha bôer.

669 Joseph Chamberlain (1836-1914), estadista que ocupou o centro do cenário político-institucional inglês de meados da década de 1870, quando foi eleito prefeito de Birmingham,

é o homem mais forte do governo; a prova disso está no fato de que é vilmente insultado pelos jornais franceses e alemães e pelos "radicais" domésticos. Espero que leia o *Times*, porque o assunto é tratado com muita parcialidade nos jornais franceses. A Sra. Allen une-se a mim nas lembranças e nos bons votos.

Sinceramente,

Chas. H. Allen

55

17, Well Walk,
Hampstead,
London. N.M.
18 de abril de 1900

Excelência e muito caro Senhor,

Muito cordialmente o congratulamos pela sua indicação como Embaixador do Brasil na Court of St. James. E consideramos também que o Brasil deve ser congratulado por ter tal representante na Inglaterra.

Na nossa última Reunião do Comitê, no dia 6 de abril, eu soube da notícia da sua indicação pelo *Times* daquele dia e por isso propus a publicação de uma Mensagem, que agora tenho o grande prazer de lhe enviar numa cópia em anexo. Ela foi, acredite, aprovada por unanimidade; como não tive notícia dos seus movimentos ulteriores, concluí que você está em contato com a Embaixada daqui; por isso mesmo, envio o anexo a esse endereço.

---

até meados da década de 1900. A bem-sucedida administração dessa cidade, a partir de 1873, deu projeção nacional a seu nome, permitindo-lhe, em 1876, ocupar uma cadeira na Câmara dos Comuns com apoio dos radicais do Partido Liberal. Cerca de dez anos depois, liderando os liberais unionistas, aliou-se ao Partido Conservador. Com a formação de um ministério conservador, em 1895, tornou-se secretário do Colonial Office e permaneceu no cargo até 1903. Até então, esse cargo não era muito valorizado pelos políticos; porém Chamberlain obteve grande destaque não só por tê-lo exercido durante os anos de apogeu do Império Britânico, mas também porque atuou para expandir e reorganizar seu comércio e seus recursos. Quanto à Guerra Bôer, incentivou o projeto de Cecil Rhodes, primeiro-ministro da Colônia do Cabo, de incorporar toda a África do Sul ao Império e de resistir à dominação "afrikaner" dos colonos ingleses (*uitlanders*) que viviam nas repúblicas bôeres; esse incentivo esteve na raiz do conflito militar. Com a vitória britânica, em 1902, a África do Sul foi incorporada ao Império.

O Sr. Buxton espera que você ainda possa escrever um texto para a Conferência Antiescravista de Paris em agosto próximo e participar dela para apresentá-lo.

Caso seja útil, posso mandar-lhe uma cópia das atas de Milão, de 1883, quando você bondosamente participou da delegação da nossa Sociedade e fez um esplêndido discurso em francês.

Unimos-nos para lhe desejar saúde, felicidade e uma longa carreira diplomática em Londres.

Sinceramente,

Chas. H. Allen

56

British and Foreign Anti-Slavery Society
Founded 1839

Hon. Secretary: Chas. H. Allen, F.R.G.S.
Office: 55, New Broad Street
London E. C.

Secretary Travers Buxton, M.A.[670]

Cópia da Mensagem 924

A seguinte Resolução foi aprovada, tendo sido solicitado ao Secretário Honorário que a envie:

"Que este Comitê, ao tomar conhecimento com prazer de que o Senhor Joaquim Nabuco foi indicado Embaixador do Brasil para a Court of St. James, oferece suas cordiais congratulações ao ex-presidente da Sociedade Antiescravista do Brasil, e lhe assegura que a notícia proporcionou júbilo aos seus membros."

"O Comitê recorda com satisfação a ajuda dada pelo Senhor Nabuco à pequena delegação enviada pela Sociedade à Conferência sobre o Direito Internacional em Milão, em setembro de 1883, onde apresentou um eloquente discurso sobre a escravidão e o tráfico negreiro. O trabalho

---

670 *Master of Arts* (Mestrado).

longo e árduo do Senhor Nabuco no Brasil que, no fim das contas, resultou na emancipação de cerca de um milhão de escravos no dia 13 de maio de 1888, ainda permanece vivo na memória do Comitê com o qual o Senhor Nabuco trabalhou por muitos anos em perfeita harmonia e com muitos resultados excelentes."

Chas. H. Allen
Secretário Honorário
Reunião do Comitê, realizada em 6 de abril de 1900
Presidida pelo Sr. T. Fowell Buxton Bart. Go. G.

57

17, Well Walk,
Hampstead,
London. N.M.
31 de julho de 1900

Caro Senhor Nabuco,

Fico feliz em saber pelo *Times* que você está em Londres e espero lhe fazer uma curta visita na Embaixada dentro de pouco tempo, pois o forte calor me deixa muito indisposto.

Com sinceras congratulações e esperando que você esteja muito bem

Respeitosamente,
Chas. H. Allen

58

17, Well Walk,
Hampstead,
London. N.M.
8 de março de 01

Meu caro amigo,

Estou orgulhoso por poder chamá-lo de Excelência, mas ainda prefiro o título mais antigo de amigo. Faz muitos anos desde que nos encontramos pela primeira vez para defender o escravo, e lembro-me de acompanhá-lo até a casa do Secretário Honorário Sr. Joseph Cooper, que então repousava no seu leito de morte. O outro Secretário Honorário, Sr. Sturge, que você conheceu bem, morreu em 1893. Por acaso, bati os olhos num vergonhoso ataque feito a ele pelo *Financial News*, o que me motivou a escrever uma defesa. O editor a publicou, e poderá vê-la no *"Reporter"*, página 19, que lhe envio em anexo, com os mais cordiais votos meus e da minha mulher. Muito sinceramente seu,

Chas. H. Allen

59

17, Well Walk,
Hampstead,
London. N.M.
6 de março de 1902

Cara Excelência,

Você deve pensar que sou desleixado por não ter respondido logo aos seus cumprimentos de Ano Novo. Mas irá, estou certo, me desculpar quando eu lhe contar que uma séria divergência de opinião com a atual administração da British and Foreign Anti-Slavery Society acarretou a minha renúncia e a do meu irmão Joseph, que foi Tesoureiro da Sociedade por cerca de 23 anos. Sentimos muito por isso, mas foi inevitável.

Você pede minha fotografia, que anexo com prazer, e eu estava certo de que a tinha enviado antes. O tempo tem sido verdadeiramente terrível e há continuamente um fog muito longo e frio. Espero que não lhe tenha prejudicado e a Madame Nabuco. Você foi a Roma? O seu pequeno papagaio querido suportou esplendidamente o frio – mas tomamos tanto cuidado que ele nunca o sentiu. Ele é um grande animal de estimação, mas temos de cobri-lo quando grita.

Unimo-nos nas nossas lembranças e nos melhores votos a ambos e sentimos muito pelo seu sofrimento com o nosso clima frio.

Muito sinceramente,

Chas. H. Allen
Ex-Secretário e Secretário Honorário
Anti-Slavery Society

60

17, Well Walk,
Hampstead,
London. N.M.
2 de abril de 02

Excelência,

Verá pelo anexo que agora rompi completamente com a Sociedade. É uma pena, embora sob alguns aspectos eu esteja feliz por me livrar de todas as responsabilidades e de todas as relações com o grupo favorável aos bôeres do nosso Comitê.[671]

Na Reunião anual, na próxima sexta-feira, o grupo terá de explicar por-que esta Sociedade está sem um Tesoureiro e sem um Secretário Honorário. Esperando que ambos estejam bem e com cordiais agradecimentos pela sua amável carta, à qual se seguiram outras muito simpáticas do Rei da Bélgica, do Lord Cromer e do Sir G. T. Goldie

Muito sinceramente,

Chas. H. Allen

---

[671] Assim Charles H. Allen encerrava os mais de 22 anos de serviços prestados à BFASS, dezenove dos quais como secretário. O motivo de sua saída da Sociedade, como se lê nessa carta, foi sua oposição ao grupo do Comitê, certamente majoritário, que era "favorável aos bôeres". Allen, por outro lado, apoiava a investida militar britânica no sul da África, como já se vê na Carta 54, que enviara a Nabuco em 1900; de todo modo, ele estava na fila dos que defendiam a intervenção britânica para salvar africanos escravizados pelos inimigos, conforme a alegação dos consevadores. Mas, à medida que noticiava as primeiras vitórias dos ingleses, boa parte da imprensa europeia, inclusive a britânica, denunciava também os maus-tratos infligidos aos bôeres pelos vencedores; de fato, as forças britânicas de ocupação não só promoveram uma campanha de "terra arrasada" em território bôer, como também alojaram os refugiados (mulheres, crianças e trabalhadores nativos) em campos de concentra-ção, realizando, dessa forma, uma experiência histórica pioneira nos 45 campos destinados à população branca e nos 64 à negra. E, além disso, a imprensa denunciava o grande número de pessoas mortas nesses campos por causa da fome, das doenças e da insolação; no fim das contas, o número de mortos nos campos foi efetivamente de 27.927 bôeres – 22.074 crianças com menos de 16 anos e 14.154 africanos. Por isso, acentuou-se a divisão entre os que se opunham à ação militar britânica e os que a apoiavam. Essa divisão, por sua vez, teve efeitos políticos: em 1903, o entusiasmo dos que apoiavam a guerra assegurou a vitória dos conservadores, que, no entanto, foram derrotados em 1906 com a confirmação das notícias. Além disso, a guerra produziu também uma fissura na orientação pacifista da Sociedade dos Amigos; Charles Allen, por exemplo, ao criticar os que apoiavam os bôeres, acompa-nhava a posição de alguns quacres notáveis, como, segundo Elizabeth Isichei, 1970, p.151, Joseph Whitwell Pease, que presidia a *Peace Society*, e Thomas Hodgking, que presidida a *Aborigines Protection Society*.

APÊNDICE B

Cartas de Joaquim Nabuco à BFASS (1880-1900)

1

Rio de Janeiro, Brasil, 8 de abril de 1880

A Charles H. Allen, Esq.
Secretário da British and Foreign Anti-Slavery Society

Caro Senhor,

Tive a honra de receber a Mensagem que me foi gentilmente enviada sobre as resoluções tomadas pelo Comitê da British and Foreign Anti--Slavery Society. Solicito que transmita aos seus distintos membros os meus mais sinceros agradecimentos e, pessoalmente, os aceite. Eu não tinha dúvida alguma de que receberia essa aprovação, o que me honra mais ainda.

O fato de uma grande Companhia Inglesa ter sido, durante vinte anos, o principal instrumento de escravização ilegal de centenas de homens, aos quais a liberdade havia sido solenemente prometida por um contrato público, não poderia despertar tanta indignação em nenhum outro lugar quanto na Inglaterra.

É por isso que a S. João d'El Rey Mining Company e seus cúmplices nunca tiveram inimigos mais constantes e intransigentes que os representantes oficiais de Sua Majestade Britânica no Brasil. Desse modo, eu estava perfeitamente consciente de que prestaria um serviço à nação inglesa e aos escravos da Morro Velho ao denunciar uma espoliação da liberdade humana, perpetrada por uma importante mineradora de ouro da América do Sul, que está sob a proteção da bandeira britânica.

Tinha somente em vista chamar a atenção do país para essa conspiração escandalosa e dar-lhe ampla publicidade. De fato, depois dessa ação, a justiça não poderia mais ser adiada. Aqui devo cordialmente unir-me aos senhores para louvar o justíssimo magistrado, cujo nome peço permissão para mencionar, o juiz Frederico Augusto Álvares da Silva, que sentenciou sobre o direito dos negros da Cata Branca à liberdade e aos salários de um modo que, espero, não mais será alterado. Infelizmente é de se lamentar muito – e deveria ser investigado – que dos trezentos e oitenta e cinco escravos que obtiveram, em 1845, um direito inquestionável à liberdade por um documento legal (aos menores quando atingissem vinte e um anos, e aos demais depois de quatorze anos de serviços prestados), somente cento e vinte e três tenham agora comparecido para receber suas cartas de alforria das mãos da justiça pública.[672]

Quanto à minha resistência ao esquema de imigração chinesa, concordo com a sua ideia de que qualquer trabalho por contrato celebrado na China logo se degenerará em escravidão para o contratado, seja qual for o país que resolva adotá-lo. Eu me opus à ideia de apoiar artificialmente a propriedade plena sobre o asiático como alternativa para o fim da propriedade sobre o africano. Ao mesmo tempo, esse plano parece enfrentar um obstáculo intransponível com a recusa do governo do Império Celeste de celebrar qualquer tratado que permita converter a emigração dos seus súditos em tráfico. Além do mais, depois da queda da administração Sinimbu, que pretendia fornecer *coolies* aos agricultores de apenas duas províncias do sul, não há mais qualquer motivo para temer que o negro seja substituído pelo escravo amarelo, de modo que homens livres serão os herdeiros do trabalho escravo.

Agradeço-vos, mais uma vez, pela gratificante mensagem que me foi enviada. Asseguro que sempre me encontrará no posto de combate que agora ocupo. Coloco o interesse pela emancipação acima de qualquer outro, acima de qualquer fidelidade ou comprometimento partidário. As reformas políticas devem ficar à sombra diante da grande reforma social que estenderá o direito de liberdade, propriedade, família e consciência à raça que produz mais de dois terços das exportações brasileiras.

---

672 Nabuco corrigiu esses números em 1884, referindo-se a 262 sobreviventes de um total de 385 escravos na "Terceira Conferência no Teatro Santa Isabel". In: *Campanha abolicionista no Recife*, p.95.

Na próxima Sessão da Câmara dos Deputados, além de um projeto de lei que pretende corrigir muitas desigualdades e iniquidades da escravidão, apresentarei outro, fixando a data de 1º de janeiro de 1890 para a completa abolição da escravidão no Império.

Sei que um período de tempo tão longo é uma concessão; mas, é necessária. É o único meio de superar as dificuldades, que ainda são muito grandes. A Lei de 28 de setembro de 1871, suficiente naquela época, tem uma ação muito lenta e oferece uma taxa mais baixa de emancipações anuais do que permitem e requerem as atuais circunstâncias do país e o constante progresso da consciência pública. Um prazo imutável, tal como a data de 1º de janeiro de 1890, daria tempo para que os fazendeiros se preparassem para a grande evolução e, ao mesmo tempo, desencadearia diretamente no coração dos escravos uma esperança inestimável, de um preço impagável, que tornaria a vida deles cada vez menos dura com a aproximação da libertação.

Esse projeto não será convertido em lei neste ano; mas, apresentado em cada Sessão duma Câmara liberal por mim ou por alguns dos meus amigos, e de uma Câmara conservadora por alguns proeminentes abolicionistas do Partido Conservador, como o Sr. Gusmão Lobo, obterá cada vez mais votos e, por fim, triunfará. Como a data é imóvel, cada atraso tornará o período de transição mais curto, o que não será responsabilidade nossa. Espero que a fronteira da próxima década não seja cruzada no Brasil por nenhum homem que seja chamado de escravo.

Essa esperança que aqui manifesto conta seguramente com a simpatia do imperador – que quer sinceramente deixar para sua filha um país livre, desembaraçado da escravidão –, em cujos quarenta anos de reinado poderia ter executado o que Alexandre II, da Rússia, fez em seis, não para um milhão, mas para quarenta milhões de súditos, contra as mais terríveis, imprevisíveis e incomparáveis resistências sociais, sem dispor, de fato, de nenhuma grande força.

Além do mais, teremos do nosso lado a generosidade do caráter nacional e principalmente a cumplicidade dos donos de escravos que, em virtude dos seus sentimentos humanos, estão realmente se tornando, cada vez mais, os melhores operários da emancipação.

A lei aprovada sob a administração do Visconde do Rio Branco não foi certamente um acordo entre duas soberanias independentes: o Estado e a escravidão. Não foi um contrato *do ut des*, nem um tratado de aliança. Foi, como qualquer outro, um Ato legislativo a ser testado pela experiência e, pela sua própria natureza, o mero precursor da solução definitiva. Ela causou o estremecimento do edifício tradicional, expôs sua fundação secular, ao qual deve se seguir sua queda.

322 ANTONIO PENALVES ROCHA

Sob o último Gabinete, o movimento foi momentaneamente refreado, mas o Gabinete caiu e a emancipação permaneceu em pé. Haverá mais claro sinal de espírito público que a liberalidade privada de grandes e pequenos proprietários de terra, concedendo, por vontade própria, a liberdade a todos os seus escravos e distribuindo-lhes terras? Todo dia um novo nome é inscrito nesse Livro de Ouro, cujas páginas todo brasileiro terá orgulho de ler. Haverá ainda mais claro sinal que a posição tomada pelos principais jornais do país, todos favoráveis à emancipação, como, por exemplo, o *Jornal do Comércio*, cuja defesa do Fundo de Emancipação honra nosso jornalismo, e a *Gazeta de Notícias*, aberta a qualquer reforma social? Desde então, toda a generosidade do país levantou-se a favor da abolição progressiva. Em todos os lugares, seja nas reuniões públicas, seja nas galerias do parlamento, cada palavra sobre a abolição é saudada com aplausos, e a lembrança dos que foram os precursores da ideia é realmente popular, tanto quanto a de qualquer estadista que tenta edificar a grandeza do país sobre um solo livre.

Finalmente, poderemos contar com um último e poderoso contingente quando todos os descendentes dos escravos compreenderem o dever que esse legado lhes impõe diante da causa que defendemos. "O fato permanece, mas o direito foi aprovado",[673] dizia o senador Nabuco, meu pai, aludindo à lei beneficente de 28 de setembro de 1871. Bem, um fato que não se alicerça no direito está condenado a perecer; não tem vida interna e quanto antes desaparecer será melhor.

A British and Foreign Anti-Slavery Society vê todos os dias os seus esforços se propagarem. Esse é o resultado de um trabalho de nivelamento social e moral que prossegue entre os países civilizados. Algumas vezes, essas energias foram aplicadas ao Brasil e malograram. Agora não está muito distante o dia em que, no mapa geográfico da escravidão, Brasil e Cuba, duas das porções mais belas e férteis do globo, não mais serão manchas negras na terra americana. Nesse dia, o trabalho de vocês estará quase terminado, e somente a partir desse dia – uma data que chamo de Hégira nacional – começará uma nova vida de um país destinado a ser, apenas pela virtude do trabalho livre, um lar abençoado, o orgulho dos seus filhos legítimos ou adotivos.

---

673 Esta é uma tradução literal da obscura frase "*The fact remains, but the right has passed*". Em *Um Estadista do Império* (t.II, p.147), Nabuco reproduziu um discurso do pai em que ela está enunciada de forma incomparavelmente mais clara: "acaba o direito da escravidão, e só subsiste o fato da escravidão, fato transitório, que há de ser extinto gradualmente, porque não pode ser extinto imediatamente".

ABOLICIONISTAS BRASILEIROS E INGLESES 323

Oferecendo com firmeza a minha alta consideração, tenho a honra de ser, caro Senhor,

Sinceramente,
Joaquim Nabuco
Membro do Parlamento Brasileiro

2

Rio de Janeiro, 8 de outubro de 1880.

Senhores,

Fui indicado pela Sociedade Antiescravista Brasileira[674] para comunicar a sua organização no Rio de Janeiro à British and Foreign Anti-Slavery Society.

Pelo nosso "Manifesto" e pelo último número do *Rio News*, o qual tenho o prazer de enviar-lhes algumas cópias, verão quais são os objetivos da nossa Sociedade, e creio que contaremos com a sua cordial aprovação.

Esperando iniciar logo a troca de informações direta e frequente com a Sociedade em todos os assuntos relativos à escravidão, tenho a honra de ser,

Caro Senhor,
Seu obediente servo,
José Américo dos Santos

3

SOCIEDADE BRASILEIRA
CONTRA A ESCRAVIDÃO
Rio de Janeiro, 20 de dezembro de 1880.

Cavalheiros,

Tomamos a liberdade de lhes informar sobre a partida do Presidente desta Sociedade, o deputado Joaquim Nabuco, para uma visita de poucos meses à Europa e de solicitar-lhes a gentil e valiosa ajuda para qualquer coisa de interesse comum que tenhamos.

---

674 *"Brazilian Anti-Slavery Society"*, no original. Essa carta não se encontra nos arquivos da *Bodleian Library*, tendo sido publicada pelo *Anti-Slavery Reporter*, 23 de dezembro de 1880, v.22, n. 6, p.143. José Américo dos Santos, autor dessa carta, era secretário da Sociedade Brasileira contra a Escravidão.

O principal propósito da visita do Sr. Nabuco é fazer com que estabeleçamos relações mais íntimas com sociedades e pessoas da Europa que estão interessadas na extinção do tráfico de escravos e na abolição universal da escravidão. Com tal propósito, fica patente que sua principal e mais importante visita será à primeira e mais influente organização dessa espécie no mundo – a British and Foreign Anti-Slavery Society.

Os serviços do Sr. Nabuco em benefício da causa da abolição no Brasil, tanto no parlamento quanto na imprensa, têm sido incessantes e incansáveis, e hoje ele aparece diante do país como seu líder reconhecido. Ao solicitarmos a vossa inestimável cooperação aos propósitos dessa visita à Europa, tentamos obter, em consequência, não só um serviço que os senhores prestam de bom grado, mas também um serviço que será mais eficiente e valoroso na sua aplicação por ser prestado a um líder proeminente do movimento antiescravista no Brasil.

Com a firmeza do nosso alto apreço e vigorosa cooperação na vossa grande obra

Temos a honra de ser

Vossos mais obedientes criados

Adolfo de Barros[675]

Presidente

José Américo dos Santos   André Rebouças

Secretário   *Tesoureiro*

Aos Diretores da

The British and Foreign Anti-Slavery Society

55 New Bread St., London, E. C.

4

32.Grosvenor Gardens. S. W.

14 de fevereiro de 1881.

Caro Senhor,

Gostaria de escrever um artigo sobre a questão da escravidão no Brasil para expor todos os nossos pontos de vista. Não sei como esse artigo

---

675 Adolfo de Barros era vice-presidente da Sociedade Brasileira contra a Escravidão e assumiu a Presidência com a viagem de Joaquim Nabuco.

ABOLICIONISTAS BRASILEIROS E INGLESES **325**

poderia ser colocado diante dos olhos de um grande número de pessoas representativas da Inglaterra, publicando-o, depois de corrigido, em alguma revista de alta classe e influência. Caso indique-me onde teria a chance de publicá-lo, nas condições que desejo, trabalharia nele tão logo recebesse sua confirmação. Estou certo de que nenhuma questão mais importante que essa poderia atrair a atenção da opinião liberal e da sua solução depende o destino de toda uma raça de homens. Não sei como escrever em inglês para me apresentar ao público inglês, mas minha contribuição será gramaticalmente corrigida por alguém que sabe. Penso que esse seria um grande serviço prestado à causa da emancipação, e é por essa razão que não me retraio.

Se julgar que há possibilidade de tal publicação, peço que me avise.

Li o parágrafo no último número do *"Economist"* e o achei excelente.[676]

Peço que creia, caro Sr. Allen,

Sinceramente,

Joaquim Nabuco

P.S. Desisti do cartão-postal. Penso o quão fácil é formar uma reputação escrevendo-os.

5

Segunda-feira[677]

Caro Sr. Allen,

Poderia fazer-me a gentileza de enviar algumas cópias do *Reporter* para que eu possa remetê-las amanhã à noite para o Brasil?

---

676 Trata-se de uma nota intitulada Slavery in Brazil, publicada no *The Economist*, 12 de fevereiro de 1881 (p.192), cujas linhas iniciais reproduzem um comentário do *The Rio News* sobre a fundação de uma sociedade antiescravista no Rio de Janeiro pelo deputado Joaquim Nabuco. Conforme o periódico inglês, a propaganda abolicionista difundida pela sociedade já alarmava os fazendeiros; desse modo, o movimento abolicionista brasileiro saía do seu estado de latência, embora contasse apenas com um "pequeno, mas bem organizado, partido abolicionista da Câmara e com representantes de uma grande parte da comunidade estrangeira".

677 Embora esteja sem data, esta carta certamente foi remetida na primeira semana de março de 1881, pois responde a convites feitos por Charles Allen em carta de 3 de março de 1881; a propósito, verificar Carta 6 do Apêndice A.

326 ANTONIO PENALVES ROCHA

Sinto dizer que será impossível traduzir o meu discurso de Madri, pois estou demasiadamente ocupado com um trabalho inesperado e meus amigos evitam de assumir o compromisso de passá-lo para o inglês. Assim, sinto-me obrigado a lhes enviar minha fotografia sem poder oferecer qualquer contribuição escrita – como foi amavelmente solicitada.

Quarta ou quinta-feira, passarei na New Broad Street para o encontrar. Permaneço, caro Sr. Allen,

Sinceramente,

Joaq. Nabuco

6

[Março de 1881][678]
Quinta-feira

Caro Sr. Allen,

Recebi sua gentil mensagem com a aprovação da Sociedade ao discurso que fiz no café do [Hotel] Charring Cross e limito-me a repetir que parto da Inglaterra com obrigações para com todas as pessoas ligadas à "Anti-Slavery". Tentarei me corresponder contigo, que considero um bom amigo, mais que um simpatizante da causa da abolição. Partirei para o Brasil de Bordeaux, no vapor do dia 20.

Tudo está arranjado para minha saída da Inglaterra no dia 9, mas agora tenho a impressão de que será impossível partir tão cedo e só irei a Paris na próxima semana, sem qualquer esperança de permanecer em Lisboa mais do que umas poucas horas.

Na semana que vem irei procurá-lo no escritório da "Anti-Slavery" para me despedir. Desejo que tenha a bondade de dizer a Sra. Allen o quanto apreciei sua amabilidade.

Se for possível, irei amanhã, às 15h, à New Broad Street 55, mas temo que estarei demasiadamente ocupado com meus compromissos.

Poderia fazer a gentileza de enviar-me um relato completo do café, mesmo que sejam as provas do *Reporter*? Assim, poderei remetê-lo ao Brasil amanhã à tarde pelo correio de Southampton.

---

678 Todas as datas que estão entre chaves foram escritas a lápis nos manuscritos com uma letra diferente da do missivista. Esta carta certamente está com a data errada, pois faz referência ao assunto da Carta 8 do Apêndice A, de 5 de abril de 1881.

ABOLICIONISTAS BRASILEIROS E INGLESES **327**

Pretendia tê-lo encontrado na semana passada, mas desafortunadamente você estava ocupado com os bôers.

Acredite-me sempre, caro Sr. Allen,

Sinceramente

Joaq. Nabuco

7

Rio de Janeiro, 5 de junho de 1881.

Caro Sr. Allen,

Cheguei há um mês e uma grande quantidade de compromissos e deveres esperava por mim, tanto que só agora consigo lhe escrever, sentindo o prazer que me proporciona esta relação de amizade. Nada de novo tenho a lhe dizer sobre o movimento contra a escravidão daqui. Fui muito bem e calorosamente recebido pelos meus amigos, mas duvido que a acolhida que tive na Europa não tenha sido um bom assunto para o partido pró-escravidão manipular o eleitorado. É fato corrente que esta Câmara será dissolvida, e novas eleições ocorrerão neste ano. Apresento-me agora pelo Rio de Janeiro, a capital do Império, e me dedicarei a um trabalho intenso. O resultado parece muito duvidoso, e, sendo o Rio um lugar muito importante para os dois partidos, ganhar a eleição é por si só uma vitória imensamente cobiçada. Se eu perder a cadeira do parlamento terei uma carreira política muito curta, mas estarei satisfeito por não ter tido uma longa que me sujeitasse aos escravagistas, negociando por ela. Envio-lhe um dos retratos que queria; os outros três são para pessoas cujos nomes estão escritos no verso, e peço que os remeta aos seus respectivos endereços. Apresento os meus respeitos a Sra. Allen e espero poder vê-la muitas vezes, se eu sair da vida pública, rejeitado pelos eleitores desta cidade. Nesse caso, me empenharei para passar algum tempo na Inglaterra, ajudando de Londres, tanto quanto puder, o movimento abolicionista daqui. Todas as próximas eleições serão importantes para nós, porque a questão só pode ser decidida no parlamento.

A emancipação não pode ser feita por meio de uma revolução, que destruirá tudo – ela deverá ser encaminhada pela maioria parlamentar – e, portanto, é para nós uma grande questão não reduzirmos ainda mais a minoria que temos sido.

Acredite-me, caro Sr. Allen,

Sinceramente,

Joaq. Nabuco

8

Rio, 13 de junho de 1881.

Meu caro Sr. Allen,

Poderia fazer-me a gentileza de endereçar a carta anexa ao Sr. Regidor Turador,[679] de cujo endereço me esqueci? Não recebi notícias suas desde que cheguei, mas espero que no momento estejam cruzando o oceano. Sinto ter deixado a Inglaterra antes da "temporada",[680] quando dificilmente eu teria algo para fazer aqui.

Permaneço, caro Sr. Allen,

Sinceramente,
Joaq. Nabuco

9

Rio, 23 de outubro de 1881.

Caro Sr. Allen,

Tenho tempo somente para lhe escrever uma carta breve, comunicando a decisão do Supremo Tribunal sobre o caso da "Morro Velho". A sentença do Tribunal da Relação de Ouro Preto foi anulada e, pela apelação ao Supremo Tribunal do Rio, haverá um novo julgamento sobre a questão dos salários dos negros e do direito deles à liberdade por força do contrato de 1845. A importância do Acórdão que determinou a revisão da sentença de Minas é devida principalmente ao fato de que, segundo os termos da sentença de Ouro Preto, os negros eram considerados livres pela concessão de liberdade da Morro Velho, em 1880, e não pelo contrato de 1845, enquanto o Supremo Tribunal determina que o direito de liberdade data do contrato entre a Cata

---

679 Regidor Turador era membro da Sociedade Abolicionista Espanhola e participara do banquete em homenagem a Nabuco em Madri como representante da imprensa das colônias espanholas.

680 Joaquim Nabuco refere-se aqui à *"Season"*, um evento anual da Londres vitoriana caracterizado por Suzanne Baudemont como "um turbilhão de mundanidades", destinado ao mercado de casamentos das jovens de alta sociedade. A *"Season"* ocorria entre os fins de abril e os de junho quando a aristocracia e a gentry saíam dos seus domínios rurais no fim do período de caça a cavalo. A propósito, ver Suzanne Baudemont (1993).

Branca e a Companhia de Morro Velho neste ano. É muito importante também a proposta do Supremo Tribunal de converter a ação contra os representantes da Morro Velho por terem reduzido pessoas livres à escravidão, de cuja liberdade estavam muito conscientes ao matriculá-las como escravos, em 1872. Esse foi o voto no Acórdão, como verá, dos ministros Silveira e Sayão Lobato, do Supremo Tribunal. O Supremo não votou a ação criminal simplesmente porque não considerou que a redução de pessoas livres à escravidão, quando são de fato livres, seja tecnicamente o mesmo crime que a redução de pessoas livres à escravidão, quando tenham apenas o direito claro e incontestável à liberdade. Esse é um motivo puramente técnico, e não significa que os ministros que votaram contra a acusação sustentem uma visão diferente da dos seus colegas, que insistiram muito na questão da conspiração e na detenção de homens que deveriam ter sido libertados da escravidão há vinte e dois anos.

No dia 31, a batalha eleitoral será decidida, e é quase impossível a minha vitória. O candidato que provavelmente me derrotará é fazendeiro de café em S. Paulo. Apresentei-me pelo Rio – foi uma tentativa corajosa de lutar contra a escravidão numa cidade que alega ser a capital do café.

Se eu for derrotado, como espero, provavelmente me estabelecerei em Londres por uns poucos anos, visto que dificilmente poderei fazer algo fora do parlamento, exceto educar o povo por panfletos e escritos, atividades que serão mais bem exercidas em Londres que aqui. Considero que o maior sofrimento causado por essa situação é nada poder fazer para ajudar os pobres escravos, que todos os dias procuram-me, acreditando que tenho poder para libertá-los, ao passo que só posso mandá-los de volta às senzalas e à cólera dos seus senhores. Enviar-lhe-ei os documentos da campanha e os resultados da eleição. Tenciono dizer no meu próximo discurso que, se for derrotado, suportarei o banimento e a oposição social, manifestado pelo voto de ostracismo dos eleitores aos abolicionistas, com a mesma resignação e paciência com a qual os escravos suportam a intolerável situação em que estão. Num país em que mais de um milhão de homens não têm qualquer direito, nem de ter uma família protegida pela lei ou a sua própria propriedade, exceto sob grande risco, nem tampouco de ter seu trabalho pago pelo menos num único dia durante suas vidas, é muito branda a sentença que me condena a deixar a vida política e passar a minha cadeira no parlamento aos donos de escravos e delegados da escravidão.

Peço-lhe, meu caro amigo, que me recomende amavelmente a Sra. Allen, apresente meus calorosos desejos de boa saúde ao venerável Sr. Cooper e

330 ANTONIO PENALVES ROCHA

meus cumprimentos aos companheiros de trabalho e associados, Sr. Gurney,
Sr. Sturge e Sr. Crawford. Sou sempre

Sinceramente,

Joaq. Nabuco

P.S. Que grande trabalho você fez no Egito![681] Estava para escrever uma nota
curta e cheguei até esta página. Desculpe-me.

10

32 Grosvernor Gardens
2 de Janeiro.[682]

Caro Sr. Allen,

Aqui estou de volta outra vez e pretendo permanecer por alguns anos para
estudar as instituições inglesas e fazer o melhor uso possível da minha estada no
estrangeiro. Irei ao escritório nesta semana para vê-lo, mas não sei em qual dia.

Envio o retrato pedido – e um número de *O Abolicionista*, lançado depois da
minha partida. Quando nos encontrarmos, falaremos sobre muitas coisas.

Sinceramente,

J. Nabuco

11

5 de janeiro de 1882.

Caro Sr. Allen,

Estarei tão ocupado hoje e amanhã que devo me privar, até o fim da semana, do grande prazer de ir à City para o encontrar. Você disse-me que irá à

---

681 Durante a segunda metade dos anos 1870, o *Reporter* denunciou a intensificação do tráfico
de escravos nas regiões do Egito, Sudão, Alto Nilo e mar Vermelho, que formavam o que o
periódico chamava de "domínios do quediva". Em junho de 1880, uma deputação da BFASS
conseguiu uma audiência com Granville e solicitou providências a esse respeito, obtendo
a promessa de que o governo "imediatamente daria atenção ao assunto". Mas nenhuma
medida concreta foi tomada pelo governo, e o *Reporter* manteve suas denúncias sobre a
questão. Enfim, nesse trecho Nabuco elogia a persistência desse trabalho da BFASS.

682 Embora na data dessa carta não haja referência ao ano em que foi escrita, esta certamente é de 1882, ano
em que Nabuco havia chegado à Inglaterra com intenção de lá permanecer durante um bom tempo.

França na semana que vem. Bem, irei visitá-lo quando retornar. Agora temos muito tempo.

Desculpe-me por não poder comparecer amanhã à Reunião do Comitê – mas, espero reatar minha relação de amizade com esse respeitável órgão e reencontrar o Sr. Sturge nos próximos meses. Infelizmente não cheguei a tempo de prestar minhas últimas reverências ao pobre Sr. Cooper. Ele teve uma vida nobre – isto é o melhor que alguém pode ter. Cumprimente os seus filhos pela satisfação que lhe proporcionam; por favor, apresente meus respeitos a Sra. Allen. Adeus e *au revoir*.

Sinceramente,

J Nabuco

12

19, Book Street

23 de janeiro de 1882.

Caro Sr. Sturge,

Como o Sr. Allen está na França, tomo a liberdade de incomodá-lo para obter informações sobre um ponto que verdadeiramente lhe interessa muito: o caso dos escravos ilegalmente mantidos pela Companhia Morro Velho. O representante dos negros contra a Companhia Morro Velho quer saber: 1º – se há em Londres alguma representação da extinta Companhia Cata Branca e, se houver, onde está instalada, qual é o seu caráter, poder e situação legal; 2º – se há alguma ligação ou interesses comuns, conhecidos na City, entre os representantes da Companhia Cata Branca e os da Companhia Morro Velho; 3º – quem são essas pessoas, qual é o caráter público delas e suas posições sociais ou profissões.

O Sr. Jacintho Dias da Silva, que advoga a causa dos negros, agora com a apelação em andamento na Relação, escreveu-me pedindo essas informações, que ele afirma ter também endereçado à Embaixada Britânica no Rio, e acha muito útil e quase necessária ao processo sobre os direitos dos negros, pois a Morro Velho insiste que tem pago os salários dos comissários da Cata Branca. Tenho certeza do seu conhecimento a respeito disso tudo e de que poderá fornecer-me a informação que o Sr. Dias da Silva necessita para incorporar à sua defesa do direito dos pobres escravos. Sinto incomodar, e estou pronto a encontrá-lo na Anti-Slavery a fim de ter essas informações.

332 ANTONIO PENALVES ROCHA

Enviei pelo correio o *Democrata* de Madri, conforme havia lhe prometido. Ficaria muito grato por receber o último número do *Reporter* e uma cópia assinada da representação. Com todos meus cumprimentos.

Sinceramente,

Joa. Nabuco

13

19 Brook Street W.[683]

Caro Sr. Allen,

Você poderia verificar o inglês do artigo[684] que envio para publicação no *Reporter* ou traduzi-lo para o inglês ou então escrever um artigo de próprio punho sobre ele?

Mandei uma petição ao Rio para que meus amigos a assinem, já assinada por mim e pelo meu amigo Almirante Costa Azevedo, que está em Londres, e lhe peço que a publique no *Reporter* no mês que vem. Enquanto isso, pensarei no discurso em inglês – e assim solicito-lhe que me ajude fazer algo nos Estados Unidos por meio do Sr. F. Douglass.[685] Tenho tido tanto trabalho que, infelizmente, estou de fato sem tempo disponível para escrever sobre o meu assunto favorito, sobre a abolição, mas desejo imensamente escrever um amplo relato sobre a escravidão no Brasil para alguma publicação, e um em francês para o *Rappel*, onde o Sr. Schoelcher disse-me que poderia inseri-lo.

---

683 Embora esta carta esteja sem data, deve ter sido escrita na primeira semana de junho de 1882, pois a petição foi efetivamente enviada para André Rebouças no Brasil em carta de 6 de junho de 1882, publicada nas *Cartas a amigos*, v.I, p.70-1.

684 Como não há nenhum artigo de Joaquim Nabuco no *Reporter* em 1882, tudo leva a crer que ele estivesse usando a palavra no sentido de "matéria", no caso a própria petição.

685 Frederick Douglass foi uma figura proeminente do movimento abolicionista norte-americano. Esse não era seu nome verdadeiro, pois era um escravo fugido que não podia revelar sua identidade sob pena de ser obrigado a voltar ao cativeiro. De todo modo, foi levado ao movimento abolicionista norte-americano pelas mãos de Garrison. Na primeira metade dos anos 1840, destacou-se na *American Anti-Slavery Society* como orador e autor de uma autobiografia que relatava sua experiência na escravidão. Em consequência desse destaque, pró-escravistas norte--americanos acusaram a AASS de cometer uma fraude sob o argumento de que nenhum escravo tinha uma oratória tão fluente nem tampouco condições de escrever um livro. Para fazer frente às acusações, Douglass revelou sua verdadeira identidade, o que significava que seu senhor tomaria providências legais para fazê-lo voltar ao cativeiro. A fim de evitar que isso ocorresse, em 1846, a AASS o enviou à Grã-Bretanha, onde não só estaria a salvo como também difundiria sua experiência na escravidão em benefício da propaganda desta associação entre os grupos que, desde 1833, eram simpatizantes das ideias de Garrison. As conferências de Douglass

ABOLICIONISTAS BRASILEIROS E INGLESES **333**

Na semana que vem, farei uma visita a você e ao Sr. Sturge. Gostaria que apresentasse meus respeitos a Sra. Allen.

Sinceramente,

J. Nabuco

14

19 Brook Street W.[686]

Londres, sábado

Caro Sr. Allen,

Envio-lhe o original da petição que mandei ao nosso parlamento. Os parágrafos numerados são os únicos que devem ser traduzidos, e os demais não foram incluídos no documento.

Escreverei algo sobre assuntos brasileiros para esse número do *Reporter*. Sempre seu,

J. Nabuco

15

19 Brook Street W.

Londres, 21 de Junho de 1882.

Caro Sr. Allen,

Agradeço pelo *Reporter*. Envio-lhe a petição que mandei ao Brasil para ser assinada por nossos amigos, esperando que possa corrigi-la, quando tiver

---

na Grã-Bretanha tiveram um sucesso inesperado. Na última etapa de sua viagem pela Grã-Bretanha, quando estava em Londres, foi recebido pela BFASS, que, como foi mencionado antes, rompera com Garrison em 1840. Além disso, em vez de limitar suas conferências às narrativas de sua vida como escravo, o sucesso levou Douglass a iniciar uma pregação antiescravista que não seguia os cânones da AASS. Em vista disso tudo, em 1846, a AASS resolveu mandar Garrison à Inglaterra para controlar Douglass. Mas Garrison fracassou, e o sucesso de Douglass foi de tal ordem que um grupo quacre inglês entrou em contato com seu antigo senhor nos Estados Unidos e comprou sua liberdade; além disso, Douglass conseguiu arrecadar uma soma suficiente para fundar um jornal nos Estados Unidos, o *North Star*. Garrison se opôs tanto à compra da liberdade quanto à fundação do jornal e afastou-se de Douglass.

686 No cabeçalho dessa carta, o arquivista equivocadamente anotou a lápis "[julho de 1883]". Como a petição em tela foi a única feita por Nabuco na Inglaterra, a carta deve ter sido escrita na primeira quinzena de junho de 1882.

algum tempo disponível, para que seja inserida em algum número futuro do seu periódico.[687] Amanhã ou depois de amanhã, irei à City, e conversaremos. Não fui na semana passada porque tinha muita coisa para fazer.

Sempre,

Sinceramente,

J. Nabuco

16

19 Brook Street W.
16 de Julho de 1882.

Caro Sr. Allen,

Devo congratulá-lo e a Anti-Slavery pela sentença final emitida contra a Companhia Morro Velho a favor dos negros. Incluo o artigo do *Rio News*, do dia 24, que ouso supor que você não tenha lido, esperando que me devolva o recorte, caso tenha uma outra cópia.

Nesta semana irei vê-lo e falar sobre questões brasileiras, a menos que me escreva dizendo que não o encontrarei no escritório nem na próxima terça--feira, nem na quinta-feira.

Por favor, apresente meus cumprimentos ao Sr. Sturge; acredite-me sempre

Sinceramente,

Joaq. Nabuco

---

687 As três cartas sucessivas sobre o mesmo assunto mostram o empenho de Joaquim Nabuco em ter seu nome estampado nas colunas do *Reporter* e também a resistência de Allen em fazer a tradução do texto para o inglês. No fim das contas, o cabeçalho da petição foi publicado pelo *Anti-Slavery Reporter* de agosto de 1882, p.211: "os abaixo-assinados, recorrendo ao direito de petição conferido aos cidadãos brasileiros pela Constituição, solicitam que seja apresentada ao Poder Legislativo a necessidade urgente de abolir a escravidão no Império". Segundo o *Reporter*, antes de ser enviada ao Brasil, a petição contava com duas assinaturas, a do almirante Costa Azevedo e a de Nabuco, e a tradução havia sido feita pelo almirante. Robert Toplin (1975, p.86) extraiu o mesmo texto do *Rio News* e da *Gazeta de Porto Alegre*, e, segundo o historiador, nessas publicações brasileiras a petição recomendava a emancipação imediata "ou em curto prazo".

ABOLICIONISTAS BRASILEIROS E INGLESES 335

17

[1882]
19 Brook Street W.
Segunda-feira, 7 de agosto

Caro Sr. Allen,

Envio-lhe o resumo da petição que fiz ao parlamento, publicada no *Jornal do Comércio* e apresentada pelo Sr. Antonio Pinto.[688]

Você irá à City durante esta semana? Gostaria muito de encontrá-lo.

Sinceramente,
Joaq. Nabuco

18

Malvern Lodge
Norfolk Square
Western Road
Brighton, 16 de agosto de 1882.

Caro Sr. Sturge,

Envio-lhe confidencialmente uma carta, que gostaria de ter de volta depois de lida, recebida no ano passado sobre o assunto de certos negros em Minas Gerais, já que você poderia falar com pessoas envolvidas no caso e verificar se algo pode ser feito a favor dos escravos.

Acho que o Sr. Allen não está na cidade; mas se estiver, mostre-lhe a carta.

Sinceramente,
Joaquim Nabuco

---

688 Deputado do Partido Conservador, que apresentou ao plenário da Câmara a petição referida anteriormente.

19

117 Western Road
Brighton, 28 de agosto de 1882.

Caro Sr. Sturge,

Acabei de receber a sua carta sobre o assunto que lhe escrevi e sinto saber que o Sr. Travers Twiss não pode colocar a questão na associação em que é tão influente.

Estou seguro de que a anteriormente referida Conferência sobre o Direito Internacional não é a mesma Conferência pela Reforma do Direito Internacional, realizada em Liverpool, mas sim a do Institut de Droit International que deverá se reunir em Turim no dia 11 de setembro.

Eu estava preparando um texto sobre a escravidão no Direito Internacional – mas, como o assunto não poderá ser convenientemente exposto no Institut, é melhor adiar sua apresentação para o ano que vem. Enquanto isso, aumentarei o texto que estava escrevendo e o tornarei mais completo quando for a Londres, pois não tenho livros aqui.

Creia em mim, sinceramente,

Joaquim Nabuco
Ed. Sturge, Esq.

20

19 Brook Street W.
Quinta-feira

Caro Sr. Allen,

Estou muito ocupado hoje, e, por isso, segue-se tudo o que consegui fazer.

Os meus papéis ainda não estão em ordem, e assim não consegui achar a data da sentença do Tribunal de Apelação, que suponho ter sido emitida em novembro de 1880, nem a data da sentença do Supremo Tribunal, que suponho ter saído no fim de outubro de 1881, tampouco a data em que a última sentença do Tribunal Provincial de Revisão, nomeado pelo Tribunal Superior, foi pronunciada, nem tampouco lhe informar se esse último Tribunal é o do Rio ou o de S. Paulo.

Os últimos dois pontos eu poderia achar na carta do Sr. Jacintho Dias da Silva, escrita recentemente para mim, se soubesse onde a coloquei, e os dois primeiros no *Rio News*.

ABOLICIONISTAS BRASILEIROS E INGLESES **337**

Li hoje sua nota no *Times*. Infelizmente estava escrevendo-lhe sobre os feitos do Sr. Morrison[689] e só agora alguém leu para mim no mesmo jornal que ele faleceu há poucos dias. Sinto muito por isso, pois ele provavelmente não saberia como redimir a Companhia por vinte anos de culpa.

Todo seu,

Joaq. Nabuco

21

Ao Editor do *The Anti-Slavery Reporter*[690]

Londres, 5 de abril de 1883.

Senhor,

Gostaria de registrar neste periódico a última realização de uma Sociedade Abolicionista Brasileira, a *Cearense Libertadora*. Graças principalmente à sua indômita energia, três distritos do Brasil ficaram finalmente livres da escravidão, nomeadamente os de Acarape, Pacatuba e S. Francisco.

A gênese do movimento abolicionista no Ceará, uma província nortista do Império da América do Sul, merece ser conhecida. Começa com a recusa espontânea dos *jangadeiros*, balseiros do porto de Fortaleza, de transportar os escravos comprados na costa para os navios a vapor que os levariam aos mercados de escravos do Sul. A *Undeground Railway* dos Estados Unidos levava o escravo fugitivo a uma terra livre; os *jangadeiros* do Ceará, movidos pelo mesmo espírito, fizeram greve contra o tráfico costeiro, que carregava escravos provinciais dos seus lares nortistas para o trabalho árduo e os ambientes hostis das propriedades sulistas.

Assim sendo, aqueles homens pobres, cujas únicas propriedades eram as suas balsas à vela, deram um golpe mortal no poderoso interesse escravista. De fato, fizeram cair o preço dos escravos no Ceará de £150 para £10, e, além do mais, a greve teve um efeito elétrico de tal ordem sobre todo o país que cada província decidiu deter a onda da escravidão adventícia com taxas de importação proibitivas.

---

689 Morrison era o superintendente da Morro Velho em 1879, quando Nabuco apresentou à Câmara a denúncia contra a Companhia, ao passo que os escravos em questão haviam sido matriculados, em 1872, pelo seu antecessor, James Newel Gordon, que era também vice-cônsul da Inglaterra em Minas Gerais.

690 Essa carta foi publicada pelo *Reporter*, abr. de 1883, p.108.

338 ANTONIO PENALVES ROCHA

Com o valor muito reduzido dos escravos, teve início um movimento para desembaraçar-se deles e, deste modo, foram libertados em Aracape, Pacatuba e S. Francisco. Não há dúvida de que todo o Ceará as seguirá, e o Brasil terá, em pouco tempo, pelo menos uma província como terra livre, graças à iniciativa de uns poucos homens.

Desejo que me deem espaço suficiente para mencionar os membros da *Cearense Libertadora*, aos quais todos os verdadeiros brasileiros têm um débito de gratidão por seus extremos esforços de libertar cada escravo que podem. Os poucos nomes de uma longa lista de benfeitores são os seguintes: J. Cordeiro, J. C. do Amaral, Dr. Frederico Borges, A. B. de Menezes, A. D. Martins, Jun., J. Th. de Castro.

O imperador subscreveu £100 para a libertação dos escravos de Acarape.

Peço-lhe permissão para acrescentar que no Rio há um movimento em curso, cujos líderes são Dr. Nicolau Moreira, Dr. Vicente de Souza, Senhor J. F. Clapp, Dr. Ubaldino do Amaral, para, com a libertação, limpar a capital do Império da mancha negra da escravidão. Espero que alguns corações generosos também se congreguem para promover legalmente a imediata libertação de todos os africanos mantidos como escravos. Essas vítimas infelizes do tráfico foram importadas antes do ano de 1831, ou seja, foram mantidas na escravidão pelo menos durante cinquenta anos, e a maioria – creio que nove décimos – é *legalmente* livre.

Acredito firmemente que a vontade nacional de se livrar do monopólio hostil da terra e do trabalho, exercido sobre os interesses do país, está ganhando força a cada dia que passa e terá, em poucos anos, poder coercitivo bastante para forçar aqueles que desejam que a morte de mais de um milhão de pessoas de todas as idades, ainda em escravidão, seja o fim natural de uma instituição demasiadamente antissocial, inumana e retrógrada, à qual se entrega, por um período ainda muito longo, a responsabilidade pelo valor moral de um país americano de onze milhões de homens livres.

Sou, Senhor, seu servo obediente

Joaquim Nabuco

22

[1883]
20ª Maddox Street,
Regent Street,
W.
27 de julho.

Caro Sr. Allen,

Se a carta de Jundiaí sobre a escravidão brasileira, publicada pelo *Times* (suponho que de autoria do Sr. Hammond, o mesmo que recentemente debateu o assunto com o *Rio News*, com forte apoio do interesse escravista e de pessoas que estão contra nós), não for contestada com o mesmo espaço amplo concedido ao escritor, será um golpe contra a nossa causa, pois será traduzida no Brasil e apresentada como uma expressão das simpatias e dos sentimentos britânicos sobre a questão.

Gostaria que o *Times* me concedesse o mesmo espaço para uma resposta e para um relato amplo das visões e das razões que nós abolicionistas usamos para orientar o curso que tomamos. Sendo meu inglês ruim, embora possa escrever melhor que a apressada amostra que lhe envio, aceitaria com muita gratidão quaisquer correções de uma pessoa competente.

Estou realmente tão ocupado que só gostaria de escrever a resposta se tivesse certeza de que a resposta seria publicada e ficaria muito grato ao Sr. Sturge ou ao Sr. Arthur Pease[691] se, apresentando o assunto ao editor do *Times* e explicando-lhe a influência nociva ao movimento abolicionista no Brasil que exercem artigos do tipo desse publicado hoje no principal jornal inglês, pudessem conseguir que a minha resposta fosse publicada ou que a questão fosse tratada de modo favorável à causa. Essa é uma questão verdadeiramente importante para nós, pois, se essa carta não for refutada, terá um efeito muito grande no Brasil, onde o *Times* aparece como a voz da civilização.

Sinceramente,

J. Nabuco.

---

691 Após a morte de Samuel Gurney, em 1882, o Comitê da BFASS decidiu tornar Arthur Pease *"President"* e Edmund Sturge *"Chairman"*, que atuava como Presidente do Comitê; desse modo, Joaquim Nabuco solicitava a intercessão dos dois nomes mais importantes da BFASS para que pudesse publicar a resposta no *Times*.

23

33, Davies Street
Berkeley Square, W.
31 de março de 1884.

Caro Sr. Allen,

Espero que esteja gozando de boa saúde depois das suas curtas férias. Parto agora para tirar as minhas, pois não tenho estado bem desde que voltei de Milão e perdi 13 quilos sem saber a causa da minha extrema debilidade.

Espero que a longa viagem marítima e a mudança do clima e do meio ambiente mostrem com sucesso que a causa do meu sofrimento é simplesmente o resultado do excesso de trabalho combinado com saudades e privação do meu sol nativo.

Creio que partirei para o Brasil no dia 15 e estarei ausente por quatro meses. Mas quem sabe? Alegra-me, no entanto, dizer-lhe que lá o movimento abolicionista está cada dia mais forte e acredito que minhas férias serão empregadas para aumentar ainda mais os debates sobre a questão. Parece-me que chegou o momento para algum tipo de ação enérgica.

O seu "A vida de Gordon Paxá" parece ser muito popular.[692] Que tremenda irreflexão foi a sua proclamação![693] Felizmente, para nós, foi feita depois da Conferência de Milão.

Visitá-lo-ei qualquer dia da semana que vem e ficaria grato se amavelmente apresentasse os meus respeitos a Sra. Allen, desejando o melhor a ela e ao bem-estar dos seus filhos.

Sinceramente,
Joaq. Nabuco.

---

692 Trata-se de um livro publicado por Charles Allen (*The Life of Chinese Gordon*. London: Abraham Kingdon and Co.,1884), anunciado pelo *Anti-Slavery Reporter*, abr. de 1884, p.90.

693 No início de 1884, o general Gordon, na tentativa de fazer a paz no Sudão, lançou a seguinte proclamação, publicada pelo *Anti-Slavery Reporter* (maio de 1884, p.103): "A todos: o meu mais sincero interesse é adotar uma ação que promova a tranquilidade pública e, sabendo da decepção causada pelas severas medidas tomadas pelo governo para suprimir o tráfico de escravos, prender e punir os que estão a ele ligados, de acordo com a Convenção e os Decretos, confiro-vos os seguintes direitos: daqui em diante ninguém interferirá na vossa propriedade; quem quer que tenha escravos terá pleno direito aos seus serviços e total controle sobre eles. Esta Proclamação é uma prova da minha clemência convosco". A Convenção e os Decretos referidos dizem respeito às providências que tomara como governador-geral do Sudão (1877-1879) para pôr fim à escravidão e ao tráfico de escravos no país.

24

Pernambuco, 19 de novembro de 1884.

Caro Sr. Allen,

Estou em Pernambuco lutando por uma vaga no dia 1º de dezembro, e no dia 4 você poderá saber na Embaixada do Brasil se fui eleito ou não. Agora temos uma administração abolicionista, e estou fortalecido por ter seu apoio. Tenho feito vários discursos em lugares públicos, e esta é a eleição do Império em que os abolicionistas estão lutando mais seriamente. Será uma vitória muito bem conquistada, se triunfarmos em Pernambuco. Nunca estive tão ocupado em toda a minha vida.

Recomende-me sempre e apresente meus respeitos aos membros da "Anti--Slavery". Desde que cheguei de Londres tenho trabalhado perseverantemente a favor da nossa causa no Rio, S. Paulo e aqui. Muito provavelmente serei eleito.

Sinceramente,

J. Nabuco.

25

Rio, 22 de fevereiro de 1885

Caro Sr. Allen,

Envio-lhe alguns jornais com notícias sobre a recepção que tive nesta cidade. Busco a minha vitória eleitoral na cidade de Pernambuco,[694] mas os conservadores, com os liberais pró-escravidão, estão tentando impedir a minha posse. Se conseguirem, haverá certamente um movimento contra a Câmara. Como sou um forte partidário do Gabinete Dantas, nossos oponentes estão fazendo de tudo para anular a minha eleição, que foi a primeira do seu tipo no Brasil, tanto para derrubá-lo, quanto para golpear a causa abolicionista; como uma eleição inglesa ou americana, a brasileira passará a ser disputada em reuniões públicas em vez de usar o sistema corrupto de intimidação e compra de votos no qual a escravidão expõe a sua força. O espírito

---

694 No original, *"city of Pernambuco"*.

público está muito agitado. A unanimidade dos sentimentos abolicionistas em todas as grandes cidades do Brasil é total, e estamos fazendo muito rapidamente a mais pacífica emancipação que o mundo jamais viu em tão grande escala.

Recomende-me a Sra. Allen, a quem desejo ver novamente em Londres, e espero poder vê-lo aqui algum dia, para onde poderá vir a serviço da Anti-Slavery e, ao mesmo tempo, visitar o país.

Sinceramente,
Joaquim Nabuco

Neste mês, enviar-lhe-ei um livro que está sendo publicado com 12 ou 13 longos discursos sobre a abolição que fiz durante a campanha em Recife (Pernambuco). Eu estava muito doente quando cheguei, mas o trabalho me curou. Minhas melhores lembranças ao Sr. Sturge.

JN.

26

Rio, 17 de maio de 1885.

Caro Sr. Allen,

Depois de um longo suspense, a minha reivindicação para representar a cidade do Recife, capital de Pernambuco, foi negada na Câmara por uma coalizão de conservadores e liberais pró-escravidão. A Câmara reconheceu para a cadeira um homem que tinha sido repudiado pela maioria do eleitorado numa eleição legal. Envio-lhe um importante artigo do jornal *"O País"* no qual minha exclusão do parlamento foi seriamente debatida. A notícia produziu um grande impacto no Recife, como você poderá ver no *Rio News*; haverá novas eleições no dia 7 de junho num dos distritos da Província, e, como os candidatos Liberais renunciaram a meu favor, tenho novamente uma chance, embora pequena, de entrar na Câmara – trata-se, desta vez, de um distrito rural. Os sete votos Liberais, que se somaram aos conservadores para me rejeitar, foram dados por homens completamente dependentes do patrocínio da escravidão ou dos grandes comerciantes de café.

O novo ministério assumiu o poder sem confiar em nós e sem merecer a nossa confiança, apesar de contar com a promessa de apoio dos conservadores e liberais pró-escravidão, e apresentou o mesmo projeto de lei que foi responsável pela queda do Senhor Dantas, o que revela a força do movimento contra a escravidão. O Gabinete crê que o projeto extinguirá a escravidão, em 7 ou 8 anos, pela compra de escravos. Combateremos o princípio da indenização, mas creio que no fim votaremos a favor dos recursos financeiros, por mais desonesto e injusto que seja o princípio que nos obriga a pagar impostos para libertar escravos de outras pessoas, não só a nós, mas também as pessoas pobres, os próprios escravos velhos e aqueles que espontaneamente libertaram seus escravos.

Se eu for eleito no dia 7 telegrafarei à Embaixada Brasileira – assim, poderá saber qual foi a minha sorte com a chegada da notícia.

Anseio por estar novamente em Londres, mas tanto pelo artigo de *"O País"*, quanto pela atitude dos candidatos liberais de renunciarem em meu benefício, perceberá o quão difícil torna-se deixar o meu país

[incompleta]

27

Pernambuco, 23 de junho
[1885].

Caro Sr. Allen,

Envio-lhe recortes de jornais daqui e do Rio sobre a minha eleição e a recepção que tive. Jamais se viu tal cena antes. Mais de 50 mil pessoas tomaram parte dela e foi uma festa geral: toda a cidade embandeirada, música, flores e iluminações à noite. Isso mostra a força que o movimento abolicionista adquiriu: é a ressurreição nacional, ou melhor ainda, o nascimento nacional.

Sinceramente,
J. Nabuco

28

Rio, 6 de agosto de 1885.

Caro Sr. Allen,

Agradeço-lhe pelas suas mensagens no *Times*. Formamos na Câmara de Deputados um Grupo Parlamentar Abolicionista, cujos Estatutos remeto junto com esta carta. Até o fim desta legislatura, a luta contra a escravidão será custosa. O governo dá continuidade ao seu programa. Os dois velhos partidos, ambos formados principalmente por donos de escravos e representantes do poder político da escravidão, estão apoiando o Gabinete do Sr. Saraiva, porque receiam outro mais avançado, e votarão a favor do programa para evitar a introdução de uma medida verdadeiramente honesta e íntegra. Nós seguramente estamos contra essa Lei vergonhosa, que perpetuará a escravidão na dívida nacional, ameaçando a nação com a bancarrota. Noutro dia, eu disse na Câmara que ela havia se convertido no mercado de escravos de Marrocos. Será votada uma tabela de preços que fixa o preço de £90 para escravos abaixo de 30 anos, de £80 para escravos entre 30 e 40, de £60 para escravos entre 40 e 50, de £40 para escravos entre 50 e 55 e de £20 para os escravos de 55 a 60 anos. Escravos de 60, 61 e 62 anos serão nominalmente libertados, devendo trabalhar mais três anos para seus senhores, escravos de 63 mais dois anos, escravos de 64 mais 1 e os escravos de 65 anos para cima serão de fato libertados. Esses preços são escandalosos, e o escândalo é maior ainda porque o projeto altera a lei vigente, que habilita o escravo a obter a própria liberdade por meio de um *peculium* adquirido, ao tornar a libertação sujeita à arbitragem. Pelo novo projeto a avaliação desaparece, e o escravo terá de pagar por sua liberdade o preço total fixado para os escravos da sua idade, sem consideração alguma por suas condições pessoais. Porém, o que torna esses preços escandalosos é que eles equivalem ao dobro ou ao triplo dos preços correntes em algumas províncias. Assim, o Governo aumenta tanto o valor dos escravos que, no futuro, será impossível para qualquer província fazer o que o Ceará e o Amazonas fizeram. Ou seja, libertá-los por meio da redução do valor do escravo, pois os escravos têm agora um preço tal que as pessoas irão mantê-los, e este preço fará todo dono de escravo esperar pela ocasião em que seus escravos sejam adquiridos pelo Estado por um valor mais alto que o de mercado. Nessas condições, o Governo encontrou meios de restabelecer o mercado de escravos, restaurar sua antiga vida de transações com escravos e assegurar a propriedade sobre o escravo às custas dos que pagam impostos, dos abolicionistas, dos que não são proprietários de escravos, dos estrangeiros, dos pobres, dos que já libertaram seus próprios escravos e, finalmente, da maioria dos homens plenamente livres e dos escravos.

É um esforço do escravismo como um todo, condenado como foi pela voz nacional, para se salvar da falência absoluta com a ruína nacional. A oligarquia política que governa este país não podia resistir ao clamor pela abolição; assim, maquinou substituir o projeto da abolição pela liquidação da escravidão nos melhores termos possíveis para os que já tiravam proveito dos escravos. Depois de aumentar o preço da propriedade escrava, introduziu dois elementos de abolição no esquema – 1° uma depreciação anual do valor, de 2% a 12%, de forma a deixar o escravo sem valor no fim de treze anos e, portanto, livre; 2° uma taxa adicional de 5% sobre o total dos impostos nacionais (somente as exportações foram excluídas para poupar o proprietário de escravo) que será dividida em três partes iguais. Com uma o governo comprará os escravos que tenham menos de 60 anos de idade para libertá--los imediatamente; com outra, o governo pagará juros de 5% com títulos da dívida pública para liquidar pela metade do valor declarado o total dos escravos empregados nas fazendas, cujos donos concordarão em receber a metade do valor, reter o escravo para efeitos de aprendizagem por cinco anos e só depois declará-los livres, passando então a empregar somente trabalho livre em suas propriedades; com a terceira parte, o governo subsidiará a colonização dos estabelecimentos agrícolas que eram cultivados pelos escravos. Esse é, além de tudo, um esquema inútil e absurdo para amparar a propriedade agrícola de modo a livrá-la dos seus escravos com um *minimum* de perda, um esquema que imporá grandes sacrifícios aos que pagam impostos sem assegurar qualquer benefício real à produção agrícola do país. Mas os fazendeiros aceitam-no como a melhor coisa que poderiam conseguir e esperam, ao renovar o contrato com o Estado, manter os escravos por mais treze anos para saldar a dívida da escravidão às custas do trabalho escravo. O projeto de lei diz respeito somente aos escravos nominais, mas os ingênuos, que também são escravos, serão obrigados a servir aos senhores de suas mães até completar 21 anos de idade (e, portanto, como escravos, como verdadeiros escravos, como ninguém mais deveria ser no Brasil por mais de 21 anos, mesmo porque, graças a Deus, a nação não permitiria), sendo totalmente esquecidos e deixados à margem da esfera beneficente dessa abençoada lei abolicionista. Esse mesmo projeto de lei impõe uma multa de £100 para quem ajudar um escravo a fugir – uma medida ultrajante, pois o escravo foge porque teme morrer sob o chicote, e nenhum homem honrado tem como evitar de prestar ajuda ao pobre coitado –, e determina que nenhum escravo fugido pode ser libertado, o que significa que ele deve ser chicoteado antes de recuperar sua liberdade, ou seja, submeter-se ao que é, para ele, a morte.

Eu já falei bastante para justificar a nossa oposição a esse projeto, cujo único objetivo é iludir o mundo e o país, embora ele seja muito popular entre os donos de escravos e seus credores, mas ruinoso ao país e aos pobres, a quem se recorrerá para salvar a escravidão neste país, há muito tempo hipotecada e exaurida, da completa bancarrota. Aumentaremos o nosso débito e os nossos impostos quando o orçamento tiver um grande déficit, que

346 ANTONIO PENALVES ROCHA

todos os anos legarão aos seguintes, e quando nossa moeda for depreciada em 40%, uma situação de descrédito a que nossos ministros das finanças se acostumaram tanto que consideram uma declamação banal e ridícula o que quer que seja dito sobre o assunto. De qualquer maneira, a escravidão nos levou à ruína em todos os sentidos. Seu espírito fechado, intolerante, exclusivo foi por muito tempo a base de uma política interna favorável, sob todos os aspectos, ao atraso e à rotina, e uma externa também sob todos os aspectos favorável ao desprestígio[695] e à guerra. Depois da Guerra do Paraguai ela mudou sua visão e começou a pressionar por melhoramentos materiais, exigindo ferrovias e outras coisas mais. Por conta da sua imensa colheita de café, o país foi considerado o mais rico do mundo e o futuro foi taxado com empréstimos sucessivos sem qualquer critério de quais devam ser as proporções entre as partes vitais e mortas do orçamento nacional num país vasto e jovem, exposto a todos os tipos de despesas inesperadas, como, por exemplo, a seca no Ceará, e impaciente para imitar todo progresso europeu e adquirir cada novo melhoramento material, moral, intelectual e social da civilização. Agora o dano está feito. Nosso débito do orçamento de guerra aumentou tremendamente e seu peso deverá aumentar ainda mais enquanto durar a dissolução da escravidão.

Seja nas finanças nacionais, seja na prosperidade da agricultura, seja em relação ao solo que ela encontrou e encontra virgem, tanto quanto em relação às pessoas que emprega, seja em relação às nossas instituições do trono ao eleitorado, em tudo a escravidão significa falência e decomposição, fraqueza e atrofia. Somente um novo espírito totalmente oposto na agricultura e no comércio, na política e na educação, pode, em séculos de liberdade e justiça, desfazer o mal de séculos de opressão e rapina. E, infelizmente, nesta hora avançada, o governo ainda acredita que a escravidão pode salvar tudo e que sem ela estaríamos perdidos. Não admira que nós, liberais, não acompanhemos cegamente o Gabinete na sua tentativa de matar a escravidão e fazer seu enterro tão furtivamente que ninguém terá conhecimento dele – nem o senhor nem o escravo, nem o país nem o mundo.

Até logo – caro Sr. Allen; tomei a sua atenção por bastante tempo.

Sinceramente,

Joaquim Nabuco

---

695 No original, lê-se "*and externally to prestige and war*"; mas como Nabuco discorre sobre efeitos negativos da escravidão, provavelmente quisesse dizer "ao desprestígio e à guerra".

29

Pernambuco, 23 de janeiro de 1886.

Caro Sr. Allen,

As eleições ocorreram no dia 15 próximo passado, e fui derrotado nesta cidade. A vitória do candidato do Partido Conservador é inteiramente devida à pressão do governo sobre os empregados públicos, que formam uma porção considerável do pequeno eleitorado desta cidade, e às promessas de emprego feitas em profusão às classes pobres do nosso povo. Enquanto os grandes donos de escravos e seus dependentes votaram contra mim como um único homem, nem todos os negros, que são numerosos, foram fiéis à nossa causa e, em grande parte, votaram pela bandeira da escravidão.[696] Procurei mais de um eleitor negro e pedi--lhe o seu voto. "– Não posso, Senhor, prometi votar nos conservadores. Estou comprometido". Comprometido! Esse pobre homem, na sua ignorância sobre a solidariedade social, não sabe que, dois séculos atrás, quando seus ancestrais foram trazidos como escravos da África, estava comprometido a votar em mim e que sua própria cor ridiculariza sua desculpa de "comprometimento prévio".

Sendo o Brasil uma nação amplamente heterogênea, ninguém mais que eu se contenta em ver que aqui, diferentemente dos Estados Unidos, não está traçada uma fronteira política pela linha da cor.[697] Até mesmo a questão da escravidão não criou um sentimento de raça, completamente ausente de toda a nossa história e da nossa atual constituição nacional. Mas, ao conquistar repentinamente a dignidade de cidadãos e eleitores, os negros libertos cortam o laço de sangue com sua própria raça escravizada e tornam-se indiferentes em relação à questão da abolição no Brasil, mostrando, ao mesmo tempo, a penetração profunda da humilhação na alma e no coração dos escravos e a dificuldade da luta do movimento abolicionista para pôr fim à

---

696 Esta carta foi publicada pelo *Reporter* (mar.-abr. de 1886, p.32). Mas o editor do periódico alterou o vocabulário de Nabuco e suprimiu certas passagens. Quanto à alteração do vocabulário, o período em tela ganhou a seguinte forma : "Certamente os donos de escravos obrigaram seus dependentes a votarem contra mim como se fossem um único homem. É estranho dizer, mas muitos dos negros livres foram desleais à causa da abolição e votaram majoritariamente pela bandeira da escravidão"; quanto à supressão, o trecho em itálico encerra o parágrafo da publicação, que no original termina com "comprometimento prévio".

697 Aqui novamente houve a intervenção do editor do *Reporter*, que deixou a passagem da seguinte forma: "Estou mais contente que ninguém em ver que a linha de cor não forma de maneira alguma uma fronteira política, como nos Estados Unidos".

escravidão. Aqui, de fato, em vez de um maciço voto negro, como na América do Norte, para o partido que levantou o clamor pela abolição, como um débito de gratidão de toda a raça para com os seus libertadores, podemos ver os negros, salvo honrosas exceções, seguindo a bandeira do partido dos seus antigos senhores como uma lembrança da alma escrava ainda viva neles.[698]

Depois de ter dito isso tudo acerca da minha eleição, deixe-me dar-lhe uma ideia da situação política no Brasil e das suas futuras perspectivas. Os conservadores eleitos têm quase que unanimidade no parlamento. Os muito poucos liberais que poderiam quebrar essa verdadeira unanimidade são na sua maioria homens que ajudaram os conservadores a subir ao poder, sendo, por isso, tratados pelos últimos como auxiliares muito úteis. Esses conservadores disfarçados, em contraste com os verdadeiros liberais, darão uma impressão de divisão do partido no parlamento.

Mas, a nova vitória dos conservadores é uma triste notícia para o Brasil. Nós não temos tido eleições verdadeiras há mais de quarenta anos. O Imperador limitava-se a chamar ao poder o chefe do partido ou dum segmento do partido, e os novos ministros podiam imediatamente ter uma Câmara de Deputados a favor deles. Porém, em escala diferente, esse é ainda o sistema eleitoral existente em Portugal, na Espanha, na Itália e por toda parte na América Latina. O parlamento é uma extensão do governo do dia. Recentemente tivemos uma mudança no Brasil. O Partido Liberal reformou o nosso velho sistema de eleição indireta, passando para o sistema de eleição direta, e seu principal estadista, o Senhor Saraiva, como primeiro-ministro, empenhou-se para que houvesse eleições livres no país. De fato, sob a nova lei da Reforma, as duas primeiras eleições foram perfeitamente livres, estando a oposição mais protegida que o partido que está no poder, e elegendo, na primeira, um grande número de deputados e, na segunda, derrotando o governo. Como uma doação e uma liberdade, de acordo com um grande poeta alemão, só têm valor se forem merecidas, o país estava orgulhoso da sua nova independência ao rejeitar o governo no poder, e se esse sentimento fosse encorajado poderia produzir um tipo de autoconfiança no povo e habilitá-lo a governar a si mesmo. Agora, o sonho acabou, e os conservadores não puderam resistir à tentação; o Sr. Cotegipe não tem a mesma energia

---

698 O *Reporter* fez também uma alteração de sentido nesse trecho; o original "como um débito de gratidão de toda a raça para com os seus libertadores, pudemos ver os negros, salvo honrosas exceções, seguirem a bandeira do partido dos seus antigos senhores como uma lembrança da alma escrava ainda viva neles" tornou-se "como um débito de gratidão, pudemos ver muitos negros seguirem a bandeira dos seus antigos senhores com um verdadeiro espírito servil".

ABOLICIONISTAS BRASILEIROS E INGLESES **349**

desinteressada do Sr. Saraiva, e voltamos ao velho sistema no qual cada governo elege seu próprio parlamento, ajustado para dar continuidade à sua política, ou seja, para mantê-lo no poder durante o tempo que agradar ao Imperador.

A curta vida da liberdade eleitoral no Brasil e o espírito de vingança política, que agora andam à solta no país dentro do coração de ambos os Partidos, são fatos que nos colocam diante de incertezas muito sérias. De fato, o futuro é negro.[699] O descrédito da eleição direta significa a queda da última barreira entre a dinastia e a república. Desejando eleições sérias, que agora se tornaram de impossível realização com os eleitores, os Liberais estão sendo fortemente levados para duas diferentes direções: uns sentem que é inútil lutar contra a presente ordem das coisas e mais inútil ainda é ter esperanças nas instituições existentes, enquanto outros têm fé em se encontrar com os republicanos num ponto intermediário e preparar o advento de uma nova forma social para suceder o término do atual reinado.

Há um sentimento muito forte dos abolicionistas de que o imperador encoraja o nosso movimento com a intenção de formar um governo abolicionista e, assim, abrir caminho para uma coalizão pró-escravidão, permitindo, por assim dizer, que os donos de escravos se apropriem da aspiração nacional, multipliquem os valores reais dos seus escravos de três a seis vezes e os convertam numa dívida estatal. A última mudança de Partidos no governo deveu-se exclusivamente à sua inspiração e provocou no país uma reação contra o movimento de emancipação; desse modo, o imperador permitiu que o governo do Partido Conservador formasse uma Câmara unânime, recorrendo a todos os meios de corrupção e intimidação dos eleitores, empenhando nosso futuro orçamento à fome voraz de um partido ascendente à busca de cargos, e, no meio de toda essa confusão, o pobre escravo deve pagar pelo movimento que se iniciou a seu favor, mesmo sem consentir. Esse sentimento agora está muito rapidamente afastando da monarquia a simpatia e a boa vontade de todos abolicionistas sérios e, evidentemente, é a república quem ganha, o que considero como erro e espero que a história, em posse de todos os fatos e documentos, não considere isso tudo como um crime do Imperador. Aos observadores superficiais, a vitória dos conservadores poderá parecer final e definitiva, mas se verificarem as suas causas mais a fundo verão que ela resulta inteiramente da podridão da escravidão e do seu efeito mortal sobre o caráter nacional, e, tendo sido tanto o trono quanto as instituições edificadas sobre o alicerce da escravidão, o futuro de

---

699 Nesse ponto se encerra a transcrição dessa carta pelo *Reporter*.

350 ANTONIO PENALVES ROCHA

todo o edifício é uma questão de dúvida séria e de preocupação daqueles que, como eu, sempre pensaram que a maneira de a monarquia se enraizar firmemente no coração da nação era de se colocar à testa da libertação deste país do tríplice monopólio da escravidão – da terra, do trabalho e do capital –, mesmo se o Imperador, sabendo que sua vontade é o único poder verdadeiro no Brasil e que ele próprio é praticamente tão poderoso sob a nossa forma parlamentar de governo como Augusto foi sob a forma da república consular, assumisse o papel de déspota civilizador, em vez de governar um amplo mercado de escravos e uma nação no seu leito de paralítica[700] sem provocar qualquer ruptura por mais de quarenta e cinco anos.

Creia em mim sempre, Sr. Allen,

Todo seu,

Joaquim Nabuco

P.S. Ontem, formamos aqui uma associação política liberal chamada Liga Abolicionista Federal de Pernambuco que conta inicialmente com quatrocentos membros, todos eles eleitores desta cidade. Tencionamos continuar nosso movimento apesar de o frio glacial das montanhas ter congelado um pouco do entusiasmo anterior dos abolicionistas; a força do movimento abolicionista pode ser revivida, e esperamos tornar letra-morta a nova Lei que estipula a compra de escravos pelo Estado acima dos seus preços e a renovação dos termos legais da escravidão por mais quatorze anos.   J. N.

Amanhã, parto para o Rio.

30

Rio, 18 de abril de 1886.

Caro Sr. Allen,

Remeto uma carta junto com esta, e solicito-lhe a gentileza de entregá-la ao *Times* ou, caso sua publicação seja por ele recusada, a algum outro jornal.

Estou escrevendo uma série de panfletos, dos quais lhe mando os quatro primeiros. Os meus amigos estão se esforçando para obter o capital necessário à publicação de um jornal diário. Não sei se irão conseguir. Caso perca a

---

700 No texto original, Joaquim Nabuco usou *"nation paralytic bed"*, o que difere de "nação no leito de paralítica"; optou-se, no entanto, por essa tradução porque a expressão "nação no seu leito de paralítica" aparece num panfleto de sua autoria, *O erro do imperador, Campanhas de Imprensa* (1949), p.244.

esperança no jornal, serei obrigado a voltar para a Inglaterra para aí viver tal como em 1881, quando o boicote dos donos de escravos obrigou-me a fazer o mesmo. Mas, neste momento, estou consciente de que minha saída do Brasil causará danos não só à causa abolicionista como também à liberal e farei de tudo para ficar. Infelizmente é muito difícil conciliar a solução do meu problema individual com a solução do problema social. Se eu começar a publicar um jornal, pedir-lhe-ei a gentileza de que ocasionalmente me mande notícias.

Rogo-lhe que apresente meus respeitos a Sra. Allen, e creia em mim

Sinceramente,

Joaquim Nabuco

Ao Editor do *Times*

Senhor,

Espero que me seja concedido espaço nas suas colunas para que trate de dois pontos de um recente artigo sobre W. L. Garrison escrito pelo Sr. Goldwin Smith[701] e publicado no *Macmillan's Magazine*. Apelo à sua gentileza porque esses dois pontos, além de terem valor em relação ao movimento abolicionista nos Estados Unidos, envolvem a liberdade de um milhão de escravos vivos no Brasil e o patriotismo de todo o Partido que luta para libertá-los. Infelizmente, a questão da escravidão não está morta no mundo inteiro e, como a sua história se repete com a mais minuciosa fidelidade, os inimigos desta instituição tiveram e ainda têm de lutar em todos os lugares contra o mesmo espírito, as mesmas teorias, os mesmos preconceitos; nenhuma palavra pode ser dita contra eles no passado, o que, no entanto, não pode se converter praticamente em encorajamento dos atuais donos de escravos, principalmente se um homem como Sr. Goldwin Smith, que sempre se indignou com a escravidão e foi eloquente ao denunciá-la, for responsabilizado por isso.

Os dois pontos desse artigo que considerei injuriosos ao trabalho que aqui fazemos são, primeiro, a defesa dos direitos dos donos de escravos à indenização como são os direitos de quaisquer detentores da propriedade e, segundo, a crítica aos abolicionistas de Massachusetts por tentarem mobilizar a opinião pública na Inglaterra.

Quanto ao primeiro, se a indenização é um direito incontestável dos donos de escravos, o Estado só terá o direito de abolir a escravidão se estiver preparado para pagar o preço dos escravos. Se a abolição da escravidão sem

---

701 A respeito de Goldwin Smith, ver nota 646 do Apêndice A.

indenização viola os Dez Mandamentos, ele não tem esse direito. Mas, supo-
nhamos que o Estado se convença de que a escravidão é crime. Qual posição
assumir? Tomemos um país pobre como o Brasil, em que a escravidão arruinou
as perspectivas, aviltou o governo, humilhou o povo, devastou as terras e o
esmagou sob uma dívida enorme que só pode ser paga com novos empréstimos. Se nos convencermos de que a escravidão é um crime moral, bem
como uma vergonha nacional e se, ao mesmo tempo, formos incapazes de
pagar pela sua extinção sem arruinar nosso crédito, roubar nossos credores
e, o que talvez seja ainda pior, taxar de morte os próprios escravos para que
salvem seus senhores, quer o Sr. Goldwin Smith dizer que os Dez Mandamentos nos obrigam a continuar emprestando o nosso braço forte, o nosso
exército zeloso, os nossos magistrados e o nosso parlamento para sustentar
o mercado de escravos, para perseguir escravos fugidos e para proteger com
nossa bandeira uma instituição que consideramos tão somente como roubo
organizado, devassidão e assassínio? Não acredito, senhor, que uma nação
deva moralmente sujeitar-se à ruína por não ter o direito de interromper a
prática de um crime e, mantendo o crime como um negócio, não o denunciar
somente por causa da ignorância e da submissão à casta dominante. Deixo
de lado todos os pontos ligados à legalidade da escravidão ou nos Estados
Unidos ou na Espanha ou no Brasil, pois seria muito fácil mostrar que a
escravidão, além de ser um delito moral, é também, em todos os lugares, um
contrabando de sangue humano. Simplesmente pergunto: para suprimir uma
opressão, mantida em nome de uma instituição social, permitida durante
um certo tempo, uma nação deve ser moralmente obrigada a pagar por ela
com sua completa ruína, deixando, se não quiser fazer tais sacrifícios, as
vítimas dessa opressão nas mãos dos seus supostos credores até que possa
pagar suas dívidas?

Quanto ao segundo ponto, a história justifica perfeitamente o apelo dos
abolicionistas à Inglaterra. O próprio Sr. Goldwin Smith não tomou parte do
poderoso movimento que os liberais ingleses, sob a liderança do Sr. Cobden e
do Sr. Bright, acharam necessário fazer na Inglaterra para neutralizar a simpatia
pela escravidão americana de algumas classes da sua comunidade? Não foi ele
que escreveu um livro com vivacidade de espírito para fazer da Inglaterra uma
aliada moral da União? Os abolicionistas americanos parecem ter entendido
que a simpatia inglesa seria necessariamente um elemento forte nas batalhas
contra a escravidão, e talvez se, no momento oportuno, não tivessem procurado
simpatizantes entre as principais forças da Inglaterra ou se não tivessem tido
êxito em conquistá-las, muitas coisas poderiam ter sido diferentes para o que
desse e viesse no curso da grande causa.

ABOLICIONISTAS BRASILEIROS E INGLESES   353

Mas, deixando de lado a América do Norte, não é verdade que a vida política de qualquer país é uma contribuição constante da atividade mental e moral do mundo à sua própria individualidade e que as ideias circulam pelo planeta e a civilização se eleva em todos os lugares até o mesmo nível? Para matar o espírito que mantém viva, digamos no Brasil, uma instituição como a escravidão – morta naqueles países, cujo progresso, cuja cultura, cujo entusiasmo e cujas ideias verdadeiramente influenciam nosso crescimento social e que são, por assim dizer, montanhas intelectuais cujas águas correm até nós – devemos submeter, na medida do possível, esta instituição condenada à morte à influência do progresso estrangeiro para contrastar a morte moral interna com a vida moral externa. Como nenhum serviço maior poderia ter sido feito à União Americana que aquele que W. L. Garrison prestou ao seu país, o de angariar na Inglaterra uma simpatia unânime pelo trabalho dos abolicionistas, também nós, abolicionistas brasileiros, consideramos que nenhum serviço maior poderia ser feito ao Brasil que a incriminação da escravidão como pirataria em todo o mundo, desde que esse decreto do Direito Internacional fosse reproduzido por ela, para seu próprio resgate e sua própria liberdade muito antes da nossa.

Gostaria também de chamar atenção para o fato de que estrangeiros de todos os países mantêm escravos aqui e, por compartilharem os lucros e o destino da escravidão com os brasileiros, passam a impressão ao nosso povo de que contam com a aprovação das suas respectivas nacionalidades. Os abolicionistas americanos não seriam insensatos a ponto de desejar qualquer espécie de intervenção estrangeira; queriam apenas cortar as influências internacionais diretas ou indiretas que aumentavam o interesse e o prestígio escravistas e, como alternativa, atrair para o seu lado as influências morais externas que tinham poder sobre as ideias americanas e incentivavam ou impulsionavam sentimentos nacionais. Se isso é falta de patriotismo, como o Sr. Goldwin Smith sugere, então o patriotismo, com tal sentimento de inveja, de estreiteza e de atraso, deve ser muito aperfeiçoado antes de se tornar um vínculo de boa vontade, liberdade e justiça para as diferentes nações do mundo.

Espero, Senhor, que me desculpe pela extensão desta resposta escrita com todo o respeito que sempre tive para com um professor de moralidade política como o Sr. Goldwin Smith. Mas, para mim é doloroso sofrer as duas principais acusações que aqui são dirigidas contra nós – 1°, de que somos comunistas, por não reconhecermos o direito dos donos de escravos à indenização e afirmarmos que a escravidão é simplesmente uma opressão injustificável em benefício do lucro individual e que o Estado não tem a obrigação de lhe dar qualquer apoio, mas sim, ao contrário, tem a obrigação de a suprimir imediatamente e, segundo, de que não somos amigos do nosso país por pedirmos a simpatia do mundo – acusações estas lançadas contra nós por um escritor eloquente, em cujas páginas vemos a escravidão denunciada como o maior e mais vil crime da história. Ainda sobre a falta de patriotismo, permita-me acrescentar uma última observação – o que seria menos patriótico: denunciar os crimes da escravidão ao mundo como o melhor modo de colocar as classes governantes e as instituições do governo em julgamento e fazer com que se envergonhem de serem cúmplices da opressão ou admitir que estrangeiros mantenham como suas propriedades, para açoitarem e aviltarem, homens que amanhã serão, em virtude da lei, cidadãos brasileiros, eleitores brasileiros e soldados brasileiros?

Sinceramente,

Joaquim Nabuco

Rio, 18 de abril de 1886.

31

Pernambuco, 16 de setembro de 1887.

Caro Sr. Allen,

Ontem fui eleito por 1407 votos contra os 1270 dados ao Ministro do Império, isto é, por uma maioria de 137!

Essa derrota do governo na pessoa de um dos seus principais membros foi uma tremenda vitória para a nossa causa.

Desde a última eleição, tivemos um ganho de 659 votos.

O direito de reunião pública foi suspenso, uma reunião dispersada pela cavalaria, um homem foi morto e diversos foram feridos, houve uma grande pressão sobre os funcionários públicos, foi amplamente empregado o suborno com o dinheiro público e, mesmo assim, o resultado foi a esmagadora derrota do ministro – dando tal vitória um recomeço à nossa vida – um grandioso novo evento na nossa história!

Felicito os amigos da abolição pelo nosso triunfo.

É impossível dar-lhe uma ideia do entusiasmo que esse ato de independência e abnegação do eleitorado de Pernambuco está causando de um extremo a outro do país!

Sinceramente,

J. Nabuco

ABOLICIONISTAS BRASILEIROS E INGLESES 355

32

Segunda-feira
[set. 1886][702]
32, Grosvenor Gardens
S.W

Caro Sr. Allen,

Cheguei ontem a Londres e passarei algum tempo na casa do barão de Penedo. Se puder, irei visitá-lo hoje ou amanhã ou depois de amanhã. Tenho esperança e confio que a minha viagem à Europa, e também aos Estados Unidos, trará algum benefício à causa dos escravos. A escravidão está reduzida no Brasil ao prazo de treze anos, mas esta não é razão para deixar de condená-la e exigir a sua destruição imediata; ao contrário. No ano passado eu não estive no parlamento, e sim na imprensa diária, e fiz provavelmente mais pela nossa causa do que poderia ter feito como deputado, escrevendo nas colunas de *O País*. De fato, pela imprensa pressionamos o Gabinete conservador para que aprovasse a lei que proíbe o açoite, e se tivéssemos juízes e leis para os escravos ela seria uma realidade, seria praticamente equivalente ao fim da escravidão, um pouco da maneira que você um dia sugeriu-me fazer, tal como fora feito na Índia. Já que é ilegal açoitar escravos, não sei como os senhores podem fazer valer seus direitos sobre eles.

Gostaria que me enviasse um exemplar do *Reporter* que contém meu artigo sobre as opiniões do Sr. Goldwin Smith. Recebi uma carta de agradecimento do Sr. Garrison,[703] de Nova York, mas não vi o artigo.

---

702 Seguramente houve um erro do arquivista que anotou a lápis "set. 1886", pois, antes de tudo, Joaquim Nabuco não esteve na Inglaterra em 1886. Essa carta data certamente de 1887 e foi escrita na segunda viagem que fez à Inglaterra neste ano. No primeiro semestre, Nabuco esteve em Londres entre abril e agosto; como participou de uma reunião na BFASS no dia 6 de maio [*Diários*, v.I, p.283], não teria razão para escrevê-la. Nos fins do ano, durante o recesso parlamentar, chegou a Londres no dia 15 de dezembro, e, como o próprio deputado afirmou, enviou essa carta a Allen no dia seguinte. Uma comprovação de que ela data de dezembro de 1887 está em outra carta, escrita por E. Sturge em 21 de dezembro de 1887 (Carta 41 do Apêndice A), que se refere ao projeto de Nabuco de viajar aos Estados Unidos, um dos assuntos aqui tratados.

703 Nabuco recebera essa carta e a biografia de William Lloyd Garrison escrita pelos seus filhos. Um deles, W. P. Garrison, era amigo de um amigo de Nabuco. A propósito, ver Carta a Salvador Mendonça s.d. In: *Cartas a amigos*, v.1, p.140.

356 ANTONIO PENALVES ROCHA

Esperando vê-lo em breve e de ser lembrado com simpatia pela Sr. Allen, permaneço,

Sinceramente,

Joaquim Nabuco

33

Rio de Janeiro, 10 de julho de 1888[704]

Caro Senhor,

Peço-lhe que receba o número de O País com uma citação da sua estimável carta ao meu amigo Joaquim Nabuco.

Esse tópico importante foi publicado exatamente no dia da discussão do projeto de indenização proposto por Cotegipe, que favorece os antigos donos de escravos.

Assim, o seu efeito foi excelente, e todos os abolicionistas brasileiros são muito gratos a você pela boa ajuda numa questão tão grave.

Com os meus melhores cumprimentos

Sinceramente,

André Rebouças
Membro da Anti-Slavery Society

Ed. Sturge, Esq. – London
Anti-Slavery Society

34

Rio, 8 de Janeiro de 1889.

Caro Sr. Allen,

Tive a honra de apresentar a missiva da Anti-Slavery a Sua Alteza Imperial, que me recebeu com uma delegação formada pelo Sr. Rebouças e pelo Sr. Gusmão Lobo; outro correspondente da Sociedade não pôde estar presente.

---

704 Pode ter havido um erro de André Rebouças ao datar essa carta, pois a discussão sobre a proposta de Cotegipe foi em 1885.

Sua Alteza pediu-me para que enviasse à sua Sociedade seus sinceros agradecimentos pelos sentimentos que expressou a ela.

Neste ano não irei a Europa. Estranho dizer que um grande número de donos de escravos declarou-se contrário ao Trono, e não temos uma facção republicana importante contra a qual lutar. A Princesa tomou uma atitude corajosa e muito ousada, mas confio em Deus que ela não perderá o trono por isso.

No fim das contas, você não veio ao Brasil durante o período da escravidão, quer vir agora? A travessia lhe faria bem.

Muitas mensagens amáveis de um feliz Ano Novo para sua família n° 1 e para a Sociedade, sua família n° 2.

Seu amigo sincero,

Joaquim Nabuco

35

Avenue Friedland, 33
Paris, 19 de fevereiro de 1900.

Caro Senhor,

Como trabalhei muito cordialmente com a Anti-Slavery Society quando lutava contra a escravidão no Brasil e tive o privilégio de representá-la com o Sr. Allen no Congresso de Milão, em 1883, estou a seu serviço para qualquer coisa que creia ser útil à sua nobre e grande causa. Nesse propósito geral está incluída a primeira solicitação feita aos meus serviços, à qual tenho o grande prazer de aceitar.[705]

Fico satisfeito em saber que o Sr. Allen gozou do privilégio de ter como sucessor um dos patrícios da família abolicionista dos Buxtons, que herdou o espírito que fez este nome memorável para sempre.

Sou, Senhor,

Sinceramente,

Joaquim Nabuco

---

705 Trata-se do convite feito para que representasse a BFASS no Congresso Internacional Antiescravista de Paris; ver Carta 56 do Apêndice A.

36

Pau, 3 de maio de 1900.

Caro Sr. Allen,

Somente uma palavra para lhe agradecer e ao Comitê pelas amáveis felicitações que agora recebo, muito cordialmente enviadas. Responderei oficialmente quando tiver fim a minha constante movimentação das últimas semanas de um lugar para outro. Mas há um mal-entendido na notícia recebida. É verdade que fui indicado Enviado Extraordinário e Ministro Plenipotenciário para a Inglaterra, mas não para substituir meu amigo Souza Corrêa e sim para uma missão especial que deve durar pouco tempo.

De qualquer maneira, dá-me imenso prazer voltar a Londres e estar novamente perto de você, cuja amizade é encantadora e se torna mais encantadora ainda ao se tornar mais velha.

Meus mais amáveis respeitos a Sra. Allen e a todos os seus, e creia em mim, meu caro e bom amigo,

Sinceramente,
Joaquim Nabuco

37

Pougues les Eaux, 7 de junho de 1900.

Caro Sr. Allen,

Peço-lhe para transmitir ao Comitê da Anti-Slavery Society o profundo sentimento de honra que me causou o voto que dele recebi e minha sincera estima pela memória que ele mantém das nossas velhas e amigáveis relações. Ao mesmo tempo, devo informar-lhe que não fui indicado para um posto permanente em Londres, mas para uma Missão Extraordinária.

Sinceramente,
Joaquim Nabuco

38

St. Germain en Laye
Pavillon Louis XIV
15 de julho de 1900.

Caro Senhor,

Sinto desapontá-lo, mas não posso enviar em tempo o *paper* prometido para o Congresso, pois houve um atraso na entrega dos livros que necessito para escrevê-lo. O que me alivia é que dificilmente poderia elaborá-lo devido à necessidade de informação específica sobre a participação da Sociedade na luta que travamos pela extinção do tráfico negreiro e da escravidão; se houvesse um *paper* com essa informação, feito ou patrocinado por ela, poderia ser usado como fonte. Fiquei também um pouco desanimado para escrever porque na lista de assuntos que os organizadores do Congresso me mandaram constam somente os que tratam de questões pendentes e de problemas em curso, e não de assuntos históricos, como a abolição da escravidão na América do Sul ou do Norte.

Nesse meio tempo, como desejo fazer de tudo para estar presente ao Congresso em virtude do seu convite e do que recebi dos organizadores para representar o Brasil, discutiremos se serei capaz de prestar o serviço e o que não for possível escrever talvez pudesse assumir a forma de uma Resolução.

Creia em mim, caro Senhor,
Sinceramente,
Joaquim Nabuco

39

53, Cornwall Gadens, S. W.
Londres, 22 de dezembro de 04
[1901][706].

Cara Sra. Allen,

Ao retornar, depois de dois anos de ausência, recebo a notícia da grande perda que a cobre de luto, e peço-lhe que creia que em nenhuma memória, fora do círculo íntimo dele, seu caráter ficará mais vívido que na minha. Ele tinha um coração ardente, e conheci perfeitamente o fervor da sua devoção aos nobres ideais que procediam da sua poderosa percepção da presença de Deus e o interesse que tinha pelo seu trabalho. Nunca o esquecerei e, se a família da Anti-Slavery desejar, ficarei feliz em contribuir para a criação de qualquer símbolo simples associado ao seu nome para mantê-lo vivo entre os militantes desta causa imortal.

Sinceramente,
Joaquim Nabuco

---

706 Essa data foi escrita a lápis sob o cabeçalho da carta. Certamente, houve um erro de quem fez a anotação porque: primeiro, embora a data escrita por Joaquim Nabuco esteja rasurada, é perfeitamente legível; segundo, em 1901, Charles Allen estava vivo, tanto que escreveu a Nabuco até 1902 e, terceiro, o *The Geographical Journal* (2, 1905, p.225,) fez um curto obituário de Allen, informando que ele morrera em 19 de dezembro de 1904, aos oitenta anos de idade.

Apêndice **C**

Joaquim Nabuco em Congressos sobre Direito Internacional

1

Paper apresentado por Joaquim Nabuco na Conferência sobre o Direito Internacional de Milão – setembro de 1883[707]

Senhores,

Estou certo de que as proposições que tenho a honra de vos submeter serão unanimemente aprovadas, o que será, nesta reunião, a melhor prova de que os princípios formulados por elas podem ser incorporados ao direito internacional. Essas proposições estão relacionadas com o tráfico de negros e a escravidão. Quanto ao tráfico, nada mais faço que renovar uma antiga demanda do direito internacional, a de que ele deve ser tratado como a pirataria. Quanto à escravidão, apresento uma série de resoluções que me parecem ser a sanção prática do princípio de que a liberdade pessoal pode ser protegida por qualquer Estado fora do seu território, ainda que, infelizmente, de forma muito limitada. É o mesmo princípio que Bluntschli[708] tentou

---

707 Na condição de representante da BFASS, Joaquim Nabuco apresentou esse texto, em setembro de 1883, na Conferência sobre o Direito Internacional de Milão promovida pela Sociedade para a Reforma e Codificação da Lei das Nações. O *Anti-Slavery Reporter* o reproduziu integralmente em francês no seu número de outubro de 1883, p.234-50. Segundo Osório Duque-Estrada, 1918, p.108, "a *Memória* apresentada por Joaquim Nabuco em Milão foi publicada pela *Gazeta da Tarde* em 1884".

Para todo o Apêndice C, foi utilizado um critério diverso dos demais Apêndices para numeração das notas de rodapé: as de Joaquim Nabuco estão marcadas por asterisco e as desta edição são numeradas.

708 Ver nota 621.

afiançar em seu livro — *O direito internacional codificado*, por meio dos seguintes quatro artigos:

1. "Não há propriedade do homem sobre o homem. Todo homem é uma pessoa, ou seja, um ser capaz de adquirir e possuir direitos".
2. "O direito internacional não reconhece o direito à posse de escravos de qualquer Estado ou de qualquer particular".
3. "De pleno direito, escravos estrangeiros tornam-se livres ao pisar no solo de um Estado livre, e o Estado que os recebe é obrigado a respeitar a liberdade deles".
4. "O comércio de escravos e os mercados de escravos não são tolerados em parte alguma. Em todos os lugares onde apareçam, os Estados civilizados têm o direito e o dever de apressar a eliminação desses abusos".*

O Tráfico de Negros

O *paper* do nosso sábio colega de Londres, o Sr. Joseph G. Alexander, foi distribuído aos senhores. Apresenta lucidamente os principais fatos dessa causa que foi submetida à diplomacia europeia há mais de sessenta anos no Congresso de Viena, onde a Inglaterra, por sua honra, lutou pela proteção e defesa dos africanos com a mesma tenacidade e o mesmo interesse que as outras nações mostraram em relação à retificação de suas fronteiras. Nesse Congresso, o representante de Portugal se recusou a considerar a repressão ao tráfico de negros como uma questão de *direito público*, e a resistência da Península Ibérica ao desejo das grandes nações partia mais de um interesse local do que de uma sincera diferença de opiniões sobre a moralidade do tráfico.

Um historiador anônimo do Congresso, escrevendo alguns anos depois de 1815, revelou o argumento do Conde de Palmela sobre o assunto, o que mostra o progresso das ideias desde então.

Ainda que a abolição imediata e absoluta do tráfico tenha sido tratada com muita sabedoria pelo Lorde Castlereagh, a Espanha e Portugal fizeram oposição a ela com argumentos muito sérios a favor da abolição gradual. Contudo, não pode ser admitido, em nome desses argumentos, que as duas potências pretendiam considerar o tráfico apenas como um objeto de administração

---

* *Le Droit International Codifié*, trad. Lardy, 2.ed., § 360-363. [A primeira edição desse livro data de 1865, N.E.]

ABOLICIONISTAS BRASILEIROS E INGLESES 365

interna. A intervenção moderada pela felicidade de uma porção considerável do gênero humano sempre será legítima.*

Hoje em dia, felizmente, não mais discutimos se os plenipotenciários da Espanha e de Portugal fizeram brilhar todos os seus talentos diplomáticos em Viena, tampouco o direito invocado pelas nações comprometidas com o tráfico de o regular como um negócio qualquer. O Atlântico deixou de ser sulcado pelos navios negreiros com suas cargas humanas entregues nas Antilhas e no Brasil. Ninguém mais defende o tráfico; nenhuma voz pede que ele receba condescendência; ele foi declarado ato de pirataria por diversas nações, e tudo o que resta fazer é fundir essas declarações isoladas num ato internacional.

Não pedimos que o tráfico seja chamado daqui em diante de pirataria; mas, que se torne um crime do direito das gentes, sendo submetido a algumas das consequências da pirataria, senão a todas, e perseguido no mundo civilizado.

Um sério obstáculo, como sabeis, surge cada vez que se quer assimilar o tráfico à pirataria; mas, hoje são quase fúteis os temores que o direito de visita provocou. Nenhuma nação quereria incorrer na responsabilidade de entravar a navegação abusando de um direito que foi estabelecido de comum acordo, sob a condição de reciprocidade, para suprimir o comércio de escravos. Isso seria demasiadamente odioso; o banditismo não é uma conjectura razoável nas relações entre nações que conservam o direito das gentes com todas as suas conquistas humanitárias. Mas, de todos os Estados em questão, de um deles haverá menos abusos dessa natureza a temer, precisamente daquele que mais tem no coração a extinção completa do tráfico, ou seja, da Inglaterra, porque entre todas as nações é a que mais irá sofrer se qualquer restrição séria for feita às imunidades e aos privilégios que gozam os navios em pleno mar.

Felizmente, hoje há a tendência de abandonar o direito às capturas marítimas e, assim, de completar a obra do Congresso de Paris, que aboliu a corso. Ora, não é quando as nações se mostram dispostas a renunciar a um dos recursos do estado de guerra, reconhecido como legítimo até agora, como o direito de captura, que se deve temer que façam do direito de visita, durante a paz, um uso contrário ao interesse da livre navegação. Bluntschli, que tomo como guia em tudo que tenho a honra de vos propor, exprimiu essa convicção que todos partilhamos: "Parece-me que o direito recíproco de visitar navios suspeitos de carregar uma falsa bandeira e de se ocupar do comércio de escravos não oferece nenhum perigo à navegação honesta, se este direito for exercido como forma de

---

* *Histoire du Congrès de Vienne,* par l'auteur de l'*Histoire de la Diplomatie Française.*

proteção e se a repressão aos abusos for assegurada".* O direito internacional tem se dedicado à resolução de outros problemas bem difíceis, e os têm resolvido.

Estou convencido, no entanto, de que o direito comum ainda não assimilou o tráfico à pirataria mais pela continuada indiferença de diversos países da Europa e da América em relação a um comércio que acreditam ter sido inteiramente suprimido do que pelos restos de suscetibilidade nacional em relação à desconfiança para com o direito de visita. A própria Inglaterra afrouxou seus esforços contra o tráfico porque, tendo destruído a frota de negreiros no tempo em que, com ousadia, hasteavam pavilhões de Estados soberanos, agora vê o comércio de escravos reduzido às proporções de um contrabando enfraquecido e empobrecido.

Infelizmente, Senhores, a África ainda é o imenso reservatório da escravidão que sempre foi, e a extensão do seu comércio marítimo de escravos com a Ásia maometana não diminui pela carestia ou raridade da mercadoria, mas graças à vigilância de um único Estado que tem realizado a polícia da civilização nas águas do Continente Negro. Se essa vigilância cessar abruptamente, o comércio recomeçará com obstinação, porque a demanda de escravos domésticos no Oriente sempre é muito grande. Mas, por outro lado, para que a ação da Inglaterra seja eficaz e alcance os resultados que o mundo todo tem em vista é urgente e imperioso que os navios negreiros não encontrem seja por carregarem um falso pavilhão, seja por hastearem a bandeira honrada de qualquer nação, a menor defesa ao abrigo das regras de um direito, como o direito internacional, criado para a proteção do avanço da nossa espécie. O comércio de escravos por terra é um dos mais tristes espetáculos que a África ainda apresenta; caracteriza a lentidão desencorajadora com a qual a raça negra, entregue a si mesma, acompanha a marcha das outras sociedades humanas. Quanto a esse comércio, a Europa tem, na sua inércia e na sua apatia, ao menos o consolo de que tudo o que poderia fazer hoje não terá como efeito a melhoria das condições das tribos africanas, fazendo desaparecer do continente, que havia partilhado, uma instituição que, por assim dizer, corre no sangue do homem e, por isso, parece natural ao escravo e ao senhor. Mas, o comércio por mar deveria ter cessado completamente há muito tempo. É uma vergonha para a Europa que a polícia do oceano ainda não seja internacional, e que os destroços dessa pirataria naufragada, o tráfico de negros, continuem ainda a flutuar numa rota onde se cruzam pavilhões de todas as potências marítimas. As nações podem se entender sobre a maneira de assegurar punição às pessoas culpadas de fazer o tráfico e sobre a

---

* Ibidem, p.209.

sorte dos navios apresados. Tudo isso é matéria de um acordo que, salvaguardando os direitos de soberania de cada país, talvez dê lugar a diferenças de opinião; mas, não deve haver opiniões divergentes do mundo civilizado quanto ao fundo da questão que nos ocupa, a saber, que os traficantes de escravos não possam encontrar dentro de nenhuma norma do direito marítimo, e menos ainda no princípio protetor do comércio universal – "O pavilhão cobre a mercadoria" – um meio de escapar do navio que lhes dá caça.

O interesse com o qual a Europa acompanhou nesses últimos anos as descobertas africanas nos dá a esperança de que qualquer grande nação poderá contar com a cooperação dos outros Estados se hoje tomar a iniciativa de proscrever o tráfico e a escravidão do direito internacional.

Em 1823, a Câmara dos Representantes dos Estados Unidos adotou por 130 votos contra nove a seguinte moção: "Que seja solicitado ao Presidente dos Estados Unidos empreender negociações, e dar prosseguimento continuadamente às que julgar necessárias, com as diferentes potências marítimas da Europa e da América para a abolição efetiva do tráfico de negros a fim de que, com o consentimento do mundo civilizado, ele seja formalmente denunciado como pirataria". Esse voto não prescreveu. A nação americana, sem ser a mais forte no mar, não sofreria a falsa e descabida suspeita, como a que a Inglaterra sofreu, de querer aumentar os direitos e os privilégios dos seus navios de guerra por meio do direito de visita e de perquirição.

Promotores da inviolabilidade da propriedade privada no mar, os Estados Unidos estavam bem fundamentados para reclamar o direito recíproco de visita, destinado a pôr fim ao comércio de escravos. O direito internacional já está em débito com o governo americano pelos grandes progressos alcançados e pelos exemplos que incitam as outras nações à paz, à arbitragem e à não intervenção. Toda iniciativa americana no sentido da resolução emitida, em 1823, pelo Congresso Federal será acolhida com zelo pelos outros países e terá o efeito imediato de aguilhoar o zelo arrefecido da Inglaterra, que certamente necessita do entusiasmo de qualquer operário convencido na última hora para pôr fim ao tráfico.

Mas, não é de modo algum indispensável que a grande potência americana se encarregue de promover um acordo diplomático sobre um ponto em que todas as nações têm as mesmas ideias. Temos o direito de apelar à boa vontade e à autoridade pessoal do rei dos belgas, fundador da Associação internacional para reprimir o tráfico e abrir a África Central. Destaco algumas linhas do discurso que Leopoldo II pronunciou em 1876, na abertura da sessão do Comitê Belga:

A escravidão que ainda se mantém em uma grande parte da continente africano constitui uma chaga que todos os amigos da civilização devem desejar que desapareça. Os horrores desse estado de coisas, os milhares de vítimas que o tráfico de negros massacra a cada ano, o número ainda maior de seres perfeitamente inocentes que, brutalmente reduzidos ao cativeiro, são condenados em massa a trabalhos forçados perpétuos, têm comovido vivamente todos aqueles que começam a se aprofundar no estudo dessa deplorável situação e têm pensado em se reunir, em se entender, e, em uma palavra, em fundar uma associação internacional para pôr fim a um tráfico odioso, que enrubesce a nossa época, para rasgar o véu de trevas que ainda pesa sobre a África central.

Pois bem, no limiar dessa nobre e grande empresa inteiramente humanitária e desinteressada se acha a necessidade de acabar a obra iniciada no Congresso de Viena, para a qual o direito internacional só enunciou o fundamento.

A escravidão

Temo ter retido durante muito tempo a vossa atenção no assunto do tráfico, tanto mais porque atribuo maior importância à segunda parte das minhas proposições. Na verdade, o tráfico não me diz respeito pessoalmente; o único interesse que tenho nele é esse interesse geral e infinitamente difuso que temos pelo aperfeiçoamento e realização da obra da civilização factível nos nossos dias. Tratei dessa importante questão para quitar uma pequena parte da ajuda que tenho recebido com frequência da *British and Foreign Anti-Slavery Society*, cuja atenção, neste momento, está voltada para o Egito, e que se empenha de coração em finalizar inteiramente a tarefa inicial de Clarkson e de Wilberforce – a supressão do tráfico. A importação de africanos cessou inteiramente no Brasil há mais de trinta anos, e estamos muito preocupados com a escravidão que lá ainda existe. O Brasil é a única nação americana, excetuando a Espanha, que mantém a escravidão. Falo da Espanha para ser rigorosamente exato, mas a legislação espanhola em relação à escravidão é bem mais avançada que a nossa. A escravidão mantida pela Espanha em Cuba tem seus dias contados, devendo expirar dentro de pouco tempo; é uma escravidão da qual se eliminou não somente o nome, mas também as severidades que tornam a sorte do escravo tão terrível, embora, lamento dizer, certas formas bárbaras de castigo ainda sejam toleradas. É escusado dizer que esse estado de coisas está longe de ser satisfatório, e acabo de receber uma notícia do eminente abolicionista espanhol, o Sr. Labra, de que ele se prepara para propor na próxima sessão das Cortes a abolição desse regime de fraude e de hipocrisia, que quer esconder a escravidão do mundo

ABOLICIONISTAS BRASILEIROS E INGLESES 369

e da civilização sob o nome de *patronato*. Mas, apesar de tudo, o seu estado atual é de escravidão moribunda, da qual todo *escravo*, ou qualquer que seja o nome que se lhe dê para burlar a sua condição real, espera sobreviver. Entre nós, ao contrário, a escravidão é o cativeiro durante toda a vida; é sempre o mesmo mercado desavergonhado de seres humanos; é o país dividido em colônias penais, cada uma com o seu código particular de provas e de punições. É verdade que há doze anos os filhos de escravos nascem nominalmente livres e permanecem como escravos de fato ao lado de suas mães até os vinte e um anos de idade. Mas, a sorte do milhão e meio de escravos arrolados depois de 1871 não foi modificada nem quanto à duração, que é ainda de toda a vida, tampouco quanto ao regime, que ainda é o arbitrário sem limites do senhor.

No entanto, o estrangeiro que for agora ao Brasil verá o país de norte a sul envolvido numa formidável agitação política em favor dos escravos. A onda abolicionista, com efeito, submergiu todo o antigo sistema de trabalho construído abaixo do nível da dignidade humana. Entre nós, ninguém defende em princípio a escravidão; os proprietários só demandam um sursis; as raízes da árvore estão expostas e isoladas, enquanto nos Estados Unidos tinham achado um meio de se nutrir no mais profundo sentimento nacional, em tudo o que o povo do Sul mais tinha no coração. Nós, brasileiros, que queremos acabar com a escravidão para estabelecer solidamente as bases de uma nação durável, liberal e americana, estamos seguros de atingir por nós mesmos o resultado que ambicionamos. Aí está um dos obstáculos sérios que encontramos em nosso caminho, e a lei internacional pode suprimir pelo menos esse obstáculo.

As nações europeias ou americanas que aboliram a escravidão creem estar psicologicamente nas antípodas desse sistema, mas, infelizmente, a verdade é que os instintos de propriedade sobre homens estão bem longe de terem sido atrofiados na alma dos povos livres, e depressa se revelam onde quer que possam. No Brasil, por exemplo, a escravidão no seu período mais duro e o tráfico de negros até o seu fim estavam sob os interesses dos estrangeiros e eram por eles explorados; mesmo hoje, a repugnância que a escravidão causa é bem maior entre os brasileiros de origem que entre os estrangeiros domiciliados no país. Até mesmo súditos de uma nação que proíbe a posse de escravos no estrangeiro, como a Inglaterra, têm praticado muitos abusos. Eu próprio, por exemplo, denunciei no parlamento brasileiro um complô contra a liberdade pessoal sem equivalente registrado na nossa história. Uma grande companhia inglesa (a S. John D'El Rei Gold Mining Company) reteve durante vinte anos em cativeiro ilegal e criminoso mais de trezentos homens que havia prometido solenemente libertar depois de catorze anos de prestação de serviço. Esse termo findou em 1859, e os infelizes escravos empregados nas minas de ouro da companhia inglesa foram privados da liberdade, dos direitos e dos salários até 1880. O governo inglês esgotou em vão os meios a seu alcance para assegurar a punição dos autores dessa singular conspiração, mantida em segredo durante vinte anos. Pode-se imaginar a influência deplorável de tal fato sobre a moral num país de escravos.

Da mesma forma, nas Cortes de Lisboa, o Sr. Luciano Cordeiro teve, mais de uma vez, a coragem de pedir a atenção do seu governo sobre as vendas de escravos que os cônsules portugueses no Brasil realizavam cada vez que este tipo de bem aparecia nas sucessões sob suas responsabilidades. A reputação nacional de Portugal sofreu severamente por causa da escravidão. Essa era a censura que se fazia a essa nação todos os dias, e o grito que se levanta, decerto sem razão, toda vez que se trata de reconhecer os direitos portugueses na África. O melhor meio para essa nação responder a tal acusação é, portanto, levantar uma barreira entre seus concidadãos e a escravidão, tornando o seu emprego um crime.

Os delegados da British and Foreign Anti-Slavery Society, os Senhores Edmund Sturge, James Long e Joseph G. Alexander, tentaram em vão, durante o Congresso de Berlim, obter a anuência dos representantes das grandes potências à seguinte declaração: "as potências representadas pelos signatários no futuro não reconhecerão a existência legal da escravidão nas suas relações com os Estados em que esta instituição continuar a existir". É nosso dever insistir sobre essa declaração, com todas as consequências, até a sua incorporação definitiva ao direito das gentes. "Ela se extinguirá em pouco tempo", disse Bluntschli, "a partir do momento em que a humanidade inteira proteger e garantir pelo direito internacional o seguinte princípio: não há propriedade do homem sobre o homem. A escravidão está em contradição com os direitos conferidos à natureza humana e com os princípios reconhecidos por toda a humanidade". Mas, qual passo sensível deu o direito internacional desde há muitos anos para esse fim?

As seguintes resoluções podem traçar uma linha de isolamento em torno da escravidão que o direito internacional poderá fixar a partir do presente.

1. A escravidão, perpetuação do tráfico, sendo contrária à razão de ser e aos princípios fundamentais do direito moderno, não é reconhecida pelo direito internacional, e não pode fundamentar nenhuma reclamação dos Estados que a mantêm.

2. Tendo cessado a escravidão em virtude do princípio – "O ar torna livre" –, qualquer ofensa à liberdade pessoal do liberto, caso ele retorne ao seu país de origem, é uma violação do direito das gentes.

ABOLICIONISTAS BRASILEIROS E INGLESES **371**

3. A cláusula de qualquer tratado que obrigue um Estado a devolver escravos refugiados em seu território é ilícita.

Lamento dizer que essa cláusula foi inserida nos tratados do Brasil com os países vizinhos. Não há dúvidas de que tal compromisso, quando adotado por qualquer que seja o governo, não deveria ter validade no direito internacional. Nesse assunto peço o apoio da autoridade de Bluntschli e Heffter. Eis o que diz Bluntschli.

"São contrários aos direitos reconhecidos da humanidade, e nulos por consequência, os tratados que: (a) introduzem, ampliem ou protejam a escravidão".* Devolver escravos fugitivos não seria um meio de proteger a escravidão? Mais adiante ele acrescenta: "Os tratados deixam de ser obrigatórios quando entram em contradição com os direitos gerais da humanidade e com o direito internacional reconhecido: I. As disposições em vigor na época de conclusão do tratado, estando ainda autorizadas, por exemplo, a existência da escravidão, restrições impostas à liberdade de navegação, *lettres de marque*,[709] podem constituir mais tarde uma violação do direito, quando os princípios mais liberais se tornarem posteriormente reconhecidos pelo mundo civilizado".*

Heffter também menciona a escravidão como causa da anulação de compromissos internacionais. "Uma causa lícita", diz,

> é a primeira condição essencial de um tratado público. Assim, por exemplo, é considerada como irrealizável toda convenção contrária à ordem natural do mundo e também notadamente à missão dos Estados de contribuir com o desenvolvimento da liberdade humana; assim sendo, a introdução e a manutenção de escravos jamais poderá ser validamente estipulada num tratado.*

4. A extradição de um antigo escravo só deve ser concedida nas mesmas condições em que seja permitido extraditar um homem livre. Ela deve ser recusada quando o antigo escravo for julgado por outros juízes ou punido por outras penas, a menos que sejam os que ajuízem homens livres e as que sejam aplicadas a eles.

Tomo emprestada uma medida que está em um documento que honra a diplomacia francesa. A França – e, falando da França, permitam-me lamentar

---

* Ibidem, § 411.

709 Essas cartas continham as incumbências dadas pelo Estado a um comandante de navio armado em tempo de guerra.

* Ibidem, § 457.

* Le Droit International de l'Europe, trad. J. Bergson, 3me ed., p.83.

sinceramente a ausência de juristas franceses, porque sem a França não se faz uma obra verdadeiramente internacional – não quis concluir um tratado de extradição com o Brasil que desconsiderasse a condição especial dos escravos. No Brasil, toda uma classe de crimes cometida por eles é punida por uma lei de exceção, cuja única pena é a morte. O plenipotenciário francês acreditou, porém, ter o dever de formular as seguintes reservas relativas à aplicação da lei de 10 de junho de 1835 e do artigo 60 do Código Criminal, que mantêm para os escravos a pena do açoite, abolida pela Constituição:

> O Governo Brasileiro se compromete a reconhecer e fazer reconhecer como livre em toda a extensão de suas possessões o escravo que lhe for entregue em virtude do presente tratado. Em consequência, o escravo acusado ou o que está sendo processado só poderá ser julgado por um dos seus crimes previstos pela presente convenção e se estiver na condição de criminoso comum; depois da sua extradição, ele não poderá ser levado a outros juízes tampouco ser punido por outras penas que não seriam aplicadas a um homem livre. Expirada a sua pena, ele se tornará livre. Se o escravo, cuja extradição é demandada, já foi condenado seja pelo crime que motiva a sua extradição, seja por causas anteriores, poderá igualmente ser devolvido, mas sempre na condição de que ele será reconhecido como livre com a expiração da sua pena. Entretanto, se esse escravo for condenado a uma pena cuja aplicação esteja ligada à sua condição de escravo seja quanto à pena propriamente dita, seja quanto ao seu grau, a administração francesa terá a faculdade de recusar a sua extradição.

5. Todos Estados devem interditar aos seus concidadãos a posse de escravos a qualquer título que seja, como também interditar a participação deles em contratos que tenham o escravo como objeto, penhor ou garantia, estejam eles domiciliados no país escravista ou em outro lugar.

A França, pelo decreto de 27 de abril de 1848 (artigo 8º), punia com a perda da nacionalidade o cidadão francês que possuísse escravos. Eis o texto desse artigo:

> No futuro, mesmo em um país estrangeiro, será interditado a todo francês possuir, comprar ou vender escravos e participar direta ou indiretamente de qualquer tráfico ou exploração desse gênero. Qualquer infração a essas disposições ocasionará a perda da condição de cidadão francês. Contudo, os franceses que forem atingidos por essas proibições no momento da promulgação do presente decreto terão um prazo de três anos para se adequar a ele. Aqueles que se tornarem donos de escravos em países estrangeiros por herança, presente

ou casamento, deverão, sob a mesma pena, libertá-los ou aliená-los dentro do mesmo prazo, a partir do dia do início da posse.

Dois pontos desse artigo parecem estar em desacordo com os princípios do próprio decreto, primeiro, o prazo longo de três anos concedido para a execução da proibição, ao qual se segue a permissão para a alienação do escravo. Há também que se destacar a natureza da pena, que é contrária à tendência do direito internacional de não reconhecer a existência de pessoas sem pátria.

6. Não sendo a propriedade do homem sobre o homem reconhecida pelo direito internacional, e sendo considerada contrária aos princípios que tornam a propriedade legítima, nenhum Estado é obrigado a conceder indenizações a proprietários de escravos.

Permitam-me, Senhores, chamar vossa atenção sobre uma matéria que tem muitas relações com a escravidão, isto é, sobre o tráfico de *coolies*. Não é da imigração chinesa espontânea e livre que se trata, mas somente desse tipo de imigração, frequentemente obtida pela fraude ou pela mentira, cujo objetivo é substituir a escravidão por um trabalho análogo a ela. Creio que a adoção por esse Congresso da seguinte proposição será um protesto justo contra semelhante tráfico.

Os contratos efetuados pelos súditos da China e de outras nações do Oriente para trabalhar em países em que as condições de salário, regime de trabalho, preconceitos nacionais em relação a eles, grau de intolerância religiosa lhes são completamente desconhecidas – e sem que saibam de quais meios a justiça local dispõe para proteger suas pessoas e seus direitos, dando frequentemente lugar a um tipo de escravidão – tornam necessárias certas precauções especiais por parte do Estado que autoriza esses compromissos. Dentre essas precauções, a mais importante é a faculdade concedida ao locador[710] de romper o contrato no ano da sua chegada. Toda cláusula que estabeleça o direito do locatário de transferir a outrem, a qualquer que seja o título, o aluguel dos serviços, sem o consentimento do locador, é contrário ao direito das gentes.[711]

---

710 Na legislação sobre locação de serviços em vigor no Brasil dessa época o trabalhador era chamado de "locador" e o empregador de "locatário".

711 A lei brasileira de 15 de março de 1879 regula o aluguel de serviços agrícolas de maneira a impedir, em certa medida, que ele se converta em escravidão. Se o locador é estrangeiro, a locação de serviços não ultrapassará o termo de cinco anos, salvo o caso de relocação expressa (art. 14). É permitido ao locador estrangeiro, arregimentado fora do Império, romper o

As disposições proibitivas da lei dos Estados Unidos devem ser adotadas por todos os governos como o único meio eficaz de deter o tráfico de *coolies*.

Abolida no Brasil, e definitivamente enterrada nas Antilhas mais ricas e prósperas, a escravidão ficará ainda como a chaga do mundo maometano, e, o que é ainda pior, como tendência, sempre prestes a renascer sob outro nome nas novas colônias europeias na África e nas ilhas do Pacífico, em todos os lugares onde as raças superiores entram em contato com as raças inferiores. Essa forma de exploração do homem pelo homem, a mais violenta e a menos legítima de todas, está assim muito longe de ser uma tradição do passado. Pois bem, o direito internacional que se encarrega de substituir a guerra pela arbitragem, e a esse respeito permitam-me homenagear os brilhantes serviços do Sr. Richard na luta em que se envolveu pela paz; o direito internacional que aboliu o corso; que tem aplaudido a ação da Alemanha na última guerra de renunciar aos apresamentos marítimos; que protege, como fez no último Congresso de Berlim, a liberdade religiosa, infelizmente tardou muito, e ainda tarda, a repelir a escravidão com todas as suas forças.

É isso que peço hoje em nome de mais de um milhão de escravos brasileiros. Esse congresso não representa a força, mas a coerção do direito; não representa a guerra e a intervenção armada, mas a paz e a invasão da consciência humana. Ele não pode, portanto, ter medo de levantar a sua voz a favor desses *heimathlose*[712] da humanidade, os escravos, para pedir que (à

---

contrato no mês seguinte ao da sua chegada e celebrar outro com uma terceira pessoa: mais ainda, o locatário é obrigado a pagar integralmente a passagem e todos os adiantamentos (art.21). "Esse artigo", se observou, "pode causar um prejuízo ao locatário que, algumas vezes, é irreparável. O relator, ao contrário, o considera necessário e de grande vantagem". O relator da lei foi o senador Nabuco. "O estrangeiro", ele dizia, "arregimentado fora do império, chega e aprende que, em geral, os contratos de aluguel são muito vantajosos e que o seu é desvantajoso; ao sentir que foi enganado, enfim, ele pode ter outras informações que lhe causam desprazer e repugnância de servir: por que impedi-lo de romper o contrato pagando integralmente a passagem e as despesas com o adiantamento? (Nabuco, 4 de out.)". Notice génerale sur les sessions parlamentaires de 1878-79 (Brasil), pelo barão d'Ourem, p.80. Essa lei, que tem necessidade de ser emendada e desenvolvida no sentido de dar as garantias necessárias ao locador, começa a ser vilmente atacada por causa da proteção que concede. Com efeito, para que o tráfico de *coolies*, que se trata hoje de organizar a fim de que o Brasil possa prosperar, é preciso que a lei de 1879 seja banida ou se transforme em letra morta.

712 Vocábulo alemão que significa "apátrida"; dele derivou, no século XIX, o vocábulo francês "heimatlosat", que no Direito Internacional designa uma pessoa que se encontra sem nacionalidade, porque perdeu a que pertencia e não adquiriu nenhuma outra.

ABOLICIONISTAS BRASILEIROS E INGLESES 375

triste exceção dos países que ainda mantêm escravos) seja proibido considerar a condição legal do escravo, exceto para protegê-lo.

Não terminarei, Senhores, sem dizer que me parece de bom augúrio submeter a causa por mim pleiteada ao julgamento dos italianos, que formam a maioria deste Congresso. A Itália tem um grande passado, o passado da civilização, e agora é de novo uma grande nação que aspira a reatar a cadeia de suas tradições gloriosas. De preferência, deveria dizer continuar, porque essa cadeia jamais foi rompida de uma forma que o gênio nacional não a reatasse de outro. A escravidão recebeu um golpe mortal da mão da Inglaterra, e eu não saberia indicar o resto da obra a ser feito por outro país, como papel nacional do seu povo, que tem diante de si tantas grandes iniciativas. Mas, por outro lado, estou seguro de que a nação italiana não saberia realizar obra alguma de progresso e de futuro sem ter como base o princípio da liberdade humana, do qual a escravidão é a negação absoluta. Entrego, portanto, sem nenhuma hesitação, as proposições que vos apresentei à avaliação dos representantes da marcha e do avanço do direito internacional na Itália, e espero que o Congresso, com um sentimento comum, adote os princípios.

2

Resoluções da Conferência de Milão[713]

1. A Conferência vota pela equiparação do tráfico de negros à pirataria no direito internacional.
2. Sendo a escravidão contrária ao direito natural, qualquer nação pode, segundo o direito internacional, recusar-se a reconhecer a instituição tanto nas pessoas dos estrangeiros que residam em seu território quanto nas

---

713 Segundo o *Reporter*, um parlamentar inglês, referido apenas como Mr. Richard, fez uma moção solicitando a apreciação pela Conferência das propostas contidas no *paper* de Joaquim Nabuco. Aceita a moção, foi formada uma comissão que não só as aprovou como também elaborou resoluções. O texto definitivo das Resoluções, ainda segundo o *Reporter*, foi aprovado pelos juristas depois de uma "animada discussão". O documento aqui apresentado é uma tradução do texto publicado pelo *Anti-Slavery Reporter*, out. de 1883, p.251-2. Joaquim Nabuco também o traduziu, e sua tradução se encontra no *Campanha abolicionista no Recife*, p.108; há, no entanto, pequenas diferenças entre o texto do *Reporter* e a tradução de Nabuco relativas ao vocabulário e à numeração.

376 ANTONIO PENALVES ROCHA

pessoas dos seus próprios súditos que possuam escravos em território estrangeiro.

3. Toda cláusula de qualquer tratado internacional que obrigue um Estado a entregar escravos refugiados em seu território não tem validade perante o direito internacional.

4. O ex-escravo, cuja extradição for pedida, só deve ser entregue segundo as normas que regem a entrega de um homem livre. A extradição só ocorrerá se o ex-escravo for julgado e punido pelos juízes e pelas penas a que o homem livre estiver sujeito.

5. Todos os Estados devem proibir seus súditos de possuir, comprar ou vender escravos em países estrangeiros; caso participem direta ou indiretamente de qualquer negócio ou empresa deste gênero, bem como de contratos que tenham escravos por objeto, estarão sujeitos às penas que serão instituídas por seu Estado de origem.

3

Discurso de Joaquim Nabuco na solenidade de encerramento da Conferência sobre o Direito Internacional de Milão[714]

Devo, Senhores, eu também, responder ao brinde que foi feito aos membros do Congresso. Venho de um país, o Brasil, que ainda não tem história, e, portanto, não considerei para nós brasileiros uma parte muito grande do que se disse sobre a presença de hóspedes estrangeiros. Direi, contudo, que ninguém neste Congresso tem mais motivos que eu de estar contente e feliz pelo trabalho realizado, e que em nenhuma parte do mundo as suas resoluções produzirão o mesmo efeito que no Brasil. Em qualquer outra parte, haverá a satisfação de saber que a harmonia internacional avançou um passo, mas, entre nós, um milhão de homens verão no trabalho por vós realizado um voto pela liberdade deles e vos agradecerão.

---

714 Esse documento, escrito em francês, pertence ao acervo da Fundação Joaquim Nabuco (doc. 6233). O manuscrito, no entanto, tem no cabeçalho apenas "Senhor Joaquim Nabuco"; sendo assim, o título acima foi atribuído para que o leitor possa contextualizá-lo.

A causa da emancipação no Brasil não é somente a causa de um milhão de escravos, mas também a causa de dez milhões de homens. É a causa de um país inteiro, não somente do seu desenvolvimento industrial, social e moral como também da reputação e da dignidade nacionais. Hoje, nós, abolicionistas brasileiros, estamos na mesma posição que os italianos estavam antes dos episódios de 1859. Naquele tempo, queríeis fundar uma pátria, ou melhor, um Estado, porque a pátria jamais deixou de existir em meio a todas as vossas divisões: ela estava viva nas tradições da vossa história, nos poemas dos vossos grandes poetas, nas obras-primas do vosso gênio, nas pedras dos vossos monumentos, e, acima de tudo, nesse juramento eterno de fidelidade à nação, que se chama língua italiana. Pois bem, nós também queremos fundar uma pátria, ou seja, construir não mais que os alicerces sobre os quais uma nação pode ser fundada: a liberdade individual de todos os seus membros.

Observai essa Roma da qual vosso grande orador, o Sr. Mosca, falou com uma enorme eloquência; por que todo esse grande edifício, da mais bela civilização que o mundo já viu, desabou com a chegada dos bárbaros? Porque estava fundada na escravidão, e a multidão de escravos e um povo de libertos não foram capazes de defender a pátria romana contra homens livres. Mesmo os Estados Unidos só puderam datar a verdadeira liberdade da pátria no dia em que Lincoln assinou a emancipação de quatro milhões de homens, num momento em que se acreditou que a grande república iria desaparecer devido às convulsões da escravidão instável.

A hospitalidade que tive, a simpatia que me foi demonstrada, o sentimento unânime dessa grande assembleia que aclama a causa da liberdade no Brasil, tudo isso, Senhores, torna a Itália ainda mais cheia de vida e admirada por nós. Para finalizar, faço o voto, um voto que nada vale vindo de um desconhecido – ainda que diante das causas inconscientes ou inexplicáveis que dirigem o mundo, o voto manifestado por um homem como eu talvez tenha o mesmo valor que o voto de um Gladstone ou o voto de um Mancini – de que a Itália, com o corpo coberto por milhares de cicatrizes que recebeu na sua longa história, prova viva de que as nações não morrem jamais quando os povos são fiéis no amor a elas, engrandeça sempre, multiplique os lados simpáticos da sua natureza nobre, se faça amada pelo mundo, e não se esqueça jamais nem que pertence nem o que deve à raça latina, cuja influência independente, livre e altiva no mundo não deve cessar. Brindo à grandeza e ao futuro da nação italiana.

4

[Proposta feita por Joaquim Nabuco na Conferência da Associação pela Reforma e Codificação da Lei das Nações (Londres, 1887)][715]

Numa sessão, ao propor uma medida condenatória da escravidão, o Senhor Joaquim Nabuco, ex-membro do parlamento brasileiro, disse que não está na mesma posição em que a quatro anos atrás, por ocasião da Conferência de Milão. Nessa ocasião, os abolicionistas brasileiros estavam lutando contra quase todos os elementos poderosos e influentes no Brasil e esperavam quando não havia esperança. Agora, os próprios donos de escravos desistiram da escravidão, e ela está morta na consciência moral da nação, embora ainda não tenha sido feita uma lei para remover os remanescentes desta instituição da terra que ela devastou e desfrutou por três séculos.

E propôs a seguinte resolução: "esta Conferência reafirma a Resolução votada em Milão, que condena a escravidão por ser contrária aos princípios da direito internacional, e se congratula com o progresso do movimento abolicionista no Brasil, lamentando, ao mesmo tempo, que as nações civilizadas do mundo ainda não lhe tenham prestado ajuda moral internacional, razão por que o movimento espera que proibam os seus respectivos súditos de ter escravos e interesses na escravidão no Brasil".

A Resolução foi unanimemente aprovada.

---

715 Esse é o único material que foi possível encontrar sobre a participação de Joaquim Nabuco nessa Conferência; trata-se de um trecho de um artigo do *Anti-Slavery Reporter* (jul.-ago. de 1887, p.125) que foi publicado porque a BFASS participou dela, representada por Charles H. Allen. Segundo esse periódico, o tema do discurso de Joaquim Nabuco nessa Conferência foi a "Escravidão no Brasil".

Apêndice D

Matérias do *The Rio News*

1
"A Escravidão brasileira"[716]

O correspondente de Paris do *Jornal do Comércio* nos informa que, no dia 11 último, o *Nord* de Bruxelas publicou um longo artigo sobre a escravidão brasileira. O *Nord*, vale a pena dizer, é um dos jornais belgas que tem se empenhado com zelo, talvez desinteressadamente, em espalhar o que o correspondente chamou de "propaganda brasileira". Pode-se supor que o artigo em questão tenha sido escrito por um estrangeiro desinteressado ou, alternativamente, por um brasileiro interessado, mas o fato é que o *Jornal do Comércio*, tanto pelo seu correspondente de Paris quanto pelo seu editor do Rio louva o escritor e recomenda suas afirmações.

Por ora, nada temos a dizer sobre o imperador, a quem o artigo atribui o atual movimento pela emancipação e a própria lei da emancipação, que é julgada pela alta qualidade dos seus objetivos e resultados. Quando, no entanto, o público europeu é informado de que o tratamento dado a todos os escravos brasileiros não pode ser comparado com o que foi dito por Harriet Beecher Stone em *A cabana do Pai Tomás* a respeito do tratamento dos escravos no sul dos Estados Unidos, porque os primeiros são bem tratados, gozam comparativamente de mais liberdade e têm mais privilégios assegurados, estamos propensos a acreditar que essa desprezível propaganda foi muito

---

716 Esse artigo foi publicado pelo *The Rio News*, 15 de dezembro de 1882, p.2. Todos os casos de escravos seviciados referidos aqui já haviam sido denunciados um a um por Lamoureux.

longe. Os abolicionistas brasileiros não são Dons Quixotes lutando contra moinhos de ventos; eles têm, de sobra, justos motivos para denunciar esse grande crime contra a humanidade. Aqueles que dizem que a escravidão é mais branda e mais humana neste país do que foi a dos Estados Unidos ou são grosseiramente ignorantes ou mentem deliberadamente – e a evidência favorece a esta última suposição.

Estamos entre os que se opuseram à escravidão americana em todas as suas formas e manifestações, mas nunca acreditamos que as cenas tão graficamente pintadas por Mrs. Harriet Beecher Stowe fossem comuns a todas as fazendas, nem mesmo a uma pequena proporção delas. Sempre acreditamos que a maioria, a grande maioria dos agricultores americanos, tratou seus escravos bem e com consideração. Seus interesses exigiam esse tratamento, mesmo que não tivessem outro motivo. Admitido isso, resta o fato de que muitos deles maltrataram cruel e brutalmente seus escravos – e justamente este grupo forneceu ao movimento pela abolição muito da sua força e do seu ímpeto. Falar dos direitos inerentes de liberdade, como fazemos, demanda exemplos, como os que se encontram em *A cabana do Pai Tomás*, para estimular homens a agir, e é exatamente isso que o trabalho da Mrs. Harriet Stowe fez com muita nobreza.

Até agora, *A cabana do Pai Tomás* da escravidão brasileira não foi escrito, mas quando for não faltarão eventos para abarrotá-lo com horrores que Mrs. Harriet Stowe jamais sonhou. Reiteradamente tem sido dito que a escravidão brasileira é mais branda e humana que sua correspondente do norte, e milhares de pessoas creem nessa história. Como é difícil provar essa afirmação, não hesitamos em denunciar essa história como falsa em todos os sentidos. Humana! – não há, e nunca houve, sequer uma partícula de humanidade na escravidão brasileira! Certamente a escravidão americana era cruel, mas parece benigna perto dessa servidão degradada do Brasil! Pense no garoto escravo Jerônimo, de Pelotas – açoitado até a morte! Pense na garota escrava Mônica, de Niterói – exatamente do outro lado da baía onde está esta capital – espancada até ser reduzida a uma massa de carne ferida! Pense no escravo Miguel de Souza, da Paraíba, açoitado à exaustão, depois torturado até a morte com sal, cebola e tabaco que foram esfregados no seu corpo dilacerado, e, por fim, soda cáustica foi despejada na boca do cadáver para parecer que era um caso de suicídio!. Pense na escrava Petronilha, desta mesma cidade e propriedade de um Barão, apelando à polícia por proteção ainda no mês passado com um cepo e uma argola de ferro presos aos seus tornozelos! Pense no infeliz escravo de Campos, que, noutro dia, rasgou seu pescoço com os dedos para fugir das misérias futuras! Pense naquele outro

ABOLICIONISTAS BRASILEIROS E INGLESES **383**

infeliz miserável de Pernambuco do ano passado, um escravo fugitivo que foi capturado, abrindo seu intestino com as mãos para escapar da punição e da futura servidão! Pense nas "novenas" – os nove dias de dilaceramento das costas pelo açoite! Pense nos suicídios diários de escravos em todo o Império! Pense nos instrumentos de tortura, cujo número e engenho se igualam aos da inquisição medieval. Pense em tudo isso – e então considere a escravidão brasileira como branda e humana. Pergunte aos que viajam pelas províncias quantos estropiados viram! Pergunte-lhes quantas canções escravas ouviram, e quantos rostos felizes e contentes viram!

Na escravidão americana havia um espírito de contentamento irrefletido e de felicidade entre os escravos, o que a instituição brasileira jamais conheceu. Não somos defensores da escravidão norte-americana, nem mesmo sob qualquer pretexto, mas ficamos insatisfeitos ao vê-la ainda mais degradada, ao vê-la classificada abaixo dessa monstruosa iniquidade da servidão, que os ministros e legisladores brasileiros agora defendem muito afetuosamente contra denúncias justas e contra a extinção imediata.

Antes de ir muito longe com essa propaganda, o editor do *Nord* ganharia mais se fosse informado sobre os fatos relativos à questão. Não será difícil para ele obter dados que poderia tratar – e fatos que abrirão os olhos dos seus leitores para o verdadeiro caráter desse crime sem limites. A escravidão não pode ser branda e humana, menos ainda ser justa – e o editor do *Nord* sabe disso. Mesmo que suas afirmações fossem verdadeiras, nunca deveriam insistir em justificar um mal que tem arrastado regularmente esta nação para sua morte. Não há desculpa justa para o crime; e ninguém deve ser sacrificado.

2

Ao Editor[717]

Senhor – Uma carta do Dr. Ernesto Ferreira França, publicada pelo *Times* de 21 de setembro, depois de relatar detalhes da aprovação da recente lei sobre a emancipação dos escravos no Brasil, entre os quais ocupa um lugar proeminente a indenização de escravos por um valor legal, afirma que o princípio de indenização foi sancionado pela *Anti-Slavery Society*. Isso foi

---

717 Esta carta e a respectiva resposta do jornalista foram publicadas pelo jornal no dia 24 de novembro de 1885, p.3.

384 ANTONIO PENALVES ROCHA

contestado pelo Sr. Allen, secretário da referida associação, numa carta de 2 de outubro também publicada no *Times*.[718] Mas, parece que o Sr. Allen alterou os fundamentos da questão referente ao *direito* de indenização ao fazer dele algo distinto do *princípio* de indenização e, por meio deste sofisma, a opinião do Dr. França parece prevalecer no espírito público, tendo em vista que prova eficazmente que a *Anti-Slavery Society*, pela sua atuação anterior, deveria sancionar essa disposição da lei brasileira do dia 28 de setembro último.

Sinceramente,

J. A. Blair

Rio, 14 de novembro.

[resposta do Editor]

Na sua carta ao *Times* de 2 de outubro passado o Sr. Allen diz claramente que "a *Anti-Slavery Society* nunca adotou o princípio de que a indenização era um direito". Não podemos considerar, portanto, que a opinião do Dr. França "prevaleceu", pois foi diretamente contestada por um homem que tem competência para falar em nome da *Anti-Slavery Society*. A tentativa de estabelecer uma distinção entre o *"princípio* da indenização" e o *"direito* de indenização" parece-nos um mero malabarismo com palavras. A causa com a qual a *Anti-Slavery Society* e todos abolicionistas estão comprometidos é de caráter essencialmente moral e, portanto, não pode aceitar logicamente a doutrina de que a violência, um ato grosseiramente imoral e injusto, carregue consigo um direito de indenização. Ninguém será bastante corajoso para sustentar a ideia de que o roubo ou a posse de bens roubados confira direitos de propriedade – e que, assim, noutro sentido, possamos tratar a questão de sequestrar africanos e mantê-los em servidão forçada. Seja quanto ao tráfico de escravos, seja quanto à escravidão, não há direito moral algum; ao contrário, ambas as práticas são violações grosseiras dos mais sagrados direitos humanos que se tornaram um código moral. Se, portanto, o *direito* de indenização não pode ser estabelecido dentro do domínio da moral, então será muito difícil a um espírito lógico aceitar o estabelecimento de um *princípio* para esse fim.

---

718 Trata-se da mesma carta que se encontra na nota 642.

ABOLICIONISTAS BRASILEIROS E INGLESES 385

A verdade clara é que os amigos da lei Saraiva-Cotegipe são incapazes de achar uma justificação para essa peça extraordinária de legislação reacionária. Na sua carta ao *Times*, o Dr. França diz que "no fim desse ano todos os escravos no Brasil serão convertidos em empregados". O que ele quer dizer? Agora, está em curso alguma parte dessa "conversão"? Ou ela é simplesmente *para inglês ver*? Não é verdade – e colocamos esta questão pessoalmente ao Dr. França – que qualquer tentativa de justificar essa lei de emancipação tem se baseado somente em afirmações extravagantes e infundadas como essa? E também não é verdade que o "princípio" de indenização estabelecido por essa lei significa um enorme acréscimo à dívida da nação, cujo fardo recairá sobre as classes mais pobres que estão menos capacitadas a carregá-lo? Os produtos dos fazendeiros donos de escravos estão especialmente livres das taxas fixadas por essa lei, enquanto qualquer lei de impostos vigente é tão bem estruturada que seus tributos são menos sentidos pela classe mais rica e influente dos brasileiros. E, mais que isso, as inumeráveis infrações dos donos de escravos, praticadas a partir da Lei de 1871, tornaram-se objetos de perdão especial nessa lei de 1885, uma dócil deferência e uma profunda clemência que nenhum escravo jamais recebeu quer seja do seu senhor, quer seja da lei. Ed. *News*

3

Ao Editor[719]

Senhor,

No seu número de 24 último, referente ao assunto acima nomeado [abolição da escravidão no Brasil] e à carta por mim escrita ao *Times*, respondida pelo Sr. Allen, na condição de secretário da *British and Foreign Anti-Slavery Society*, parece que dois pontos essenciais foram destacados no seu artigo: a exatidão das asserções do Sr. Allen e a sua desaprovação ao princípio de indenização na abolição da escravidão.

É óbvio que o Sr. Allen não nega substancialmente a minha proposição "de que a *Anti-Slavery Society* aprovou o princípio da indenização para fins de emancipação", o que se pode inferir das próprias palavras do Sr. Allen,

---

719 Esta carta e a respectiva resposta do jornalista foram publicadas pelo jornal no dia 5 de dezembro de 1885, p.2-3.

386 ANTONIO PENALVES ROCHA

que diz "a *Anti-Slavery Society* nunca adotou o *princípio* de que a indenização era um *direito*".[720]

Sinto não ter em mãos o estatuto da *Anti-Slavery Society* e ser obrigado a citar de memória; mas espero poder voltar logo a este tópico.

Quanto à indenização propriamente dita, o princípio foi apoiado por homens eminentes desde há muito tempo. Mas, me contento em indicar exemplos nos Estados Unidos e na Inglaterra.

No Senado da grande república, nos idos de 1825, Rufus King propôs que as terras públicas, empenhadas como garantia da dívida pública, fossem vendidas após o pagamento desta dívida, e o resultado das vendas *deveria ser aplicado na emancipação dos escravos* nos Estados Unidos.

Em 1833, o governo inglês apresentou um plano para abolir a escravidão nas colônias britânicas, e a primeira proposta para isto era de que os escravos deveriam ser emancipados *depois de um período de experiência* de dez anos, que os prepararia para a liberdade, e de que os donos de escravos deveriam *em compensação* receber um empréstimo de £15000000. Depois, o tempo da experiência foi reduzido para sete anos, e a soma de £15000000 aumentada para £20000000, devendo ser distribuída não mais como um empréstimo, mas como uma *doação* para compensar os donos de escravos por qualquer *perda* que eles supostamente pudessem sofrer em decorrência da medida. Nesse tempo, a imprensa, louvando a nova lei, declarou que jamais qualquer nação fizera um sacrifício de dinheiro mais nobre à humanidade e à justiça.

A lei brasileira n° 3270, de 28 de setembro deste ano, não poderia ter tido um modelo melhor.

Nos Estados Unidos esses princípios remontam até mesmo a Jefferson, o pai da democracia americana. O esquema de emancipação que Jefferson advogava poderia ter sido uma medida preventiva contra a guerra no Sul. Sua ideia era de que todos os escravos nascidos depois da lei estariam autorizados a ter a liberdade, exatamente o mesmo plano proposto no Brasil por

---

720 Vale lembrar que a abolição inglesa com indenização ocorreu em 1833, quando a agitação abolicionista era realizada pela *Society for the Mitigation and Gradual Abolition of Slavery Throughout the British Dominions*, ao passo que a *Britisth and Foreign Anti-Slavery Society* foi fundada em 1839; mesmo assim, depois de 1839, os abolicionistas ingleses eram tidos como membros da *Anti-Slavery Society*, como a primeira fora apelidada, e defendiam-na, embora não concordassem com a forma assumida pela abolição. Desse modo, o rótulo *Anti-Slavery Society* prestava um serviço ideológico ao representar a unicidade de todo o movimento abolicionista inglês.

Rio Branco. Jefferson, como se sabe, não foi somente um filantropo e um patriota, mas também um estadista firmemente prático.

Creio que na história moderna não houve o precedente de alguma nação que, em tempo de paz, tenha se recusado a sancionar direta ou indiretamente o princípio da indenização na abolição da escravidão.

Esperando que, em coerente harmonia com a missão da imprensa, da qual o seu jornal é um dos mais importantes representantes no Brasil por ter ampla publicidade no estrangeiro, faça a gentileza de abrir espaço em seu próximo número para as considerações acima. Permaneço, Sr,

Seu humilde criado,
Dr. Ernesto Ferreira França
Rio de Janeiro, 27 de novembro de 1885.

[resposta do Editor]

Até onde essa controvérsia está relacionada com o significado das palavras do Sr. Allen, quando ele declarou que "a *Anti-Slavery* nunca adotou o princípio da indenização como um direito", não há muito que dizer. A nosso ver, a distinção que o Dr. França procura estabelecer entre as palavras "princípio" e "direito" faz uma injustiça ao Sr. Allen, atribuindo-lhe uma afirmação que ele não teve a intenção de fazer e que a sua linguagem não sugere. A esse respeito, no entanto, o Sr. Allen é a pessoa mais competente para tomar uma atitude e, não há dúvida de que tomará no devido tempo.

Quanto à questão da indenização, estamos prontos a admitir a premissa do Dr. França de que "o princípio foi apoiado por homens eminentes". E, do mesmo modo, o tráfico de escravos e a própria escravidão "foram apoiados por homens eminentes", muitos dos quais os declararam de origem divina, sancionados pela Sagrada Escritura e consagrados pelo uso antigo e moderno, e os recomendaram pela experiência e pela boa adaptação deles às necessidades de elevação da civilização. Mas, isso prova que o tráfico e a escravidão são humanos e justos? A Inglaterra demorou vinte anos para aprovar uma lei que abolisse o tráfico negreiro por causa da influência de altas personalidades – ricos agricultores e ricos proprietários de navios interessados em mantê-lo – e da opinião pública, que fora cuidadosamente educada para aceitar que tal medida arruinaria as colônias. Se as opiniões

388   ANTONIO PENALVES ROCHA

de homens eminentes – entre elas, as de duques que também são príncipes reais, de pares do Reino, de prelados e letrados – fossem aceitas como evidências conclusivas, o tráfico africano de escravos ainda hoje estaria a todo vapor! O mesmo pode ser dito sobre a questão da escravidão. Nunca houve uma época na história da agitação antiescravista na Inglaterra ou nos Estados Unidos em que "homens eminentes" deixaram de entoar louvores a ela, defendendo seu uso e suas vantagens. Se as opiniões de grandes homens sobre o assunto atendessem às necessidades, o Brasil deveria manter a escravidão, defendendo-a com os volumosos testemunhos eloquentes que são feitos em seu benefício.

É verdade que muitos advogaram a indenização na Inglaterra e nos Estados Unidos. Buxton votou pela indenização de £20000000, mas o fez para "evitar o derramamento de sangue" e não porque acreditava no princípio. E muitos outros fizeram o mesmo. Esses homens devotados haviam participado de uma contenda longa e árdua e tinham sido derrotados diversas vezes; desse modo, consideraram o sacrifício pecuniário como uma oportunidade para pôr um fim à escravidão e rapidamente apoiaram-no. A Inglaterra era bastante rica para fazer a doação e a fez sem grandes inconvenientes, ao passo que os homens que receberam esse dinheiro ganho com assassinatos não acharam nele o bálsamo para as heranças do vício, autoindulgência, desperdício e sensualidade que herdaram dos longos anos de escravidão. Mas, porque a Inglaterra pagou uma indenização tão grande, que o Sr. Cory rindo justifica com o pretexto de que ela capacitou o povo britânico a ficar "de uma vez por todas livre dos seus donos de plantações", o Dr. França proclama que o Brasil está preparado para fazer exatamente o mesmo? Pode o Brasil fazer isso tão facilmente, sem sobrecarregar o povo?

Houve um notável exemplo de emancipação sem indenização que o Dr. França não deve deixar de lado, o dos Estados Unidos. O grande número de escravos libertados e o enorme sacrifício feito para isso, que foi causado por uma das mais custosas guerras jamais conhecidas, tornou-a mais difícil e perigosa do que possivelmente pode ser no Brasil. Contudo, quais foram os resultados? Em vez de olhar para as concepções de Rufus King, deixemos o Dr. França considerar o impacto sofrido pela agricultura, mineração e manufatura no Sul, e, assim, concluir, se puder, que tudo isso pode acontecer sob o sistema de emancipação gradual com indenização que o Brasil tenta agora pôr em prática.

Quanto à ética da questão, não há justificação possível para a indenização. Obrigar os que não possuem escravos, as pessoas pobres e os estrangeiros, a indenizar donos de escravos por renunciarem a uma prática injusta e

ABOLICIONISTAS BRASILEIROS E INGLESES **389**

bárbara, usada somente para beneficiá-los às custas de todos os demais, é uma proposição que não podemos aceitar, nem podemos achar qualquer justificação para essa política. Se a escravidão é correta, deixemos que prossiga, mas se é incorreta, deixemos que as penalidades recaiam sobre os que são responsáveis. As classes mais pobres, sobre as quais a sobrecarga da indenização cairá pesadamente, são as que verdadeiramente mais têm sofrido com a competição desigual do trabalho escravo; pedir-lhes agora que deem uma contribuição adicional dos seus magros ganhos para aumentar as pilhagens dos donos de escravos é um requinte de injustiça que não pode ser tolerado. Deixemos os que obtiveram ganhos com a escravidão arcar com os custos da sua abolição: sobre ninguém mais deverá pesar a sobrecarga da rigorosa supressão desse crime revoltante contra a humanidade. — Ed. *News*

4

The Rio News[721]
Rio de Janeiro, 27 de agosto de 1888.

Meu caro Sr. Nabuco,

Para mim, é uma experiência muito prazerosa e satisfatória saber que tenho milhares de amigos e receber uma prova substancial dessa amizade pelo presente belo e oportuno que você me deu em memória do 13 de maio e da participação de dois jornalistas estrangeiros – Angelo Agostini e eu mesmo – na defesa da abolição da escravidão no Brasil. Como você abriu a subscrição para o presente, peço que aceite meus sinceros agradecimentos por esse belo presente e os transmita, como tão bem sabe fazer, a cada um desses atenciosos amigos.

Ao aceitá-lo e agradecer-lhe pelos cumprimentos – temo que muito imerecidos –, com os quais me honrou na apresentação, peço permissão para registrar uma objeção: tudo isso está muito além dos meus méritos. Se eu tivesse sido capaz de encantar os olhos e os corações do povo, como meu talentoso amigo e colega da *Revista Ilustrada* fez tão eficazmente com seu lápis mágico, aceitaria com segurança o crédito de ter colaborado para a realização dessa grande reforma; mas, como você bem sabe, minha influência

---

721 Esta carta foi publicada pelo jornal em 5 de setembro de 1888, p.2.

foi exercida sobre um grupo e teve um caráter muito distinto. Em 1879, comecei a advogar a abolição da escravidão e, desde então, contínua e incansavelmente, mantive em pé esse mesmo debate; também é verdade que, até aonde vão as minhas informações, durante uma grande parte do tempo, o *The Rio News* foi o único advogado da emancipação imediata e incondicional, embora não possa considerar que, a esse respeito, mereça algum mérito especial. Para mim, a abolição era simplesmente uma questão de princípio; era um ato de justiça abstrata e de economia política sadia. Acreditando, como eu acredito, que é o mais alto dever do jornalista conduzir e instruir a opinião pública, condenar tudo que é injusto e nocivo e recomendar e promover tudo que é correto e benéfico, simplesmente não tinha outra política a seguir.

Gostaria de ter certeza de que minha influência como jornalista prestou um serviço a você e a seus amigos, mas não posso vangloriar-me de que esse tenha sido o caso. Indiretamente, no entanto, posso ter prestado algum serviço ao tornar as questões da escravidão brasileira e da emancipação mais bem compreendidas no estrangeiro e por ter convencido estrangeiros residentes no Brasil da justiça e da urgência da imediata abolição da escravidão.

Seja como for, tive a grande fortuna de ter visto essa grande revolução ser pacificamente realizada e de até mesmo ter prestado um serviço muito pequeno à sua feliz conclusão. E, ao mesmo tempo, é meu dever e meu prazer, como norte-americano que sou e que viu essa mesma controvérsia em seu próprio país ser resolvida por meio de uma das mais terríveis guerras dos tempos modernos, congratulá-lo e a seus compatriotas pela abolição pacífica da escravidão no Brasil. O registro desse grande evento será escrito em caracteres de ouro nas imperecíveis páginas da história nacional dos brasileiros, e será, esperamos, uma inspiração e um exemplo em todos os tempos para uma solução pacífica de questões similares.

Mais uma vez, agradeço-lhe e aos muitos amigos por se lembrarem tão cortesmente do estrangeiro no meio de uma alegre comemoração que é dos brasileiros e ofereço os meus melhores votos de futura prosperidade e felicidade a todos vocês e a este grande país,

Sinceramente,
A. J. Lamoureux

Sr. Joaquim Nabuco
    Membro da Câmara de Deputados
        Rio de Janeiro

Apêndice **E**

Petições e mensagens antiescravistas enviadas ao Império

1
Memorial da Sociedade dos Amigos aos governantes das nações cristãs (1849)[722]

Tendo agradado ao Senhor conduzir os nossos pais à percepção da crueldade e da imoralidade do tráfico africano de escravos e da injustiça de manter semelhantes como escravos, eles se sentiram com forças para agir de acordo com a convicção forjada em seus espíritos: libertaram os que estavam no cativeiro e, sendo fiéis à convicção, desfrutaram os benefícios de ficar com a consciência limpa diante de Deus. A partir do amor que emana Dele, seus corações expandiram o amor ao próximo e incansavelmente empregaram suas forças para conduzir os outros a essa percepção da justiça e da misericórdia para a qual o Senhor os conduzira. Desde essa época até hoje, nos sentimos, como Igreja, encarregados de dar o testemunho contra o pecado da escravidão.

Acreditamos que é nosso dever cristão mostrar claramente os males infligidos ao povo da África e advogar reiteradamente a causa do escravo em memoriais que enviamos ao nosso próprio governo. Regozijamo-nos com isso e agradecemos pelo progresso que houve da causa da justiça tanto neste país quanto em outras nações. A liberdade foi restaurada a centenas de milhares de escravos, e muitas nações do mundo civilizado estão agora, em grande parte, livres da culpa do tráfico africano de escravos – um comércio

---

722 *Anti-Slavery Reporter*, 1º de fevereiro de 1855. O título completo desse documento é *Ata da apresentação da Petição da Reunião Anual da Sociedade Religiosa dos Amigos sobre o tráfico de escravos e a escravidão aos soberanos e às autoridade das nações da Europa e de outras partes do mundo onde a religião cristã é professada.*

que havia sido declarado pelo Congresso de Viena, em 1815, como "um flagelo que desola a África, degrada a Europa e aflige a humanidade" –, pela promulgação de leis para suprimi-lo. Mas, nossos corações estão pesarosos pelo fato de que esse tráfico ainda é realizado em grandes proporções, e que uma grande quantidade da população do mundo ocidental ainda está subjugada à crueldade e ao crime da escravidão. Desejamos fomentar essa simpatia entre todos os homens de todos os lugares e vê-la aumentar.

Um Deus é o Criador de todos nós: Seus olhos estão em todos os lugares, observando o mal e o bem. Ele julgará todas as obras e todas as coisas secretas, sejam elas as boas ou as más. As famílias da terra são todas de um mesmo sangue; todas participam da mesma natureza corrupta, derivada da queda do homem; todas estão igualmente sujeitas às debilidades, às doenças e à morte e receberão o mesmo julgamento depois da morte. A graça do nosso Senhor Jesus Cristo é impessoal. Ele experimentou a morte por todos os homens; todas as diferenças de país, de língua e de cor se fundem na imensidão daquele amor pelo qual o Pai enviou o Filho para ser o Salvador do mundo. Onde quer que a religião do Evangelho de Cristo obtenha seu lugar adequado dentro de nós, ela abranda nossos corações; desperta no homem um sentimento de solidariedade para com os seus semelhantes; leva-o a estimar cada homem como um irmão e a considerar todas as nações da terra como uma família. Entre os milhões de seres humanos, todos merecem a atenção do nosso Pai que está no céu: se formos participes do Seu amor, teremos compaixão para com o desamparado, o indefeso e o oprimido; o que nos constrangerá a fazer de tudo para mitigar a dor e aliviar as aflições dos que estão padecendo, a solidarizar-se com o desamparado, e nos esforçarmos para melhorar a condição dos mais degradados da nossa raça.

Agora, estamos juntos nesta Reunião Anual para promover a caridade e a piedade entre nós mesmos e, em conformidade com nossas limitações, para difundir a verdade e a justiça na terra. A condição dos nativos da África, afetada pela continuidade do tráfico negreiro, e a dos escravos da América do Norte e do Sul e das ilhas adjacentes a esse continente desperta outra vez a nossa simpatia. Acreditamos que nos foi imposto o dever de advogar pela causa desses nossos semelhantes. Submetamos o princípio de que a escravidão é completamente incompatível com a lei divina à consideração das autoridades nas nações que agem em nome de Cristo. "Amarás o próximo como amas a ti mesmo"; "tudo aquilo que quereis que os homens vos façam, fazei-o vós a eles": esses foram os preceitos do nosso Senhor. Ele falou como nenhum homem falou, e com as Suas palavras declarou: "passará o céu e a terra; minhas palavras, porém, não passarão"; nessas palavras estão a lei da justiça divina para todas as gerações.

Submetamos à apreciação algumas questões: sem transgredir essa lei, o homem pode manter ou reivindicar o direito de propriedade sobre aquele que é o seu semelhante? Dada a suprema autoridade dessa lei, o homem pode comprar ou vender o seu irmão? Um homem pode se recusar a repassar aos que trabalham para ele aquilo que é justo e equivalente? Pode o trabalho forçado e sem compensação do escravo negro não ser uma transgressão dessa lei? Em resumo, estará livre de culpa o homem ou a nação que violar a lei do Senhor em qualquer uma dessas circunstâncias?

Durante trezentos anos, foi efetuado o comércio de escravos da África para outro lado do Atlântico, e esse tráfico de homens prossegue com uma crueldade implacável e exagerada: ano após ano multidões incontáveis são separadas de tudo que lhes é caro na vida para passar o resto dos seus dias no trabalho árduo e na miséria. Ainda há homens de coração insensível, tão propensos a obter ganhos pela opressão e tão desprovidos dos sentimentos comuns à humanidade, que gastam o seu tempo e os seus talentos para fazer esse comércio criminoso. Evitemos de entrar em detalhes sobre a grande variedade de sentimentos humanos inseparáveis dessa complicada iniquidade, mas esperemos que não seja pedir muito querer que aqueles aos quais nos dirigimos agora que abram seus ouvidos aos gemidos do oprimido e que sejam simpáticos aos seus sofrimentos; que reflitam sobre a guerra, sobre a rapina e sobre o derramamento de sangue ligados à captura de escravos no interior da África – sobre o sofrimento que há na ida até a costa da África e na travessia do oceano; e não deixem de tomar conhecimento dos horrores e da asquerosidade do navio negreiro; que não deixem de acompanhar o pobre negro desamparado e inofensivo, se ele sobreviver ao sofrimento da viagem, e de pensar sobre sua condição quando ele desembarcar numa costa estrangeira e iniciar uma vida de servidão dura e sem esperança, talvez, para ser obrigado a trabalhar até morrer no início da sua idade adulta ou para viver o bastante para ver seus filhos submetidos à mesma degradação e opressão que ele sofreu.

Abençoado seja o homem que leva o pobre em consideração. A bênção do Senhor cairá sobre ele se, conhecendo o mal que aflige o seu próximo na vida, estender a sua mão para aliviar a pobreza e a aflição; e Sua bênção cairá sobre aquele que, como o patriarca de outrora, está perscrutando as dores e os infortúnios do pobre, do órfão, e daqueles que não contam com socorro algum. "A causa que eu não conhecia", dizia o patriarca, "procurava conhecer".

Nossas simpatias estão voltadas não só para o nativo africano e para as vítimas do tráfico africano mas também para os que estão vivendo e trabalhando na condição de escravos, que nasceram na escravidão e possivelmente morrerão como escravos por causa das privações e da fadiga. Nos países em que esse sistema é protegido pela lei, o homem é degradado à condição de besta de carga e considerado como um artigo de comércio. O escravo nada tem na vida que possa chamar de seu; sua força física e os membros do seu corpo pertencem a outrem; mal pode se dizer que seja proprietário das faculdades mentais. Tudo o que o distingue como criatura racional é tratado como propriedade de outrem pela lei do Estado. Ele pode ser um homem temente a Deus, querendo ser aprovado como discípulo de Cristo – acreditamos que haja de fato escravos cristãos; mas, qualquer que seja a consistência do seu caráter como cristão e qualquer que seja o avanço da cultura na sua mente, nada adianta: ele é ainda um escravo, e a lei não lhe permitirá desejar nada mais na vida, a não ser a escravidão sem esperança, sem amparo e sem ninguém. Dotado, como os outros homens, pelo seu Criador da capacidade para ter o prazer, ele tem as suas afeições sociais; pode estar honradamente casado e, na vida de casado, rodeado de uma prole tão querida quanto sua própria carne; mas não sabe o dia nem a hora em que será separado da sua esposa ou em que seus filhos, na tenra idade, podem ser bruscamente arrancados dele, vendidos ao comerciante de homens e levados a um cativeiro muito distante. Enquanto a escravidão for protegida pela lei, não teremos segurança alguma da extinção do tráfico de escravos. As contingências do sistema, quaisquer que sejam as mudanças que nele ocorram, são tais que até que a escravidão seja abolida, homens, mulheres e crianças serão, nós tememos, importados da África ou comprados e vendidos como animais do campo; e as barbaridades do mercado de escravos continuarão a poluir cidades e povoações das ilhas que mantêm a escravidão nas Índias Ocidentais e dos países escravistas da América.

Pensamos que o assunto é tão vasto e de tão múltiplas atrocidades que até mesmo a história do mundo inteiro não fornece um paralelo a esse crime. Julgamos ser praticamente impossível para um homem conhecer completamente a extensão do mal, mesmo que ele tenha a mais abrangente das mentes. Apenas o Senhor conhece e, excetuando o Espírito Infinito, ninguém pode compreender os sofrimentos individuais e coletivos daqueles que estão submetidos a essas maldades. Só Deus pode entrar no coração e despertar a consciência. Desejamos fortemente – falamos isso com reverência e temor – e oramos para que Ele possa conduzir todos a uma percepção da sua fração da culpa, e que, quando cada um desistir da sua iniquidade, a condenação que há sobre o ladrão de homens e sobre aqueles que negociam com pessoas não possa mais estar associada a alguém que se autodenomine cristão; e que o dono de escravo, qualquer que seja o seu envolvimento com o pecado da opressão, possa ser induzido a agir em obediência à lei da equidade imparcial

ABOLICIONISTAS BRASILEIROS E INGLESES **397**

e intransigente, restaurando, sem hesitação e sem demora, a liberdade imediata e incondicional de cada escravo que mantém em cativeiro.

O Evangelho de Cristo é precioso para nós. Por meio da misericórdia de Deus para com as nossas almas, confiamos que estamos preparados, até certo ponto, para valorizar os meios pelos quais, na Sua sabedoria e amor, Ele tem providenciado a redenção do mundo e a reconciliação do homem com Ele. Nas palavras da antiga profecia, Cristo foi prometido e nele todas as famílias da terra seriam abençoadas. Assim, só podemos ter a opinião de que o esclarecimento das multidões que habitam a África e a participação delas nos privilégios e nas consolações da religião cristã foram muito retardadas pelas más ações dos que estiveram no meio delas; e especialmente que a crueldade e a imoralidade do tráfico fizeram muito para mantê-las na ignorância Dele, que morreu por elas. Com esse amor que se estende sobre o mar e sobre a terra e que busca a felicidade de toda a raça humana, apelamos àqueles nos quais ele reside; e respeitosamente os exortamos a fazer a sua parte, de acordo com a pacífica religião de Cristo, para remover todos os obstáculos do caminho, a fim de que, por meio da graça de Deus, o africano, de qualquer tribo e de qualquer língua, possa ser conduzido ao conhecimento da verdade como ela está em Jesus.

Que seja do agrado do Senhor Todo Poderoso abençoar aqueles que reinam e os que têm poder em todas as nações em que o cristianismo é reconhecido. Que a Sua sabedoria possa presidir todas as assembleias dessas nações, e a lei da Sua retidão governe as suas ações. Que o Príncipe da Paz, Cristo Jesus nosso Salvador, seja honrado em todos os lugares em que o Seu nome é conhecido. Que Sua sagrada religião obtenha uma merecida influência na terra; e torne o povo preparado para louvar Deus na língua falada pelo exército celestial – "Glória a Deus nas alturas, e paz na terra aos homens de boa vontade".

Assinado em nome da Reunião e em seu interesse,

George Stacey, *Clerk* da Reunião.

2
Memorial da BFASS ao Imperador do Brasil (1864)[723]

Que esta possa agradar Vossa Majestade:

O Comitê da Sociedade Antiescravista Britânica e Estrangeira muito respeitosamente solicita permissão para se dirigir ao Imperador a respeito da

---

723 *Anti-Slavery Reporter*, 1º de abril de 1864, p.89-91.

extinção do tráfico de escravos e da escravidão no Brasil. Trata-se de um assunto cuja importância deve ocupar a atenção de um monarca que deseja o bem-estar dos seus súditos, entre os quais esses dois males existem, pois não há mal maior.

A Sociedade Antiescravista Britânica e Estrangeira foi criada para promover a abolição da escravidão e do tráfico de escravos em todo o mundo por meios exclusivamente morais, religiosos e pacíficos. Para tanto, parte de um princípio fundamental: enquanto houver escravidão o tráfico de escravos não será suprimido. E considera a posse de escravos como um "pecado e um crime contra Deus", razão pela qual afirma que a escravidão deve ser eliminada sem qualquer tipo de acordo. Baseando-se nesses princípios, o Comitê sentiu que devia apelar, de tempos em tempos, aos amigos da humanidade de todos os países onde a escravidão existe, insistindo para que promovessem a sua extinção, e dirigir-se particularmente àqueles que estão encarregados das responsabilidades solenes do governo pelo poder que têm de tomar iniciativas.

Por muitos anos o Comitê observou com profundo pesar o prosseguimento do tráfico de escravos da África para o Brasil e fez sérias representações para que o governo britânico empregasse todos os seus esforços a fim de obter do governo do Brasil a abolição deste comércio cruel. O Comitê, no entanto, não tomou parte da aprovação da Lei de 1845, conhecida como Lei Aberdeen, não só porque sua aplicação envolvia o recurso à força armada, mas também porque tinha razão em acreditar que muitas pessoas inteligentes do Brasil estavam empenhadas em promover a completa extinção do tráfico externo de escravos, de acordo com os ditames da humanidade e com os seus comprometimentos. O Comitê protestou contra essa Lei e sugeriu a sua anulação; agora, com reiterada confiança, se alegra porque nenhum negro da África desembarcou no Brasil nos últimos anos; e considera que a extinção desse ramo do tráfico de escravos, confirmada pelos funcionários britânicos nos relatórios anuais enviados aos seus superiores, seja aceita como evidência do sincero desejo do governo do Imperador de pôr em prática suas obrigações determinadas pelos tratados. Nos seus relatórios, nas suas várias publicações e em toda ocasião apropriada, o Comitê tem dado destaque a essas provas de boa-fé da parte do Brasil, pondo sempre a sua conduta em contraste com a da Espanha, cuja vergonhosa violação de compromissos é tida como um escândalo para o mundo civilizado. Agora, ele julga ser seu dever manifestar, da mais formal das maneiras, sua alta apreciação pelos últimos esforços do governo do Imperador para suprimir o tráfico africano de escravos, com a

ABOLICIONISTAS BRASILEIROS E INGLESES 399

aplicação de leis especialmente aprovadas para isso, bem como sua satisfação com os resultados.

O Comitê teve um profundo interesse pelas tentativas, em anos recentes, de proibição do tráfico interprovincial de escravos por mar e de extinção dos mercados de escravos em todo o Império brasileiro. Assim sendo, toma a liberdade para manifestar a sincera esperança de que esses esforços sejam coroados de êxito e que o Imperador se digne a encorajá-los. Enquanto houver demanda em qualquer província é vã a tentativa de abolir a venda de escravos e os negócios com escravos. Nesse sentido, aguardar uma ação legislativa é um assunto a ser examinado, desde que haja a possibilidade de mitigar a miséria terrível que deve resultar da separação e da dispersão das famílias, com o consequente rompimento de todos os laços que prendem até mesmo um escravo à vida.

Ao tocar na questão maior da emancipação dos escravos, o Comitê está plenamente consciente das dificuldades que a obstruem e da magnitude dos interesses envolvidos. De todo modo, o Comitê nem de longe presume que poderia determinar o modo exato pelo qual uma medida tão importante como a libertação de mais de 3 milhões de escravos deverá ser realizada. Contudo, ele se atreve a sugerir que o primeiro passo em direção a uma solução prática é prestar a atenção à questão como um todo. Desde que a Grã-Bretanha emancipou os escravos nas suas colônias, o principio que guiou sua ação foi adotado e posto em prática pela Dinamarca, França, Portugal e, mais recentemente, pela Holanda. No caso de Portugal, a abolição da escravidão assumiu uma perspectiva futura, e talvez deva ocorrer, a partir de 1854, dentro de um período de vinte anos. A última e mais notável aplicação prática dos princípios advogados pela Sociedade está presente na emancipação dos servos da Rússia – em número de 23 milhões –, uma revolução social efetuada sem violência; essa emancipação produziu os mais benéficos resultados em todo aquele vasto império, e se calcula que no futuro acarretará um grande desenvolvimento dos seus recursos materiais e consolidará sua força moral e sua influência. Os mesmos princípios se enraizaram e frutificaram no continente da América do Norte. Ali uma luta fratricida surgiu unicamente a partir da questão da liberdade ou da escravidão. Apesar das tentativas interessantes que foram feitas para atribuir essa sanguinolenta revolução a outras causas, agora há provas irrefutáveis de que sua origem deveu-se somente à escravidão. Eis uma advertência de que governantes sábios devem se valer para, prevendo o desastre, poderem se precaver contra uma calamidade similar. Olhando para trás, portanto para o passado, se vê como o espírito da liberdade foi se desenvolvendo maravilhosamente no último quarto

400 ANTONIO PENALVES ROCHA

de século, como mostra a emancipação dos escravos nos países mencionados; ao observar a luta entre os Estados do Sul e do Norte da União Americana, certamente resultante da libertação dos escravos nos últimos, parece ao Comitê que as circunstâncias não tardarão a trazer forçosamente a questão da emancipação à atenção do governo brasileiro, como já é o caso da Espanha em relação aos escravos de Cuba.

O trabalho de emancipação da mais degradada condição a que seres humanos podem estar – mais de três milhões dos seus semelhantes – é uma das dignas ambições louváveis de um monarca. A conquista territorial, o desenvolvimento material dos recursos de um país e a aquisição de poder e de influência política entre as nações são meros sonhos fúteis, se forem comparados com a glória eterna que derivará da libertação de um povo inteiro da degradação, aviltamento e sofrimento, inerentes à escravidão, enquanto outros estão em posse de todos os direitos de humanidade e gozam de todos os privilégios da cidadania. Quanto maiores forem as dificuldades para a realização dessa obra nobre, maior será a glória. O Comitê espera sinceramente que o Imperador seja motivado a levar seriamente em consideração esse vasto assunto, que seja sensibilizado pelos sofrimentos de tanta gente do seu povo e que seja guiado pela sabedoria do Todo Poderoso para promover a execução da grande consumação indicada pelas Sagradas Escrituras: "aliviar o peso dos fardos, libertar os oprimidos, e romper todos os jugos".

Em nome do Comitê,
Robert Alsop, Presidente do Comitê
L. A. Chamerovzow, Secretário.

3
Mensagem da Junta Francesa ao Imperador do Brasil (junho de 1866)[724]

A sua Majestade o Imperador do Brasil

Senhor,

No momento em que a república dos Estados Unidos, vitoriosa de uma guerra longa e mortífera, acaba de dar a liberdade a quatro milhões de escravos;

---

724 *O Abolicionista*, 1° de novembro de 1880, p.3.

no momento em que a Espanha parece prestes a ceder à voz da humanidade e da justiça, ousamos dirigir a Vossa Majestade um ardente apelo em favor dos escravos do vosso Império.

Sabemos, Senhor, e ninguém na Europa o ignora, que V. Majestade é poderoso no vosso Império, e a vossa força reside na administração reconhecida e no amor sincero do vosso povo.

Já abolistes o tráfico; mas essa medida é incompleta; uma palavra, uma vontade de V. Majestade podem trazer a liberdade de dois milhões de homens. Podeis dar o exemplo, Senhor, e tende a certeza de que sereis acompanhado, porque o Brasil nunca olhou a servidão como uma instituição divina.

Vozes generosas levantam-se todos os anos nas assembleias, na imprensa, no púlpito, para pedir a abolição. O número dos escravos é menor que o dos homens livres; e quase um terço já existe nas cidades exercendo ofícios ou servindo de criados, e é fácil elevá-los à condição de assalariados. A emigração dirigir-se-ia para as vossas províncias, desde que a escravidão tenha desaparecido. A obra da abolição, que deve atender aos fatos, interesses, situações, parece menos difícil no Brasil, onde aliás os costumes são brandos, e os corações humanos e cristãos.

Desejamos a V. Majestade, já ilustre pelas armas, pelas letras, pela arte de governar, uma glória mais bela e mais pura, e podemos esperar que o Brasil não seja por mais tempo a única terra cristã afetada pela servidão.

Temos a honra de ser de V. Majestade muito humildes e respeitosos servos

Duque de Broglie (membro da Academia Francesa, presidente da Junta).

Guizot (idem, idem).

Laboulaye (membro do Instituto, presidente da Junta).

A. Cochin (idem, secretário).

Andaluz (membro da Sociedade das Artes de Londres).

Borsier (pastor).

Príncipe de Broglie (membro da Academia Francesa).

Leon Laredan (redator do *Correspondant*).

Henri Martin (autor da *História da França*).

Conde de Montalembert (membro da Academia Francesa).

Henri Moreau (advogado).

Edouard de Pressensé (pastor).

Wallon (membro do Instituto).

Eng. Yung (redator do *Jounal des Débats*).

Resposta do governo Brasileiro, em nome do Imperador.

402 ANTONIO PENALVES ROCHA

Aos senhores membros da Associação para a Abolição da Escravatura

Rio, 22 de agosto.

Senhores,

Tive a honra de levar ao conhecimento de S. M. o Imperador a carta na qual manifestastes os vossos ardentes votos pela abolição da escravatura no Brasil.

Encarregado por S. Majestade de vos responder em seu nome e em nome do governo brasileiro, congratulo-me em poder-vos asseverar que as vossas intenções encontraram o mais simpático acolhimento.

Cabia-vos, senhores, a vós, cujas expressões se elevam sempre em favor dos grandes princípios da humanidade e da justiça, testemunhar o ardor que empenhais no conseguimento de uma empresa tão grande como difícil, e é com a mais viva satisfação que o governo brasileiro viu que fazeis justiça aos sentimento pessoais de S. M. o Imperador, aos membros do ministério, bem como à tendência da opinião pública do Brasil.

A emancipação dos escravos, consequência necessária da abolição do tráfico, não passa de uma questão de forma e de oportunidade.

Quando as penosas circunstâncias em que se acha o país o consentirem, o governo brasileiro considerará como objeto de primeira importância a realização do que o espírito do cristianismo desde há muito reclama do mundo civilizado.

Aceitai, senhores, a segurança de minha alta consideração.

Martin Francisco Ribeiro de Andrada.

4
Memorial da Conferência Internacional Antiescravista de Paris ao povo do Brasil (1869)[725]

Brasileiros,

Representamos o Comitê permanente formado pela Conferência Antiescravista Internacional, realizada em Paris no mês de agosto de 1867, que contou com delegados de quase todos os países para promover rapidamente a extinção da escravidão e do tráfico de escravos em todo o mundo. Por voto unânime, foi adotada a Resolução anexa,[726] e o Comitê foi instruído

---

725 *Anti-Slavery Reporter,* 1° de outubro de 1869, p.260-1.
726 Ver o texto seguinte.

para fazer uso dela quando, a seus olhos, puder contribuir para que esse objetivo seja alcançado e para enviar mensagens aos governantes em cujos domínios ainda existam esses dois flagelos da humanidade.

Em conformidade com essa resolução, o Comitê endereçou, em seguida, uma petição a Sua Imperial Majestade o Imperador do Brasil, da qual anexamos uma cópia. Agora julgamos oportuno lhes enviar, brasileiros, umas poucas palavras de amigável saudação, e um respeitoso e fervoroso apelo sobre o assunto da abolição da escravidão.

Nós nos alegramos muito com a extinção do tráfico de escravos entre o Brasil e a África, e especialmente com a oposição do sentimento público da nação a ele, que tornou improvável o seu restabelecimento. Esses fatos são muito satisfatórios, mas acreditamos que desde que a escravidão exista, homens inescrupulosos, incitados pela perspectiva de ganhos vultosos, terão, de uma forma ou de outra, um incentivo permanente para promover o renascimento do tráfico; por isso, perdura o perigo do restabelecimento do tráfico de seres humanos, e não nos desculpamos por ter essa convicção. Exatamente neste momento obtivemos informações confiáveis de que o tráfico interprovincial é efetuado legalmente em toda a costa brasileira, e que é, em alguns dos seus principais aspectos, não menos cruel ou menos repreensível que o tráfico de negros que vinham da África.

Causa pensamentos melancólicos saber que hoje em dia ainda há vários milhões de escravos no Brasil. Quando Sua Majestade, o vosso Imperador, dois anos atrás, e outra vez no ano passado, por ocasião do início dos trabalhos da Legislatura, declarou que a questão da emancipação era uma das medidas de reforma social cuja solução não deveria tardar, os amigos do negro esperavam que se aproximava o dia em que a escravidão, "a vergonha da humanidade", deixaria de existir no Brasil.

Grande é o desapontamento quando se percebe que essa matéria importante foi omitida no último discurso do Imperador às duas casas legislativas. Isso permite concluir que a própria declaração de Sua Majestade a favor da abolição foi posta de lado e que fortes influências adversas estão em curso para retardar uma decisão sobre essa importante questão. Nós, contudo, estamos seguros de que não passará muito tempo para que a questão da emancipação seja imposta à atenção do povo do Brasil e do seu governo. A escravidão está condenada pelo mundo civilizado, e o número dos donos de escravos é comparativamente insignificante para defender a conservação da instituição além de um certo número limitado de anos. Recentemente, o governo espanhol fez repetidas declarações de que decidiu suprimir a escravidão. Há pouco, Portugal reduziu, por decreto, para onze anos o período fixado em 1856 para a emancipação dos escravos nas suas possessões ultramarinas. Assim sendo, o Brasil se tornará a única nação que professa o cristianismo a manter a escravidão. Sejam quais forem as dificuldades em relação ao modo de fazer a emancipação imediata no Brasil, nenhuma nação escravista pode ficar cega aos perigos da demora, tendo em vista a temerosa advertência feita ao mundo pela recente catástrofe nos Estados Unidos; e se o Brasil pretende abolir a escravidão e deseja tomar essa providência com segurança e de acordo com os interesses nacionais, deve tomá-la a tempo.

Como é de conhecimento de todos que o chefe do Estado deseja a extinção da escravidão, cabe ao povo do Brasil dar-lhe mais poder. A política saudável, os melhores interesses do país, a justiça da humanidade e da religião estão ao lado da emancipação.

Quanto à questão religiosa, vos recomendamos especialmente as exortações da Igreja Católica Romana, expostas nas bulas dos Papas Gregório XIV, Benedito XIV, Urbano VIII, Leão X e Paulo III, que condenam completamente a escravidão e o tráfico, condenações estas que têm um grande peso sobre quem professa a religião católica romana.

Neste momento, o Brasil mantém um número maior de seres humanos como escravos que qualquer outra nação cristã do mundo. Queremos que ele não tenha na história a desonrosa distinção de ser a última a emancipá-los.

Dirigimo-nos a vós com franqueza, mas com um espírito amigável, pois desejamos ver o vosso país grande, nobre e livre, exercendo para sempre sua própria influência em todo o mundo, e assim se tornando cada vez mais intimamente ligado pelos laços de amizade com as mais ilustradas nações da terra. Somos, respeitável e muito sinceramente vossos amigos.

Em nome do Comitê francês,

De Broglie,

Guizot,

E. Laboulaye

A. Cochin

E. Yung

Em nome do Comitê espanhol,

J. L. de Vizcarrondo, Secretário

Em nome do Comitê inglês,

Joseph Cooper, vice-presidente

L. A Chamerovzow, Secr. Hon,

Paris, agosto de 1869.

ABOLICIONISTAS BRASILEIROS E INGLESES 405

5
Resoluções da Conferência Internacional Antiescravista de Paris (1867)[727]

A Conferência Internacional das Sociedades Antiescravistas francesa, espanhola, inglesa e americana faz um novo e fervoroso apelo à justiça dos soberanos e à opinião dos povos em favor da abolição radical e imediata do tráfico de escravos e da escravidão, já declarada pela Grã-Bretanha, França, Holanda, Suécia, Dinamarca, Estados Unidos, México, Repúblicas da América Central e da América do Sul e pela Regência da Tunísia, embora a escravidão e o tráfico ainda existam na Espanha, Portugal, Brasil, Turquia, Egito e República do Transvaal, África do Sul, para não falar dos países incivilizados.

Sem pretender reiterar as razões fundamentais que tornam a escravidão e o tráfico de escravos condenáveis como crimes aos olhos de Deus e do homem, a Conferência reafirma os seguintes resultados decisivos da experiência:

Está provado, e a Exposição Mundial dá extraordinária notabilidade a esta verdade, que somente o trabalho livre produz maravilhas; e que um abismo separa as produções dos povos que trabalham daqueles que fazem os outros trabalharem para eles.

Está provado que a escravidão, fundamentada na alegada necessidade de povoar colônias, não as povoa, mas produz despovoamento e deplorável mortalidade.

Está provado que a escravidão, fundamentada no pretexto de converter e civilizar raças inferiores e de entregar todos os trabalhos intelectuais e o governo às chamadas raças superiores, tende inevitavelmente a deixar os escravos definharem na ignorância e no aviltamento, imerge os senhores na indolência e na corrupção, impede a justiça, torna o governo venal e o clero desprezível; assim, reduz as duas raças ao mesmo nível de degradação vergonhosa.

Está provado que a escravidão, fundamentada no desejo alegado de desenvolvimento da riqueza, mata o espírito de empreendimento e o espírito de economia e de progresso; torna as colônias incapazes de competir com os países livres e as sobrecarrega de dívidas, de modo que os senhores, salvo poucas exceções, dificilmente podem ser chamados de proprietários e mais raramente ainda de administradores das suas propriedades, carregadas de hipotecas e entregues a capatazes e aos credores.

Está provado que o trabalho escravo é excessivamente caro. Em países onde ele é empregado a imigração livre só ocorre relutantemente e muito vagarosamente. Além disso, a fuga de escravos ou o medo das insurreições servis estão

---

727 *Anti-Slavery Reporter*, 16 de setembro de 1867, p.196-8.

406 ANTONIO PENALVES ROCHA

sempre ameaçando esses países com a desorganização; sendo assim, a prosperidade baseada na injustiça sofre abalos nas suas bases e se arruína.

Está provado que a escravidão, considerada como uma condição transitória que prepara para a liberdade, é, ao contrário, a sua absoluta negação; que as virtudes de previdência e de autogoverno, cujo exercício é uma exigência da liberdade, são realmente interditadas e aniquiladas pela escravidão; sendo assim, no dia seguinte ao da emancipação, as maiores dificuldades serão as que surgiram dos hábitos contraídos na servidão pelos senhores e escravos.

Está provado que meias-medidas não funcionam; que os sistemas de aprendizagem, de libertação das crianças, de emancipação gradual têm colocado em risco a propriedade, o círculo doméstico e a ordem pública; afrouxam todos os laços sem rompê-los ou substituí-los; estimulam a impaciência, a intranquilidade e a suspeita; a emancipação imediata, definitiva e radical tem provado ser em todos os lugares o único meio de reajustar e assegurar todos os interesses e, ao mesmo tempo, satisfazer a justiça e reconciliar as raças.

Está provado que a emancipação nas colônias da Grã-Bretanha, França, Suécia, Dinamarca e Holanda não provocou os males previstos, embora fosse precedida por um período de instabilidade, estivesse agrilhoada do ponto de vista material pela sempre crescente competição entre os produtos da Europa e os dos países escravistas, sofresse a interferência de medidas unilaterais e fosse aceita com repugnância pelos donos de escravos; ela tem sido menos bem-sucedida somente onde os antigos donos de escravos não foram capazes ou não puderam se ajustar ao novo sistema de trabalho e falharam ao pagar um salário insuficiente; onde os governos não tomaram as medidas adequadas para a difusão da religião, da instrução e da prevenção à vagabundagem; tem sido mais bem-sucedida onde as relações anteriores entre o senhor e o escravo foram, tanto quanto possível, satisfatórias, onde o corpo de proprietários foi inteligente e enérgico e o governo sagaz, e onde o respeito ao círculo familiar, à propriedade, à instrução e aos cultos públicos foram assegurados ao emancipado.

Está provado que a emancipação nos Estados Unidos, posto que proclamada em meio às ruínas da guerra, está sendo executada com sofrimento, mas sem desordem; o trabalho está sendo retomado numa escala muito maior do que poderia se esperar; os libertos são regrados e devotados em todos os lugares e mais ansiosos para receber instrução; são religiosos, ordeiros, inteligentes e, em muitos aspectos, dignos da nova posição.

Está provado que a supressão do tráfico impõe sacrifícios pesados aos Estados e tarefas perigosas às esquadras navais, e, apesar dos seus resultados, jamais será compensado por grandes sucessos enquanto a escravidão existir.

ABOLICIONISTAS BRASILEIROS E INGLESES 407

Está provado que várias tentativas de civilizar as colônias europeias das costas da África e do interior do continente foram abortadas em consequência da caça de escravos, e que a venda de homens e mulheres, em vez da venda dos produtos da terra, derivada do exercício do trabalho, garante o ganho de chefetes.

Está provado que todos os sistemas atuais de imigração de *coolies* e os contratos de trabalho, embora regulamentados com as melhores intenções e controlados por uma vigilância que é frequentemente arriscada, podem degenerar e, na verdade, degeneram em novas formas de tráfico de escravos e de escravidão.

Esses são os fatos que esta Conferência submete à consciência dos soberanos e à opinião dos povos, depois de uma longa e trabalhosa investigação realizada em muitos países e apoiada por uma grande quantidade de depoimentos.

Esta Conferência, portanto, resolve que os Comitês das Sociedades Antiescravistas britânica, francesa, espanhola e americana enviarão rapidamente mensagens fervorosas e respeitosas em seus próprios nomes aos soberanos do Brasil, Espanha, Portugal, Turquia e Egito, solicitando a imediata e absoluta abolição da escravidão e do tráfico de escravos.

Esta Conferência também encarrega os Comitês de enviar especialmente ao Soberano Pontífice uma carta respeitosa, a fim de que, seguindo os exemplos de Pio II, Paulo III, Urbano VIII, Benedito XIV e Gregório XVI, ele seja induzido a levantar sua voz em favor dos infelizes escravos, que certas nações católicas adquirem, possuem e demoram a emancipar, imitando as nações pagãs e muçulmanas no Século XIX da Era Cristã.

6
Resoluções submetidas à Conferência Antiescravista de Paris, pelos Amigos da Liberdade[728]

Entre as nações que se consideram civilizadas, ainda há algumas cujas leis proclamam que a escravidão é uma instituição legítima e que

---

728 Ibidem, p.198. Segundo o *Reporter*, Victor Schoelcher não compareceu à Conferência de Paris, embora "o partido dos abolicionistas radicais franceses", tivesse sido "talentosamente representado por seu amigo Elisée Reclus, Chassin e outros". Reclus, apresentado pelo periódico como "da *Revue des Deux Mondes*", onde, aliás, havia publicado uma série de artigos sobre a escravidão nos Estados Unidos e no Brasil, foi também identificado pelo periódico como o autor dessas Resoluções dos "Amigos da Liberdade". Mas, ainda segundo o *Reporter*, a Mesa que presidia os trabalhos não as submeteu à votação do plenário sob a alegação de que não só estavam "fora da ordem", como também "eram em muitos pontos idênticas em sentimento às que haviam sido adotadas, embora fossem formalmente diferentes; mesmo assim, seriam publicadas nas Atas da Conferência". Por isso, foram publicadas pelo periódico da BFASS logo abaixo das Resoluções aprovadas.

homens estão privados de todos os direitos pelos simples fato de terem nascido. A Conferência Antiescravista de Paris denuncia essa iniquidade e a reprova.

Especialmente no Brasil, um quarto, talvez um terço dos habitantes do Império, são, de acordo com a lei, meros bens, máquinas de alguns grandes proprietários. A agricultura, a manufatura, o comércio, enfim quase toda a riqueza pública baseia-se na escravidão; e até mesmo numa guerra, chamada de nacional, há uma porção de escravos usados como soldados, vendidos pelos senhores para serem mandados para a morte. A Conferência protesta contra tais crimes.

Em muitos países chamados civilizados, onde a escravidão foi abolida na sua forma essencial ou se diz que ela está em vias de ser abolida, prossegue o comércio de seres humanos da mais hedionda maneira pela importação de chineses, hindus e malgaxes. A Conferência protesta contra esse tráfico.

Em países chamados civilizados, onde a escravidão na sua antiga forma aparentemente desapareceu, a servidão ainda existe sempre que há leis diferentes para os emancipados e para os antigos senhores. Sempre que o escravo tornar-se livre, sem que seja libertado da terra que cultiva, sempre que existirem velhas regulamentações de forte má vontade e de indiferença, sempre que a única garantia dos direitos dos novos cidadãos depender somente da magnanimidade dos senhores, justiça e liberdade nada mais são que meras palavras; o massacre de centenas de pessoas, como na Jamaica, nem mesmo é um crime. A Conferência denuncia e condena esses assassinatos em massa, e reivindica para todos os cidadãos a mesma liberdade, os mesmos direitos e o mesmo lugar ao sol.

Nos Estados Unidos, um enorme evento está sendo levado a cabo, e quatro milhões de homens estão perto de serem incorporados à família humana. Não obstante, lá também a vil escravidão persiste nas leis e nos costumes. Ao impor o voto do negro nos Estados do Sul, consintam que os Radicais do Norte sejam equânimes e garantam-no também aos antigos escravos dos seus próprios Estados; ao perdoar os brancos por seus crimes seculares contra os negros, reconheçam os últimos como iguais; suprimam as leis derrogatórias à dignidade humana, que ainda proíbem o casamento entre pessoas de raça e cor diferentes. A Conferência Antiescravista de Paris chama a atenção dos cidadãos americanos que têm no coração a dignidade do seu país para essa desgraça nacional.

A Conferência, sabendo o quanto vale o exemplo da liberdade para o homem ainda escravizado, envia suas congratulações à República do Haiti,

ABOLICIONISTAS BRASILEIROS E INGLESES **409**

que, no primeiro suspiro da Revolução Francesa, conquistou sua independência e desde então soube como mantê-la. A Conferência envia também um
testemunho de simpatia à República do México, por não tolerar o restabelecimento da peonagem que o estrangeiro procura lhe impor.

Finalmente, a todos os países em que a escravidão ainda existe, a Conferência apresenta como exemplos de devoção heroica os mulatos Oye e
Chavannes, queimados vivos em S. Domingos; Delgrés e Ignatius, que
morreram combatendo pela liberdade dos negros e contra o restabelecimento
da escravidão em Guadalupe, em 1802; Natt Turner e John Brown, e seus
nobres companheiros de armas.

Assinado Mevil-Bloncourt; Ch. L. Chassin; E. Faucault; Amelie Juvenais;
Elisée Reclus; Davaud; Davaud (esposa); Verlet; Marie Pagés etc.

7
Memorial da Sociedade das Senhoras Amigas dos Negros de Birmingham às senhoras do Brasil (1869)[729]

Desejamos respeitosamente tratar com as senhoras do Brasil o assunto da
escravidão negra. A nossa Sociedade foi fundada há mais de quarenta anos
para aliviar os sofrimentos dos escravos mantidos sob domínio britânico e para
auxiliar a libertá-los. Desde a feliz extinção da escravidão em nossas possessões, temos desejado fervorosamente a abolição nos outros países por
estarmos profundamente convencidas de que ela é contrária às leis de
Deus, à prosperidade das nações e ao bem-estar de todas as classes do povo.
Temos a mesma opinião do Presidente Lincoln: "se a escravidão não está
errada, então nada está errado"; e nos alegramos com a lembrança de que a
influência e o esforço da mulher contribuíram grandemente para assegurar
os triunfos da liberdade neste reino. Sentimos que desonraríamos a natureza
compassiva que o nosso Pai Celestial nos concedeu se não levantássemos a
nossa voz em favor das reclamações da humanidade em todo o mundo; e
respeitosamente suplicamos às senhoras do Brasil que se comprometam com
essa causa justa. Não temos dúvida de que os céus abençoarão a emancipação
em qualquer país em que ela ocorrer, e não nos causa surpresa saber que os
fazendeiros do Estados do Sul da América do Norte estão perplexos com a

---

729 *Anti-Slavery Reporter*, 1º de outubro de 1869, p.262.

410 ANTONIO PENALVES ROCHA

quantidade de trabalho fornecida pelos trabalhadores, que anteriormente eram seus escravos e agora agem sob o estímulo dos salários.

Ficamos sabendo que viajantes americanos têm dificuldade de entender por que os traços da escravidão desapareceram tão rapidamente. A explicação é que Deus está abençoando o povo que assegurou liberdade aos seus escravos, e, por isso, agora há felicidade em milhares de corações nos quais o sofrimento e a tristeza se alojaram durante muito tempo. Recebemos notícias da Jamaica de que donos de escravos cubanos, que recentemente se haviam refugiado naquela ilha, ficaram surpresos com a docilidade dos trabalhadores, e com o desempenho deles no trabalho quando são adequadamente pagos.

Esperamos que as senhoras do Brasil perdoem a nossa audácia em apresentar essas matérias às vossas considerações. Estamos seguras de que não se ofenderão quando se lembrarem que advogamos por aqueles que não podem falar por si mesmos – por aqueles que foram degradados quase à condição animalesca. Contudo, foram criados à imagem de Deus, e Jesus Cristo, o Salvador, morreu na cruz pelas suas almas. Não podemos nos abster de chamar atenção para o fato chocante de que, embora professe a fé cristã, a vossa nação mantém em injusto cativeiro um número maior de seres humanos do que qualquer outro país do mundo. Imploramos a vossa ajuda para remover essa mancha da honra do Brasil, e rezamos para que a bênção divina caia sobre vós e sobre o vosso país.

Hannah Joseph Sturge, Secretária.

8
Memorial do Comitê da BFASS ao Conde d'Eu (1870)[730]

A Vossa Alteza Real Príncipe Louis de Orleans, Conde d'Eu.

Senhor, o Comitê da Sociedade Antiescravista Britânica e Estrangeira, fundada com o objetivo de promover por meios pacíficos a total abolição da escravidão e do tráfico de escravos em todo o mundo, regozija-se com a auspiciosa presença da Vossa Alteza Real neste país e aproveita a ocasião para expressar o seu ardente desejo pela abolição completa da escravidão no grande império do Brasil, ao qual Vossa Alteza está notavelmente ligado.

Em várias oportunidades, o Comitê tomou conhecimento de que o vosso honrado Pai, Sua Majestade Imperial, o Imperador do Brasil, deseja sinceramente ver o grande país que governa purgado do crime e da maldição da escravidão.

---

730 *Anti-Slavery Reporter*, 31 de dezembro de 1870.

E alegra-se também por saber que resultou de um empreendimento de Vossa Alteza Real o decreto que recentemente aboliu a escravidão para sempre em solo paraguaio.

Além do mais, deu-lhe grande satisfação saber que essa medida tocou a consciência pública no Brasil, fazendo surgir em todas as classes um forte desejo pela completa abolição da escravidão.

Merece uma séria consideração o fato de que um número muito grande de escravos do Brasil, talvez um número pequeno por ser menor que um milhão, foi introduzido pelo tráfico entre os anos de 1831 e 1850, numa época em que, pelo tratado de 1826, celebrado entre o Brasil e a Grã-Bretanha, o tráfico era ilegal. Como esse tratado com a Grã-Bretanha era legítimo, não se pode negar que esses escravos e seus descendentes têm direito à emancipação incondicional e imediata.

É nosso desejo fervoroso que o Brasil não cometa erros ao lidar com a escravidão. Toda a experiência passada mostra a imensa superioridade da emancipação imediata sobre os esquemas graduais e contemporizadores. As tentativas feitas pela Grã-Bretanha para extinguir gradualmente esse mal se tornaram um fracasso notório. Ao lado disso, a emancipação imediata, adotada pela França, pela Holanda e pelos Estados Unidos da América, foi perfeitamente bem-sucedida.

No último desses países, como Vossa Alteza Real provavelmente está consciente, a produção de algodão e de açúcar nos antigos estados escravistas da União foi, durante os anos 1869-1870, uma das maiores que se conhece – e, no entanto, a emancipação súbita e completa foi efetuada em meio a todas as desordens de uma tremenda guerra civil, a qual, com suas terríveis conse-quências, poderia ter sido evitada se os clamores de justiça e de humanidade tivessem sido atendidos a tempo.

Embora aponte as vantagens comerciais da emancipação completa sobre todas as medidas parciais e imperfeitas de emancipação, o Comitê baseia a sua argumentação nos direitos inalienáveis do homem à liberdade pessoal, que nunca podem ser revogados por quaisquer considerações pecuniárias e comerciais.

Somos,

Em nome do Comitê da Sociedade Antiescravista e Britânica e Estrangeira,

Vossa Majestade Real, somos humildes e obedientes servos,

Joseph Cooper, Secr. Hon.

Edmund Sturge, Secr. Hon.

Robert Alsop, Secr. Hon.

27, New Broad Street London,

412 ANTONIO PENALVES ROCHA

24 de outubro de 1870.

Resposta
Bushey Park, Teddington,
29 de outubro de 1870.

Senhor, agindo de acordo com os vossos desejos, tive a honra de apresentar a Sua Alteza Real o Conde d'Eu, a Petição enviada pelo Comitê da Anti-Slavery Society, e alegra-me dizer que Sua Majestade Real ficou muito grato pelas amáveis expressões a ele dirigidas, e mais especialmente pela justa apreciação dos sentimentos filantrópicos de Sua Majestade Imperial o Imperador e da nação brasileira.

Seguindo as ordens da Sua Alteza Real para fazer este agradecimento, permita-me acrescentar meus respeitos ao Comitê da Anti-Slavery Society, e rogo que creia.

Senhor,
Seu fiel e obediente servo,
Visconde de Lages.

Joseph Cooper, Secr. Hon. da Sociedade Antiescravista Britânica e Estrangeira.

9
Memorial da BFASS ao Imperador do Brasil (1871)[731]

A Vossa Majestade Imperial Pedro II, Imperador do Brasil.

Que esta possa agradar Vossa Majestade,

Numa reunião recente do Comitê da Sociedade Antiescravista Britânica e Estrangeira, foi unanimemente resolvido apresentar outra petição a Vossa Majestade sobre a continuidade da escravidão no Brasil.

O Comitê se sente muito encorajado a tomar essa atitude pela sua indubitável convicção de que os sentimentos e opiniões de Vossa Majestade estão de acordo com as da Sociedade a que esse Comitê pertence.

Ele também reconhece com grande satisfação que os súditos mais inteligentes e ilustrados de Vossa Majestade estão ansiosos para que o Brasil seja libertado do pecado da escravidão e dos inúmeros males inseparáveis da sua existência.

---

731 *Anti-Slavery Reporter*, 1º de abril de 1871, p.131-2.

ABOLICIONISTAS BRASILEIROS E INGLESES 413

É gratificante ao Comitê observar manifestações saudáveis da opinião pública – tais manifestações de sentimentos corretos não são, contudo, novas na sua totalidade; elas existem medianamente no Brasil desde há muitos anos, mas, infelizmente não produziram efeito material algum na legislação do país até o presente.

Há seis anos, Vossa Majestade aceitou receber uma Petição da Sociedade Antiescravista, na qual nós antecipamos com confiança que a escravidão seria rapidamente abolida no Brasil.

Desde então, muitos milhares de escravos desapareceram, tendo sido libertados da escravidão pela morte. O clamor desses homens por justiça foi ignorado na terra, e eles passaram por ela sem nem mesmo experimentar as doçuras da liberdade, um direito outorgado a toda a família humana por Deus em sua bondade.

É importante considerar que a responsabilidade por isso, bem como pela continuação de todos os sofrimentos e dos múltiplos males da escravidão, deve estar em algum lugar: os responsáveis são os que obstinadamente a têm empregado e os que, vivendo no pecado, são coniventes com a sua preservação.

É também importante considerar que nos sentimos seguros de que os membros do governo de Vossa Majestade não falharão em lembrar-se de que um grande número, provavelmente não menor que um milhão dos introduzidos no Brasil desde 1831, agora mantidos em cativeiro junto com seus descendentes, têm direito garantido pelos tratados entre o Brasil e a Inglaterra à liberdade imediata e incondicional.

Como semelhantes e adeptos da religião de Cristo, pleiteamos a liberdade deles e a de todos que estão privados da sua liberdade pessoal.

Nosso cristianismo comum não aprova a opressão do pobre pelo rico seja qual for a alegação. Pelo contrário, nenhum pecado é mais inequivocamente condenado que o pecado da opressão. O cristianismo não só desaprova a escravidão, como também o Fundador Divino da nossa religião sagrada a condenou para sempre quando pronunciou essas palavras sublimes: "não faça aos outros o que não quer que os outros lhe façam".

Ela foi condenada pela Igreja Católica Romana no ano de 1557 e, subsequentemente, em várias outras ocasiões; e, embora tenha felizmente desaparecido de todos os outros países cristãos, ainda encontra refúgio no Brasil e na Espanha.

Observando as discussões sobre esse assunto, que recentemente tiveram lugar no Brasil, ficamos chocados com o fato de que essas dificuldades e objeções à emancipação no Brasil não são novas, mas são exatamente similares às que têm sido apresentadas consecutivamente em todos os outros países em que a escravidão foi abolida desde então. Por que, conseguintemente, se permite que essas dificuldades obstem o Brasil a avançar num curso correto?

Seus estadistas, ao lidar com o assunto, têm a grande vantagem da experiência de todos os países que precederam o Brasil nessa mesma ação.

A Grã-Bretanha, a França, a Suécia, a Dinamarca, a Holanda e os Estados Unidos aboliram a escravidão, e a experiência tem incontestavelmente mostrado que a emancipação imediata é o caminho mais fácil e o único para superar todas as dificuldades.

Para usar os termos da Conferência Internacional Antiescravista de Paris de 1867, "Está provado que meias-medidas não funcionam; que os sistemas de aprendizagem, de libertação das crianças, de emancipação gradual têm colocado em risco a propriedade, o círculo doméstico e a ordem pública; afrouxam todos os laços, sem rompê-los ou substituí-los; estimulam a impaciência, a intranquilidade e a suspeita; e a emancipação imediata, definitiva e radical tem provado ser em todos os lugares o único meio de reajustar e assegurar todos os interesses e, ao mesmo tempo, satisfazer a justiça e reconciliar as raças".

Se a emancipação imediata tivesse falhado em algum lugar teria falhado nos Estados Unidos. Nesse país a emancipação de quatro milhões de escravos ocorreu sob todos os inconvenientes possíveis, tendo sido proclamada em meio às desordens e ruínas da guerra civil, resultantes da escravidão, num momento em que todos os laços da sociedade haviam se rompido.

Apesar disso, sendo a abolição imediata e completa, qual foi o resultado?

Os ex-escravos rapidamente tornaram-se mais inteligentes, assumiram a posição de cidadãos úteis e ordeiros e o país passou a ser cultivado por homens livres, produzindo uma quantidade maior de algodão nos anos 1869-1870 do que, com duas exceções, jamais havia produzido quando era cultivado por escravos.

A experiência dos Estados Unidos oferece de imediato uma grande lição e um aviso importante aos países que ainda mantêm a escravidão. Desejamos fervorosamente e rezamos para que nem o aviso tampouco a lição passem despercebidos, mas que, instruídos pelos eventos passados e guiados por uma política justa e generosa, o seu Governo e o povo apoiem Vossa Majestade para pôr um fim imediato à escravidão em todo o vasto império do Brasil.

Por meio desse grande ato, concedereis um benefício duradouro à nação brasileira. Sob as bênçãos de Deus todo-poderoso, a vossa glória será, deste

ABOLICIONISTAS BRASILEIROS E INGLESES **415**

modo, a de reinar um povo livre e unido, e o vosso nome será honrado pela posteridade como um benfeitor da humanidade.

Assinado, em nome do Comitê,

Joseph Cooper, Secr. Hon.

Edmund Sturge, Secr. Hon.

Robert Alsop, Secr. Hon.

Frederic Wheeler, presidente do Comitê.

27, New Broad Street, London

13 de Janeiro de 1871.

10
Memorial da BFASS a autoridades brasileiras (1871)[732]

Ao Ministério, ao Conselho de Estado e à Legislatura do Brasil.

O Comitê da Sociedade Antiescravista Britânica e Estrangeira, observando com grande satisfação que o governo brasileiro está finalmente perto de adotar medidas pela abolição total da escravidão, pede permissão, muito respeitosamente, para oferecer algumas considerações breves sobre o assunto; trata-se do resultado de observações cuidadosas e feitas continuamente por um longo tempo sobre a escravidão negra e sobre os métodos adotados em vários países para a sua extinção durante os últimos cinquenta anos.

Certamente é grande a dificuldade de passar da escravidão para a liberdade, do estado vicioso da sociedade para o saudável.

Para evitar essa dificuldade, recorreu-se ocasionalmente a meios paliativos e graduais; mas a história mostra que tais meios nunca e em caso algum foram bem-sucedidos.

Os estadistas de hoje têm uma imensa vantagem nesse campo sobre aqueles que os precederam, porque eventos passados demonstram que a solução que resultou nos maiores ganhos com as menores desvantagens foi invariavelmente a da emancipação imediata.

Eventos passados mostram também que a emancipação imediata interfere menos na oferta de trabalho que qualquer outra solução.

Se a Legislatura brasileira adotar simplesmente meias-medidas, semelhantes às vigentes, não poderá esperar a imigração livre e saudável de trabalhado-

---

732 *Anti-Slavery Reporter*, 1° de julho de 1871, p.158-9.

416 ANTONIO PENALVES ROCHA

res. Homens livres de parte alguma do mundo imigrarão para um país onde a escravidão existe, seja qual for a sua forma.

O resultado da nossa experiência e das nossas observações está muito bem exposto numa das resoluções da Grande Conferência Internacional de 1867, realizada em Paris, que ousamos citar, anexar cópias, e solicitar que mereçam as mais sérias considerações, a saber:

"Está provado que meias-medidas não funcionam; que os sistemas de aprendizagem, de libertação das crianças, de emancipação gradual têm colocado em risco a propriedade, o círculo doméstico e a ordem pública; afrouxam todos os laços, sem rompê-los ou substituí-los; estimulam a impaciência, a intranquilidade e a suspeita; e a emancipação imediata, definitiva e radical tem provado ser em todos os lugares o único meio de reajustar e assegurar todos os interesses e, ao mesmo tempo, satisfazer justiça e reconciliar as raças".

É com grande satisfação que tomamos conhecimento de que o vosso Imperador visitará proximamente este país. Como um inimigo da escravidão, e amigo da liberdade e da justiça, Sua Majestade receberá as mais calorosas e cordiais boas-vindas do povo da Grã-Bretanha.

Em conclusão, gostaríamos de expressar o nosso mais fervoroso desejo de que, ao lidar com o assunto da escravidão, os direitos sagrados da humanidade prevaleçam sobre todas as considerações inferiores, e que agireis de modo que as bênçãos do Altíssimo possam cair sobre vós e sobre o grande povo do Brasil.

Assinado em nome do Comitê,
Joseph Cooper, Secr. Hon.
Robert Alsop, Secr. Hon.
Edmund Sturge, Secr. Hon.
Thos. Phillips, Secr. Assist.
New Broad Street, London,
26 de maio de 1871.

11
Memorial da BFASS ao Imperador do Brasil (1871)[733]

A Vossa Majestade Imperial Pedro II, Imperador do Brasil.
Que esta possa agradar Vossa Majestade,

---

733 *Anti-Slavery Reporter,* 1º de dezembro de 1871, p.214.

Valendo-se da oportunidade que a visita de Vossa Majestade a este país proporciona, os membros do Comitê da Sociedade Antiescravista Britânica e Estrangeira aproveitam a ocasião para vos dar calorosas e cordiais boas-vindas.

Eles reconhecem em Vossa Majestade o amigo da liberdade e o inimigo da escravidão. Sentem-se seguros de que o grande desejo do vosso coração, e o objetivo acalentado durante toda a vossa vida, é o de ver vosso país livre da culpa e da vergonha da escravidão negra.

Nesse nobre desejo reconhecem, com vívida satisfação, uma crescente participação do povo do Brasil, e se regozijam de observar muitas provas do aumento de uma opinião pública ilustrada, do qual os mais felizes resultados podem ser antecipados.

Confiam, portanto, que chegou finalmente o tempo da completa abolição da escravidão no Império do Brasil. Quase todas as nações cristãs e civilizadas que antes a sancionavam, aboliram-na há muito tempo.

Oxalá o seu país não retarde mais a realização desse grande ato de justiça, de modo que jamais a história registre que o Brasil foi a última nação cristã do mundo a abolir a escravidão negra.

Seus Ministros, ao lidar com essa questão, têm como guia a experiência de todas as nações que os precederam no trabalho da emancipação.

Rogamos, especialmente a Vossa Majestade, que observe os fracassos notórios de todos os lugares onde houve a tentativa de aplicação de planos graduais e contemporizadores para lidar com a escravidão; por outro lado, a emancipação total e imediata foi realizada com perfeito sucesso em todos os casos. Para ilustrar a superioridade da emancipação imediata sobre os expedientes paliativos, será suficiente aludir às experiências da França, Inglaterra, Holanda, e Estados Unidos da América.

Vossa Majestade reina num dos mais extensos impérios do mundo, embora sua população seja pequena em proporção à extensão do Brasil. Se o seu país estivesse livre da escravidão apresentaria um campo amplo e atrativo para a imigração de homens livres de outras partes do mundo, mas, enquanto a escravidão existir de qualquer forma, não pode se esperar que ocorra a imigração de trabalho livre.

A escravidão foi, de tempos em tempos, condenada pela Igreja Católica Romana.

Foi enfaticamente condenada pelo Autor Divino da nossa sagrada religião, cujos mandamentos somos obrigados a reverenciar e a obedecer com toda consideração.

Nós, muito respeitosamente, mas com fervor, rogamos a Vossa Majestade que apresse o grande trabalho da emancipação, de modo que o sagrado

418 ANTONIO PENALVES ROCHA

direito à liberdade, do qual o mais pobre e o mais oprimido dos vossos súditos jamais poderia ter sido privado com justiça, seja restituído a cada escravo dos domínios de Vossa Majestade.

Desse modo, obtereis a gratidão da geração atual, a estima de todos os homens de bem e a duradoura honra da posteridade.

E a bênção do Todo Poderoso cairá sobre vós e sobre o povo do vosso grande império.

Assinado em nome da Sociedade,

Joseph Cooper, Secr. Hon.

Robt. Alsop, Secr. Hon.

Edmund Sturge, Secr. Hon.

Thos. Phillips, Secr. Assist.

27, New Broad Street,

30 de junho de 1871.

12
Memorial da Sociedade dos Amigos da Inglaterra ao Imperador do Brasil (1875)[734]

A D. Pedro II, Imperador do Brasil.

Que esta possa agradar o Imperador:

Respeitosamente pedimos permissão para apresentar-lhe[735] nosso repetido apelo em nome daqueles que ainda são mantidos como escravos no Império do Brasil.

Já faz 23 anos desde que o Imperador teve a satisfação de receber uma delegação que apresentou uma Petição sobre a escravidão aos soberanos e aos que exerciam a autoridade na Europa e em outros lugares do mundo onde a religião cristã é professada. Nossas visões sobre o caráter pecaminoso da escravidão aos olhos de Deus, expostas nessa Petição, permanecem as mesmas, e é com uma preocupação profundamente religiosa que nos sentimos obrigados mais uma vez a pleitear pela liberdade do escravizado.

---

734 *Anti-Slavery Reporter,* 1º de março de 1877, p.218-9.

735 Como foi mencionado antes, os quacres não usavam os pronomes de tratamento; na *plain language* que empregavam, o *thee*, ou seja, o "tu" e os pronomes oblíquos correspondentes substituem, por exemplo, "Vossa Alteza".

Desde então, um vasto número de escravos no Brasil desapareceu deste mundo sem que os seus direitos fossem reconhecidos, sem que os erros fossem reparados, sem que seus clamores por justiça e misericórdia merecessem atenção na terra. Felizmente, dentro do mesmo período, em outros lugares, milhões que eram mantidos no cativeiro tiveram a restituição da liberdade e da posse dos seus direitos e privilégios, dos quais haviam sido injustamente privados; Portugal, a nação mãe do Brasil, aprovou recentemente uma lei para remover os últimos vestígios da escravidão dos seus domínios neste ano.

A Espanha aboliu a escravidão em Porto Rico, mas o mal continua a existir em Cuba, sendo uma das causas de uma guerra bárbara e desoladora, que possivelmente só cessará com a extinção da escravidão.

Portanto, agora parece provável que o Brasil, que tem sido há muito o maior país escravista do mundo, logo será a única nação confessadamente cristã a manter a escravidão.

Temos em vista o fato de que, em 1871, foi promulgada uma lei no Brasil com o objetivo declarado de abolir a escravidão; mesmo assim, uma vasta proporção dos escravizados permanece na mesma condição, injustamente privada daquela liberdade que Deus na sua bondade e misericórdia concedeu a toda a família humana.

O cristianismo não aprova a opressão do pobre pelo rico; ao contrário, nenhum pecado é mais claramente condenado, tanto no Velho quanto no Novo Testamento, que o pecado da opressão.

A Igreja Católica Romana declarou ser a escravidão negra uma flagrante violação dos preceitos do nosso Senhor e dos Seus Apóstolos em diversas ocasiões desde os dias de Leão X, no século XVI, até os de Gregório XVI, em 1839.

"Não faça aos outros o que não quer que os outros lhe façam", são as palavras do próprio Cristo, e as nações cristãs devem submeter à autoridade delas.

Os ditames mundanos do oportunismo e do interesse próprio, reais ou supostos, não podem litigar contra a vontade revelada de Deus.

O que é moralmente errado jamais proporcionará o bem-estar permanente nem aos indivíduos tampouco às nações.

Acreditamos que há muitos indivíduos excelentes no Brasil que desejam ver o país livre da mancha da escravidão.

Agora, os cristãos estão intercedendo junto às nações muçulmanas pela extinção da escravidão nos seus respectivos países. Portanto, a continuidade da sua existência em qualquer parte da cristandade torna-se um sério obstáculo ao progresso da civilização e da liberdade em todo o mundo.

420 ANTONIO PENALVES ROCHA

Por todas essas razões, e no interesse do senhor tanto quanto no do escravo, imploramos fervorosamente ao Imperador que use sua grande influência para efetuar a abolição da escravidão final e completa no Brasil.

Oxalá a bênção divina caia abundantemente sobre vós, Oh, Imperador!, e sobre o povo do seu Império amplamente extenso.

Assinado em nome da Reunião realizada em Londres, no 3º dia do Nono Mês (setembro), 1875.

G. S. Gibson.

13
Petição da Sociedade Religiosa dos Amigos dos Estados Unidos da América do Norte, Reunião Anual de Indiana, ao Imperador do Brasil (1876)[736]

A D. Pedro II, Imperador do Brasil.

Que esta possa agradar o Imperador:

Respeitosamente pedimos permissão para apresentar-lhe nosso apelo em nome daqueles que ainda são mantidos na escravidão no Império do Brasil.

Tendo este país atravessado uma triste experiência por conta da escravidão humana, nós desejamos fervorosamente que o Brasil possa tirar proveito dela, evitando que a discórdia cinda o povo. Por muitos anos, temos apelado, como um corpo religioso, aos que têm autoridade e àqueles que mantêm seus semelhantes no cativeiro – "põe termo aos vossos pecados pela justiça e às vossas iniquidades pela misericórdia pelo pobre". Mas, essa voz foi desprezada. O escravo ainda labutava durante toda a sua vida até que o cálice da nossa iniquidade nacional encheu, e a taça da ira de Jeová foi derramada sobre nós com a terrível guerra civil que, poucos anos atrás, espalhou desolação em muitas partes do nosso querido país e impôs o luto e a desgraça em quase todos os lares da nossa terra, até que, de algum modo, percebêssemos o cumprimento da declaração da vontade relevada de Deus, "aquele que não mostra misericórdia, será julgado sem misericórdia". E, de novo, "aquele que fecha os ouvidos aos clamores do pobre também clamará, mas não será ouvido". Oxalá um Deus piedoso influencie desse modo os corações dos legisladores do seu país para que escapem de um destino similar, pois

---

736 *Anti-Slavery Reporter*, 1º de março de 1877, p.219.

ABOLICIONISTAS BRASILEIROS E INGLESES **421**

acreditamos que "o pecador irá para o inferno, com *todas as nações* que se esquecerem de Deus; pois o pobre não será esquecido para sempre nem a esperança do necessitado perecerá para sempre". A escravidão humana está desaparecendo do mundo civilizado com o avanço da religião e da civilização. E agora há indicações de que o Brasil logo se tornará o único protetor dessa instituição sombria e aviltante.

Fazemos este apelo não com um espírito autoritário, mas inspirados pelo espírito do amor e da boa vontade em relação tanto ao dono de escravos quanto ao escravizado, desejando que conselhos sábios prevaleçam e que o governo do Brasil tome rapidamente medidas para a abolição pacífica da escravidão a partir de princípios justos e equitativos. E orando para que Deus abençoe o Imperador e seus súditos, somos sinceramente amigos.

Assinado em nome da Reunião supracitada, ocorrida em Richmond, no Estado de Indiana, nos Estados Unidos da América do Norte, no 2º dia do décimo mês, 1876.

Levi Jessup
Clerk

14
Memorial da Sociedade das Senhoras Amigas dos Negros de Birmingham à Imperatriz do Brasil (1878)[737]

A Vossa Majestade Imperial Theresa, Imperatriz do Brasil.

Que esta possa agradar Vossa Majestade:

Da mesma maneira que muitas das nossas patrícias, as associadas da Sociedade das Senhoras Amigas dos Negros de Birmingham sentiram um vívido interesse pela visita do Imperador e da Imperatriz do Brasil ao nosso país; mas é um propósito especial que justifica o nosso esforço para conseguir a atenção da Imperatriz. Temos certeza de que o nome da Sociedade indicará a Vossa Majestade o objetivo que temos no coração – a emancipação de todos os escravos do mundo inteiro.

Desejamos seguir os passos dos nossos antecessores que fundaram uma Sociedade há mais de cinquenta anos, e que tiveram uma grande participação no trabalho que foi coroado pela emancipação dos escravos nas colônias

---

737 *Anti-Slavery Reporter,* 1º de agosto de 1878, p.76.

da Grã-Bretanha. Eles desejavam também que as vítimas do sistema de Cuba e do Brasil pudessem gozar as bênçãos e as vantagens conferidas aos libertos das Índias Ocidentais Britânicas, e que nenhuma das vastas terras do Hemisfério Ocidental permanecesse sob as aviltantes influências da escravidão.

Os registros da Sociedade contêm evidências do contínuo interesse sobre esse assunto durante o correr de muito tempo, e esperamos que o seguinte trecho do seu Relatório de 1858 possa interessar a Vossa Majestade: "é muito gratificante tomar conhecimento por fontes de informação confiáveis e recentes, às quais tivemos acesso, que não há motivo para discutir sobre a completa extinção do tráfico de escravos pelo governo brasileiro. Se for mantida a atual política liberal, que domina as assembleias do Imperador, podemos esperar pela completa libertação no Império dentro de um período não muito longo. Quando houver essa feliz consumação, o Brasil, com seu clima variado e vastos recursos produtivos, logo poderá competir meritoriamente em grandeza comercial com o império republicano do norte do continente".

Quando esse comentário foi feito, havia pouca esperança de que o governo dos Estados Unidos decretaria uma lei de emancipação em menos de dez anos. Pelo fato de o exemplo não ter sido seguido pelos governos espanhol e brasileiro, há motivos para a mais profunda lamentação em nome do escravo e o mais forte desapontamento em nome do Império; pois esse Império, tão amplo em extensão e tão rico em recursos, poderia se tornar com a liberdade (como foi bem destacado pelo autor do *The Lost Continent*[738]) uma fonte de maravilhosas bênçãos tanto para o povo do Brasil quanto para todas as nações civilizadas.

O Comitê desta Sociedade regozijou-se com as provas dadas pelo desejo do Imperador de emancipar os escravos nos seus domínios. Nos anais da Sociedade está registrado que quando sua filha Dona Isabel se casou com o Conde d'Eu ele a presenteou com as cartas de alforria de todos os escravos que ela receberia como dote de casamento.

O Comitê está plenamente consciente, pela experiência adquirida durante a história desta Sociedade, das dificuldades e da oposição que obstruem todas as medidas de emancipação; mas acredita que a perpetuação dos

---

738 Trata-se de livro escrito por Joseph Cooper, cujo título completo é *The Lost Continent; or, Slavery and Slave Trade in Africa, 1875, with Observations on the Asiatic Slave-trade, Carried on under the Name of the Labour Traffic, and Some Other Subjects*, Londres: Longman, 1876.

males sempre envolve perigos muito maiores que o abandono desses males. Quisera os defensores da escravidão fossem convencidos pelas declarações de Deus contra a opressão nas Sagradas Escrituras e admitissem que o sistema é contrário às Suas ordens de justiça e de amor.

Em conclusão, as associadas desta Sociedade rogam oferecer a Vossa Majestade e ao Imperador a expressão de respeitosa consideração e a esperança fervorosa de que logo possam reinar uma nação livre, e, portanto, mais enfaticamente cristã.

Com o mais elevado respeito,
Lydia Edmund Sturge, *Presidente*
Hannah Joseph Sturge, *Secretária*
Maria José Cadbury, *Tesoureira*.
Birmingham,
18 de julho de 1878.

15

Memorial da Sociedade pela Emancipação das Senhoras de Edimburgo à Imperatriz do Brasil (1878)[739]

A Vossa Majestade Imperial, Theresa, Imperatriz do Brasil.
Que esta possa agradar Vossa Majestade:

Inspiradas por um desejo que a recente visita de Vossa Majestade a este país despertou em nossos corações, nos aventuramos a tomar a liberdade de nos dirigirmos a vós para tratar de um assunto que acreditamos ser de importância vital aos verdadeiros interesses e ao bem-estar da vossa nação, tanto quanto para causa de toda a humanidade.

Nós, as autoras desta, nos associamos há cerca de cinquenta anos para promover a abolição da escravidão em todo o mundo, e tivemos o privilégio de testemunhar a emancipação nas colônias britânicas das Índias Ocidentais e nos Estados Unidos da América; mas, ao mesmo tempo que nos regozijamos com esses triunfos, deploramos profundamente a continuidade da existência da escravidão no Brasil e que o vosso império, confessadamente cristão, seja a maior nação escravista do mundo.

---

739 *Anti-Slavery Reporter*, 28 de agosto de 1878, p.77.

424 ANTONIO PENALVES ROCHA

Estamos conscientes de que esse assunto tem merecido as atenções do Imperador e que uma lei foi aprovada há alguns anos, cujo claro objetivo era a abolição da escravidão; mas essa lei nunca foi posta em prática, e uma vasta proporção dos escravizados permanece na mesma condição, injustamente privada do direito à liberdade pessoal concedida pelos céus. Desde a promulgação dessa lei um grande número de escravos desapareceu deste mundo, "sem que os seus direitos fossem reconhecidos, sem que os erros fossem reparados, sem que seus clamores por justiça e misericórdia merecessem atenção na terra".

Não há duvidas de que há dificuldades para abolir essa grande iniquidade; mas, encorajamo-vos a lembrar que Deus está sempre pronto para dar sabedoria e força àqueles que se empenham em fazer Sua vontade com a firme convicção de que Ele vos capacitará a transpor todos os obstáculos e de que o caminho da retidão será sempre o caminho da segurança e da paz.

O que é moralmente errado nunca pode ser politicamente correto, e acreditamos que o sistema da escravidão, oposto como é às leis de Deus, é um grande impedimento à prosperidade do vosso Império e está sempre repleto de perigos que ameaçam sua existência; em benefício, portanto, tanto da nação quanto dos indivíduos que a compõem, no interesse dos senhores tanto quanto dos escravos, desejamos fervorosamente a extinção completa e definitiva desse mal gigantesco na vossa terra. Apelamos a vós, senhora, porque o coração das mulheres é, com frequência, profundamente sensível à dor e ao sofrimento e pode sentir melhor pelas viúvas e pelas mães que são cruelmente submetidas às separações arbitrárias dos mais ternos laços da natureza. Por isso, muito respeitosamente vos suplicamos que useis a vossa influência e apoieis todos os esforços do Imperador para efetuar a emancipação imediata e incondicional dos escravos no Brasil, de modo que ele se conscientize completamente de que é "somente pela justiça que se levanta uma nação".

Em conclusão, desejamos que Vossas Altezas possam viver para ver a liberdade proclamada em todo o império, e que possam governar um povo livre, cristão e feliz.

Que as bênçãos de Deus caiam sobre vós e eles.

Somos, graciosa Senhora,

Com a maior consideração,

Elizabeth P. Nichol, *Presidente*

Eliza Wigham, *Secretária*

Agnes Lillie, *Secretária*

16
Carta ao Visconde de Rio Branco[740]

A Vossa Excelência o Visconde de Rio Branco.

O Comitê da Sociedade Antiescravista Britânica e Estrangeira solicita permissão para apresentar uma cópia da edição francesa do *The Lost Continent – Un Continent Perdu* — ao exame de Vossa Excelência.

Toma também a liberdade de vos entregar uma cópia de cada um dos últimos números do *Anti-Slavery Reporter*.

Ele só tem a acrescentar que gostaria sinceramente que Vossa Excelência estivesse consciente de que quaisquer esforços que a vossa alta posição e influência forem capazes de empregar para acelerar a extinção completa da escravidão serão benéficos tanto aos interesses comerciais do Brasil quanto à estabilidade duradoura do Império.

Em nome do Comitê,

Joseph Cooper, Secr. Hon.

Edmund Sturge, Secr. Hon.

New Broad Street, London,

10 de outubro de 1878.

Resposta

Buckland's Hotel, London
18 de outubro de 1878.

Cavalheiros,

Tenho a honra de acusar o recebimento da vossa carta do dia 10 próximo passado.

Em resposta, solicito-vos a gentileza de informar ao Comitê da Sociedade Antiescravista Britânica e Estrangeira que recebi com muito prazer uma cópia da obra intitulada *Un Continent Perdu* e os últimos números dos *Anti-Slavery Report*.

Compartilhando convosco os desejos pela completa extinção da escravidão, alegra-me expressar a esperança de que a operação natural e progressiva da lei de 28 de setembro de 1871 levará o meu país cada dia mais perto deste desideratum.

Tenho a honra de ser,
Cavalheiros,
Vosso obediente servo,
Visconde de Rio Branco

---

740 *Anti-Slavery Reporter*, nov. de 1878. p.125.

17
Memorial da BFASS ao Imperador do Brasil (1888)[741]

A Vossa Majestade Imperial D. Pedro II, Imperador do Brasil

Senhor, a *Anti-Slavery Society* recebeu com sincera satisfação a informação de que o Legislativo do Brasil aprovou uma lei sobre a abolição incondicional e imediata da escravidão em todo o Império.

Os trabalhos desta Sociedade pela causa da liberdade humana são bem conhecidos de Vossa Majestade, e ainda está viva na nossa memória a entrevista que membros da Sociedade tiveram o privilégio de fazer com o Governante do vasto Império do Brasil anos atrás.

Ao expedir a Resolução anexa, aprovada por aclamação na última Reunião Anual desta Sociedade, contendo as mais cordiais felicitações da Sociedade pela consecução triunfante da aspiração de toda a vida de Vossa Majestade, devo acrescentar que foram expressos fervorosos votos para que chegue ao Brasil num momento em que sua saúde tiver se restabelecido.

Tenho a honra de ser

Devotado servo de Vossa Majestade e amigo,

Chas. H. Allen, Secretário

Londres, 29 de maio de 1888.

Resolução

Resolução aprovada na Reunião Anual da *British and Foreign Anti-Slavery Society*, realizada na *Friends' Meeting House*, Bishopsgate Street, London, em 23 de maio de 1888, presidida por Sir Charles R. N. Fowler, Bart. [742]

Resolução: "Esta reunião, com sentimentos de profunda gratidão, teve conhecimento da extinção gradual da escravidão na ilha de Cuba e da aprovação da lei de emancipação pela legislatura do Brasil, de acordo com a qual um milhão de escravos devem receber a liberdade imediata e incondicional. Ela oferece ao Imperador do Brasil felicitações pelo fato de que pôde testemunhar em vida esse grande triunfo da civilização, e oferece também calorosas congratulações ao Senhor Joaquim Nabuco e aos seus companheiros do movimento abolicionista no Brasil pela conclusão da obra".

Chas. H. Allen, Secretário

---

741 *Anti-Slavery Reporter*, de maio-jun. de 1888, p.59.

742 *Bart.* é a abreviação em inglês de "baronete", o mais baixo título hereditário, concedido ao homem do povo. O título não representa aquisição de privilégios; por outro lado, ao recebê-lo a pessoa torna-se "*Sir*".

18
Memorial da BFASS ao Embaixador do Brasil na Grã-Bretanha (1888)[743]

A Vossa Excelência o Barão de Penedo, Embaixador Extraordinário e Ministro Plenipotenciário do Imperador do Brasil.

Senhor, tenho a honra de expedir-lhe uma cópia da Resolução aprovada na reunião dos membros da Anti-Slavery Society, ocorrida na última quarta-feira, dia 23 do corrente. O sucesso do movimento abolicionista no Brasil proporcionou sincera satisfação aos membros dessa Sociedade, e em nome dela peço a Vossa Excelência a gentileza de enviar a Sua Majestade Imperial, o Imperador, a Resolução em anexo, junto com a carta que a acompanha.

O Comitê desta Sociedade está consciente do profundo interesse do Imperador pelo movimento da abolição no Brasil e está seguro de que a saúde de Sua Majestade se restabelecerá rapidamente, de modo que terá o privilégio de governar um povo livre e unido por muitos anos.

Sabendo da grande amizade de Vossa Excelência com o Senhor Nabuco e de seu grande interesse pelo trabalho dele, o Comitê deseja oferecer suas calorosas congratulações a Vossa Excelência pelo fato de este grande e histórico movimento ter ocorrido durante o período da embaixada de Vossa Excelência neste país.

Com a expressão da minha alta consideração e estima

Tenho a honra de ser,

Servo leal de Vossa Excelência

Chas. H. Allen, Secretário

Londres, 29 de maio de 1888.

19
Memorial da BFASS a Joaquim Nabuco (1888)[744]

O Comitê da British and Foreign Anti-Slavery Society oferece ao Senhor Joaquim Nabuco suas cordiais congratulações pela feliz consecução tanto das aspirações que o seu falecido pai teve em vida quanto das suas, alcançadas por meio dos seus prolongados e inabaláveis trabalhos em benefício da causa da liberdade humana.

---

743 Este "Memorial" faz parte do mesmo bloco em que estão o "Memorial" a D. Pedro II e a Resolução, pois todo esse material foi enviado à Embaixada do Brasil em Londres.

744 *Anti-Slavery Reporter*, jul.-ago. 1888, p.124.

A ABOLIÇÃO DA ESCRAVIDÃO NO BRASIL, tão pacífica e triunfantemente obtida como um memorial perpétuo dos direitos iguais dos homens de qualquer cor ou a nação, é a última pedra desse grande edifício construído pelas Nações cristãs.

É com sentimentos de gratidão e satisfação que o Comitê considera que a última mancha no brasão da cristandade foi retirada para sempre pela nobre ação do Brasil.

O Comitê solicita ao Senhor Nabuco que gentilmente transmita aos ilustres colegas que o auxiliaram no grande trabalho, ao qual todos do grupo devotaram suas vidas, a expressão do seu mais ardente apreço aos nobres serviços prestados à causa da humanidade pelo partido abolicionista no Brasil.

E reza para que os frutos dessa grande lei de emancipação sejam observados num longo curso de prosperidade pacífica desse grande Império, sobre o qual a Vossa Majestade, o Imperador, ainda está autorizado a reinar pela Graça de Deus.

Em nome do Comitê,

ARTHUR PEASE, Presidente
EDMUND STURGE, Chairman
JOSEPH ALLEN, Tesoureiro
CHARS. H. ALLEN, Secretário

20
Memorial da BFASS à Princesa Isabel (1889)[745]

À Dona Isabel, Princesa Imperial, Regente do Brasil.

Madame,

A *British and Foreign Anti-Slavery Society*, que já teve a honra de oferecer suas congratulações ao Seu Augusto Pai pelo grande evento da emancipação no Brasil, agora solicita a permissão para respeitosamente se dirigir a Vossa Alteza Imperial.

Desde a aprovação da grande Lei da Abolição, nº 3353, de 13 de maio de 1888, assinada por Vossa Alteza, esta Sociedade tem observado cuidadosamente o progresso dos eventos no vasto Império do Brasil. É bem sabido que, em grande medida, a lei foi aprovada pelo tato e segurança de Vossa

---

745 *Anti-Slavery Reporter*, jan.-fev. de 1889, p.40.

Alteza Imperial; e não há dúvida de que a realização pacífica do grande programa inaugurado por essa lei deve-se também em grande parte ao afeto do povo pela filha da ilustre casa de Bragança, que, durante a ausência do Imperador, controlou com muita firmeza, mas com mão suave, as rédeas do governo do Brasil.

Assim, a Sociedade oferece suas congratulações a Vossa Alteza Imperial por essa grande e perfeita lei da emancipação, cuja realização não só libertou o Continente da América do estigma da escravidão como também inscreveu o nome da Princesa Regente Dona Isabel nas páginas da história entre os mais nobres benfeitores da raça humana.

Em nome da *British and Foreign Anti-Slavery Society*, tenho a honra de ser, com muito respeito,

EDMUND STURGE, Presid. do Comitê
JOSEPH ALLEN, Tesoureiro.
CHAS. H. ALLEN, Secretário.

APÊNDICE **F**

Emblemas do movimento
abolicionista britânico

Emblema oficial da *Society for the Abolition of the Slave Trade* (gravura de Josiah Wedgwood, 1795).

"*Slave Medallion*" em jasper (camafeu de Josiah Wedgwood, 1787).

"*Slave medallion*" (adorno feminino, Josiah Wedgwood).

Emblema oficial da *British and Foreign Anti-Slavery Society*.

Fontes e Bibliografia

1. Fontes

1.1. Fontes manuscritas e impressas

1.1.1. Cartas da BFASS (Apêndice A)

1.1.1.1. Cartas manuscritas

1. Charles H. Allen a Joaquim Nabuco de 8 de janeiro de 1880.
   Fundação Joaquim Nabuco
2. Charles H. Allen a Joaquim Nabuco de 9 de fevereiro de 1881.
   Fundação Joaquim Nabuco
3. Charles H. Allen a Joaquim Nabuco de 14 de fevereiro de 1881.
   Fundação Joaquim Nabuco
4. Charles H. Allen a Joaquim Nabuco de 3 de março de 1881.
   Fundação Joaquim Nabuco
5. Charles H. Allen a Joaquim Nabuco de 22 de novembro de 1881.
   Fundação Joaquim Nabuco
6. Charles H. Allen a Joaquim Nabuco de 3 de janeiro de 1882.
   Fundação Joaquim Nabuco
7. Charles H. Allen a Joaquim Nabuco de 21 de fevereiro de 1882.
   Fundação Joaquim Nabuco
8. Edmund Sturge a Joaquim Nabuco de 21 de julho de 1882.
   Fundação Joaquim Nabuco
9. Charles H. Allen a Joaquim Nabuco de 24 de julho de 1882.
   Fundação Joaquim Nabuco
10. Edmund Sturge a Joaquim Nabuco de 18 de agosto de 1882.
    Fundação Joaquim Nabuco
11. Edmund Sturge a Joaquim Nabuco de 26 de agosto de 1882.
    Fundação Joaquim Nabuco

12. Joseph Alexander a Joaquim Nabuco de 19 de setembro de 1882.
Fundação Joaquim Nabuco
13. Charles H. Allen a Joaquim Nabuco de 25 de outubro de 1882.
Fundação Joaquim Nabuco
14. Charles H. Allen a Joaquim Nabuco de 21 de junho de 1883
Fundação Joaquim Nabuco
15. Joseph Alexander a Joaquim Nabuco de 19 de julho de 1883.
Fundação Joaquim Nabuco
16. Joseph Alexander a Joaquim Nabuco de 28 de julho de 1883.
Fundação Joaquim Nabuco
17. Joseph Alexander a Joaquim Nabuco de 4 de agosto de 1883.
Fundação Joaquim Nabuco
18. Joseph Alexander a Joaquim Nabuco de 24 de agosto de 1883.
Fundação Joaquim Nabuco
19. Charles H. Allen a Joaquim Nabuco de 13 de junho de 1884.
Fundação Joaquim Nabuco
20. Joseph Alexander a Joaquim Nabuco de 6 de dezembro de 1884.
Fundação Joaquim Nabuco
21. Charles H. Allen a Joaquim Nabuco, s/d.
Fundação Joaquim Nabuco
22. Charles H. Allen a Joaquim Nabuco de 8 de junho de 1885.
Fundação Joaquim Nabuco
23. Charles H. Allen a Joaquim Nabuco, s/d.
Fundação Joaquim Nabuco
24. Charles H. Allen a Joaquim Nabuco de 22 de junho de 1885.
Fundação Joaquim Nabuco
25. Charles H. Allen a Joaquim Nabuco de 7 de agosto de 1885.
Fundação Joaquim Nabuco
26. Charles H. Allen a Joaquim Nabuco de 14 de agosto de 1885.
Fundação Joaquim Nabuco
27. Charles H. Allen a Joaquim Nabuco de 6 de outubro de 1885.
Fundação Joaquim Nabuco
28. Charles H. Allen a Joaquim Nabuco, s/d.
Fundação Joaquim Nabuco
29. Charles H. Allen a Joaquim Nabuco de 16 de abril de 1886.
Fundação Joaquim Nabuco
30. Charles H. Allen a Joaquim Nabuco de 21 de maio de 1886.
Fundação Joaquim Nabuco
31. Charles H. Allen a Joaquim Nabuco de 21 de abril de 1887.
Fundação Joaquim Nabuco

ABOLICIONISTAS BRASILEIROS E INGLESES **437**

32. Charles H. Allen a Joaquim Nabuco de 23 de abril de 1887.
Fundação Joaquim Nabuco
33. Charles H. Allen a Joaquim Nabuco de 13 de junho de 1887.
Fundação Joaquim Nabuco
34. Charles H. Allen a Joaquim Nabuco de 14 de junho de 1887.
Fundação Joaquim Nabuco
35. Charles H. Allen a Joaquim Nabuco de 7 de outubro de 1887.
Fundação Joaquim Nabuco
36. Charles H. Allen a Joaquim Nabuco de 1º. de novembro de 1887.
Fundação Joaquim Nabuco
37. Edmund Sturge a Joaquim Nabuco de 21 de dezembro de 1887.
Fundação Joaquim Nabuco
38. Charles H. Allen a Joaquim Nabuco de 4 de janeiro de 1888.
Fundação Joaquim Nabuco
39. Charles H. Allen a Joaquim Nabuco de 13 de janeiro de 1888.
Fundação Joaquim Nabuco
40. Charles H. Allen a Joaquim Nabuco de 17 de janeiro de 1888.
Fundação Joaquim Nabuco
41. Charles H. Allen a Joaquim Nabuco de 23 de janeiro de 1888.
Fundação Joaquim Nabuco
42. Charles H. Allen a Joaquim Nabuco de 25 de março de 1888.
Fundação Joaquim Nabuco
43. Charles H. Allen a Joaquim Nabuco de 16 de maio de 1888.
Fundação Joaquim Nabuco
44. Charles H. Allen a Joaquim Nabuco de 18 de junho de 1888.
Fundação Joaquim Nabuco
45. Charles H. Allen a Joaquim Nabuco de 20 de junho de 1888.
Fundação Joaquim Nabuco
46. Charles H. Allen a Joaquim Nabuco de 4 de novembro de 1888.
Fundação Joaquim Nabuco
47. Charles H. Allen a Joaquim Nabuco de 18 de março de 1899.
Fundação Joaquim Nabuco
48. Charles H. Allen a Joaquim Nabuco de 28 de maio de 1899.
Fundação Joaquim Nabuco
49. Travers Buxton a Joaquim Nabuco de 6 de fevereiro de 1900.
Fundação Joaquim Nabuco
50. Charles H. Allen a Joaquim Nabuco de 9 de fevereiro de 1900.
Fundação Joaquim Nabuco
51. Charles H. Allen a Joaquim Nabuco de 18 de abril de 1900.
Fundação Joaquim Nabuco

438 ANTONIO PENALVES ROCHA

52. Charles H. Allen a Joaquim Nabuco de 6 de abril de 1900.
Fundação Joaquim Nabuco
53. Charles H. Allen a Joaquim Nabuco de 31 de julho de 1900.
Fundação Joaquim Nabuco
54. Charles H. Allen a Joaquim Nabuco de 8 de março de 1901.
Fundação Joaquim Nabuco
55. Charles H. Allen a Joaquim Nabuco de 6 de março de 1902.
Fundação Joaquim Nabuco
56. Charles H. Allen a Joaquim Nabuco de 2 de abril de 1902.
Fundação Joaquim Nabuco

1.1.1.2. Cartas impressas da BFASS a Joaquim Nabuco (Apêndice A)
1. BFASS à Sociedade Antiescravista Brasileira de 17 de novembro de 1880.
Anti-Slavery Reporter, dezembro de 1880, p.143.
2. Charles H. Allen a Joaquim Nabuco de 23 de novembro de 1880.
O Abolicionista, janeiro de 1881, p.3.
3. Joseph Cooper a Joaquim Nabuco de 8 de março de 1881.
O Abolicionista, julho de 1881, p.8.
4. Charles H. Allen a Joaquim Nabuco de 5 de abril de 1881.
O Abolicionista, julho de 1881, p.7.
5. BFASS ao Imperador do Brasil de 29 de maio de 1888.
Anti-Slavery Reporter, maio-junho de 1888, p.59.
6. BFASS a Joaquim Nabuco de 1º de junho de 1888.
Anti-Slavery Reporter, julho-agosto de 1888, p.124.
7. BFASS à Princesa Isabel, s.d.
Anti-Slavery Reporter, janeiro-fevereiro de 1889, p.40.

1.1.2. Cartas de Joaquim Nabuco e de seus amigos à BFASS
1.1.2.1 Cartas manuscritas de Joaquim Nabuco à BFASS (Apêndice B)
1. Joaquim Nabuco a Charles H. Allen de 8 de abril de 1880.
Rhodes House Library MSS. BRIT. EMP. S-22 G80b.
2. Adolpho de Barros à BFASS de 29 de dezembro de 1880.
Rhodes House Library MSS. BRIT. EMP. S-22 G80b.
3. Joaquim Nabuco a Charles H. Allen de 14 de fevereiro de 1881.
Rhodes House Library MSS. BRIT. EMP. S-22 G80b.
4. Joaquim Nabuco a Charles H. Allen, s/d.
Rhodes House Library MSS. BRIT. EMP. S-22 G80b.
5. Joaquim Nabuco a Charles H. Allen, s/d.
Rhodes House Library MSS. BRIT. EMP. S-22 G80b.

ABOLICIONISTAS BRASILEIROS E INGLESES **439**

6. Joaquim Nabuco a Charles H. Allen de 5 de junho de 1881.
   Rhodes House Library MSS. BRIT. EMP. S-22 G80b.
7. Joaquim Nabuco a Charles H. Allen de 13 de junho de 1881.
   Rhodes House Library MSS. BRIT. EMP. S-22 G80b.
8. Joaquim Nabuco a Charles H. Allen de 23 de outubro de 1881.
   Rhodes House Library MSS. BRIT. EMP. S-22 G80b.
9. Joaquim Nabuco a Charles H. Allen de 2 de janeiro de 1882.
   Rhodes House Library MSS. BRIT. EMP. S-22 G80b.
10. Joaquim Nabuco a Charles H. Allen de 5 de janeiro de 1882.
    Rhodes House Library MSS. BRIT. EMP. S-22 G80b.
11. Joaquim Nabuco a Edmund Sturge de 23 de janeiro de 1882.
    Rhodes House Library MSS. BRIT. EMP. C98/1-3.
12. Joaquim Nabuco a Charles H. Allen, s/d.
    Rhodes House Library MSS. BRIT. EMP. S-22 G80b.
13. Joaquim Nabuco a Charles H. Allen de 21 de junho de 1882.
    Rhodes House Library MSS. BRIT. EMP. S-22 G80b.
14. Joaquim Nabuco a Charles H. Allen de 16 de julho de 1882.
    Rhodes House Library MSS. BRIT. EMP. S-22 G80b.
15. Joaquim Nabuco a Charles H. Allen de 7 de agosto de 1882.
    Rhodes House Library MSS. BRIT. EMP. S-22 G80b.
16. Joaquim Nabuco a Edmund Sturge de 16 de agosto de 1882.
    Rhodes House Library MSS. BRIT. EMP. C98/1-3.
17. Joaquim Nabuco a Edmund Sturge de 28 de agosto de 1882.
    Rhodes House Library MSS. BRIT. EMP. C98/1-3.
18. Joaquim Nabuco a Charles H. Allen, s/d.
    Rhodes House Library MSS. BRIT. EMP. S-22 G80b.
19. Joaquim Nabuco a Charles H. Allen, s/d.
    Rhodes House Library MSS. BRIT. EMP. S-22 G80b.
20. Joaquim Nabuco a Charles H. Allen de 27 de julho de 1883.
    Rhodes House Library MSS. BRIT. EMP. S-22 G80b.
21. Joaquim Nabuco a Charles H. Allen de 31 de março de 1884.
    Rhodes House Library MSS. BRIT. EMP. S-22 G80b.
22. Joaquim Nabuco a Charles H. Allen de 19 de novembro de 1884.
    Rhodes House Library MSS. BRIT. EMP. S-22 G80b.
23. Joaquim Nabuco a Charles H. Allen de 22 de fevereiro de 1885.
    Rhodes House Library MSS. BRIT. EMP. S-22 G80b.
24. Joaquim Nabuco a Charles H. Allen de 17 de maio de 1885.
    Rhodes House Library MSS. BRIT. EMP. S-22 G80b.
25. Joaquim Nabuco a Charles H. Allen de 23 de junho de 1885.
    Rhodes House Library MSS. BRIT. EMP. S-22 G80b.

26. Joaquim Nabuco a Charles H. Allen de 6 de agosto de 1885.
Rhodes House Library MSS. BRIT. EMP. S-22 G80b.
27. Joaquim Nabuco a Charles H. Allen de 23 de janeiro de 1886.
Rhodes House Library MSS. BRIT. EMP. S-22 G80b.
28. Joaquim Nabuco a Charles H. Allen de 18 de abril de 1886.
Rhodes House Library MSS. BRIT. EMP. S-22 G80b.
29. Joaquim Nabuco a Charles H. Allen, s/d.
Rhodes House Library MSS. BRIT. EMP. S-22 G80b.
30. Joaquim Nabuco a Charles H. Allen de 16 de setembro de 1887.
Rhodes House Library MSS. BRIT. EMP. S-22 G80b.
31. Joaquim Nabuco a Charles H. Allen de 8 de janeiro de 1889.
Rhodes House Library MSS. BRIT. EMP. S-22 G80b.
32. Joaquim Nabuco a Travers Buxton de 19 de fevereiro de 1900.
Rhodes House Library MSS. BRIT. EMP. S-22 G80b.
33. Joaquim Nabuco a Charles H. Allen de 3 de maio de 1900.
Rhodes House Library MSS. BRIT. EMP. S-22 G80b.
34. Joaquim Nabuco a Charles H. Allen de 7 de junho de 1900.
Rhodes House Library MSS. BRIT. EMP. S-22 G80b.
35. Joaquim Nabuco a Travers Buxton de 15 de julho de 1900.
Rhodes House Library MSS. BRIT. EMP. S-22 G80b.
36. André Rebouças a Edmund Sturge de 10 de julho de 1888.
Rhodes House Library MSS. BRIT. EMP. S-22 G80b.
37. Joaquim Nabuco à Sra. Allen de 22 de dezembro de 1904.
Fundação Joaquim Nabuco. Carta 346.

1.1.2.2. Cartas impressas de José Américo e Joaquim Nabuco à BFASS
1. José Américo à BFAAS de 20 de dezembro de 1880.
Anti-Slavery Reporter, dezembro de 1880, p.143.
2. Joaquim Nabuco ao *Anti-Slavery Reporter* de 5 de abril de 1883.
Anti-Slavery Reporter, abril de 1883, p.108.

1.1.3. Fontes manuscritas e impressas relativas à participação de J. Nabuco em Congressos sobre o Direito Internacional (Apêndice C)
  1.1.3.1. Fonte manuscrita
1. Discurso de Joaquim Nabuco na reunião de encerramento da Conferência sobre o Direito Internacional de Milão.
Fundação Joaquim Nabuco

ABOLICIONISTAS BRASILEIROS E INGLESES **441**

1.1.3.2. Fontes impressas
1. Comunicação de Joaquim Nabuco na Conferência sobre o Direito Internacional de Milão.
   Anti-Slavery Reporter, outubro de 1883, p.234-50.
2. Participação de J. Nabuco na Conferência da Associação pela Reforma e Codificação da Lei das Nações (Londres, 1887).
   Anti-Slavery Reporter, julho-agosto de 1887, p.125.

1.1.4. Cartas publicadas pelo *The Rio News* (Apêndice D)
1. Carta de J. A. Blair ao jornal e resposta do Editor.
   The Rio News, 24 de novembro de 1885, p.3.
2. Carta de Ernesto Ferreira França ao jornal e resposta do Editor.
   The Rio News, 5 de dezembro de 1885, p.2-3.
3. Carta do Editor a Joaquim Nabuco.
   The Rio News, 27 de agosto de 1888, p.2.

1.1.5. Outros manuscritos
1. Carta de Edward Stanford a Joaquim Nabuco de 22 de fevereiro de 1882.
   Fundação Joaquim Nabuco
2. Carta de Joaquim Nabuco a Ubaldino do Amaral de 31 de maio de 1883.
   Fundação Joaquim Nabuco
3. Carta de Ubaldino do Amaral a Joaquim Nabuco de 5 de julho de 1883.
   Fundação Joaquim Nabuco
4. Carta de Salvador de Mendonça a Joaquim Nabuco de 9 de novembro de 1885.
   Fundação Joaquim Nabuco
5. Carta de João Arthur de Souza Correa a Joaquim Nabuco de 20 de dezembro de 1887.
   Fundação Joaquim Nabuco, doc. 384.
6. Carta de W. S. Lilly a Joaquim Nabuco de 22 de novembro de 1887.
   Fundação Joaquim Nabuco, doc. 6875.
7. Carta de João Arthur de Souza Correa a Joaquim Nabuco de 4 de janeiro de 1888.
   Fundação Joaquim Nabuco, doc. 397.
8. Carta de Joaquim Nabuco a Victor Schoelcher de 15 de fevereiro de 1888.
   Fundação Joaquim Nabuco, doc. 96.

1.2. Fontes impressas
1.2.1. Obras de Joaquim Nabuco

442 ANTONIO PENALVES ROCHA

NABUCO, Joaquim. *Obras completas*. São Paulo: Instituto do Progresso Editorial (Ipê), 1949, 14 v.:

——————————. *Um Estadista do Império*, v.III-VI;

——————————. *Conferências e discursos abolicionistas*, v.VII;

——————————. *Escritos e discursos literários*, v.IX;

——————————. *Discursos parlamentares*, v.XI;

——————————. *Campanhas de imprensa: 1884-1887*, v.XII;

——————————. *Cartas a amigos*. Coligidas e anotadas por Carolina Nabuco, v.XIII.

Outras edições da obra:

——————————. *A Escravidão* (1869-?). (Comp., Org. e Apres. de Leonardo Dantas da Silva e pref. de Manuel Correia de Andrade) Rio de Janeiro: Nova Fronteira, 1999. ·

——————————. *Cartas aos Abolicionistas Ingleses*. (Org. e Apres. de José Thomaz Nabuco) Recife: Ed. Massangana, 1985.

——————————. *CARTAS do presidente Joaquim Nabuco e do ministro Americano H. W. Hilliard sobre a Emancipação nos Estados Unidos*. Rio de Janeiro: G. Leuzinger & Filhos, 1880.

——————————. *Campanha Abolicionista do Recife*. (Introd. de Fernando da Cruz Gouvêa, Pref. de Aníbal Falcão) Recife: Massangana, 1988, 2.ed. fac-similar.

——————————. "Centenário de Lincoln" – Discurso pronunciado em Washington, 12.2.1909, *Revista Americana*, separata pertencente ao acervo da Fundação Joaquim Nabuco, p.165-8.

——————————. *Diários*. (Prefácios e notas de Evaldo Cabral de Mello) Rio de Janeiro: Bem-Te-Vi Prod. Literárias, 2005, 2 v.

——————————. *Discursos Parlamentares*. (Sel. e Pref. de Gilberto Freyre, Introd. de Munhoz Rocha), Rio de Janeiro: Imprensa Nacional, 1949.

——————————. *Escravos! — Versos franceses a epiteto*. Rio de Janeiro: Typ. de Leuzinger & Filhos, 1886.

——————————. *Perfis Parlamentares – Joaquim Nabuco*. (Introd. de Gilberto Freyre). Brasília: Câmara dos Deputados, 1983.

——————————. "Manifesto da Sociedade Brasileira contra a Escravidão". In: BRAGA, Osvaldo Melo. *Bibliografia de Joaquim Nabuco*. Rio de Janeiro: Imprensa Nacional, 1951, p.14-22.

——————————. *Minha Formação*. (Introd. de Gilberto Freyre) Brasília: Edit. da Universidade de Brasília, 1963.

——————————. *O abolicionismo*. London: Typographia de Abraham Kingdon, 1883.

ABOLICIONISTAS BRASILEIROS E INGLESES **443**

1.2.2. Fontes impressas de autores contemporâneos

BASTIAT, Fréderic. *Cobden et la Ligue* (t.3). In: *Oeuvres Complétes de Frédéric Bastiat*. Paris: Guillaumin, 1883, 7 v.

BASTOS, A. C. Tavares. *Cartas do Solitário*. São Paulo: Companhia Editora Nacional, 1938, 3.ed.

BLANC, Louis-Jean-Joseph. *Organisation du travail. Cinquième édition, revue, corrigée et augmentée d'une polémique entre Michel Chevalier et l'auteur*. Paris: au bureau de la Société de l'industrie fraternelle, 1847.

BRASILIENSE, Américo. *Os Programas dos Partidos Políticos e o 2º Império*. São Paulo: Tip. de Jorge Seckler, 1878.

BRIGHT, John e ROGERS, J. E Thorold. (Ed.). *Speeches on Questions of Public Policy by Richard Cobden, M. P. (Pref. de* Thorold Rogers e comentários de Goldwin Smith), London: T.Fisher Unwin, 1908, 2 v.

CLARKSON, Thomas. *History of the Rise, Progress, and Accomplishment of the Abolition of the African Slave Trade by the British Parliament*. London: John W. Parker, 1839, 2.ed.

COCHIN, Augustin. *L'abolition de l'esclavage*. Paris: Jacques Lecoffre, 1861, 2 v.

MACKINNON, W. A. *On the rise, progress and present state of public opinion in Great Britain and other parts of the world*. London: Saunders and Otley, 1828.

MALHEIRO, Perdigão. *A Escravidão no Brasil: Ensaio Histórico, Jurídico, Social*. (Introd. de Edison Carneiro), Petrópolis: Vozes, 1976, 2 v., 3.ed..

PATROCÍNIO, José do. *Campanha Abolicionista — coletânea de artigos*. (Apres. de Marcus Venício T. Ribeiro, Introd. de José Murilo de Carvalho). Rio de Janeiro: Fundação Biblioteca Nacional, 1996.

PASSY, Frédéric. *Leçons d'Économie politique*. 2.ed., Paris: Guillamin, 1862, 2 v.

REBOUÇAS, André. *Diário e Notas Autobiográficas*. (texto escolhido e anotações por Ana Flora e Inácio José Veríssimo), Rio de Janeiro: José Olympio, 1938.

TOLÉDANO, André D. (Ed.). *Les Grands orateurs républicains: Lamartine*. Mônaco: Hemera, 1949, t.7.

1.2.3. Periódicos

O Abolicionista. (Org. e Apres. de Leonardo Dantas Silva), Recife: Massangana, 1988, ed. *fac-símile*.

The Rio News, 1879, 1880, 1881, 1882, 1885, 1886, 1887, 1888.

Anti-Slavery Reporter, 1840-1900.

444 ANTONIO PENALVES ROCHA

2. Bibliografia

2.1. Catálogos bibliográficos

BRASIL, Ministério das Relações Exteriores. Serviço de Documentação. *Bibliografia de Joaquim Nabuco*. Rio de Janeiro: Imprensa Nacional, 1949.

BRAGA, Osvaldo Melo, *Bibliografia de Joaquim Nabuco*. Rio de Janeiro: Imprensa Nacional, 1951.

ANDRADE, Ana Isabel de Souza Leão e RÊGO, Carmen Lúcia de Souza Leão. *Catálogo da Correspondência de Joaquim Nabuco (1865-1884)*. Recife: Ed. Massangana, 1978, v.I.

ANDRADE, Ana Isabel de Souza Leão; RÊGO, Carmen Lúcia de Souza Leão; DANTAS, Tereza Cristina de Souza. *Catálogo da Correspondência de Joaquim Nabuco (1885-1889)*. Recife: Massangana, 1980, v.II.

DANTAS, Tereza Cristina de Souza. (Coord.). *Catálogo da Correspondência de Joaquim Nabuco (1885-1906)*. Recife: Massangana, 1985, v.III.

Catálogo de livros pertencentes a Joaquim Nabuco. Parte primeira, Brasil- -América. Rio de Janeiro: Biblioteca Nacional, 1924.

2.2. Obras de referência

DRESCHER, Seymour e ENGERMAN, Stanley L. (Eds.). *A Historical Guide to World Slavery*. New York – Oxford: Oxford University Press, 1998.

FINKELMAN, Paul e MILLER, Joseph C. (Eds.).*Macmillan Encyclopedia of World Slavery*. New York: Simon & Schuster Macmillan, 1988, 2 v.

LARROUSSE, Pierre. (Ed.). *Grand Dictionnaire Universel du XIXe. Siècle*, Paris: Larrouse, 1865-1878, 17 v..

2.3. Livros e artigos

ABEL, Annie Heloise e KLINGBERG, Frank J. (Eds. e Introd.). *A Side-light on Anglo-American Relations 1839-1858*. New York: Augustus M. Kelley Publishers, 1970.

BOLT, Christine. *The Anti-Slavery Movement and Reconstruction. A Study of Anglo-American Co-operation – 1833-1877*. London: Oxford University Press, 1969.

ALENCAR, José Almino de. "Radicalismo e Desencanto". In: ALENCAR, José Almino de e PESSOA, Ana. (Org.). *Joaquim Nabuco. O dever da política*. Rio de Janeiro: Casa de Rui Barbosa, 2002.

AZEVEDO, Célia M. M. *Abolitionism in the United States and Brazil – a comparative perspective*. New York: Garland Publishing, 1995.

BAUDEMONT, Suzanne. "A *gentry*, sua temporada e seus ritos". In: CHAR-LOT, Monica e MARX, Roland. (Org.). *Londres, 1851-1901 – A era vitoriana ou o triunfo das desigualdades*. (trad. port.), Rio de Janeiro: Zahar, 1993.

ABOLICIONISTAS BRASILEIROS E INGLESES **445**

BOLT, Christine. *The Anti-Slavery Movement and Reconstruction - Study of Anglo-
-American Co-operation 1833/1877.* London: Oxford University Press, 1969.

BOUREAU, Alain, "La norme epistolaire, une invention mediévale". In:
CHARTIER, Roger. (Dir.). *La Correspondance – Les usages de la lettre
au XIXe. siècle.* Paris: Fayard, 1991.

CARVALHO, José Murilo de. Escravidão e Razão Nacional. In: CARVA-
LHO, José Murilo de. *Pontos e bordados* – escritos de história e política.
Belo Horizonte: Editora da UFMG, 1988.

CONRAD, Robert. *Os últimos anos da escravatura no Brasil 1850-1888.* Rio
de Janeiro: Civilização Brasileira, 1975.

COSTA, Emília Viotti da. *Da Senzala à Colônia.* São Paulo: DIFEL, 1966.

_____. "O Mito da Democracia Racial no Brasil". In: COS-
TA, Emília Viotti da. *Da Monarquia à República: Momentos Decisivos.* São
Paulo, Grijalbo, 1977.

COSTA E SILVA, Paulo da. "Um Abolicionista bom de marketing".
Revista de História da Biblioteca Nacional, 1° de maio de 2007, http://
www.revistadehistoria.com.br/v2/home/?go=detalhe&id=601.

DAVIS, David Brion. "Antislavery or Abolitionism". *Reviews in American
History,* 1: 95-9, 1973.

_____. "The Emergence of Imediatism in British and Ame-
rican Antislavery Thought". *The Mississippi Valley Historical Review,* vol.
49 (sept. 1962), 2:209-30.

_____. *Slavery and Human Progress.* New York: Oxford Uni-
versity Press, 1984.

DUQUE-ESTRADA, Osório. *A abolição (Esboço Histórico) — 1831-1888.*
Pref. de Ruy Barbosa, Rio de Janeiro: Leite Ribeiro & Maurillo, 1918.

FILHO, Luiz Viana. *A vida de Joaquim Nabuco.* São Paulo: Companhia
Editora Nacional, 1952.

FLADELAND, Betty. *Men & Brothers. Anglo-American Antislavery Coope-
ration.* Urbana: University of Illinois Press, 1972. GOMES, Flávio. "Cicatrizes de um Novo Mundo". *Folha de S. Paulo,* Mais!, 14 de novembro
de 2004, p.12-3.

GRAHAM, Richard. *Grã-Bretanha e o Início da Modernização do Brasil.*
(Trad. port.) São Paulo: Brasiliense, 1973.

_____. "A Inglaterra e os Abolicionistas Brasileiros". In:
GRAHAM, Richard, *Escravidão, Reforma e imperialismo.* São Paulo:
Perspectiva, 1979.

GREENIDGE, C. W. W. *Slavery.* London: George Allan & Unwin, 1958.

HANSEN, João Adolfo. "Introdução". In: VIEIRA, Padre Antônio, *Cartas
do Brasil 1626-1697.* (Org. e Introd. de João Adolfo Hansen) São Paulo:
Hedra, 2003.

446 ANTONIO PENALVES ROCHA

HARRIS, John. *A Century of Emancipation*. 2.ed., Port Washington: Kennikat Press, 1971.

ISICHEI, Elizabeth. *Victorian Quakers*. London: Oxford University Press, 1970.

JÚNIOR, R. Magalhães. *A vida turbulenta de José do Patrocínio*. São Paulo: LISA-MEC, 1972, 2.ed.

KRADITOR, Aileen S. *Means and Ends in American Abolitionism. Garrison and his critics on Strategy and Tactics*. Chicago: Elephant Paperbacks, 1989, 3.ed.

LE GOFF, Jacques. "Documento/Monumento". In: ROMANO, Ruggiero (Dir.). *Enciclopédia Einaudi*, v.1, *Memória-História*. (trad. port.) Lisboa: Imprensa Nacional, 1984.

MACKENZIE, John M. *Empire and Metropolitan Cultures*. In: PORTER, Andrew (Ed.). *The Oxford History of the British Empire – The Nineteenth Century*. Oxford – New York: Oxford University Press, 1999,

MACHADO, Maria Helena. *O Plano e o pânico — Os movimentos sociais na década da Abolição*. Rio de Janeiro: UFRJ/EDUSP, 1994.

MARSON, Isabel A. e TASINAFO, Célio R. "Considerações sobre a história do livro e de seus argumentos". In: NABUCO, Joaquim, *O abolicionismo*. Brasília: UNB, 2003.

MARTIN, Percy Alvin. "Slavery and Abolition in Brazil". *The Hispanic American Historical Review*, v.13 (may, 1933), 3:51-196.

MAYNARD, Douglas H. "The World's Anti-Slavery Convention of 1840". *The Mississippi Valley Historical Review*, 47, 3, (dec., 1960): 452-471.

MORAES, Evaristo de. *A campanha abolicionista (1879-1888)*. Rio de Janeiro, 1924.

NABUCO, Carolina. *A vida de Joaquim Nabuco*. 4.ed., Rio de Janeiro: José Olympio, 1958.

NEEDELL, Jeffrey D. *Belle Époque Tropical – Sociedade e cultura de elite no Rio de Janeiro na virada do século*. (trad. port.) São Paulo: Companhia das Letras, 1993.

OPPO, Ana. "Partidos Políticos". In: BOBBIO, Norberto; MATTEUCCI, Nicola; PASQUINO, Gianfranco (Dirs.). *Dicionário de Política*. (trad. port.) Brasília: Universidade de Brasília, 1986.

PANG, Eul-Soo; SECKINGER, Ron L. "The Mandarins of Imperial Brazil". *Comparative Studies in Society and History*, 14, 2:215-44, 1972.

PAPA LEÃO XIII. *Sobre a abolição da escravatura* – Carta aos bispos do Brasil. (trad. port.) Petrópolis: Vozes, 1987, Documentos Pontifícios 140, 3.ed.

RICE, C. Duncan. "'Humanity Sold for Sugar!' The British Abolitionist Response for Free Trade in Slave-Grown Sugar". *The Historical Journal*, 13, 3:402-18, 1970.

ABOLICIONISTAS BRASILEIROS E INGLESES **447**

ROCHA, Antonio Penalves. "Abolição e Estado Nacional no pensamento de Joaquim Nabuco". In: COGGIOLA, Osvaldo (Org.). *Caminhos da História*. São Paulo: Xamã VM, 2006.

_____. "Ideias antiescravistas da Ilustração na sociedade escravista brasileira". *Revista Brasileira de História*, 39, 20:37-68, 2000.

_____. "O custo do trabalho escravo (um cálculo de Du Pont de Nemours). *Anais do II Congresso de História Econômica*, 5:21-39, 1996.

_____. "A Escravidão em a *Riqueza das Nações* de Adam Smith". *Clio — Revista de Pesquisa Histórica* (UFPE), 14:173-85, 1993.

_____. "As observações de Jean-Baptiste Say sobre a escravidão". *Estudos Avançados*, 38:181-212, jan./abr. 2000.

ROMÉRO, Sylvio. (a) "Joaquim Nabuco" e (b) "Joaquim Nabuco e a emancipação dos escravos". In: ROMÉRO, Sylvio. *Ensaios de Crítica Parlamentar*. Rio de Janeiro, Moreira & Maximino, 1883.

SALLES, Ricardo, *Joaquim Nabuco – Um pensador do Império*. Rio de Janeiro, Topbooks, 2002.

STEWART, James Brewer. *Willian Lloyd Garrison and the Challenge of Emancipation*. Illinois: Harlan Davidson, Inc.,1992

TARDE, G. *L' Opinion et la Foule*. Paris: Félix Alcan, 1901.

TAYLOR, Clare. (Ed. e Inntrod.). *British and American Abolitionists. An Episode in Transatlantic Understanding*. Edinburgh: Edinburgh University Press, 1974.

TEMPERLEY, Howard, *British antislavery 1833-1870*. Columbia: University of South Carolina Press, 1972.

_____. "Anti-slavery as a form of cultural imperialism". In: BOLT, Christine e DRESCHER, Seymour (Ed.). *Anti-slavery, religion and reform: essays in memory of Roger Anstey*. Kent: Dawson & Sons Ltd., 1980.

_____. *White Dreams, Black Africa – The Antislavery Expedition to the River Niger 1841-1842*. New Haven and London: Yale University Press, 1991.

TOPLIN, Robert Brent, *The Abolition of Slavery in Brazil*. New York: Atheneum, 1975.

VERÍSSIMO, Ignácio José, *André Rebouças através de sua Autobiografia*. Rio de Janeiro: José Olympio, 1939.

SOBRE O LIVRO

Formato: 16 x 23 cm
Mancha: 26 x 45 paicas
Tipologia: Horley Old Style 10,5/14
Papel: Off-set 75 g/m² (miolo)
Cartão Supremo 250 g/m² (capa)
1ª edição: 2009
1ª reimpressão: 2012

EQUIPE DE REALIZAÇÃO

Edição de Texto
Adir Lima e Antonio Alves (Preparação de original)
Isabel Baeta (Revisão)
Lílian Garrafa (Atualização ortográfica)

Editoração Eletrônica
Casa de Ideias (Diagramação)